HENRY DE LAGUÉRENNE

MEMBRE DE LA SOCIÉTÉ ARCHÉOLOGIQUE DE FRANCE, DE LA SOCIÉTÉ
D'ÉMULATION DU BOURBONNAIS, ETC.

Ainay-le-Château

en

Bourbonnais

Histoire de la Ville,
  et de la Châtellenie
    des Origines à nos jours

I

PARIS	MOULINS-S.-ALLIER
H. CHAMPION	LOUIS GRÉGOIRE
LIBRAIRE	LIBRAIRE
5, QUAI MALAQUAIS, 5	2, RUE FRANÇOIS PÉRON, 2

1912

Ainay-le-Château
en
Bourbonnais

DU MÊME AUTEUR

Etude sur les Vignerons d'Issoudun, (Extraite de la *Revue de la Société académique du Centre*); Pivoteau et fils, imp. Saint-Amand (Cher), 1902; épuisé.

Une lettre du Comte Brunet de Neuilly, (Extraite de la *Revue de la Société académique du Centre*); Pivoteau et fils, imp. Saint Amand (Cher), 1902; épuisé.

Lettres inédites de M. de Malesherbes, (Extraites de la *Revue des Questions héraldiques*); Lafolye frères, édit., Paris, 8, rue Féron; Vannes, place des Lices, 1903; épuisé.

Notice sur la famille Grozieux de Laguérenne, (Extraite de la *Rivista del Collegio Araldico*); Tip. dell' Unione coop. éditrice, Rome, 69, via Monterone, 1903; épuisé.

Simple croquis de Montluçon au bon vieux temps. Moulins, libraire L. Grégoire, 2, rue François Péron; Paris, librairie Jean Schemit, 52, rue Laffitte, 1904.

Notes sur la famille Besnard ou Bénard, (Extraites de la *Rivista del Collegio Araldico*); Tip. dell' Unione coop. editrice; Rome, 69, via Monterone, 1909; épuisé.

Un mariage religieux pendant la Révolution française, (Notes sur les familles de Vismes et Esmangard de Beauval) — (Extrait de la *Rivista del Collegio Araldico*); Tip. dell' Unione coop. editrice, Rome, 69, via Monterone, 1910.

Notes et Souvenirs relatifs à l'ancien Couvent des Ursulines de Montluçon, 1643-1909. Librairie Honoré Champion, 5, Quai Malaquais, Paris.

Recherches Historiques
Biographiques et Généalogiques

I. — **Les Gilbert du Deffant** (sieurs du Deffant, La Mouline, Les Outres, Lorbrie, Les Rodez, Fontenilles); E. Pivoteau et fils, imp. à Saint-Amand (Cher), 1903; épuisé.

II. — **Les Hugueteau** (Ecuyers, seigneurs de Maurepas, Challié Gaultret, Brizeau, Saint Gouard, La Pivardière, etc...); Pivoteau et fils, imp. Saint-Amand (Cher), 1904.

III. — **Les Dubreuil** (sieurs de la Motte, La Chaume ou Les Chaumes, La Forêt); Aug. Pivoteau, imp. Saint-Amand (Cher), 1910.

HENRY DE LAGUÉRENNE

MEMBRE DE LA SOCIÉTÉ ARCHÉOLOGIQUE DE FRANCE, DE LA SOCIÉTÉ
D'ÉMULATION DU BOURBONNAIS, ETC.

Ainay-le-Château
en
Bourbonnais

Histoire de la Ville,
   et de la Châtellenie
      des Origines à nos jours

I

PARIS
H. CHAMPION
LIBRAIRE
5, QUAI MALAQUAIS, 5

MOULINS-S/-ALLIER
LOUIS GRÉGOIRE
LIBRAIRE
2, RUE FRANÇOIS PÉRON, 2

1912

A la mémoire de mon Oncle

MAURICE DE LAGUÉRENNE

qui m'a tant encouragé à écrire cette monographie et que la mort a frappé quand les dernières pages étaient sous presse.

31 octobre 1912.

HENRY DE LAGUÉRENNE

AINAY. — 1.-2. Vues des remparts et de l'église. — 3. Intérieur de l'église.

AVANT-PROPOS

« *J'ai toujours aimé la méthode qu'employaient nos pères, — écrivait G. Lenôtre en 1893, à la première page de* Paris Révolutionnaire (1). *— Lorsqu'ils présentaient un livre aux lecteurs, ils ne manquaient jamais de dire, en manière d'avant-propos ou d'avertissement, ce qu'ils avaient voulu faire.* » *Désireux de me conformer à cette tradition, j'avouerai ici que j'ai essayé de faire revivre le passé d'une petite ville qui n'a point eu de chroniqueur ou d'historiographe et dont l'existence, aux siècles écoulés, s'est trouvée étroitement liée à tous les principaux événements qui ont marqué dans l'histoire des provinces de Berry et de Bourbonnais. La dispersion au vent des enchères, de tous les documents et de tous les papiers qui formaient jadis les archives de la ville d'Ainay-le-Château était une difficulté à surmonter pour pouvoir parler de cette cité qui, autrefois, constitua l'une des châtellenies du duché de Bourbonnais. Des amis érudits autant qu'obligeants ont mis à ma disposition : qui, leurs papiers de fa-*

---

(1) G. Lenôtre, *Paris Révolutionnaire*, Firmin Didot, 1895.

mille ; qui, leurs archives personnelles ; qui, les notes et renseignements, résultats de leurs patientes recherches ou de leurs savants travaux. A eux tous, merci !

Hélas ! depuis l'année 1901 où j'ai abordé le travail qui prend corps aujourd'hui, la mort implacable a éclairci les rangs de ces précieux collaborateurs à qui je dois de constants encouragements. Le professeur A. Longnon, le savant commandant du Broc de Segange, l'érudit Maurice des Gozis, MM. Theurault, Jacquet-Dayraigne, ne sont plus là pour accepter l'hommage de ma gratitude... qu'il me soit permis de leur adresser un reconnaissant souvenir en exprimant à MM. Thomas, Buchet, Courtaux, Flament, Tiersonnier, Lavergne, Dénier, Choussy, le chanoine Clément, les abbés Desnoix et Marchand, mes sincères remerciements, ainsi qu'à M. Chavaillon, dont les archives curieuses ont aidé d'une façon considérable à la documentation de ce travail, et dont la complaisance aimable autant que bienveillante est venue si souvent en aide à ma bonne volonté, en m'ouvrant sa riche bibliothèque aussi remarquable que ses collections.

A MM. Théogène Chavaillon et Camille Grégoire, je suis redevable de dessins artistiques qui permettront aux lecteurs de mieux suivre le récit — parfois sévère et un peu aride — des événements écoulés ; les clichés photographiques d'une personne que la parenté m'interdit de nommer, auront aussi leur part dans cet heureux résultat, si le succès daigne couronner mes efforts.

Dans la méthode que j'ai cru devoir employer pour ma rédaction, ce sont les leçons de Taine, G. Lenôtre,

E. Lavisse, Petit-Dutaillis, Luchaire, Mariéjol...,
que j'ai cherché à mettre en pratique, donnant toutes
mes sources et toutes mes références ; de préférence à
la méthode adoptée jadis par Thiers, Michelet, Louis
Blanc, Lamartine... qui se montraient parcimonieux
de cette documentation utile au lecteur pour éclairer
sa religion et avantageuse à l'auteur qu'elle contraint
à plus de scrupuleuse vigilance. J'ai cru ainsi faire
œuvre d'historien, tout en mettant ma bonne foi à
l'abri de tout soupçon. Il est possible que cette façon
d'agir prête à la critique judicieuse d'alourdir le
texte et de couper le fil des idées du lecteur ; néanmoins, après lecture d'un passage de l'avant-propos
de L'Art Chrétien et ses Licences (1), mon parti a
été définitivement pris : donner toutes mes références.
Le Dr Witkowski écrit, en effet : « ... Dans une étude
importante sur l'hygiène de la femme, on retrouve les
citations, les détails et les figures, — y compris le
corset que Mlle Gillet, danseuse de l'Opéra, nous
avait confié pour le dessiner, — qu'on peut lire ou
voir dans le premier volume de nos Tetoniana. Notre
nom est à peine cité, mais jamais le titre complet de
notre ouvrage. L'origine de l'auteur nous fait espérer, dans les éditions successives, une hospitalité plus
écossaise... » Il y a donc vraiment probité et avantage
à citer toutes ses sources.

Et il y a plus d'indépendance aussi pour l'auteur !

J'ai tenu à présenter toutes choses avec autant
d'impartialité qu'il a été en mon pouvoir de le faire.
Si, parfois, j'ai hasardé une impression ou une cri-

(1) Dr G. J. Witkowski, *L'Art chrétien, ses licences*, Jean Schemit, 1912.

tique personnelle, j'ai voulu laisser au lecteur le soin de dégager des documents et des faits leurs conséquences philosophiques, aussi bien aux siècles lointains qu'à la période qui touche à l'époque où nous vivons, sachant que, somme toute, « l'histoire tourne toujours dans le même cercle (1) ». *La consulter, l'étudier, l'écrire est chose simple, positive : en tirer des conclusions est chose autre, complexe, absolument subjective, dont la partialité — souvent inconsciente — de l'individu, vient presque toujours modifier ou impressionner les résultantes ; car, à l'Histoire peut s'appliquer cette assertion de Gustave Le Bon, relative aux dogmes anciens et nouveaux, religieux et politiques, philosophiques et... historiques :* « *En matière de croyances, l'homme n'écoute que la voix inconsciente de ses sentiments. Ils forment un obscur domaine d'où la raison a toujours été exclue.* »

Saint-Amand, 11 mai 1912.

(1) G. LE BON, *Lois Psychologiques de l'Evolution des Peuples*, Félix Alcan, 1909.

AINAY-LE-CHATEAU

Je te revois comme en un rêve,
Pays caché que je connais ;
Avec tes grands bois pleins de sève
Tout aux confins du Bourbonnais !

PREMIÈRE PARTIE

Des Origines jusqu'à la Révolution

CHAPITRE PREMIER

PROMENADE A AINAY-LE-CHATEAU

La petite ville d'Ainay-le-Château qui fait aujourd'hui — en dépit des anciennes réclamations de ses habitants, — partie du département de l'Allier, semble se trouver jusqu'ici dans le cas des nations heureuses et n'avoir pas d'histoire. Les auteurs qui ont écrit en Bourbonnais (1) ont, pour la

(1) DE LA MURE, *Histoire des ducs de Bourbon et des comtes de Forez*. — DE COIFFIER-DEMORET, *Hist. du Bourbonnais et*

plupart, consacré seulement quelques lignes à la ville d'Ainay : à notre époque, les historiens la nomment incidemment, les géographes la mentionnent (1), les encyclopédistes la citent parfois et — le plus souvent — s'en tiennent à l'énoncé du chiffre de sa population, à l'exposition de sa situation topographique et administrative, et... c'est tout ! Seul, parmi les grands écrivains modernes, Théodore de Banville — qui tient au pays, par ses attaches maternelles — a fait d'Ainay-le-Château le cadre d'un de ses jolis contes « La Bergère »; mas disons vite que le caractère qu'il prête à ses deux personnages n'est pas celui des gens du pays S'il est vrai que les filles, après un peu de toilette, y sont « belles d'une beauté matérielle, attirante ; avec de grands yeux fauves, des bandeaux châtains, un nez gracieux aux narines un peu serrées, des lèvres épaisses et rouges s'ouvrant sur des dents gaies et petites, un menton gras, un cou robuste doré par le soleil... », il serait moins exact de supposer que, semblables à la veuve Chabeauty, toutes les femmes d'Ainay sont avares, de l'avarice incommensurable que de Banville décrit chez Irénée la

---

des Bourbons qui l'ont possédé. — DÉSORMEAUX, *Hist. des ducs de Bourbon.* — ACHILLE ALLIER, *L'ancien Bourbonnais,* etc... Les quelques pages de M. Audiat sont trop brèves, malgré leur intérêt, pour pouvoir être considérées plus qu'un sommaire.

(1) Tel H. Alary, professeur au lycée de Moulins qui, dans sa *Petite Géographie de l'Allier* a écrit : « Ainay-le-Château, petite ville sur la Sologne et la route de Moulins à Orléans. A 40 kilomètres nord de Montluçon et à 16 kilomètres nord-ouest de Cérilly. Son nom vient d'un ancien château déjà ruiné au XVIe siècle ; elle fut saccagée par les protestants durant les guerres de religion. Ses foires sont nombreuses et importantes ; onze par an et un marché le samedi de chaque semaine... Ecoles primaires pour les garçons et les jeunes filles. »

Bergère, et que tous les hommes sont aussi rapiats et libidineux que le père Saignon. Au demeurant, le surplus de l'histoire n'est point particulier au pays et nombreuses sont les contrées où la bergère-servante réalise des économies au prorata de ses complaisances pour un vieux patron.

Dans cette pénurie de documentation, pour si brefs que nous paraissent leurs renseignements, nous n'en dirons pas moins cependant avec Joanne, Larousse, Gindre de Mancy (1) et autres, que la ville d'Ainay-le-Château forme aujourd'hui une commune du canton de Cérilly, arrondissement de Montluçon, dont la population comprend environ 2.000 habitants, parmi lesquels 1.473 seulement forment agglomération. Le service des dépêches y est assuré par un bureau des postes et télégraphes, mais les communications avec les localités avoisinantes y sont encore relativement peu faciles et, à une époque où beaucoup de petits pays de moindre importance sont en rapports directs avec les grands centres ou tout au moins les villes notables du voisinage, il semble surprenant que les habitants d'Ainay-le-Château soient encore obligés d'aller prendre le train à la station de Laugère (2), distante de quatre kilomètres environ. Aussi les touristes ne songent-ils guère à visiter Ainay, bien qu'on puisse y voir encore quelques restes des anciens remparts, une vieille porte de ville et son

---

(1) JOANNE, *Dictionnaire des communes de France* (1864) ; *Dictionnaire de la France* (1869). — LAROUSSE, *Grand Dictionnaire universel du XIXe siècle* (1866-1876) ; *Nouveau Larousse illustré*. — GINDRE DE MANCY, *Dictionnaire complet des communes de France*.

(2) Société Générale des Chemins de fer économiques ; ligne de La Guerche à Châteaumeillant.

beffroi, d'anciennes et curieuses maisons dont quelques-unes adossées aux vieilles tours des murs d'enceinte qui sont encore debout, certains vestiges des larges et profonds fossés d'autrefois, [car Ainay était jadis « ville close ». Bædeker lui-même semble ignorer l'existence de cette ancienne place-forte endormie dans un verdoyant vallon sur les rives de la Sologne, et son guide (1) reste muet à ce sujet en dépit de ce qu'a pu écrire M. Louis Audiat, en 1855. Aussi puisque l'on « cite l'aménité des habitants d'Ainay et la coquetterie de ses jeunes filles à qui, du reste, un peu de toilette ne sied pas mal » (2), il nous semble que l'on pourrait également signaler l'état léthargique dans lequel, depuis Louis XIV, semble être tombée cette petite ville, état dont la commotion galvanique de 1793 n'a même pas pu la tirer longtemps.

Cette apathie se traduit par une indifférence regrettable des Castellainaisiens à l'égard de tout ce qui peut avoir trait à leur histoire locale, aux gloires et aux souvenirs de leur passé, à leurs traditions ancestrales et même aux titres relatant les actes guerriers ou politiques auxquels leurs pères ont pu coopérer. Pourtant l'un d'entre eux, — dont les souvenirs de famille se rattachaient à toutes les grandes pages de l'histoire du pays, — avait rassemblé un certain nombre de notes qu'il nous a été donné de compulser ; mais la Mort vint trop vite arrêter ses projets et, avec le petit-fils de Theurault de la Roche, chevalier de Saint-Louis et commandant en chef de la garde nationale d'Ainay, — avec M. Charles-Jean-Baptiste Pelletier, décédé en

(1) Sud-ouest de la France.
(2) *Le Mémorial de l'Allier* des 23 et 25 septembre 1855.

sa ville natale en 1879, s'évanouit tout espoir d'une tentative de la reconstitution historique d'un passé qui ne fut pas sans gloire. Et c'est ainsi, grâce à cette indifférence, que les archives municipales d'Ainay-le-Château (1) se trouvent réduites à la plus simple expression. Ce fait est d'autant plus regrettable, que les documents sur cette ancienne châtellenie sont peu communs. C'est faute de documents, en effet, qu'on se trouve réduit à émettre sur la fondation de la ville d'Ainay (2), sur la date de cette fondation, de pures et simples hypothèses. Tout ce que l'on peut admettre vraisemblablement, dit Coiffier-Demoret, c'est que cette ville « a pris son nom d'un château peut-être bâti, mais certainement embelli » par Archambaud VII (3), qui y

(1) Notons cependant que depuis 1904, grâce aux instructions de M. Flament, archiviste de l'Allier, un classement utile a été fait à la mairie d'Ainay-le-Château, dans les quelques papiers qui constituent les archives municipales. Ce travail a été, en grande partie, l'œuvre de M. le secrétaire de la mairie, Pradel.

(2) M. Ed. Janin, dans son *Histoire de Montluçon*, signale qu'on « a découvert à Ainay une ancienne tombelle dans laquelle se trouvait un bracelet formé d'une lame de bronze très mince de 0^m,07 et décorée sur la face extérieure d'une gravure formant un dessin réticulé. » Il serait à souhaiter que de nouvelles fouilles pussent apporter des précisions sur les origines d'Ainay-le-Château.

(3) Coiffier-Demoret et E. de Joliment disent : « Archambaud IX » ; Girault de Saint-Fargeau écrit : « Archambaud XI ». Nous avons conservé aux sires de Bourbon le numérotage de la chronologie de Chazand — non sans connaître les erreurs et suppressions de cette chronologie mises à jour par le regretté commandant du Broc de Segange — parce que ce numérotage nous semble le plus connu et le plus communément adopté jusqu'à ce jour, dans l'attente d'un travail qui fixera définitivement la généalogie des sires de Bourbon.

habitait souvent et y entretenait un chapelain, ainsi qu'on le voit par son testament (1). Là, comme partout à ces époques de troubles et de guerres, des gens accoururent se grouper à l'abri du château seigneurial autour duquel ils édifièrent des demeures ; le chapelain du seigneur devint aussi le pasteur de cette communauté d'habitants ; puis, sous le règne de saint Louis, « la division ecclésiastique du territoire de la France en paroisses, commença à remplacer, dans l'ordre politique et judiciaire, l'ancienne division féodale... La paroisse, après avoir absorbé le fief, devint ce qu'elle est de nos jours, c'est-à-dire la municipalité » (2).

Cependant la ville d'Ainay a peut-être une ancienneté plus grande ?... (3) En tous cas, il est question de la terre et du château d'Ainay avant le mois d'août 1248, date du testament d'Archambaud VII ; mais le mot « castellania de Aynaio » implique nécessairement l'idée d'une agglomération d'habitants formant une unité de groupement qui puisse constituer la châtellenie. Quant au château lui-même, il est cité à une date bien antérieure : « L'existence d'Ainay-le-Château, — dit, en

---

(1) « ... Item capellæ castri mei de Aynaio volo quod assideantur quindecim libræ redituales, et capellæ de Brueriâ aliæ quindecim libræ redituales in castellaniâ de Aynaio... pro anniversario meo et antecessorum meorum faciendo, ita quod executores mei teneantur petere et habere litteras ab episcopis et archiepiscopo, ut vicarii dictarum capellarum teneantur cantare ter in hebdomada de mortuis pro me et antecessoribus meis.... »

(2) Comte Beugnot, *Les Olim*, préface.

(3) Mais rien n'est certain : « ...beaucoup de centres de population bourbonnaise » ne paraissent pas remonter très au-dessus des Croisades. [Saint-Gnis, *Notes pour l'histoire de Varennes-sur-Allier*, Arch. his. du Bourbonnais, II, p. 127].

effet, Coiffier-Demoret, — est constatée depuis le xe siècle » ; et La Thaumassière cite, avant 1018, un Ségault d'Ainay-le-Château : « Archambaud II, écrit à ce sujet l'auteur de l'*Histoire du Berry*, confirma comme seigneur féodal le délaissement du fief presbytéral de Bannegon, que firent au chapitre de Saint-Ursin de Bourges, Eudes de la Porte et Ségault d'Ainé-le-Château, ses vassaux, par charte non datée qui est au trésor de Saint-Ursin (1). » Malheureusement — M. Chazaud, ayant eu, en 1865, l'occasion de vérifier cette charte (2), a bien vu le nom de Ségaud mais sans trouver celui d'Ainay-le-Château. Le passage auquel fait allusion La Thaumassière étant lu ainsi : « *...Quidam nobilis miles, nomine S. gandus, ex nobilissima conjuge sua, habuit puerum, quem ad baptizandum misit fratri uxoris sue, nomine Giraudu[m], Ciriliaci castri dominum...* (3) », il est impossible d'attacher une créance aveugle à l'affirmation de l'auteur de l'*Histoire du Berry*, affirmation reproduite cependant par Achille Allier dans l'*Ancien Bourbonnais* (4). Mais, dès 1136, Chazaud (5), l'abbé Lamy (6), l'abbé Moret (7), etc., sont d'accord pour citer le *castrum de Ainaco*.

(1) LA THAUMASSIÈRE, *Hist. du Berry*, liv. IX, chap. LXXI, p. 220 [édit. A. Jollet, Bourges, 1868].
(2) CHAZAUD, *Chronologie des sires de Bourbon*, p. 162, et Pièces justificatives XVIII.
(3) Arch. du Cher. — Original parch. non scellé. Fonds de Saint-Ursin : Spiritualité, PP ; Sac H, n° 4.
(4) Page 222, t. I.
(5) *Dictionnaire des lieux habités du département de l'Allier*.
(6) *L'Archiprêtré de Charenton*, dans le *Bulletin de la Société académique du Centre* [janvier-mars 1898], pp. 25-30.
(7) *Notes pour servir à l'histoire des paroisses bourbonnaises*, I, pp. 500-501.

En tous cas, l'étymologie du mot Ainay — que le château ait ou non donné son nom à la ville — restait à établir. Or, il nous paraissait très judicieux de nous ranger sur ce point à l'avis de M. d'Arbois de Jubainville et de dire, avec le savant professeur au Collège de France, qu'Ainay-le-Château a dû avoir pour origine un *fundus* auquel fut donné le nom de son propriétaire primitif (1). Dans l'Allier, un certain nombre de noms de lieux sont dérivés de cette combinaison et M. Claudon, ancien archiviste départemental, citait à ce sujet, en 1902 (2) : « *Albiniacus*, c'est-à-dire le *fundus d'Albinius*, qui a donné Aubigny ; *Apriliacus*, Avrilly ; *Cirilliacus*, Cérilly ; *Marcilliacus*, Marcillat, etc... Néanmoins, si cette théorie nous semblait exacte dans l'occurrence, nous étions très désireux de faire approuver notre opinion par une autorité compétente ; or voici ce qu'a bien voulu nous écrire à ce sujet, le 27 mai 1905, M. Thomas, professeur de littérature du moyen âge et de philologie romane à la Sorbonne (3) ;

« *Je me suis entretenu avec M. Longnon* (4) *du nom d'Ainay-le-Château. Les documents de* 1215

---

(1) D'Arbois de Jubainville, *Recherches sur l'origine de la propriété foncière et des noms de lieux habités, en France*, Paris, 1890.

(2) *Bulletin de la Société d'Emulation et des Beaux-Arts du Bourbonnais*, 1902, p. 19.

(3) Nous saisissons ici l'occasion d'adresser à notre aimable compatriote, M. Samuel Buchet, préparateur à la Faculté des Sciences de Paris, tous nos remerciements pour la gracieuse obligeance avec laquelle il a bien alors voulu s'entremettre à notre profit près de M. Lemonnier, professeur d'histoire à la Sorbonne, et de MM. Thomas et Longnon.

(4) Professeur de géographie historique au Collège de France, décédé dernièrement.

et 1288 (1) *sont malheureusement trop récents pour offrir une base sûre. Il est possible que l'on ait affaire — ici comme à Lyon — au type Atanacus, dans lequel Atan représente un nom de personne. Comme on écrit anciennement Athanacus, on suppose que le nom de personne est une latinisation du grec* ἀθανής, *synonyme d'*ἀθάνατος « *immortel* ». Cette déclaration, tout en confirmant notre hypothèse (2), semble cependant quelque peu hésitante, mais si des autorités comme MM. Thomas et Longnon n'ont pu être plus affirmatives, il est probable que la question ne saurait être résolue autrement (3). Notons aussi que cette étymologie est celle qu'adoptait, en 1844, Girault de Saint-Fargeau dans son *Dictionnaire géographique, historique, industriel et commercial de toutes les communes de France* : «*Atanacum*; — *Ænaium castrum,* petite ville, Allier, Bourbonnais. »

Quant à l'emplacement de ce qui constitue aujourd'hui le pays d'Ainay-le-Château, il semble

---

(1) Nous avions, sur sa demande, signalé à M. Thomas, les deux originaux conservés aux Archives Nationales [P. 1363, cote 1169 ; et 1639¹, cote 1689] qui parlent du château d'Ainay : « castrum de Haynaco ».

(2) Le 18 mai 1905, M. S. Buchet nous écrivait : « ...M. Thomas est d'avis que la théorie de M. d'Arbois de Jubainville est bien applicable à l'étymologie d'Ainay ; mais quant à savoir si le mot primitif est Ainius ou Ainicius — [formes que nous avions proposées] — il m'a fait toutes réserves, pensant plutôt que ce doit être Attenacus ou Aïgenacus. »

(3) Dans les vieux papiers que M. Chavaillon a si gracieusement mis à notre disposition nous avons trouvé la note suivante : Ainay doit venir du mot celtique *innis*, qui veut dire île. Ce nom est appliqué à beaucoup de villes d'Irlande ; et Ainay-le-Château était autrefois entourée de fossés, et, par conséquent, d'eau.

situé, dans la géographie ancienne, à proximité de l'embranchement de voie romaine partant de Dunum [Dun-le-Roi] pour aboutir à Aquæ Borbonis [Bourbon l'Archambault] (1) ; aussi le territoire d'Ainay, sis en Berry, comme en fait foi le cartulaire de Champagne, suivit les destinées du Berry et fit partie de la vieille Aquitaine, puis du royaume de Bourgogne (2). Cet état de choses dura jusqu'à la fin du xiie siècle, car on lit alors dans le cartulaire de Champagne déjà cité : « Le sire de Bourbon tient en Berry Ainay, Epineuil, Huriel, Blet et Montluçon, avec tous les fiefs qui en dépendent, du sire de Champaigne. Le sire de Champaigne les tient du roi. » Mais au cartulaire de 1256, il est dit que ces diverses seigneuries sont situées en la baronnie de Bourbon et non plus en Berry (3).

Si maintenant nous considérons ce terrain au point de vue géologique, nous pouvons dire que le sol d'Ainay-le-Château est composé, en majeure partie, par les couches jurassiques inférieures qui affleurent aux environs de la ville, et, particulièrement, par l'infralias. Telle était, du moins, l'opinion du D^r Em. Dagincourt lorsqu'il écrivait, en 1881 : « ...Vers l'est, à Ainay-le-Château, Liénesse, Sancoins, la constitution du calcaire infraliasique est plus voisine [que vers l'ouest, au Cha-

---

(1) Voir les cartes de l'*Histoire du Berry*, de Raynal. — D'après Damville, Walkener, Tudot, etc., Ainay-le-Château se trouve sur la route d'Allichamps à Bourbon ; [Voir *Bulletin de la Société d'Emulation de l'Allier*, 1859].

(2) Voir dans la *Semaine Religieuse* du diocèse de Bourges [1887], *Saint Florent Ier, évêque de Bourges*, par l'abbé A. Roche p. 333.

(3) De Raynal, *Hist. du Berry*, t. I, p. LI.

telet et à Beddes], de celle qu'il présente à Saint-Amand... (1) »

Quant à l'orthographe du mot Ainay, elle subit, suivant les époques, certaines modifications : En 1136, on écrit : *castrum de Aynaco* ; on trouve ensuite dans un aveu de 1180 (2) : *Ainayo Castri :* en 1215 et 1288 (3) nous lisons : *castri de Haynaco*, puis l'usage du latin disparaît et l'on rencontre Aynay-le-Chastel en 1463, Ainay-le-Châtel en 1475, Aynay-le-Château en 1653. Dans certains registres paroissiaux de 1753 (4), il nous a même été donné de relever le nom de la « paroisse des Nay-le-Château » (5), et le Pouillé manuscrit du diocèse de Bourges, par Barbier, donne : Ainay-le-Château : « *De Ynayo castri* » et « *De Athenayo castro* » (6).

---

(1) « Le calcaire infraliasique présente, à Saint-Amand, une épaisseur d'environ 40 mètres. Sa partie inférieure se compose de gros bancs de calcaire compact connu dans le pays sous le nom de calcaire pavé, séparés par de petits bancs marneux... Les 30 mètres de calcaire qui composent le reste de l'infralias sont formés de gros bancs successifs de calcaire marneux et dolomitique blanc jaunâtre, très pauvres de fossiles ; ils sont exploités comme castine pour les hauts-fourneaux. » [*Note sur la géologie des environs de Saint-Amand*, par M. Dagincourt. *Bulletin de la Société géologique de France*, 3e série, t. IX, séance du 21 février 1881].

(2) Registre Ier des *Feoda Campaniæ*, coll. de Champagne, d'après d'Arbois, *Histoire des comtes de Champagne*, t. II, pp. 113 et 251.

(3) Arch. Nationales : P. 1363[t] cote 1169 ; et 1369[t] cote 1689.

(4) Rég. par. de Charenton, greffe de Saint-Amand.

(5) On se demande même si des réminiscences de Virgile n'incitaient pas certains desservants — tel l'abbé Chenu, vicaire de Charenton au 11 avril 1776 — à des calembours comme celui-ci : « Paroisse d'Enée-le-Château ».

(6) Arch. du grand séminaire de Bourges : Pouillé, manuscrit de Barbier, pp. 422 et 443.

En 1791, le mot « château», jugé séditieux, disparaît et nous assistons à la formation de la commune d'Ainay-sur-Sologne. Enfin, actuellement, on écrit Ainay-le-Château, malgré la tentative faite par M. Chazaud pour modifier cette orthographe et pour écrire par un i au lieu d'un y tous les noms de lieux venant d'une forme latine « iacus » [parmi lesquels il comprenait Ainay-le-Château] ; tels Souvigni, Commentri, Aubigni, etc.

Autre question est celle des armoiries de la ville Ni M. de Soultrait, ni M. de Quirielle n'en ont parlé dans l'une ou l'autre des éditions de *l'Armorial du Bourbonnais* ; cependant, si nous en croyons un manuscrit de la Bibliothèque Nationale (1), la ville d'Ainay-le-Château, en Berry, blasonnait son écu : « D'argent à trois pairles alésées de sable » ; et Thaumas de la Thaumassière (2), plus complet dans sa définition, ajoute même que les pairles sont placées : « 2 et 1 ». Enfin Girault de Saint-Fargeau, peu au fait de l'art héraldique, dit qu'Ainay porte : « D'argent, à trois YYY d'argent [sic] ; 2 en chef et 1 en pointe » (3). Il est étonnant, à première vue, que ces armes n'aient pas été, à la fin du xviie siècle, enregistrées soit à l'Armorial de la Généralité de Bourges, soit à celui de la Généralité de Moulins. Cela surprend surtout si l'on se reporte à l'acte de

(1) Bibliothèque Nationale : manuscrit français, n° 32930, f° 149 : Matériaux pour les nobiliaires d'Auvergne, d'Avignon, du Comtat-Venaissin, de la Provence, du Berry et de la Bretagne, xviie et xviiie siècles. Papier.
(2) *Histoire du Berry*, liv. IX, chap. LXXIII.
(3) Ce blason défiguré [trois Y et non trois pairles] se trouve cependant esquissé sur le mur de la salle de réunions de la société castellanaisienne de Secours Mutuel, au-dessus de la cheminée. Cette salle est située dans la porte de l'Horloge.

fondation du couvent des Recollets d'Ainay, dans lequel il est enjoint par les habitants aux P. Recollets de ne pas poser, dans la tour de leur église et couvent, d'autres armes « que la ville d'Ainay » ; mais cependant lorsqu'on réfléchit à la situation particulière de cette petite ville dépendant, d'une part, de l'Election de Saint-Amand et, par conséquent, de la Généralité de Bourges, et relevant, d'un autre côté, de la Sénéchaussée de Moulins (1), on peut, à la rigueur, supposer un oubli de la part de Vannier. Cependant il nous paraît plus probable que, ruinée par la guerre, épuisée par la disette et la famine, réduite aux deux tiers de sa population primitive, Ainay-le-Château recula devant la taxe de 50 livres qu'il lui aurait fallu payer pour l'enregistrement de son blason. La triste position des habitants de cette cité, à la fin du XVIIe siècle, est trop évidente pour qu'ils puissent être taxés d'avarice ; c'est sans doute pour ce motif que l'assignation qu'un arrêt du Conseil du 3 décembre 1697 permettait de lancer contre les récalcitrants leur fut épargnée.

L'apathie que nous avons signalée, l'indifférence des Castellainaisiens pour tout ce qui touche leur passé leur firent probablement bien vite oublier qu'autrefois les portes de leur ville étaient surmontées d'un écusson ; et la Révolution, survenant, balaya d'un souffle de tempête tous les vestiges du régime monarchique, emportant avec elle les sou-

(1) Le siège-sénéchal de « Moulins, dont M. de la Vallière est sénéchal, comprend dans son ressort toute la province de Bourbonnais, composée de dix-sept châtellenies qui sont toutes de la généralité, à la réserve de celles d'Ainay et de Cérilly qui sont du Berry ». — F. D'ARGOUGES, *Procès-verbal de la Généralité de Moulins* (1686).

venirs à demi-effacés des hommes de la génération précédente. Puis quand le calme revint, les anciens du pays avaient disparu, les papiers et les archives furent jugés peu utiles ; on voulut éviter l'encombrement... L'encombrement fut souvent évoqué comme un épouvantail... C'est crainte de l'encombrement que, dans la dernière moitié du xixe siècle, les papiers gênants furent vendus au poids !... (1). Pauvres archives, elles étaient vraiment destinées à ne pas nous parvenir ; dès le mois d'octobre 1786, le premier échevin, François Bujon des Brosses (2), en déplorait la perte dans un mémoire instructif à plus d'un chef :

« La ville, écrivait Bujon des Brosses, n'ayant pas eu d'endroit jusqu'à ce jour où elle put déposer ses archives, elles ont passé successivement entre les mains des premiers échevins. Le sieur Huet (3), ancien Lieutenant-Général de Police, ayant été nommé premier échevin, tous les titres et archives

(1) Le 9 novembre 1870, la commission municipale, assemblée sous la présidence de M. Perinaux, émettait le vœu que M. Geoffroy, ancien maire, lui donnât quelques explications sur dix-neuf articles, parmi lesquels : « 7e Vente des archives à M. Dayraigne [Emploi] ».

(2) Fils de Jacques-Vincent Bujon des Brosses et de Marie-Elisabeth Bujon de l'Etang, né le 6 septembre 1753, mort à Saint-Amand, le 14 janvier 1830, il laissa de son mariage avec Marguerite Josset [fille de Charles Josset des Bruères, conseiller du Roi à Saint-Amand, et de Marguerite Villatte] : a) Lucile-Catherine Bujon, qui épousa, en 1820, Nicolas Vaillant, ancien capitaine d'infanterie ; — b) Marguerite-Euphrasie Bujon, mariée le 14 mai 1810 à Joseph-Alexandre Gressin, dont postérité ; — c) Marie-Marguerite-Pauline Bujon, qui épousa, le 23 juin 1813, J.-B. Villatte des Granges, sans postérité.

(3) Jean Huet, sieur de Crochet et Mussy, époux de Marie-Anne Charrier. Il fut également premier échevin jusqu'en septembre 1765.

de l'Hôtel-de-ville, même ses minutes et registres, luy ont été remis ; mais à sa sortie, ils sont restés entre ses mains et sont aujourd'huy en celles de ses héritiers. Le sieur Huet, avant son décès, s'était proposé de les remettre à la ville, c'est ce qu'attestent des témoins existants, mais il n'a pu exécuter son intention. Un voile obscur couvre aujourd'huy aux yeux des officiers municipaux toutes les délibérations de ce temps-là ; et notamment celles qui pourraient aujourd'huy constater la plantation des noyers des Chaumes Fulbert et Ramades, à l'adjudication desquels les sieurs Huet (1) et Theurault (2) viennent de former opposition, parce qu'ils savent bien que jamais la ville ne pourra produire la pièce fondamentale de son opération (3). D'une autre part, les délibérations les plus essentielles et les plus importantes ont été inscrites sur les registres de police. L'édit de 1690 ; l'arrêt du Conseil du 26 février 1743 qui enjoignent de procéder tous les ans au recolle-

(1) Second fils du précédent, il fut Lieutenant-Général de Police à Ainay, le 15 décembre 1784.

(2) Alexis Theurault, sieur de l'Amour, procureur du Roi en la châtellenie, [fils de Philippe Theurault de l'Amour, et de Gabrielle Libault], mourut en 1803 après avoir épousé, en premières noces, Louise Legay [fille de Claude Legay, sieur de Bourgelin et de Marie Defougères], dont il eut : — a) Jean-Baptiste-Alexandre ; — b) Marguerite-Félicité, mariée à M. Villatte des Prûgnes ; — c) N... Theurault, femme de Jean-Baptiste Bonnelat, juge de paix à Charenton ; — d) Anne Theurault, mariée à Charles-François Bujon, l'aîné, juge de paix à Moulins. — Le 15 octobre 1781, Alexis Theurault convola en deuxièmes noces avec Marie-Elisabeth Bujon des Brosses [fille de Jacques Bujon des Brosses, notaire, et d'Anne Theurault], morte sans enfants le 2 décembre 1787.

(3) Les Chaumes étaient alors plantées de noyers que la ville disait lui appartenir ; MM. Huet et Theurault prétendaient, au contraire, que ces noyers étaient à eux.

ment des titres, papiers, renseignements et autres actes étant au greffe, ainsy que dans les archives, de même qu'à chaque changement de greffier, dont il serait fait deux doubles, dont l'un resterait entre les mains des greffiers et l'autre serait remis en celles du maire ou échevin, n'ont jamais été exécutés ; ou, s'ils l'ont été, les doubles des inventaires sont joints aux titres déposés chez le sieur Huet, de sorte que tout tend à couvrir de ténèbres l'administration générale de la ville, ses droits et ses privilèges, jusqu'en 1759, où un rayon de lumière commence à paraître ; c'est là la date des minutes actuelles déposées au greffe. Nous n'ignorons pas que la ville pourrait intenter une action contre les héritiers dudit sieur Huet pour les forcer à restituer, mais cette action même a ses dangers ; la même autorité qui les retient (1) pourrait en faire un usage plus criminel. Nous rendrons cependant justice à l'exacte probité du sieur Huet ; mais l'homme le plus juste a ses faiblesses et celles du moment causent quelquefois des regrets vifs et cuisants. D'ailleurs, les officiers municipaux ne pourraient pas les réclamer nominativement et par détail puisqu'il n'y a point d'inventaire au greffe qui les constate ; la ville n'a que des notions incertaines sur leur nature. Mais si la ville venait à en être privée, à travers toutes les pertes qu'elle essuyerait, on pourrait distinguer la perte de ses franchises (2). Son A. S. Monseigneur le prince de Condé prétend assujettir les habitants à un droit de blairie. La décision du

(1) Les papiers de la ville.
(2) Il ressort de ce passage du mémoire de Bujon des Brosses qu'Ainay-le-Château reçut, à une époque qu'on ne peut déterminer d'une façon précise, une charte de franchise analogue à celles que reçurent les autres villes du duché de Bourbonnais.

procès est pendante au Parlement ; la ville, dénuée de ressources, n'a pu lever un arrêt rendu en sa faveur qui n'accordait que trois mois au prince pour produire son titre fondamental. Si le prince peut en recouvrer, la ville n'ayant pas de titres entre ses mains pour y défendre, verra les prétentions de Son Altesse admises et l'arrêt qui interviendra entraînera la ruine des habitants ou la désertion de la ville, parce que les intérêts sont énormes. Ecueil des deux parts bien terrible, mais dont les habitants n'ont que le choix pour se garantir des effets de la condamnation. D'une autre part, le sieur Chassagne a hérité du sieur Baugy, ou s'est emparé à sa mort de la partie la plus précieuse des archives de la ville suivant les diverses assurances que l'on en a donné aux officiers mun. Il est triste pour la ville d'être forcée d'accuser d'infidélité ceux mêmes à qui ses intérêts ont été confiés, mais il est encore plus triste pour elle de se voir dépouillée des titres qui tendent à la conservation de ses droits et privilèges et nous osons attendre de l'équité de ceux même contre qui nous formons aujourd'huy des plaintes qu'ils ne les attribueront qu'au vif intérêt que nous prenons au bien-être de la ville, qui doit rejaillir sur tous les habitants. Les archives de la ville dépouillées de leurs titres, ce n'est que par un travail forcé et pénible que le premier échevin est parvenu à connaître une partie des droits de la ville. En vain les sieurs Huet et Theurault espèrent-ils perpétrer cet esclavage des officiers mun. et écarter par leurs puissantes protections l'œil vigilant des ministres de Sa Majesté et de M. le Commissaire départi à la discussion des droits qu'ils se sont arrogés au préjudice de l'Hôtel-de-ville ; les off. m. ne craignent rien de la sévère équité des ministres de Sa Majesté ; ils ne demandent que l'exécution des édits, arrêts, règlements, ordonnances et déclarations rendus en faveur des Hôtels-de-ville... (1) »

Comme on le voit, il y a déjà plus de cent vingt-cinq ans que des fuites étaient signalées dans les archives d'Ainay-le-Château ! Et c'est pourquoi, les traditions orales s'étant rompues, les titres ayant été... perdus ou vendus au poids, on en vint à ignorer que la ville avait eu autrefois un blason et la majorité des auteurs héraldiques passèrent son nom sous silence, oublièrent de signaler ses armoiries. Pourtant, ces vieux remparts aujourd'hui à peu près détruits, cette église dont la toiture menace ruine, ce couvent des Recollets dont on cherche la trace presque effacée, ce château-fort dont on ne retrouve que la place, ce prieuré dont une partie de l'emplacement est aujourd'hui convertie en hôtellerie (2) ; tous ces débris antiques ont constitué une des plus anciennes châtellenies du duché de Bourbonnais !... De ce passé il reste aujourd'hui à peine le souvenir ; et, malgré les vers du poète bourbonnais :

> ...Les monuments qu'on trouve à chaque pas
> Disent bien haut la race antique et fière
> Dont les enfants ne dégénèrent pas.
> C'est Souvigny, la vaste basilique ;
> Ainay, Charroux, qui gardent leurs remparts... (3)

malgré cet appel enthousiaste aux souvenirs du passé, aux traditions du pays, le temps, aidé par

(1) Documents de M. Chavaillon.
(2) L'hôtel Imbault-Naudin.
(3) Le Bourbonnais, poésie de Louis Audiat, qui obtint une médaille de vermeil au concours ouvert en 1866-1867, par la Société d'Émulation de l'Allier.

l'indifférence et l'apathie des habitants, a poursuivi son œuvre de destruction ; aussi les remparts d'Ainay disparaissent petit à petit sous l'envahissement des jardins, boulevards, faubourgs et ceux qui restent encore debout sont les derniers témoins d'un temps qui n'est plus, d'une époque effacée dont la majeure partie des monuments a disparu et dont les vieux et rares bâtiments qui subsistent encore, — tels l'horloge et la prison, la maison des régisseurs des princes de Condé, l'église, le corps de garde, l'hôtel Delin, etc. — semblent surpris du voisinage imprévu qui leur a été infligé dernièrement, lors de l'érection à Ainay-le-Château d'un asile moderne servant à hospitaliser une colonie d'idiots... Et toujours, chaque jour davantage, la pioche du démolisseur fait son œuvre. Pan par pan s'écroulent les murs d'enceinte ; mètre à mètre se comblent les fossés ; une à une disparaissent les tours qui commandaient les abords des remparts ! L'étang d'Ainay (1) — aujourd'hui asséché — a

(1) L'étang, — à partir de l'endroit où est actuellement construit le pont sur la Sologne — venait baigner l'enceinte de la cité dans laquelle il pénétrait comme un coin, ainsi que le constate un procès-verbal de visite de son emplacement [Arch. de l'Allier, A, 9], pour se diriger en suivant quelque temps les remparts, *extra muros*, vers le midi et l'ouest, jusqu'à l'endroit appelé Creux de Sable. Un bail de 1702 spécifie comme limites de propriété « la muraille qui est au bout de ladite terre jusqu'au chemin qui va à la porte de la ville, sise au bout de la chaussée de l'étang » ; et un autre bail antérieur parle, en 1673, de « la rivière de Sologne qui vient de l'étang d'Ainay au moulin de Papote » [Arch. de l'Allier, A, 9]. Enfin un acte du 17 mai 1616, passé devant Oyzeaulx, notaire à Ainay, stipule la vente faite par Gilbert Carton, bourgeois, à Pasquet Triboullet, homme de peine, « d'ung pettit pré situé à la queue de l'estang dudit Ainay... qui jouxte le pré de Pied-chevallin, d'une part, la rivière de Sollogne de toutes autres

fait place à de fertiles prairies en dehors de la ville, à des maisons et des jardins en la partie où il roulait ses flots d'argent dans l'enceinte même des murailles. Nicolay, dans sa *Générale description du païs et duché de Bourbonnais*, écrivait, en 1569, que cet étang s'étendait « vers le midi environ un bon quart de lieue et que sous la chaussée et avaloir de cet étang qui est au milieu de la ville », se trouvaient plusieurs moulins à blé et à tanneries. Les tanneries auraient donc changé de place : Elles existent actuellement entre le pont sur lequel passe la route qui va à Saint-Amand et l'hôtel Imbault-Naudin ; l'une d'elles — la plus importante — appelée tannerie du Pont, appartient à M. Bourdier ; une autre est la propriété de M. Pradines, et c'est M. Cabanne-Jacquet qui jouit de celle qu'on appelle encore la tannerie Aubin ; quant à la quatrième, celle de François Cabanne, elle est aujourd'hui détruite et, sur son emplacement, on a créé un jardin qui appartient à M. Robert, tailleur. Les tanneries sont actionnées par la Sologne qui se divise en plusieurs bras dont la jonction s'opère à une centaine de mètres plus au nord. Mais les moulins à blé ont disparu ; car il semble certain que Nicolay ne faisait pas allusion à ceux qui pouvaient être situés sur la Sologne, comme les moulins de Papotte, Chanteriau et Petoulle. Il existait, au XVIe siècle, un moulin d'Ainay-le-Château ainsi que le démontre un mandement datant de 1554 ou 1557 « pour solde des réparations faittes à l'étang et au moulin d'Ai-

parts... », la vente est faite moyennant « vingt solz tournoys et une poulle bonne et acceptable de rente annuelle, en présence de « Pierre du Bost, appottiquaire et Gervoys Baugy, bourgeois. » [Documents de M. Chavaillon].

Étang de Goule. — Ancienne tannerie d'Ainay

nay » (1) ; et si nous en croyons un des plus anciens Castellainaisiens, [lequel tient ceci de ses père et grand-père], — M. François Cabanne, sellier, — ce moulin à blé s'élevait sur l'emplacement d'un jardin appartenant audit Cabanne, et son bisaïeul en aurait vu les ruines. Quant à la chaussée primitive, elle devait commencer un peu au nord-ouest de l'intersection de la rue du Sac et de la rue du Pont, suivre quelque temps la partie ouest de la rue du Pont, puis se diriger du sud-ouest au nord en laissant un peu vers la droite l'emplacement d'une partie du jardin de M. Emonnot (2), — partie de jardin actuellement remblayée au moyen de terres rapportées — pour aboutir à la porte qui s'élevait jadis entre la tour sise à l'extrémité de ce jardin et la tour dont les ruines subsistent encore au bout de la cour de l'hôtel Imbault-Naudin. Quand l'étang eut été mis à sec, la portion de son lit située dans le retrait dessiné vers l'est par l'enceinte des murailles extérieures (3) forma — comme nous l'avons déjà dit — des jardins ; puis, sur la chaussée, un peu élargie vers le nord-est et très remblayée (4), fut amorcée la rue du Pont d'où partit, par la suite, la route qui conduit à Charenton et Saint-Amand, route qui nécessita des travaux de remblai considérables dans lesquels furent engloutis tous les matériaux et débris provenant du vieux château-fort. La portion ouest du lit primitif de

(1) Arch. du Cher, C, 952.
(2) Qui l'a acquis dernièrement des héritiers de M. Aristide Theurault.
(3) Ainay avait, de ce côté, double enceinte de murailles.
(4) Quand l'hôtel Imbault fut construit, en 1844, il fallut remblayer de 4^m,25, la partie de la cour qui fut créée sur l'emplacement du fossé primitif.

l'étang dessina la verdoyante vallée que l'on contemple aujourd'hui à l'ouest d'Ainay et dont une bande — bordant la chapelle Saint-Roch et les terrains qui l'avoisinent — servit, après remblai, à la construction de la nouvelle route allant à Braize et à Meaulne.

Les portes de la ville ont toutes disparu, sauf une. Et cependant Ainay possédait jadis quatre portes, dont trois seulement — la porte de l'Horloge, la porte Moricet et la porte Aubré — servaient à la cité proprement dite ; la quatrième étant à l'usage exclusif du château-fort. Ces portes ouvraient sur le fossé qui bordait extérieurement le rempart ; elles avaient pont-levis et herse et étaient flanquées de chacune deux tours chargées d'en défendre l'approche. La seule de ces portes qui subsiste encore aujourd'hui — et dont l'aspect nous permet d'évoquer les trois autres — est située au sud-est de la ville, entre l'extrémité de la rue des Recollets et le commencement de la rue de l'Horloge. Elle sert aujourd'hui à porter l'horloge d'où elle tire son nom. Les deux tours qui la flanquaient ont été exhaussées dans ce but, et la porte elle-même a été surmontée d'une lanterne. Quand on a franchi son seuil et qu'entré dans Ainay, on se retourne pour contempler ce témoin d'une autre époque où l'on aperçoit encore le retrait ménagé pour laisser monter la herse et les meurtrières par lesquelles s'allongeaient les arbalètes et les arquebuses, on peut voir, au bas de la tour qu'on a sur sa droite, une porte basse et solide conduisant par un escalier étroit au réduit qui — depuis un temps bien reculé — constitue la prison d'Ainay. Les habitants très surpris de voir considérer attentivement leur beffroi, ne manquent pas alors de montrer au visiteur cette entrée dérobée du violon (1). Ils vous font ensuite remarquer, juchées à quelques mètres au-dessus de votre tête dans les deux bâtiments formant chacun l'angle de la Grande Rue à son intersection avec la rue de l'Horloge, deux statues qui ne brillent peut-être pas par l'esthétique, mais auxquelles s'attache la vénération des indigènes. L'une de ces statues représente — ou plutôt a la prétention de représenter — saint Pierre dont les fonctions de gardien porte-clefs du Paradis ont, sans doute, engagé les anciens du pays à faire choix de cet endroit pour y ériger la statue de l'apôtre qui semble ainsi garder la porte de l'Horloge et veiller sur la ville. Lorsque jadis, aux jours de grande fête, les processions sortaient de l'église, leur cortège, se déroulant au gré des ondulations des rues tortueuses, étroites et accidentées, venait chaque fois s'arrêter devant cette statue vénérée ; mais les temps ont changé et, privé de l'hommage de ses fervents, saint Pierre d'Ainay-le-Château, tournant le dos à l'extérieur, semble darder sur le centre de la ville un regard irrité, se désintéressant de la garde et de la sécurité des Castellainaisiens qui lui ont refusé leurs prières et — du moins on le croirait, — retiré leur confiance. Mais cette confiance, en tous cas, subsiste très vivace en la *Pieta* qui est érigée, face à saint Pierre, dans une sorte de niche creusée au coin de la maison formant l'autre angle des rues ci-dessus désignées.

(1) A la fin du xviie siècle, le geôlier-concierge des prisons d'Ainay recevait comme traitement annuel 72 mesures de seigle provenant des droits de terrages et saizins perçus dans les paroisses de Braize et Saint-Bonnet. — Etienne Jacquemet était geôlier en 1696 ; Etienne Serventier, en 1716 ; Etienne Davault, en 1740... etc.

Sur une planche se lit cette inscription tracée en lettres noires :

Sy l'amour de Marie en ton cœur est gravé
Ne t'oublie en passant de lui dire un *Ave* (1) ;
— 1704 —

et la dévotion envers Notre-Dame-de-Pitié est toujours aussi vivace aujourd'hui qu'elle pouvait l'être en 1704. En effet, y a-t-il un malade dans une famille, aussitôt tous les parents et amis viennent porter — qui des cierges, qui des bougies — devant la petite statuette pour obtenir, par l'intervention de Marie, la guérison de l'être cher... Et si vous avez la chance d'avoir pour cicerone un des anciens habitants d'Ainay qui s'intéresse un peu aux choses locales, peut-être vous fera-t-il grimper par deux échelles, du grenier de l'horloge jusqu'à la lanterne du beffroi, afin de vous montrer la cloche qui sert à la sonnerie de l'horloge (2) sous laquelle vous venez de passer. Cette cloche porte en son bronze, datant du XVIIe siècle, une inscription curieuse incisée par un maître-graveur de l'époque ; on lit :
« *Cette cloche a esté refondue & augmentée aux frais de IHS.Ma. l'an 1670 au mois de mars, et pour lors estoit curé Maître Jean Chassaigne, le noble Remy Imbert, lieutenant-général ± la ville ± noble Pierre Baugy, procureur du Roy, prudent homme Estienne*

(1) Il nous sera encore donné de constater la dévotion, qu'aux débuts du XVIIIe siècle, les Castellainaisiens éprouvaient envers Notre-Dame-de-Pitié quand nous parlerons de la chapelle Saint-Roch, que des documents de 1712 et 1720 dénomment chapelle de N.-D.-de-Pitié ou de l'Etang.

(2) Cette horloge date seulement de 1867, mais l'ancien mécanisme subsiste toujours, inutile, dans une chambre de cette porte de ville.

Buïon et noble Jacques Caillet, prudent homme Pierre Pasquier, eschevin. »

De la porte Moricet, appelée ainsi du nom d'un capitaine qui fut tué en la défendant, ou nommée parfois aussi *porte de Ville*, il ne subsiste actuellement qu'une tour. Cette porte s'élevait sur le chemin qui va vers l'Avignon et conduit à Braize, à l'extrémité de la rue Porte de Ville. Celle des tours qui la flanquaient qui subsiste encore, est enchâssée dans l'angle de l'immeuble qui fut jadis l'hôtel Bonneville (1), propriété actuelle de Mme Julie Jacquet, née Mazerat (2). La seconde tour, qui a été démolie en 1873, s'élevait sur l'emplacement de l'épicerie de M. Charles Perrinaux dont l'enseigne était : « *Au Pont de l'Avignon* (3) ». La troisième porte, qu'un acte du 2 juin 1702 (4) dénomme porte Aubré, donnait accès directement dans la ville du côté du château. Elle était située à la jonction des rues des Maures, du Vieux-Château, du Pont et de l'Horloge ; elle servait à mettre en communica-

(1) C'était l'hôtel désigné jadis comme celui « où pend la Corne du Serf ».

(2) Mme Julie Jacquet — âgée de 82 ans, en 1911, — est fille d'Etienne Mazerat, marchand de porcelaine à Ainay, place du Marché, et de Marguerite Pichon. Outre Mme Jacquet, les époux Mazerat-Pichon ont laissé : — *a)* Mme Bailly, née Marguerite Mazerat, qui eut plusieurs enfants, parmi lesquels, M. Louis Bailly, employé à la filature d'Orval et M. Emile Bailly, résidant à Ainay, 3, rue de l'Orange ; — *b)* Jean-Etienne, dit Louis, Mazerat, demeurant à Saint-Amand, qui a lui-même trois fils : MM. Louis Mazerat, négociant ; Stéphane Mazerat, marchand de nouveautés à Saint-Amand, et Gustave Mazerat, notaire au Mans.

(3) Peut-être choisie en mémoire du pont-levis de la porte qui donnait accès dans la campagne du côté de l'Avignon.

(4) Voir aux Arch. de l'Allier [A, 9], le premier des baux, en date du 9 juin 1702.

tion la ville avec le château-fort proprement dit. On en apercevait encore les ruines au commencement du xixe siècle. Une des tours qui la défendaient s'élevait dans le jardin de la maison située entre la rue du Cerf et la rue des Maures, maison appartenant à M. Georges Barathon ; l'autre tour avait ses fondations dans l'emplacement qu'occupe la maison où habita longtemps M. Pulvin, beau-père de M. Renault, maréchal ; maison qui fait l'angle des rues du Pont et du Vieux-Château et est la propriété actuelle de M. Bouchicot, charron. C'est auprès de la porte Aubré que se trouvait la petite maison vendue, le 15 janvier 1719, à Nicolas Legay par François Catinault, couvreur, en son nom et au nom des enfants issus de son mariage avec défunte Marie Gon ; cette maison « située dans la rue tendante de la porte Aubret au chastel dudit Aynay qui jouxte du matin l'estable et mazure dudit acquéreur, du jour le jardin d'Estienne Gadais, et soir la rue du Sacq, et de nuit la rue tendante de ladite porte Aubret audit chastel... (1) »

Enfin la quatrième porte — celle qu'un bail de 1702 nomme « porte de la ville sise au bout de la chaussée de l'étang » — était à l'usage exclusif du château-fort et de ses dépendances ; ses vestiges se voyaient encore vers 1820. Elle aussi était défendue par deux tours dont les ruines de l'une — la tour du nord — subsistent encore à l'extrémité de la cour de l'hôtel Imbault-Naudin ; l'autre tour était située à l'extrémité du jardin de feu M. Aristide Theurault (2), tout contre la chaussée primi-

---

(1) Documents de M. Chavaillon.
(2) La maison et le jardin de M. A. Theurault appartiennent à M. Emonnot qui les a acquis des deux neveux légataires de M. Theurault.

tive de l'étang qui, à partir de cet endroit jusqu'à la tour située dans le jardin actuel du presbytère, protégeait les abords d'Ainay et, pénétrant vers ce point dans l'enceinte des remparts, servait de défense naturelle. Cette nappe d'eau magnifique, baignait vers l'ouest les murailles de la ville et en interdisait, de ce côté, l'accès à l'assaillant.

En de rares endroits, les fossés extérieurs, comblés en majeure partie, existent pourtant encore par petits tronçons. Au nord, ils partaient de la porte dont nous venons de parler et se dirigeaient vers l'est en passant par derrière la maison qu'on appelle actuellement château (1) et qui servait, il y a soixante ans, d'école en même temps que de bureau de poste, après avoir été le logement des fermiers-régisseurs des princes de Condé. De là, les fossés arrivaient derrière la maison Gilberton (2), puis faisaient un coude vers le sud en suivant une direction parallèle à celle de la rue de l'Orange où, en 1773, existait une auberge assez achalandée dont le propriétaire, Jean Robrieux, s'intitulait pompeusement : « hoste de l'Orange ». Ils se dirigeaient ainsi du côté de la porte de l'Horloge et passaient entre l'horloge et la place du Faubourg, à l'endroit qu'occupa l'épicerie Dayraigne. On peut encore se rendre compte de ce qu'étaient ces fossés en pénétrant — comme nous l'avons fait nous-

---

(1) Ce château appartenait, vers 1850, aux demoiselles Bujon. Dans une partie on faisait la classe, dans une autre était installée la poste, juste en face des bureaux de poste actuels. Cet immeuble fut acquis, il y a quelque trente ans, par M. Bourgognon, dont le fils, ancien notaire à Saint-Saulge, actuellement propriétaire à Clermont-Ferrand, l'a reçu en héritage.

(2) Appartenant actuellement à Mme Choussy, fille de Mme Theurault et descendante des Gilberton.

même, — dans le jardin de M. Emile Bailly (1), d'où l'on voit admirablement bien la partie de la maison des régisseurs des princes de Condé qui donne sur les fortifications nord-est. On peut évaluer à 20 ou 22 mètres la largeur du fond du déblai de cette portion des fossés extérieurs qui appartiennent ici à Mme Choussy, laquelle les a convertis en jardin-potager. Si nous voulons continuer à suivre leur trace à partir de l'épicerie Dayraigne, il faudra franchir la rue de l'Horloge qu'ils coupaient en séparant Ainay de la rue des Recollets et de la route de Moulins par lesquelles les étrangers ne pouvaient pénétrer dans la ville que lorsque le veilleur qui guettait à la porte de l'Horloge avait fait abaisser le pont-levis. Là, au coin de la rue des Recollets et de la rue des Fossés, une vieille maison aux fenêtres et porte anciennes attirera notre attention ; c'est l'auberge du Cheval-Blanc dont l'origine — si elle ne remonte point à l'époque où Ainay était ville close — ne date pourtant pas d'hier : On en parle, en effet, dès le 25 février 1621, dans une constitution de rente faite par Pierre Canonyer, chirurgien d'Ainay, au profit de la fabrique de l'église Saint-Etienne. Ledit Pierre Canonyer hypothéquait, comme garantie de cette rente, une « boutique couverte à tuilles, seize audit Ainay, joignant la grande rue tendant de la porte Aubret (2) à la halle (3) dudit Aynay, et de la rue tendante au logis du Cheval-Blanc (4) à ladite halle et la cour ou

(1) Demeurant, 3, rue de l'Orange.
(2) Rue du Cerf actuelle.
(3) Dans un autre acte du 26 décembre 1743, on écrit « la halle ou place du marché ».
(4) La Grande Rue actuelle. — En 1717, on dit « maison de feu Jacques Bujon, appelée le Cheval-Blanc ».

jardin de Jean Thuraud dit Lexlin (1) ». Donnons à l'auberge du Cheval-Blanc un rapide coup d'œil, au grand contentement de son propriétaire qui entretient placidement son voisin, le coiffeur de la rue de l'Horloge, des inconvénients que peut occasionner à ce dernier l'application de la loi sur le repos hebdomadaire ; l'aubergiste s'inquiète peu de la loi, lui ; ne peut-il pas toujours servir à boire et à manger ?... Et, sans doute, le brave homme est loin de songer que son prédécesseur ou son aïeul dût bien se récrier, le 18 novembre 1814, quand lui fut signifié l'article III de la Loi relative à la célébration des fêtes et dimanches, article qui visait Ainay comme toutes les petites localités et spécifiait : « Dans toutes les villes dont la population est au-dessous de 5.000 âmes, ainsi que dans les bourgs et villages, il est défendu aux cabaretiers, marchands de vin, débitans de boissons, traiteurs, limonadiers, maîtres de paume et de billard, de tenir leurs maisons ouvertes et d'y donner à boire et à jouer lesdits jours pendant le tems de l'office. »

Mais laissons les deux interlocuteurs à leur conversation et suivons la rue des Fossés (2), puis la rue des Boulevards que nous remonterons jusqu'à la place de l'Hôtel-de-Ville. Ces rues sont extérieurement parallèles aux fossés et aux remparts dont la ligne interrompue maintes et maintes fois est

---

(1) Le 26 octobre 1717, au lieu de Jean Turraud, on écrit : « de Huguette Labaune, veuve de feu maistre François Theurault ».

(2) Le nom de rue des Fossés est maintenant donné à toute la voie qui relie la place du Faubourg à la place de l'Hôtel-de-Ville. Il y a quelques années, la rue des Fossés allait de la place du Faubourg à la Halle et prenait le nom de rue des Boulevards, de la Halle à la place de l'Hôtel-de-Ville.

jalonnée par plusieurs tours auxquelles se sont accolées et juxtaposées des maisons modernes. Sur ce parcours et jusqu'à la halle on voit le fossé qui n'est pas comblé et où des jardinets fertiles donnent d'excellents légumes dans les intervalles qui n'ont pas encore été cachés aux yeux par la construction de remises ou de petites maisons en déblai. En continuant à remonter la rue des Boulevards dans la direction de la place de l'Hôtel-de-Ville, nous trouvons, au bout de quelques pas, une petite rue à main gauche que tout indigène fait religieusement prendre au touriste qui cherche à reconstituer la ligne des fossés. Cette rue — qui n'a pas de nom — fut le théâtre d'un accident dont vous parlent les vieux Castellainaisiens, et puis elle conduit à la Colonie d'idiots qui constitue le seul monument moderne en la ville. Laissons les aliénistes, si tant est qu'il en vienne parfois à Ainay-le-Château, entrer à la Colonie Familiale et écoutons plutôt notre cicerone : Nous sommes sur le champ de foire qui, morne et désert à l'heure actuelle, s'anime douze fois l'an, et surtout à l'époque des ventes de moutons ; en tournant le dos aux fortifications on nous fait remarquer une maison basse à deux portes auxquelles on accède par six marches de pierre ; c'est la maison Buffault (1) qui appartient actuellement à Mme Gozard. Vers 1850, un vieil habitant d'Ainay, M. Louis Mazerat (2), y venait tous les soirs chez son beau-frère Buffault pour passer quelques heures ; un soir de brouillard en revenant, trompé par l'obscurité, au lieu de tourner sur la rue des

(1) Située en face la maison Duranjon.
(2) C'était le père du Dr Auguste Mazerat qui, de son mariage avec Mlle Vallet, a laissé lui-même un fils mort jeune, et Mme veuve Boyron, qui réside actuellement à Versailles.

Boulevards, M. Mazerat continua d'avancer et s'en vint tomber dans le fossé profond, à cet endroit, de 8 mètres environ ; quand on le releva le lendemain matin, il avait une jambe cassée. Semblable accident — en ce lieu tout au moins — ne se reproduira plus car, à partir de cet endroit jusqu'à la place de l'Hôtel-de-Ville, les fossés sont maintenant comblés et, en grande partie, aliénés. Différentes délibérations du Conseil Municipal, en date des 10 novembre 1850, 17 mars 1861, 19 novembre 1871, constatent ces ventes successives des divers « terrains des fossés », dont M. Dayraigne acquit une certaine portion par autre délibération du 11 février 1872... Vers la place de l'Hôtel-de-Ville, dans le remblai qui avait été primitivement établi en cet endroit, un cimetière fut créé au commencement du XIXe siècle ; on l'a désaffecté depuis, lorsque fut établi le cimetière actuel, au bout de la rue du Pavé. De cet emplacement, près de l'Hôtel-de-Ville, on peut facilement se rendre compte de la profondeur du fossé qui devait être de 8 à 10 mètres : en effet, dans la maison située rue Porte de Ville, presque en face de la jonction de cette rue avec la rue de l'Union, maison qui appartient à M. Chavaillon et dont le jardin et les décharges, constituées par une ancienne tour de l'enceinte, ont une sortie sur la place des Boulevards, la porte primitive — qui donnait jadis accès dans le terrain qui constitue aujourd'hui cette dite place des Boulevards — a été enterrée à 8 mètres de profondeur, M. Chavaillon n'ayant pas voulu la faire démolir. Pour permettre actuellement de sortir sur les Boulevards, une nouvelle porte a été percée par ce propriétaire au-dessus de la porte primitive ainsi enfouie, que l'on retrouverait facilement si l'on voulait creuser en cet endroit. Cette porte primitive permettait d'aller à la fontaine de l'Egout (1), aujourd'hui captée pour alimenter la pompe publique ; cette pompe qui fut installée ici vers le milieu du xixe siècle, servait à la distribution de l'eau de la fontaine aux habitants, — car les puits sont rares à Ainay. — Une délibération du Conseil municipal, en date du 18 mars 1861, accorde à MM. Delorme la faculté d'établir un passage dans le fossé d'enceinte pour aller de leur maison à leurs décharges, « mais sous la condition qu'ils devront faire en sorte de ne pas intercepter la porte pratiquée au bas de la pompe ni le passage pour y arriver, et sans qu'ils puissent se prévaloir de ce passage ». En effet, lors de sa construction, la pompe avait été élevée hors du fossé jusqu'au niveau du sol, au moyen d'une colonne en maçonnerie qui, elle aussi, a été, depuis, enterrée dans les conditions que nous venons de signaler plus haut ; et le remblai exécuté de ce chef a enfoui la porte ménagée au bas de la dite colonne pour réparer la pompe le cas échéant... Cette profondeur des fossés, de ce côté de la ville, explique comment il se pouvait faire qu'ils fussent alimentés par l'eau de l'étang (2). La place de l'Hôtel-de-Ville

---

(1) On écrivait aussi « fontaine de l'Elégout ». Une délibération du Conseil municipal autorise, le 20 mars 1870, l'échange d'une « parcelle de terrain [5 ares 10 centiares] dans les anciens fossés de la ville qui ont été remblayés par MM. Delorme », et l'abandon au profit de Mme veuve Delorme « de la mitoyenneté du mur formant la demi-enceinte de la fontaine de Légout vis-à-vis la cour de ses fils... »

(2) La rivière de Sologne qui prend sa source dans la forêt de Tronçais, a écrit dans ses notes, M. Pelletier, venait, grâce à une digue très élevée, réunir ses eaux dans un vaste réservoir qui les faisait refluer dans les fossés qui entourent la ville et le château ; et un déversoir était construit de manière à ce que

nous fait perdre un instant leur trace, mais l'enceinte des remparts encore jalonnée par des tours, assez nombreuses de ce côté, nous indique la direction à suivre et la rue Creuse qui s'offre à nos pas ne tarde pas à nous prouver, qu'en la descendant, nous avons choisi le bon chemin. Cette rue, en effet, conduit, par une pente très raide, à la vallée où, jadis, dormait l'étang ; en la suivant, nous remarquons à droite la trace, très visible encore, du bord du fossé qui protégeait la ville au sud-ouest. La rue Creuse fut donc, très vraisemblablement, constituée par ce fossé dont elle a absorbé une partie. Un remblai en pente raide a été effectué — probablement au moyen des détritus ou immondices que les Castellainaisiens ont, avec le temps, accumulé en cet endroit ; — et ce remblai a, tout naturellement, comblé en premier lieu la portion la plus profonde du fossé pour en rendre l'accès praticable : c'est ainsi que la plus grande profondeur existant au sud de la ville, c'est au sud de la ville que le remblai est le plus considérable ; il va vers le nord-est en diminuant d'épaisseur à mesure que la rue Creuse augmente sa déclivité, et vient mourir à la vallée, à l'endroit où les eaux de l'étang pénétraient dans le fossé creusé toujours de plus en plus profondément à mesure qu'il remontait vers le sud, de façon à ce que sa profondeur progressive permit aux eaux d'y trouver partout leur niveau et de l'emplir sur toute son étendue en ceinturant la ville ainsi protégée.

le trop-plein du réservoir s'écoulât facilement. Au xviie siècle, — la féodalité abattue par la main puissante de Richelieu, — la digue fut coupée et l'eau rendue à son cours naturel. Au bout de quelque temps un pont en pierre fut construit pour remplacer le pont primitif qui tombait en ruines, afin de rétablir les communications entre le Berry et le Bourbonnais.

La main de l'homme a défait ce qu'elle avait péniblement édifié, mais le travail moderne n'a pas le mérite de l'ancien et, s'il y a lieu d'admirer l'opiniâtreté avec laquelle les aïeux avaient profondément creusé leur infranchissable fossé, il y a lieu aussi d'observer que la création de la rue Creuse n'a certainement pas dû demander un grand travail de mathématiques à son constructeur, car la formule $P = \dfrac{K}{K + x}$ est loin d'avoir été observée, et le poids P devrait être bien mince pour pouvoir jamais gravir la rampe x. Au reste, les chevaux et les mulets d'Ainay ignorent — je crois fort — le parcours de la rue Creuse.

Du point où nous sommes arrivés, si nous suivons le cours de la Sologne jusque vers la rue de l'Abreuvoir, en longeant les remparts de la ville, nous arriverons à une passerelle en bois qui nous permettra de franchir la rivière pour contempler l'ensemble d'Ainay de la chaussée de la route de Meaulne. En face de nous se dresse la partie la mieux conservée des fortifications ; de leur enceinte surgit l'église Saint-Etienne dont le clocher tranche sur l'azur du ciel. D'une tour à moitié éventrée s'échappent des nappes de lierres et de plantes grimpantes qui colorent d'une note joyeuse les vieilles pierres dans les interstices desquelles se faufilent leurs radicelles ; et, sous l'étincelant soleil de mai qui chauffe de ses rayons d'or les ruines d'autrefois, Ainay-le-Château s'érige triste et captivante avec l'incertain de son avenir et le souvenir presque légendaire de son passé, telle une gitana gueuse et fière dont la beauté prenante et le mystère captivant restent entiers en dépit de l'absence des oripeaux bariolés et des clinquants ternis, sous la couche de poussière des grands chemins, après une longue et fatigante étape. Si nous jugeons de ce qu'elle dût être au temps passé par ce qu'elle nous montre aujourd'hui, debout encore ; combien n'estimerons-nous pas regrettable qu'Ainay n'ait point gardé avec un soin jaloux l'enceinte de ses remparts, la ceinture de ses fossés et l'ensemble de ses portes de ville ?... Souhaitons donc que cessent les exécutions par lesquelles, chaque année, nous voyons les habitants exercer sur les anciennes maisons de cette antique cité leur rage de démolition, et espérons que — derniers vestiges de son importance de jadis, hélas ! à jamais évanouie, — Ainay-le-Château voudra désormais conserver intacts, comme un souvenir tangible d'un passé glorieux, ceux qui demeurent encore debout de ses vieux monuments.

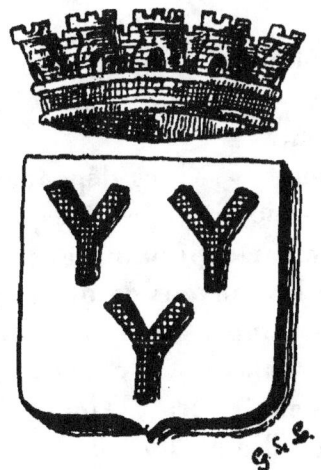

Armoiries d'Ainay-le-Château.

CHAPITRE II

LES ARCHAMBAUD. — LES DUCS DE BOURBON

Un des monuments d'Ainay dont la perte est très regrettable, c'est le vieux château-fort des sires de Bourbon.

Ce castel formait, avec ses dépendances, une sorte de petite cité particulière protégée, au sud, par des fossés et des remparts spéciaux dans l'enceinte même de la ville dont les moyens de défense généraux servaient en même temps, vers le nord, à la protection particulière du château. Nous avons indiqué le tracé des fossés extérieurs d'Ainay-le-Château. Les remparts de la ville et du château-fort suivaient intérieurement ce tracé : ils subsistent encore en partie au nord, à l'est, au sud et au sud-ouest de la ville ; mais, à l'ouest — à partir de la tour qui appartient à Mlle Bidron — on n'en voit plus que

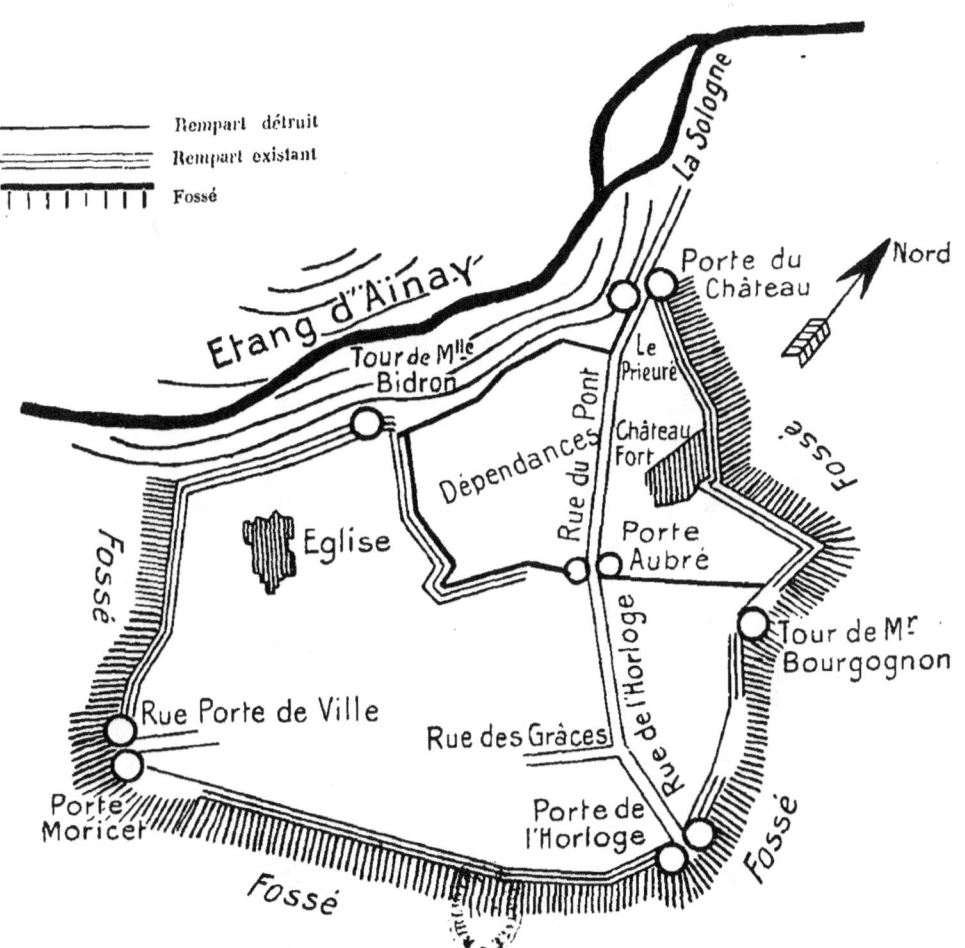

Reconstitution des remparts et fossés d'Ainay-le-Château.

des ruines longeant le jardin de M. Bouillac (1) et atteignant l'enclos de vigne qui était encore dernièrement la propriété des héritiers Mazerat-Renard (2) ; à partir de là, ces murailles longeaient le jardin de feu M. Aristide Theurault (3) et, à hauteur de sa grange, faisaient un coude prononcé vers le nord (4) pour venir doubler, en la suivant, la chaussée de l'étang et aboutir en face du Prieuré, à la Porte du Château. Au nord de cette enceinte, le château-fort proprement dit s'élevait sur le terrain qui existe entre la rue du Sac ou impasse du Prieuré et la rue du Vieux-Château. Ses dépendances, au nombre desquelles il faut compter le Prieuré, tenaient tout l'emplacement nord-ouest de la ville actuelle ; aussi l'on peut dire que — dans leur ensemble — le château-fort et ses dépendances étaient bornés au sud par une ligne de murailles

---

(1) Ce jardin devait, jadis, arriver au bord de l'étang.

(2) M. l'abbé Renard, curé-doyen d'Huriel, a vendu, il y a trois ans environ, sa maison et les dépendances d'icelle à M. Philippat. Dans l'enclos qui s'étend derrière cette maison, vers l'ouest, on trouve encore les ruines d'une tour et d'un puits ; la maison est construite en contre-bas des anciens remparts, sur les débris desquels sont plantés la vigne et le jardin ; si bien que, sur la face est de cet immeuble, le premier étage se trouve à niveau du jardin.

(3) Cette maison fut acquise par le père de feu M. Aristide Theurault, M. François Theurault, lors de son mariage avec Mlle Mativon. Elle est aujourd'hui — comme nous l'avons dit — la propriété de M. Emonnot.

(4) Cette portion des remparts n'existe absolument plus ; c'est dans le jardin même qui a été, par M. Theurault, augmenté et remblayé vers l'ouest au moyen de terres rapportées et formant terrasse qu'il faudrait en rechercher les substructions. Le mur de clôture de ce jardin, vers la Sologne, est neuf et l'on voit facilement l'endroit où il vient se raccorder avec les anciens débris des remparts restaurés pour compléter la clôture.

que figurent assez bien la rue des Maures et la rue du Vieux-Château, murailles qui — du côté de la ville proprement dite — étaient bordées d'un fossé. Ce fossé, creusé à l'intérieur de l'enceinte générale de la ville et du château-fort venait aboutir vers la tour de Mlle Bidron et, là, un empellement placé dans le rempart permettait à l'étang d'y déverser ses eaux. Un autre empellement construit de la même façon, vers la tour que possède M. Bourgognon, devait mettre l'autre extrémité de ce fossé intérieur en communication, vers l'est, avec le fossé extérieur de l'enceinte. Donc, au sud, le château-fort d'Ainay avait doubles fossés et doubles remparts : les remparts et le fossé de la ville forte, et ses remparts et son fossé particuliers qui l'isolaient de la cité proprement dite avec laquelle il communiquait par le pont-levis de la porte Aubré ; en sorte que la ville, prise par l'ennemi, le château-fort pouvait encore se défendre et résister longtemps.

De la vigne de M. Jean Dénoux, il nous a été donné de contempler les ruines encore existantes de ce rempart particulier du château. Ces ruines servent actuellement de mur de clôture entre les vignes de MM. Dénoux, père et fils, de Mme Imbault, d'une part ; et l'enclos Mazerat-Renard, d'autre part. On y voit les restes de deux tours dont la mieux conservée appartient à M. Jean-Baptiste Dénoux, le père de l'adjoint. Au sud de ces vignes, les bornant de ce côté, passe le tracé de l'ancien fossé qui sépare actuellement tous ces terrains de la rue de l'Abreuvoir et qui séparait jadis le château et ses dépendances de la ville proprement dite. Cette ligne de remparts et ce tracé se dirigent au nord-est vers la maison de M. Bouchicot qui est édifiée sur le fossé comblé : C'est là où se trouvait la porte Aubré. Remparts et fossé devaient ensuite se prolonger dans la même direction pour rejoindre le mur d'enceinte et le fossé extérieur vers la tour de M. Bourgognon. On peut s'en rendre compte en suivant la rue du Vieux-Château au nord de laquelle on voit encore, par endroits, le fossé intérieur converti en jardins et en potagers.

Le donjon avait été bâti sur un roc où des caves furent creusées. Lorsque la route nationale fut établie, en 1837 (1), on se servit des ruines et des débris du rocher pour empierrer la chaussée de cette route... Les décharges et dépendances étaient situées entre la route de Saint-Amand, la rivière et le fossé qui partait de l'étang, près de la tour de Mlle Bidron, pour revenir à ladite route (2). Un prieuré existait dans cette enceinte ; il était placé sous le vocable de saint Fiacre et un document du 22 décembre 1732 nous apprend qu'outre l'autel principal, il y avait encore deux autres autels dans la chapelle du Prieuré : celui de droite sous l'invocation de saint Blaise et celui de gauche sous celle de saint Denis. Le Prieuré, d'après M. Ch. Pelletier, devait être situé un peu au sud-est de l'hôtel Imbault-Naudin (3) ; il fut vendu comme bien na-

(1) Commencée en 1837 et achevée vers 1840.
(2) Notes de M. A.-J.-B. Pelletier. — C'est-à-dire, sur le terrain limité au nord par l'hôtel Imbault-Naudin et, au sud, par les rues des Maures et du Vieux-Château.
(3) L'hôtel Imbault [Naudin, successeur] fut construit sur une partie de l'emplacement du Prieuré — très probablement à l'endroit même où s'élevait la maison du prieur — en 1844. Ce terrain fut remblayé de telle façon avant la construction de l'hôtel, que la maison qui, primitivement y était édifiée, fut ensevelie et forma les caves de l'hôtel actuel. Nous avons visité ces caves dont certains murs ont 1^m,20 d'épaisseur ; on y des-

tional à la Révolution ; il n'en reste actuellement aucune trace.

On le voit, c'était un fief important, le vieux castel d'Ainay ; et l'on comprend qu'il ait plu à quelques-uns de ses antiques seigneurs... Dans son *Histoire du Bourbonnais et des Bourbons qui l'ont possédé,* Coiffier-Demoret écrit à ce sujet (1) : « On a plus de certitude sur la sépulture de ces seigneurs [les sires de Bourbon] que sur la demeure de la plupart pendant leur vie... On trouve, dès les premiers tems des actes datés de Moulins ; on en trouve aussi dans d'autres tems datés de Montluçon, de Murat, d'Ainai ; ce dernier lieu paraît avoir été affectionné particulièrement par le dernier des Bourbons-Dampierre. » Or, bien avant Archambaud VII, le séjour d'Ainay fut apprécié par les sires de Bourbon. C'est d'Ainay, en effet, que partit avec le roi Louis-le-Jeune, en 1147, Archambaud V, lorsqu'il fit le voyage d'outre-mer, lors de la seconde croisade prêchée par saint Bernard. Avant de partir, il emprunta une somme de 5.000 sous au prieur de Souvigny. Ce dernier exigea, comme caution d'une somme aussi considérable pour l'époque (2), l'envoi dans son monastère, en qualité d'otages, de douze des principaux vassaux de la sirerie de Bourbon (3). Ces seigneurs devaient être

---

cend par seize marches qui ont, en moyenne, 0^m,27 de hauteur ; ce qui fait que le sol primitif était à 4 mètr s ou 4^m,25 plus bas qu'aujourd'hui.

(1) T. Ier, p. 149.

(2) Ces 5.000 sous d'argent pouvaient valoir, suivant les estimations de M. de Wailly, environ 123.330 francs de notre monnaie.

(3) Voici ce qu'écrit à ce sujet M. Chazaud, dans sa *Chronologie des sires de Bourbon,* p. 178 : « ...Avant de partir pour la

retenus jusqu'à l'entier remboursement du prêt. Parmi eux, dit M. l'abbé Lamy (1), se trouvaient Mathœus de Ainayo et Ebbo VI de Carentonio ; ce dernier, gendre du sire de Bourbon : Ils eurent donc la ville de Souvigny pour résidence pendant la durée de la croisade. Le sire de Bourbon étant revenu, paya d'abord un premier acompte, puis la mort le surprit, en 1171 (2). Sa veuve prétendit alors, qu'en conséquence de cet accident, elle ne devait plus rien au prieur. L'affaire fut déférée au pape qui ordonna aux trois évêques qui avaient juridiction sur la sirerie de Bourbon, de mettre toute cette seigneurie en interdit ; de leur côté, les seigneurs prisonniers menacèrent de se révolter. Devant ces menaces la dame de Bourbon fut contrainte de céder et elle acquitta complètement la dette, vers 1175.

Archambaud V ayant perdu, en 1169 (3), son fils, Archambaud-le-Jeune (4), ce fut sa petite-fille, Mathilde, qui lui succéda en Bourbonnais, sous la tutelle de sa grand'mère, Agnès de Savoie.

croisade, en 1147, Archambaud se ressouvint des lépreux de la Madeleine et leur donna trois éminées de terre au mas de Fonsbeton, où était située leur maison. C'est peut-être à l'époque même de la fondation de la léproserie qu'Archambaud emprunta 5.000 sous au prieur de Souvigni [*Thesaurus Sylviniacensis*, p. 75] en présence de l'archevêque Albéric et sous la garantie de sa femme, Agnès, de son gendre, Ebbo de Charenton, et de plusieurs autres de ses vassaux. »

(1) *Bulletin de la Société académique du Centre*, 1898, p. 27.
(2) *Petite chronique de Cluny*.
(3) Suivant la *Petite chronique de Cluny*, Archambaud-le-Jeune avait alors 29 ans, étant né en 1140 ; il avait épousé Alix de Bourgogne, fille d'Eudes II, duc de Bourgogne.
(4) Voir Chazaud, *Fragments du Cartulaire de La Chapelle-Aude*, XXXVI, p. 75.

Mariée deux fois, d'abord à Gaucher de Salins, puis à Guy de Dampierre (1), Mathilde ou Mahault de Bourbon eut, de ce second mariage, plusieurs enfants, parmi lesquels Archambaud VI. Ce dernier régnait en février 1215 (2), ayant — déjà avant cette époque — succédé à Guy de Dampierre. A l'instar de son bisaïeul, Archambaud VI aimait son chastel d'Ainay ; certains actes qui nous sont parvenus montrent qu'il estimait ce domaine à sa juste valeur : il y résidait souvent. La Thaumassière (3) nous rapporte qu'en ce château fut signée entre lui et son cousin (4), Raynaud II, sire de Montfaucon, — devenu par son mariage, seigneur de Saint-Amand-le-Chastel, — la transaction de 1226 relative aux gens de main-morte de leurs baronnies respectives.

Nous avons précédemment signalé qu'en 1248 on constatait pour la première fois, dans les textes qui sont parvenus jusqu'à nous, la présence des mots *castellania de Ainayo* ; et nous en avons conclu qu'à cette époque il devait déjà exister à Ainay une agglomération d'individus formant cité. Il est possible, néanmoins, que la ville proprement dite — qui tire son nom du château dont on parle dès 1136, — il est possible, disons-nous, que la

---

(1) Ce fut le premier Bourbon-Dampierre. Il était issu de la maison de Bourgogne ; ses descendants quittèrent le nom et le blason de leur famille paternelle pour prendre les nom et armes de la maison de Bourbon : « D'or au lion de gueules, à l'orle de huit coquilles d'azur ».

(2) Vieux style.

(3) *Les anciennes et nouvelles Coutumes locales du Berry.*

(4) Mahaut ou Mathilde de Déols-Charenton [fille d'Ebbe VI de Charenton et de Guiberge de Bourbon] épousa Raynaud II de Montfaucon, qui fut l'un des bienfaiteurs de l'abbaye de Fonmorigny.

ville puisse revendiquer une date plus ancienne pour sa fondation. Ceci n'est pas prouvé, il est vrai ; cependant, s'il est notoire que plus un pays est riche, plus il est habité, l'hypothèse que nous proposons au sujet de l'agglomération d'habitants, — de la ville, — pourrait être hasardée vu la valeur de la terre d'Ainay. Cette valeur nous est démontrée par un acte du mois de février 1216 (1). A cette date, Archambaud VI de Bourbon, du consentement de Mathilde, sa mère, et de Béatrix, sa femme, donne en aumône au monastère de Saint-Laumer de Blois, la somme de cent sols (2) tournois de rente, à prendre chaque année sur ses revenus d'Ainay, ainsi qu'en fait foi l'acte suivant : « *Ego Archenbaudus, dominus Borbonii, notum facio omnibus tam futuris quam presentibus quod ego, amore Dei et ob remedium anime patris mei, laudentibus et concedentibus Matylde, matre mea, et uxore mea Beatrice, dedi in puram et perpetuam elemosynam monasterio Sancti Launomari Blesensis, in quo idem pater meus ab abbate et fratribus ejusdem loci venerabiliter traditus fuit sepulture centum solidos turonensis monete annuatim percipiendos singulis annis in die circumcisionis Domini, in censibus et redditibus meis de Haynaco, per manum castellani ejusdem castri. Verum, quia fratres predicti monasterii ab eodem castro sunt remoti et eundo et redeundo vel ibi diutius morando, quod absit, expensas possent*

---

(1) Nouveau style.
(2) Soit d'après les évaluations du vicomte d'AVENEL [*La Fortune privée à travers sept siècles*, pp. 37, 42, 46 et 0], 149 fr. 95 de notre monnaie, dont le pouvoir d'achat était quatre fois et demie plus considérable qu'aujourd'hui et équivalait, par conséquent, à 652 fr. 30. — Voir, d'autre part, le *Bulletin de la Société d'Émulation de l'Allier* (1856), p. 399).

facere graviores, eorum providens indempnitati, volo, precipio et concedo ut cum nuncii jam dicti monasterii singulis annis apud predictum castrum in die circumcisionis Domini advenerint, redditum suum centum solidorum per manum castellani ejusdem castri recepturi, absque difficultate et absque dilecione aliqua eisdem nunciis ipsa die reddantur. Quod si castellanus eos reddere distulerit volo et precipio similiter et concedo ut singulis diebus quibus eos reddere distulerit quinque solidos turonensis monete de suo proprio eisdem nuntiis pro suis expensis solvere teneatur, predictis tamen centum solidis semper integris permanentibus. Quod ut ratum et inconcussum permaneat in futurum presentem cartam scribi feci et sigilli mei munimine roborari. Actum apud Borbonium anno gracie M°CC° quintodecimo (1), *mense februario* (2). »

Cette sépulture de Guy de Dampierre au couvent de Saint-Laumer de Blois a été constatée en 1869, par M. A. Dupré, bibliothécaire de la ville de Blois, qui publia alors l'*Histoire du royal monastère de Saint-Laumer de Blois*, de l'ordre de Sainct-Benoist recueillie fidellement des vieilles chartes du mesme monastère..., par dom Noël Mars, orléanois, religieux bénédiction de la congrégation de Sainct-Maur, 1646.

Nous y lisons (3), en effet, le texte suivant :
« *Guido de Dampierre, prope Massiacum, nominis hujus secundus, sepelitur in basilicâ Sancti Launomari Blesensis, anno* 1215. *Uxorem duxerat Mathildim de Bourbon, Archambaldi de Bourbon*

---

(1) Vieux style.
(2) Arch. Nationales : P, 1363, cote 1169.
(3) Appendice, p. 407.

nominis hujus septimi (1) *et Mariæ de Champagne filiam. Archambaldus de Bourbon, nominis hujus octavus* (2), *anno 1216 cessit monasterio Sancti Launomari Blesensis, in quo ipsius pater jacebat, centum libras* (3) *annuatim in dominio d'Esnay percipiendas.* »

A cette époque nous pouvons constater l'accroissement de l'importance d'Ainay-le-Château. Moins de quatre ans après la concession de cette rente, en juillet 1220, Pierre des Bars, *alias* des Barres, reconnaît tenir en fief de son parent, Archambaud de Bourbon, la place-forte du Breuil [*de Brolio*], qu'il vient de construire près d'Ainay, et promet de la lui livrer quand il en sera requis ; réciproquement, le sire de Bourbon s'engage à la lui rendre quarante jours après que ses affaires seront terminées, *in eodem puncto in quo invenerit illam, exceptis palea et feno* (4). Dès lors, les aveux et hommages commencent à se produire ; nombre de chevaliers, damoiseaux, écuyers ou simples bourgeois se reconnaissent vassaux des sires de Bourbon à cause de la châtellenie d'Ainay en laquelle ils possèdent des terres, hôtels-forts, seigneuries, manoirs ou rentes : En 1240, c'est Guillaume d'Ainay, che-

---

(1) C'est celui que nous appelons Archambaud-le-Jeune et qui — d'après la *Petite chronique de Cluny* et d'après Chazaud — avait épousé Alix de Bourgogne... Marie de Champagne serait donc une seconde femme ?...

(2) Nous le désignons sous le nom d'Archambaud VI, suivant le numérotage de Chazaud.

(3) Le document des Archives Nationales dit : « *centum solidos turonensis* ». S'il s'agissait de 100 livres tournois, la valeur du don serait — toujours d'après M. d'Avenel — de 2.177 francs, avec un pouvoir d'achat quatre fois et demie plus grand qu'aujourd'hui.

(4) Arch. Nationales : P, 462², cote 2966.

valier, qui reconnaît tenir d'Archambaud, sire de Bourbon, tout ce que lui, Guillaume, possède dans les paroisses de Bardais et d'Isle (1) ; puis Regnaud de Granci, chevalier, seigneur de Larry, veut que Guillaume de Châtenay reconnaisse tenir en fief d'Eudes de Bourgogne, sire de Bourbon, les revenus de la terre de Charenton, dont lui, Regnaud de Granci, se porte caution (2) (1250) ; en 1266, Gauthier d'Argen, damoiseau, agissant en son nom et en celui de son épouse, Jeanne, veuve d'Odon Troussebois, rend hommage au sire de Bourbon pour l'hôtel et la terre seigneuriale de Broces qu'il tient en la châtellenie d'Ainay (3). Et plus nous avancerons vers le xive et xve siècles, plus nous constaterons de nouveaux dénombrements indiquant que tout le territoire relevant de cette châtellenie se couvre de castels, d'hôtels-forts, de lieux fortifiés rendus nécessaires par les troubles, les guerres, les incursions à main armée qui se produisent à cette époque par tout le Bourbonnais...

Le château-fort d'Ainay était donc entouré d'une certaine quantité de manoirs de moindre importance qui relevaient de lui, de même que leurs possesseurs dépendaient du sire de Bourbon ; aussi les titres qui relatent les aveux rendus pour la châtellenie d'Ainay (4) sont des documents qui

---

(1) Arch. Nationales : P, 462, cote 359.
(2) Arch. Nationales : P, 463, cote 53.
(3) Arch. Nationales : P, 462, cote 325.
(4) Ces aveux se trouvent concentrés aux Archives Nationales dans les deux registres P, 462^2 et 463^1. On en trouve des analyses dans les *Noms Féodaux* de dom BÉTENCOURT, et dans les *Titres de la maison Ducale de Bourbon*, par HUILLARD-BRÉHOLLES.

nous permettent de constater l'importance de ce domaine : L'un de ces titres est plus particulièrement intéressant. Il date du samedi « après *Lœtare* 1292 (1) ». C'est une reconnaissance de Raoul Le Noir, de Paris, qui avoue devoir à Robert, comte de Clermont et sire de Bourbon, 74 livres 5 sols 3 oboles, monnaie courante du Bourbonnais, avec un certain nombre de mesures de grain, à raison de la recette des fruits de la châtellenie d'Ainay et de Germigny dont il a été chargé pendant les années 1291 et 1292 (2). Il semble assez difficile de se faire une opinion bien nette de la valeur intrinsèque de cette reconnaissance : En effet, la somme d'argent payée comme fermage au comte de Clermont, capitalisée au taux actuel de notre monnaie représenterait — d'après les évaluations combinées de Leber (3) et de M. de Wailly (4), — à quelque chose près, le total fabuleux de 8.112 fr.50 ; ou, ce qui semble infiniment plus proche de l'exactitude, la somme déjà respectable de 1.194 francs environ calculée d'après la valeur moyenne de la livre tournois, de 1291 à 1300, ainsi que l'a établie le vicomte G. d'Avenel (5). Or, si l'on se remémore qu'à cette époque le pouvoir d'achat de l'argent était quatre fois plus considérable que de nos jours, on verra que pour payer aujourd'hui la valeur

---

(1) Le 14 mars 1293.
(2) Arch. Nationales : P, 1374², cote 2409. Original latin en parchemin jadis scellé du sceau de la prévôté de Saint-Pierre-le-Moûtier.
(3) LEBER, *Appréciation de la fortune privée au Moyen âge.*
(4) DE WAILLY, Préface du XXIe volume de *Scriptores rerum franc.*, p. 79.
(5) Vicomte d'AVENEL, *La Fortune privée à travers sept siècles*, pp. 37 et 71.

réelle des recettes *monétaires* des châtellenies d'Ainay et de Germigny, il faudrait une somme de 4.776 francs !...

Des quelques titres que nous venons d'énumérer, il ressort que les sires de Bourbon, au xiiie siècle, possédaient à Ainay une châtellenie (1). Que devons-nous entendre par châtellenie ?... Et comment se constitua celle d'Ainay ?...

Si nous en croyons Moréri (2), ce mot « est le nom qu'on donne en Flandre aux diverses parties dans lesquelles cette contrée est divisée et dont chacune porte le nom de capitale. On donne ce même nom, en Pologne, aux petits gouvernements qui dépendent des chastellans ou châtelains d'une ville et qui sont soumis aux Palatins dont les gouvernements sont plus étendus et renferment plusieurs châtellenies. » Et Trévoux (3) ajoute : « ...et

---

(1) « D'après Nicolay et les cartes anciennes, le Bourbonnais comprenait, aux xvie et xviie siècles, tout le ressort de la sénéchaussée et siège présidial de Moulins, c'est-à-dire l'ancien duché de Bourbonnais, [moins peut-être Bourbon-Lanci,] avec ses dix-sept châtellenies dont les noms constituent encore, aux Archives de l'Empire, la division actuelle des aveux et dénombrements du Bourbonnais. Ces dix-sept châtellenies sont : Moulins, Beçai et Pougni, réunies plus tard à Moulin ; Belleperche ; Billi ; Chaveroche ; Vichi ; Gannat ; Chantelle ; Verneuil ; Souvigni ; Bourbon-l'Archambaud ; Murat ; Montluçon ; Hérisson ; La Chaussière ; La Bruyère-l'Aubespin, plus tard Cerilli ; comprises aujourd'huy avec ce qu'on appelait les Basses-Marches [canton actuel du Donjon], dans le département de l'Allier ; Ainai-le-Chateau, dont le territoire a été partagé entre les départements de l'Allier et du Cher ; Germigny dans le Cher ; et Bourbon-Lanci dans Saône-et-Loire... » Chazaud, *Etude sur la chronologie des sires de Bourbon*, p. 112.

(2) *Le Grand Dictionnaire historique*, 1732, t. II.

(3) *Dictionnaire universel françois et latin vulgairement appelé Dictionnaire de Trévoux* [1743], t. I.

en françois nous nous servons de ce mot en parlant de ces lieux. » Cette définition exprime assez bien le sens territorial — domainial pour ainsi dire, — que l'on attribuait tout d'abord au mot châtellenie (1). Plus tard, la signification de ce terme se modifia, s'étendit... et nous pouvons dire qu'on appela dans la suite châtellenie « le ressort, l'enclave d'une haute justice » ; mais nous aurons lieu de revenir sur cette dernière interprétation lorsque nous parlerons de la justice proprement dite et des pouvoirs du lieutenant-général de la châtellenie dont les arrêts étaient confirmés ou infirmés par la sénéchaussée du Bourbonnais.

Or Ainay-le-Château semble être une des châtellenies — relativement peu nombreuses, — dont les limites n'ont pas été calquées sur celles d'une des anciennes vigueries du pays bourbonnais (2). Nous ajouterons cependant, avec M. Paul Moreau (3) : Rien n'est moins précis que l'étendue des vigueries et des centaines, et la confusion de ces dénominations, opérée à la longue, jointe à la rareté des documents, en rend l'exacte reconnaissance, sinon absolument impossible, du moins très difficile ! Voici néanmoins ce qui paraît logique au sujet de la formation de la châtellenie d'Ainay : Au Xe siècle, il se produisit presque partout une

---

(1) Voir notre *Simple croquis de Montluçon au bon vieux temps*, pp. 54 et 206.

(2) « Les vigueries dont nous constatons l'existence en ce pays aux IXe et X^o siècles, devaient être plus tard, avec les mêmes chefs-lieux, sauf des exceptions qui seront indiquées, les châtellenies du Bourbonnais. » [CHAZAUD, *Chronologie des sires de Bourbon*, p. 122. — *Fragments du Cartulaire de La Chapelle-Aude*, pp. 28, 75, etc.].

(3) *Histoire de Dun-le-Roi*, t. Ier, p. 92.

poussée en avant de l'aristocratie. Dans ce mouvement général, à part quelques rares *alleux* ou héritages libres, tout devint fief, à charge de foi et hommage au plus puissant. La société se partagea en deux classes : les nobles et ceux qui ne l'étaient point. C'est l'instant que le vicomte de Bourges, vassal du Roi, choisit pour étendre sa propre suzeraineté sur les grandes plaines du Haut-Berry. Ses plus anciens vassaux furent les seigneurs de Dun-sur-l'Auron, Mehun, les Aix, la Chapelle, Menetou, Montfaucon, Château-Gordon, Concressault, Argent et Aubigny (1). En même temps, « les princes de Déols portaient leur domination sur tout le Bas-Berry et même en deçà du Cher, puisque Charenton, Orval, Bruère, Meillant (2), etc., formèrent, un siècle plus tard, l'apanage d'une branche cadette de cette puissante maison (3). Vers le midi se constitua également, à la même époque, aux dépens du comté de Berry, l'importante sirerie de Bourbon noyau du Bourbonnais (4) », dont les limites devinrent, de ce côté, — par la châtellenie d'Ainay, subdivision de la dite sirerie de Bourbon, — les mêmes que celles de l'ancienne seigneurie de Dun. Les sires de Bourbon qui cherchèrent peu à peu à se faire accepter, de gré ou de force, soit comme suzerains par les petits seigneurs, soit comme seigneurs immédiats par les cultivateurs, les hommes du pays, détenteurs de la terre à n'importe quel titre, réussirent dans leur entreprise, aussi bien à Ainay-le-Château qu'autre part. Et,

---

(1) Voir RAYNAL, *Hist. du Berry*, t. 1er, p. 331.
(2) Par la suite toutes ces seigneuries rendirent hommage à la châtellenie d'Ainay-le-Château.
(3) Les seigneurs de Déols-Charenton.
(4) P. MOREAU, *Hist. de Dun-le-Roi*.

en moins de cent ans, avant la fin du xie siècle, ils étaient suzerains de Jaligny, Huriel, Bessay, etc., seigneurs directs de Germigny, Gannat, Montluçon, Blet, Ainay... — Ils avaient « déjà donné au Bourbonnais, qui fut leur œuvre et leur patrimoine, les limites que conserva jusqu'à la fin du xviiie siècle la sénéchaussée de Moulins qui, après la réunion du Bourbonnais à la couronne, remplaça définitivement la cour de justice des Archambaud et les Grands Jours des officiers de la justice ducale (1) ».

Et puisque nous parlons de justice, disons en passant que les sires de Bourbon avaient installé à Ainay un officier chargé d'y résider en leur lieu et place, afin de les remplacer en toute circonstance. Un acte du 27 décembre 1288, nous démontre l'existence de cet officier et nous le présente dans l'exercice d'une de ses attributions. Voici la teneur de cette pièce, procuration donnée à un certain prieur du couvent de *Magenciaco*, nommé *Durand de Bleignaco*, par l'abbé de Saint-Laumer de Blois et son couvent, à l'effet de recevoir du châtelain et prévôt d'Ainay, cent sols de rente qui leur sont dus chaque année sur les revenus du château de *Magenciaco* :

« *Universis presentes litteras inspecturis Guillelmus, permissione divina monasterii beati Launomari Blesensis abbas, totusque ejusdem loci conventus salutem in Domino. Noveritis quod nos nostri et monasterii nostri nomine constituimus et ordinamus dilectum nostrum Durandum de Bleingniaco, clericum, priorem monasterii de Magenciaco, procuratorem nostrum ad petendum, exigendum et recipiendum a castellano et preposito castri de Haynaco*

---

(1) Chazaud, *La Chronologie des sires de Bourbon.*

centum solidos pro termino instantis circumcisionis Domine ratione centum solidorum nobis debitorum singulis annis super censibus et redditibus castri de Magenciaco et ad quitandum ipsos de dictis centum solidis quantum spectat ad dictum terminum instantis circumcisionis Domini solucione sibi facta ratam et gratam solucionem quam sibi fieri contigerit habentes et habituri de dictis centum solidis pro dicto termino. In cujus rei testimonium sigilla nostra presentibus litteris duximus apponenda. Datum die lune post nativitatem anno ejusdem millesimo ducentisimo octogesimo octavo (1). »

Il y avait donc, à résidence fixe au château d'Ainay, avec mission d'y représenter son seigneur, un officier du sire de Bourbon que l'on désignait — comme nous venons de le voir, — par les titres de châtelain et prévôt, *castellano et preposito castri de Haynaco*. Or les termes « châtelain, prévôt » ne qualifient, au XIIIe siècle, qu'une seule et même fonction, ne s'appliquent qu'à une seule et même personne ; seulement, au XIIe siècle et dans les premières années du XIIIe, on disait plus habituellement *prévôt*, préposé à la garde du château [*preposito castri*] ; tandis que, par la suite, le rôle des officiers préposés à la garde du château grandissant, leur importance s'accroît également et ils arrivent, dans l'usage courant, à remplacer le possesseur de la châtellenie dont ils demeurent cependant les premiers mandataires : On les appelle alors châtelains. C'est ainsi, par exemple, que nous pouvons voir, en octobre 1214, Guy de Dampierre, sire de Bourbon, enjoindre à ses *prévôts et baillis* (2)

---

(1) Arch. Nationales : P, 1369¹, cote 1689.
(2) Bailli, du mot latin *baulus, bajule, bayle, bailly*.

d'ordonner publiquement aux habitants de sa terre de payer l'arriéré des deniers pentecostaux dus à l'archevêque de Bourges, en bonne monnaie de Souvigny (1). Et, au mois de décembre 1217, dans l'acte de confirmation des privilèges de Villefranche-de-Montcenoux (2), les officiers d'Archambaud VI de Bourbon (3) portent à Montluçon, Hérisson et Murat le titre de *châtelains,* tandis qu'à Villefranche et Montmaraud, ils ne sont encore désignés que par le nom de *prévôts.* Mais quand arrive le xive siècle, le rôle du *châtelain inférieur* — comme à Ainay — est plus difficile à tenir parce que dans les principales attributions de cette charge rentre l'obligation de rendre la justice ; et, à mesure que se perfectionne l'administration et que l'étude du droit devient plus vaste, il faut, pour les *châtelains inférieurs* comme pour les *baillis royaux,* diviser les attributions ; car on se rend compte de l'inconvénient du cumul des pouvoirs militaire et judiciaire ; et l'on crée un second office de *Lieutenant-général de la Châtellenie* pour le fait de la justice, tandis qu'au *châtelain* ou *capitaine-châtelain* sont réservées les attributions militaires (4). Nous citerons plus loin ceux des capitaines du chastel d'Ainay, dont nous avons retrouvé les noms ; disons simplement ici que le premier de ceux que nous signale-

---

(1) Arch. du Cher : *Cartulaire de l'archevêché de Bourges,* CCLXXXIX,.p. 140 et DX, p. 309.

(2) Arch. municipales de Moulins : *Reg. des privilèges,* fol. 19 et suivants.

(3) Guy de Dampierre mourut le 18 janvier 1216 [XV des calendes de février].

(4) Le chastelain était au seigneur ce qu'était au roi le bailli de robe courte ou d'épée ; le lieutenant-général de la châtellenie, ce qu'était le bailli de robe longue.

rons (1) vivait en 1437, et que nous avons trouvé,
avant 1488, un lieutenant-général du châtelain
d'Ainay-le-Château (2). Mais, en tous cas, si le
titre de châtelain semble dénoter, au XIIIe siècle,
que l'officier préposé à la garde du château d'Ainay
a vu croître son importance, rehausser sa condition,
l'importance de la châtellenie semble également
s'être considérablement accrue du XIIIe au XIVe siècle. Dès 1300, en effet, nous trouvons de nombreux
hommages, aveux et dénombrements rendus aux
ducs de Bourbon, à cause de leur châtellenie d'Ainay.

A ce moment, la sirerie de Bourbon n'est plus
aux mains des Bourbons-Dampierre qui, eux-mêmes,
ont succédé jadis aux Bourbons anciens ou Archambaud. Béatrix de Bourbon a porté cette terre dans
la maison royale de France par son mariage avec
Robert de Clermont, sixième fils de saint Louis (3) :
(voir note 3, page 59), la sirerie de Bourbon a fait
place au Bourbonnais et va constituer un duché ;
ses princes augmenteront sa prospérité et la châtellenie d'Ainay verra surgir de son sol nombre de
châteaux ou hôtels-forts dont les possesseurs se
reconnaîtront — ici comme dans le restant du duché
— vassaux des ducs de Bourbon. Telle Alix Vigère
qui, en 1300, rend hommage à Robert, comte de
Clermont, sire de Bourbon, pour tout ce qu'elle dé-
tient en la châtellenie d'Ainay ; tel Jean Seignoret,
qui fait aveu de son chêsau de Marès ; tels Guillaume
et Perrin de Sery qui font aveu de leur fief de Sery en
la paroisse de Saint-Benin ; tel Jean de Mons, damoiseau, qui rend hommage pour des terres sises « és-
paroisse de Beçay »... C'est encore Jean de Chivegne,

---

(1) Bibl. Nationale, manusc. franç., 22299.
(2) Fonds Gaignières : 654, 5e registre, fol. 309.

Les Ducs de Bourbon, seigneurs d'Ainay-le-Château

(3) Saint Louis, roi de France, eut pour sixième fils, Robert de France, comte de Clermont qui épousa Béatrix de Bourbon.

Louis I" (1), duc de Bourbon, puis comte de Clermont, mort en 1341.

Pierre I" de Bourbon, né en 1310, tué à la bataille de Poitiers en 1356.

Louis II, « le Bon », duc de Bourbon, né en 1337, mort en 1410. Il avait épousé Anne, Dauphine d'Auvergne.

Jean I", duc de Bourbon, né en 1381, épousa en 1400 la fille du duc de Berry, Marie, comtesse de Montpensier. Il mourut à Londres en février 1434.

Charles I", duc de Bourbon, né en 1401, décéda en septembre 1456. Il avait épousé Agnès de Bourgogne (2).

Louis I", comte de Montpensier, décéda en 1486. Il avait épousé : 1° Jeanne, Dauphine d'Auvergne ; 2° Gabrielle de la Tour ; dont :

Jean II, duc de Bourbon et d'Auvergne, connétable de France, né en 1426, mort en 1488. Il épousa en 1res noces : Jeanne de France ; en 2mes noces : Catherine d'Armagnac ; et en 3mes noces : Jeanne de Bourbon-Vendôme ; sans postérité.	Charles, cardinal de Bourbon, né en 1437, devenu duc de Bourbon à la fin de l'année 1488, céda sa succession au duché de Bourbonnais à son frère Pierre de Bourbon, sire de Beaujeu.	Pierre, connétable de France, sire de Beaujeu, comte de Clermont, épousa Anne de France(Anne de Beaujeu) fille de Louis XI. Par la cession de son frère Charles II de Bourbon, il devint duc de Bourbon, sous le nom de Pierre II, en 1488. Il mourut en 1503.	Gilbert I", comte de Montpensier, épousa Claire de Gonzague. Il fut archiduc et vice-roi de Naples. Né en 1443, mort en 1496, il laissa trois fils et trois filles.	
			Louis II, comte de Montpensier, né en 1483, mort en 1501, sans postérité.	François, comte, puis duc de Châtellerault.
		Suzanne de Bourbon épousa son cousin, Charles de Bourbon, comte de Montpensier, connu sous le nom du connétable et duc Charles III de Bourbon ; à qui elle apporta tous ses biens, du consentement du roi Louis XII.	Charles, connétable de France, comte de Montpensier, né en 1490, mort en 1527. Il devint duc de Bourbon sous le nom de Charles III de Bourbon par son mariage avec sa cousine Suzanne de Bourbon.	

(1) Louis I" de Bourbon reçut du roi Charles IV le Bel, en 1327, les titres de duc et pair.
(2) Pour la postérité complète de Charles I" de Bourbon et d'Agnès de Bourgogne, voir plus loin.

dam iseau, qui fait aveu de sa maison et terre seigneuriale de la Bessace ; ce sont Jehannin, Guillaume et Perrin de Viore qui rendent hommage pour les cens, dîmes et serfs du Ratel, dans la paroisse de Cérilly ; c'est Guillaume du Maroès qui rend hommage pour les chéseau, prés et terres de Maroès ; c'est Guillaume de Genestines, damoiseau, qui fait aveu de son hôtel de Genestines ; c'est enfin une veuve, Margiron de Chalisore, qui rend hommage à Robert de Clermont pour la dîme des Cloux, en la paroisse de Cérilly, châtellenie d'Ainay. L'année suivante, en 1301, nous pouvons relever les aveux d'Héloys de la Motte, veuve d'Adam de Suly, pour elle et ses enfants ; de Jean de la Porte ; d'Ysabeau de la Chastre ; de Philibert de Bennegon. Plus tard encore nous trouverons parmi les hommages, aveux et dénombrements de Bourbonnais rendus à cause de la châtellenie d'Ainay, ceux de Perreaul Le Large, damoiseau, en 1310 ; Guillaume Regnault, en 1351 ; Jean de Sagonne, chevalier ; Jeanne de Sery, damoiselle ; Catherine de Ferneguy, en 1350 ; Guillaume d'Ostun, chevalier, en 1351 ; Jean de Sancerre, chevalier, en 1352 ; Thévenin Tiercelet, damoiseau ; Tévenin de Vogon, damoiseau ; Jean du Marcz, damoiseau ; Ilimbault de la Porte ; Jean de Bernon, en 1357 ; et tant d'autres (1)....

Déjà, à cette époque, les roturiers pouvaient posséder des fiefs. Ces fiefs changeaient de qualité en changeant de mains ; c'est-à-dire qu'ils étaient soumis, dans des mains roturières, à certaines redevances qu'on appela plus tard, au XVIIe siècle par exemple, les droits de francs-fiefs et nouveaux

---

(1) Arch. Nationales, P. — Dom Bétencourt ; — Huillard-Bréholles.

acquêts (1). Nous pouvons signaler certains bourgeois qui, dès le milieu du XIVe siècle, rendirent aveu à la châtellenie d'Ainay, tels : Guillaume de Valigny, en 1310 ; Séguin de Mons, clerc, en 1322 ; Guillaume et Clément Espingau, en 1350 ; Thévenin Henri, en 1356 ; Guillaume Péraud, en 1350 et 1357 ; Jean Sauson ; Jean de Laveau « bourgeois d'Ainay-le-Chastel », en 1357 ; Martin et Guillaume Toffin, en 1357 et 1376 ; Odonnet Fougerat, en 1376. Quelques-uns de ces aveux contiennent l'énoncé de droits assez intéressants, comme celui rendu, en 1350, par Alys Brécharde, pour son hôtel-fort et sa terre seigneuriale de Bonnault où elle avait « droit de foire ».

Au nombre des actes des premiers ducs de Bourbon dont le souvenir se rattache à l'histoire d'Ainay-le-Château, il convient de noter la fondation généreuse de Louis Ier lors de la construction de la Sainte-Chapelle de Bourbon, édifiée par ce prince en 1315, pour recevoir la Sainte Epine et un morceau de la vraie Croix. Dans les prescriptions spécifiées à l'acte de cette fondation, le duc de Bourbon établit des aumônes à perpétuité qui, faites le lendemain de la fête des Morts, devaient être réglées avec assez de discernement et de largesse pour s'étendre à tout le Bourbonnais. Cinq cents pauvres, dit M. Gabriel Depeyre (2), étaient réunis en un repas que leur servaient les vicaires et, plus tard, les chanoines de Bourbon ; ces cinq cents pauvres recevaient, en outre, des aliments, des vêtements

(1) Voir notre *Simple croquis de Montluçon au bon vieux temps*, pp. 188-189.
(2) *Les ducs de Bourbon*, Paris, H. Champion, éd. (1897), pp. 74-75.

et des chaussures. Ils étaient choisis dans cinq châtellenies du duché, cent dans chacune ; et le roulement entre toutes les châtellenies était réglé par l'acte de fondation, de telle sorte que chaque châtellenie eut son tour tous les quatre ans. En plus, tout pauvre choisi pour figurer à la cérémonie du 3 novembre continuait à être secouru de même manière jusqu'à sa mort.

Mais, vers le milieu du xive siècle, la châtellenie d'Ainay cessa d'être possédée exclusivement par les ducs de Bourbon. En effet, « à partir de 1355, le Bourbonnais fut appelé à subir le contre-coup de la guerre anglaise (1) » ; son duc, Pierre Ier, se fit tuer bravement à Poitiers, mais fastueux et magnifique, il était toujours criblé de dettes à un point tel, que lorsqu'il tomba aux côtés du roi Jean II, son cadavre fut saisi et resta en gage dans l'église de la ville jusqu'à ce que le duc Louis II, son fils, eut désintéressé les créanciers ; le pays fut ensuite ravagé par une épidémie terrible de peste noire ; enfin, en mai ou juin 1359, le fameux Robert Knolles, chef de bandes anglais, entra dans le Berry, où il prit Saint-Amand et Noirlac, semant la terreur dans le pays avoisinant et se dirigeant ensuite, par un itinéraire peu connu, sur Cusset, dont il s'empara. Ce furent ensuite les bandes de Bertucat d'Albret, d'Amanieu de Pomiers, du Bascot de Mauléon, qui envahirent tout le duché et s'emparèrent de plus de douze places en deux ans [1360-1362]. Au nord du duché Bagneux, les environs de Villeneuve et de Sancoins, les régions de Saint-

---

(1) Voir dans *Le Courrier de l'Allier* des 11 et 13 octobre 1911, l'article de M. Géraud Lavergne : La Guerre anglaise en Bourbonnais [1356-1366].

Amand, Decize et Luzy étaient infestées de routiers... Bref, à cette époque, de 1360 à 1366, la châtellenie d'Ainay n'était plus en la possession de ses ducs ; elle appartenait à Bérard d'Albret, qui l'avait très probablement conquise *manu militari*. En effet, pendant cette période de désastres qui précéda le traité de Brétigny, la famille d'Albret [dont Froissard nous montre les membres à la solde du Prince Noir], avait profité de sa proximité du Bourbonnais pour se tailler dans les domaines de l'adversaire un fief qu'elle conserva longtemps. L'absence du duc Louis II, prisonnier en Angleterre, dit M. Chazaud, « enhardit tous les capitaines anglais chargés de la garde des frontières à se caser tant bien que mal aux dépens du prince français, assurés qu'ils étaient d'être secourus en cas de besoin (1) ». Le traité de Brétigny (2) vint changer les choses : les seigneurs français dépouillés, étaient désireux de rentrer dans leurs possessions, et ni le roi d'Angleterre, ni le Prince Noir ne pouvaient décemment soutenir contre le roi de France, avec lequel ils venaient de traiter, les ennemis qu'ils lui avaient suscités pendant la guerre ; de leur côté, ces derniers n'entendaient point rendre leurs conquêtes sans indemnité et « essayer de les chasser de vive force offrait, même en cas de succès, un péril inévitable ; c'était attirer sur le pays entier les bandes furieuses des grandes compagnies et, par conséquent, la ruine certaine ou, tout au moins, de continuels ravages... » Bref, par acte daté de Calais, le 23 octobre 1660, Edouard III intima l'ordre aux garnisons anglo-gasconnes de quitter les

---

(1) *Bulletin de la Société d'Emulation de l'Allier* (1856), p. 102.
(2) 8 Mai 1360.

places-fortes qu'elles occupaient dans le royaume. En ce qui concerne Bourbonnais et Berry, écrit M. Géraud-Lavergne, les troupes anglaises devaient évacuer, avant la Chandeleur suivante, un certain nombre de lieux-forts dont Epineuil, Blet, Veraux et Villiers, alors occupés par Amanieu de Pomiers, Berard et Arnaud d'Albret, fidèles partisans du roi d'Angleterre. Ce départ n'allait pas manquer d'être très onéreux pour le duc de Bourbon, par suite des prétentions émises sur les confins de ses domaines par les d'Albret qui entendaient garder le fief qu'ils s'y étaient taillé et au sujet duquel des négociations financières extrêmement délicates et compliquées furent poursuivies longtemps entre les deux parties (1). En l'absence de son fils, otage du roi Jean en Angleterre, Isabelle de Valois administrait le duché de Bourbonnais. Pour éviter de nouveaux malheurs à ses vassaux, elle se décida à traiter et à subir les conditions des d'Albret, alliés des Anglais. Ces conditions étaient dures (2) ; et multiples furent les précautions prises par l'adversaire de la duchesse, ainsi que le prouve le passage suivant d'un des traités : « ... *Item hont volu lesdiz Anglaez que si l'on fallet en aucune manière de i complir le paiement es termes dessus diz cest présent acort tiendra et vaudra ne l'achat ne se rompra par cete cause jusques à cinq semaines après le derrenier*

---

(1) Elles se terminèrent, en 1368, par le mariage d'Arnaud-Amanieu d'Albret avec Marguerite de Bourbon [fille de Pierre Ier de Bourbon et d'Isabelle de Valois], sœur de Louis II, et par la donation du fief d'Epineuil.

(2) Elles montaient, d'après Chazaud [Rachat de plusieurs forteresses occupées dans le Bourbonnais au nom du roi d'Angleterre], à la somme de 1.558.462 francs pour le rachât de cinq à six fortins épars dans cinq à six lieues de pays.

terme mes durant les dites cinq sepmaines les Francœs pairont pour chacune sepmaine par toutes les establies d'Aynay, La Roche, Blet et Varo mil florins de profit houltre la somme de l'achat dessus dit se il n'avoient accompli le dit paiement excete une sepmaine dont il ne volent riens havoir ainz donnent a Madame la Duchesse les mil florins qu'il en pourrient avoir ; et durant le tems que les paiements se feront il ne prendront sur le païs de Bourbonnois, ne ressort ne sur ceux qui contribuent en cet présent acort prisonners ne forteleces par marque ne aultrement ne feront guerre aucune excete qui pourront prandre char fein et avene et autres vivres resonables pour leurs vivres sans vendre (1)... » En somme, Isabelle de Valois racheta « à Etienne Bayle, capitaine de la Motte d'Epineuil, au nom d'Arnaud d'Albret, ladite motte avec les étableries d'Ainay, de la Roche, de Blet et de Veraux, pour 8.000 florins, payables en deux termes, dont il reste une quittance de 5.983 florins et neuf tonneaux de vin, reçus le 4 décembre 1360 (2). »

Néanmoins, la châtellenie d'Ainay proprement dite — castel et terres — demeurait toujours aux mains des d'Albret. Louis II de Bourbon, à qui la reconnaissance de ses contemporains a fait décerner le titre de « Bon Duc », ne voulut pas laisser échapper ce domaine qui, de temps immémorial, avait fait partie du patrimoine des sires de Bourbon. C'est probablement durant sa captivité à Londres — où il resta six ans prisonnier avec les ducs d'An-

---

(1) Arch. Nationales, P, 456, cote 12, p. 3. — Datée du « XXVIIIe jour de juillet, l'an MCCCLX ».

(2) Géraud Lavergne, *La guerre anglaise en Bourbonnais* (1356-1366).

jou, de Berry et d'Orléans (1) — ou, peut-être à son retour, en 1366 ; mais, en tous cas, c'est postérieurement à 1360, que la terre et seigneurie d'Ainay fut rachetée par le Bon Duc. Les Archives Nationales possèdent deux titres (2) qui témoignent de ce rachat : Le premier est un rôle en papier, ayant comme filigrane une fleur de lys ornementée d'un très beau dessin ; ce rôle relate les divers payements faits au nom du duc de Bourbonnais, à Bérard d'Albret (3) et à ses compagnons pour le rachat de « la terre et seigneurie » d'Ainay ; le prix total est stipulé à 17.000 florins (4) et les sommes payées montent à 18.060 florins, la différence en surplus « pour cause de joes, despens et mises ». Le second titre est un rôle en parchemin, signé de deux notaires, donnant le total de toutes les sommes payées : 18.656 florins et 100 moutons d'or (5) ; d'après ce dernier document, les sommes versées en surplus du prix convenu formèrent donc le total de 1.656 florins et 100 moutons d'or : « ...*Si soit requis au prince et au seigneur de Lebret* [*d'Albret*]

---

(1) De 1360 à 1366 ; il partit pour Londres en octobre 1360.

(2) Arch. Nationales : P, 1374², cote 2425.

(3) Si nous en croyons Moréri, Berard d'Albret, seigneur de Sainte-Bazeille, était le troisième enfant de Bernard Ezy d'Albret (2ᵉ du nom), vicomte de Sartas et de Marthe d'Armagnac. Il était frère d'Arnaud-Amamieu VIII précité. Il épousa, en 1357, Hélène de Caumont, dame de Sainte-Bazeille, dont il eut François d'Albret, seigneur de Sainte-Bazeille, mort sans postérité en 1435.

(4) D'après MM. Maurice Prou et N. de Wailly, le florin de 1360 à 1366, aurait valu 13 fr. 17 de notre monnaie. — Voir ERNEST LAVISSE, *Hist. de France depuis les origines jusqu'à la Révolution*, t. IV, p. 444.

(5) C'est saint Louis qui fit faire les deniers d'or à l'agnel qu'on nomma depuis des moutons d'or.

que li diz Berars soit contrainz à rendre ce qu'il a plus recehu que il ne li estoit dehu ou a equiter devers Monsieur Arnaut de Lebret de ce qui lui pourra estre dehu (1). »

Il semble très probable qu'avant la prise de la châtellenie d'Ainay par les d'Albret, la ville avait reçu, soit des anciens sires de Bourbon, soit des ducs, une charte de franchise ; — celle-là même dont parlait François Bujon des Brosses dans son mémoire, déjà mentionné, du mois d'octobre 1786 :
« ...à travers toutes les pertes que la ville essuyerait, on pourrait distinguer celle de ses franchises...»
— Nous avons vu, en effet, en 1357, que Jean de Laveau « bourgeois d'Aynay-le-Chastel », faisait aveu pour un septier de seigle dû « sur les feures de Cerilly » ; donc si, en 1357, il y avait des bourgeois à Ainay-le-Château, c'est qu'à cette époque la ville jouissait du droit de bourgeoisie (2). En outre, au terrier de 1679 (3), nous verrons plus loin figurer, parmi les comparants « La Franchise d'Ainay »....
En tous cas si — comme tout concorde à le faire

---

(1) Arch. Nationales : P, 461, cote 320.
(2) Le 9 septembre 1741, M. Guérin de Chermont, lieutenant-général en la chambre du domaine de Bourbonnais, par lettres datées de Moulins, s'adressait en ces termes aux manants et habitants de la paroisse de Saint-Bonnet : « ... Vous mande de percevoir sur chacun de vous deux sols par feux de droit de bourgeoisie que vous devez chacun an au domaine de la chastellenie d'Ainay et ce pour le terme qui eschéra au jour de Saint-Michel prochain, ensemble trois livres pour les frais de la présente commission et vérification de l'Etat qui en sera faite vous payerez ès-mains du sieur receveur de ladicte chastellenie à faute de quoy vous y serez contraints ou l'un de vous solidairement comme pour les propres deniers et affaires de Sa Majesté... » [Documents de M. Chavaillon].
(3) Arch. de l'Allier : A, 14.

présumer — il y eut jamais octroi d'une charte quelconque, les archives municipales ont été, par la suite, débarrassées de l'encombrant parchemin qui relatait les franchises accordées à la ville ; nous sommes donc, sur ce point, comme sur bien d'autres, réduit à des hypothèses, des comparaisons ou des à peu près. Toutefois, nous croyons pouvoir dire, avec un savant historiographe contemporain, que les chartes de franchise du Bourbonnais ont toutes une ressemblance frappante avec celle de Lorris, dont la rédaction primitive est attribuée à Louis-le-Gros. Les articles principaux de la charte de Louis se retrouvent dans celles du Bourbonnais ; et c'est bien facile à concevoir et expliquer puisque le duc de Bourbon avait sur ses sujets les mêmes droits que le roi sur les siens : en renonçant à ces droits, à l'imitation de son suzerain, le duc devait vraisemblablement donner à ses francs bourgeois des privilèges identiques, ou presque, à ceux que le roi avait accordés aux siens (1).

La liberté des bourgeois était donc reconnue et respectée ; on ne pouvait, sous aucun prétexte, arrêter l'un d'eux s'il fournissait caution, sauf le *flagrante delicto* ; et, sous aucun motif, on ne pou-

(1) D'après M. Chazaud [*Les villes franches du Bourbonnais*], le sire de Bourbon conservait, d'une manière générale, sur tous ses bourgeois : 1º Les cens et rentes ; 2º Le droit de créance, c'est-à-dire le droit de prendre à crédit les comestibles les plus nécessaires ; la durée du crédit étant, en général, de quarante jours ; 3º La banalité des fours et des moulins ; 4º Les droits de laide sur diverses denrées vendues sur les marchés de la ville ; 5º La taille aux quatre cas, savoir : pour le mariage du seigneur, de son fils aîné ou de sa fille aînée ; pour la nouvelle chevalerie du seigneur ou de son fils aîné ; pour la croisade ; enfin pour sa rançon s'il était fait prisonnier de guerre ; 6º Le droit d'ost ou de chevauchée.

vait le soustraire à ses juges naturels, c'est-à-dire que c'était chez lui, dans sa ville franche, que l'on devait traduire le bourgeois en justice. De plus, pour le faire condamner, le témoignage des officiers du seigneur ne suffit plus, il faut le témoignage d'un bourgeois comme lui, libre comme lui, pouvant — comme lui — concourir, de concert avec le châtelain ou prévôt du sire de Bourbon, à l'administration de la ville. Pour ces fonctions administratives, les bourgeois sont généralement élus par leurs concitoyens au nombre de quatre, à la charge de « faire la liève (1) et mesurer la censive du sire de Bourbon bien et loyaulment ». Ces quatre mandataires des autres prennent généralement la qualification de « prudhommes ou consuls ». Toutes ces prérogatives ne sont concédées qu'aux bourgeois et non pas aux citoyens simplement domiciliés dont le sort, dit le publiciste Bodin (2), est essentiellement différent de celui des bourgeois : le citoyen domicilié ayant simplement des droits civils auxquels le bourgeois ajoute la possession des droits municipaux ; en effet, a écrit de son côté, le jurisconsulte Loyseau (3), « prendre part aux honneurs de la cité, aux assemblées », voilà en quoi consiste le droit de bourgeoisie.

Ce droit, on le conçoit aisément, était très envié à une époque où le serf était encore taillable et corvéable à merci. Aussi l'ambition de tous les ruraux, de tous les étrangers était-elle d'acquérir les précieux privilèges inhérents à ce droit ; et nombreux

---

(1) « Ils peuvent, s'ils le veulent, réunir avec eux seize des leurs et faire liève ou commune sans méfaire en rien envers leur seigneur. » — *Archives historiques du Bourbonnais*, t. I.
(2) *De la Républiqu*, I, ch. vi.
(3) *Traité des ordres et des simples dignitez*, ch. viii.

alors étaient ceux qui venaient subrepticement s'établir dans la ville franche (1) et cherchaient à y résider un an et un jour sans avoir été réclamés comme serfs, afin de devenir libres et bourgeois de la cité où ils étaient venus demeurer. Parmi les privilèges accordés aux Castellainaisiens, nous devons signaler que, dès 1375 (2), ils jouissaient de droits d'usage, chauffage (3), pâturage et passage dans la forêt de Tronçais. Les Lettres des gens des comptes du duc de Bourbonnais mandent, à l'époque de laisser jouir les habitants de ces divers privilèges et de leur permettre, entre autres choses, « d'y mettre leurs bêtes aumailles depuis Noël jusqu'au premier jour de mai, et tous leurs autres bestiaux de quelques espèces qu'ils soient, depuis ledit premier jour de mai jusqu'à la fête de Notre-Dame de septembre ; comme encore de mettre au passage de ladite forêt la nourriture des pourceaux des

---

(1) A Montluçon, il y avait, en mai 1446, cent onze individus établis qui jouissaient indûment des privilèges de bourgeoisie, bien qu'ils fussent hommes ou femmes de serve condition. Pour demeurer en possession, désormais incontestable de leurs droits de bourgeoisie, ils furent obligés de l'acheter individuellement. On les taxa à 120 écus qu'ils durent verser en les mains de Gilles Le Tailleur, argentier du duc de Bourbon et receveur-général de ses finances.

(2) Extrait d'un jugement rendu à Cérilly le 8 mai 1727, par Jacques Rouairon, sieur des Landes, conseiller du Roi, maître particulier des eaux et forêts de Cérilly, et par Claude Luylier, sieur de Couture, conseiller du Roi, lieutenant en la maîtrise de Cérilly — où sont rapportées les *Lettres des gens des comptes du duc de Bourbonnais*, du 8 août 1440, faisant mention d'autres *Lettres des gens des comptes du duc de Bourbonnais*, de l'an 1375. [Dossiers Chavaillon].

(3) Au XVIIIe siècle, la corde de bois valait, en Bourbonnais, 3 livres prise dans la forêt, et 6 livres conduite en ville [Achille Allier, p. 284].

habitants de ladite paroisse d'Ainay, en payant cinq sols pour chacun chef de ceux qui seront pour leur nourriture et laisser les nourrins desdits pourceaux durant ledit temps entier en payant cinq sols pour chacun ». C'était exiger une redevance assez productive, si l'on se souvient que vingt-deux porcs saisis en 1252, dans la forêt de Tronçais, furent estimés cent sols (1). Néanmoins, les Castellainaisiens tenaient fort à ce privilège, l'un des plus anciens qui leur ait été accordé ; Henri II le leur confirma par Lettres-Patentes et Louis XIV en conserva le principe — tout en réduisant, pour chaque maison usagère, le droit accordé à quatre bêtes à cornes et à deux porcs, — en un arrêt rendu au Conseil Royal des finances à Saint-Germain-en-Laye, le 2 décembre 1673.

Un auteur contemporain a écrit que le travail (2), l'esprit de famille (3) et l'économie avaient été les trois facteurs qui avaient concouru à la grandeur de la bourgeoisie. C'est une assertion dont l'évidence peut être constatée depuis l'existence de cette classe sociale. Le bourgeois qui, dans les origines, exerçait un métier manuel, cherchait à mettre de côté un petit pécule plus ou moins important ;

---

(1) Résidu Saint-Germain à la Bibl. Nationale, vol 966, fol. 22. — Titre porté en déficit aux Arch. Nationales : P; 1377, cote 2275.

(2) Il y avait des métiers lucratifs, notamment la draperie, la boucherie, l'orfèvrerie ; les maîtres de ces corporations étaient des bourgeois cossus. Dans le commerce proprement dit, les merciers, les marchands de sel, les armateurs arrivaient fréquemment à la fortune. [E. LAVISSE, *Hist. de France depuis les origines jusqu'à la Révolution*, IV, p. 153].

(3) La puissance paternelle était grande. Les ancêtres étaient environnés de respect ; on les connaissait par leur nom en remontant le cours de plusieurs siècles, et on parlait d'eux religieusement [*id.*, p. 160].

il économisait sou par sou, ayant comme objectif la possession du sol, mais ses économies avaient une source tout autre que les gains et profits des marchands juifs ou lombards qui parcouraient les provinces en y drainant l'argent à un point tel que les seigneurs les plus puissants de l'époque avaient recours à eux dans les cas difficiles et leur empruntaient de grosses sommes à des taux usuraires. Grâce à ses efforts persévérants, la bourgeoisie acquit, à la fin du Moyen âge, une réelle puissance territoriale : c'était pour elle un moyen de placer ses capitaux. Durant les accalmies de la guerre de Cent Ans, les habitants des villes achetèrent des fiefs ou des portions de fiefs ; une fois les Anglais expulsés ils se firent construire des maisons de campagne, prirent goût peu à peu à l'agriculture et les riches — parmi eux — constituèrent d'immenses propriétés rurales sous l'influence des transformations économiques qui avaient « modifié la hiérarchie sociale ». On se rendait bien compte, au xve siècle, de la toute puissance de l'argent et l'on s'en plaignait déjà :

Il n'est chose qu'argent ne face !

s'écrie un personnage du *Mystère de la Passion*, qui fut représenté, pour la première fois, vers 1451. L'opinion se montrait aussi haineuse que de nos jours contre les riches ; les Juifs restaient toujours sous le coup d'une expulsion, et la disgrâce de Jacques Cœur montre qu'ils n'excitaient pas seuls la jalousie... (1)

Près d'un siècle avant l'époque dont nous

(1) ERNEST LAVISSE, *Hist. de France depuis ses origines jusqu'à la Révolution*, IV, p. 153.

venons d'esquisser un rapide croquis, il nous a déjà été donné de signaler en la châtellenie d'Ainay différents aveux bourgeois pour cens, rentes, maisons, terrains, etc. C'est ainsi que nous avons cité les hommages de Guillaume de Valigny, Guillaume Péraud, Jean Sauson, Jean de Laveau « bourgeois d'Ainay-le-Chastel »... au début et vers le milieu du xive siècle. Ces bourgeois furent puissamment aidés, dans leurs tentatives d'acquisitions territoriales, par les besoins d'argent que nécessitaient, pour les nobles possesseurs de fiefs (1), les guerres de l'époque et surtout ces belliqueuses et ruineuses manifestations de foi que furent les Croisades, besoins qui firent souvent glisser en de nouvelles mains — des mains roturières — certaines parcelles du territoire. Un exemple de cet état de choses nous est fourni par un *vidimus* en parchemin, du 24 octobre 1437 (2), qui est conservé aux Archives Nationales et qui rapporte que, le 21 avril 1415, Aubert de Saint-Quentin, seigneur de Blet, vendait à Huguenin, Vernuis, *al.* Bernuys, marchand à Bourges, l'hôtel de Boismarmier, à Charly, châtellenie d'Ainay.

Une fois devenus possesseurs terriens, nos bourgeois-marchands prennent de l'importance et nous

(1) En même temps que la bourgeoisie s'enrichissait, la vieille noblesse se ruinait ; au xve siècle la majorité des nobles est aux abois. En Gascogne, les *châteaux de la misère* sont nombreux. Bertrand, sieur de Preignan, sollicite des consuls d'Auch le titre de bourgeois, parce qu'il pourra ainsi faire prendre des fagots pour se chauffer, dans le bois municipal, et avoir de la farine à bon compte. En Provence, il est question, dans les actes du xive siècle, de nobles mendiants, *nobiles mendicantes*. — Voir BRANET, *Un gentilhomme bourgeois d'Auch* (*Revue de Gascogne*), 1894.

(2) Arch. Nationales : P, 1376^1, cote 2664.

les voyons peu à peu former une catégorie de bourgeois parmi les bourgeois eux-mêmes (1). Cette nouvelle classe d'individus tiendra le milieu entre les bourgeois-marchands et les seigneurs : à ceux-ci elle empruntera leurs traditions en acquérant leurs terres et leurs pigeonniers, se frottant à leur orgueil, s'infiltrant dans leurs familles par des alliances successives ; chez les autres, elle aura ses attaches originelles, ses parentés premières. Dans les débuts, les membres de cette aristocratie bourgeoise — ou mieux, de cette oligarchie, — rechercheront la possession des emplois ou des charges qui les mettront en évidence, leur créeront une certaine notoriété, tout en leur rapportant des revenus suffisamment rémunérateurs. Ils ne reculeront devant aucune formalité, aucune démarche pour obtenir ces charges enviées ; ils intrigueront, brigueront, supplieront et s'arrangeront pour fournir des cautions comme en fournissent certains fonctionnaires ou employés de notre époque. Leur fortune leur sera nécessaire — dans ce cas-là — pour obtenir la place convoitée, car elle leur servira à constituer une garantie envers le duc de Bourbon. Ainsi,

(1) C'est ainsi qu'à la fin du xvie siècle, constatant toutes les subdivisions qui se sont formées dans le tiers état, Loyseau donne le premier rang aux « quatre facultez des gens de lettres » ; ensuite viennent les avocats « plaidans et consultans », après lesquels sont inscrits les financiers, les praticiens de robe longue, puis de robe courte, les marchands : tous sont qualifiés « honorables hommes ». Et alors, après une large ligne de démarcation, apparaît le quatrième état qui est constitué par la masse confuse des « viles personnes » : laboureurs, artisans et gens de métier, gens de bras ou mercenaires ; et, tout à fait en queue de cette bande des « viles personnes », l'effroyable troupeau des mendiants qui marche en marge de la société, presque au ban de l'opinion. [CHARLES LOYSEAU, *Traité des offices*].

le 25 septembre 1420, dans de semblables conditions, Guillaume Gon, frère de Naudon Gon, et Michel Petit, « bourgeois d'Ainay », fournissent au duc de Bourbon une caution de 500 livres tournois (1)...

Les diverses phases de cette évolution de la bourgeoisie sont faciles à constater chez Huguenin Bernuys ou Vernuis. En effet, ce marchand berrichon, devenu vassal du duc de Bourbonnais par le fait de son acquisition du 21 août 1415, prend, dès 1415 et 1419, les titres d' « honorable et noble homme Huguenin Bernuys, bourgeois et marchand à Bourges, sire de Bois-Marmier » ; et c'est ainsi, si nous en croyons dom Bétencourt, qu'il rend ses hommages au duc pour une maison, des terres, prés, grange et jardin situés au territoire de Bois-Marmier par lui nouvellement acquis. Or, Hugonin Bernuys ne conserva pas longtemps la jouissance de son hôtel ; dès 1446, il l'avait transmis à son gendre. A cette date, en effet, nous constatons que Denys Aligret, dit Faverot, veuf de Jeanne Bernuys, consent, au nom de ses enfants, à un accord avec Antoine de Saint-Quentin, écuyer, seigneur de Blet, petit-fils d'Aubert de Saint-Quentin. Enfin, Hugues Alligret, secrétaire du Roi, greffier criminel au Parlement de Paris, et Ursain Alligret, son frère, rendent, en 1460 et 1476, différents aveux au duc de Bourbon à cause de leur hôtel et terre seigneuriale de Bois-Marmier.

De la ploutocratie des marchands va donc ainsi sortir l'aristocratie de robe. Or, au xve siècle, si les offices ne confèrent pas encore de droit la noblesse, leurs titulaires obtiennent, du moins fréquemment, des

(1) Arch. Nationales : P, 1374², cote 2411.

lettres d'anoblissement, soit du roi, soit des grands vassaux indépendants. Ce sont ces « robins » qui achèteront peu à peu les seigneuries et les châteaux qui constitueront entre leurs mains les fameux « francs-fiefs », au sujet desquels nous pouvons voir des commissaires, députés par le Roi, venir informer, en la province de Bourbonnais, pour la liquidation des droits des « nouveaux-acquêts (1) ». C'est, en effet, avec les premiers anoblissements que l'on voit apparaître le droit de franc-fief. Le Parlement, dit M. Chazaud, « ayant déclaré tout roturier inhabile à porter la ceinture militaire (2), et, par conséquent, à s'acquitter des devoirs féodaux pesant sur la plupart des terres nobles et consistant, le plus souvent, en services militaires, tout fief passant de noble à non noble était, par le seul fait de cette transmission « abrégé », c'est-à-dire diminué de valeur et d'importance pour le suzerain qui perdait, au moins en théorie, les services militaires de son vassal » ; c'est pourquoi furent institués les droits de franc-fief (3) exigés à chaque acquisition de fief noble par des roturiers. Ceux-ci devenaient, par le fait de leur acquisition,

---

(1) Déjà en 1304 on s'occupe, en Bourbonnais, des nouveaux acquêts. Ainsi le mardi après les Brandons 1303 [v. s. — le 18 février 1304] les commissaires du sire et de la dame de Bourbon, sur le fait des nouveaux acquêts, ratifient la vente d'une laide et d'un péage féodal à Cosne, faite par le seigneur de Champerou à Estienne Mascou, chanoine de Saint-Nicolas de Montluçon. [Arch. Nationales : P, 1376², cote 2697].

(2) « Innobilis militiæ cingulum assumere non potest. » — *Olim*, III, p. 793, d'après Boutaric ; *La France sous Philippe-le-Bel*, p. 56.

(3) On les appelait aussi droits de rachat, désaparcillement, quint denier ou finance. [*Bulletin de la Société d'Emulation de l'Allier*, 1861-1863, pp. 313-317].

les féaux du duc de Bourbon et entraient ainsi dans la hiérarchie féodale, presque dans la noblesse. L'ordonnance de 1579 tenta bien d'abolir l'anoblissement par l'acquisition du fief, mais « les droits nobles faisaient partie de la vente, le bourgeois les payait, il avait le droit d'en jouir et il en jouissait en seigneur, eut-il été, fut-il encore, apothicaire, perruquier ou tondeur de chiens sur le Pont-Neuf... (1) »

Dom Bétencourt qui a relevé les aveux rendus aux ducs de Bourbon, nous signale — dans la châtellenie d'Ainay — un certain nombre de fiefs, cens ou dîmes tombés en roture, du XIVe au XVIe siècle. Avec lui, nous citerons, en 1381, Jean Marceaul qui, pour sa femme Simone (fille d'Himbaut de la Souche) rend hommage à la châtellenie d'Ainay à cause d'une rente sur un étang sis en la paroisse de Braize ; — Jean Jessart, couturier à Saint-Benin (2), fait aveu du « chesau qui fut Jeanet Lillo », des grands prés en dépendant, des bois et terres l'environnant, en 1397 et 1411. — En 1411 et 1443, Jean Pierre, dit Naudon, et son neveu, Hugues Pierre [fils d'autre Jean Pierre et de Marguerite Mérelles], reconnaissent tenir en fief divers maisons, domaines et seigneuries dans les paroisses de Bardais, Ingrande et Saint-Martin de Charenton. — En 1412, Guillaume de Byosay, paroissien de Couleuvre, fait avec Jean, Johannet et Perrin, ses frères, aveu, comme non noble, de l'hôtel des Genetins, les domaines et droits en dépendant : le tout situé dans

---

(1) Vicomte d'AVENEL, *La fortune privée à travers sept siècles*, p. 204.

(2) Saint-Benin ou Saint-Benigne formait, avant la Révolution, une paroisse distincte mais très rapprochée de celle d'Ainay-le-Château à laquelle on la réunit au Concordat.

la paroisse de Bessais-le-Fromental. — Pierre Aminaud, paroissien de Saint-Veran, rend hommage pour deux pièces de terre et diverses rentes, 1417. — Puis c'est Simon Robert, bourgeois de Charenton, qui, en 1425, reconnaît posséder plusieurs rentes sur « divers tènemens » et partie *de la grande dîme d'Ainay* ; — c'est Jean Turraut, fils de feu Pierre Turraut, paroissien de Saint-Martin de Charenton, qui reconnaît tenir en fief les cheseaux de Parès et de Blondelès au terroir d'Ardillier et au village de Monjon, en 1433. Dix ans plus tard, en 1443, nous pouvons enregistrer comme « reçu non noble » l'aveu fait par Gonnet pour des maisons, terres et prés au Marès. — La même année, Jean Amenon rend hommage pour le cheseau du Marès, quatre arpents de prés, terres, vignes, etc., situés en la paroisse de Bannegon. — En 1443 également, Jean Bachelier et Pierre Touzelle, à cause de leurs femmes respectives, Jeanne et Colette Naudonne, sœurs germaines, font aveu au duc de Bourbonnais, seigneur d'Ainay-le-Château, des motte et fossés de Sanguinières, *al.* Sangranières avec les domaines, étang, garenne, bois en dépendant « ès-paroisses de Saint-Benigne et de Barday ».

Mais néanmoins la majeure partie des terres et fiefs sont encore terres et fiefs nobles. Pour nous en convaincre nous n'avons qu'à parcourir la liste des hommages rendus à la châtellenie d'Ainay. Nous y relevons les noms suivants :

A la fin du xive siècle : Guillaume Baraton ; Guillaume des Barres ; Jean de Bernon ; Guiot de Champrobert ; Pépin Challot ; Jean de la Charnay ; Odart de Chuys et son fils Odonnet de Cluys ; Jean Franc ; André et Philippe Hastier ; Raymonet de Karossat ; Guillaume Lamoignon et sa femme

Jeanne Troussebois ; Philippon de Molins ; Gilles de Montagu ; Catherine de Pontcharraus ; Jean de la Porte ; Louis de Rochechouart, chamberier du roi ; Jean Rosselet ; Pierre de Saint-Quentin ; Geoffroy de Sully ; Imbert de la Porte ; Jeannet Taxelet ; Guillaume Tercelet ; Philibert de Tienges ; Hugonin de Treffort avec Marie de la Porte (1), sa femme, et Jean des Barres, fils de cette dernière ; Jean Troussebois et Agnès de Coys, sa femme ;..... tous damoiseaux, écuyers ou chevaliers.

Au XVe siècle : Vézien de Blasson ; Pierre de Bonnay ; Jean de Charenton ; Jean de Chéry ; Guiot de Coustures et Marguerite de Bois, sa femme ; Jean Dumas (2) ; Plotard de Forest ; Jean de la Fourest ; Loys Franc ; Guillaume Grozyeux, fils de Jean Grosieux et de Marie de la Porte, damoiselle ; Gilbert Grosyeux ; Jean de la Halle, écuyer, maître d'hôtel de Mme de Bourbon, et Françoise Grozieux sa femme ; Guillaume Henrriçon, écuyer, archer du corps du Roi ; Louis de Langon, Guillaume de Langon, écuyer des écuries du Roi, agissant à cause de feu Gillette, dame de Bernon, sa mère ; Hugues du Marès ; Colas Matheron pour lui et ses frères ; Bertrand de Maumarche, capitaine de Valigny-le-Monial ; Louis Baratier et Jeanne de la Monte, sa femme ; Jean de Penille pour Marguerite de Sery, sa mère ; Jean de la Porte ; Jean Regnault ; Charlot des Ruyaulx, écuyer du duc de Bourbon ; Jean et Pierre de Saint-Aubin ; Antoine de Saint-Quentin ; Gilbert de Saint-Quentin, chambellan du comte de Montpensier, dauphin d'Auvergne ; Guérin de Saint-Sébastien ; Phil. Segarde, damoiselle, veuve

---

(1) Elle était veuve, en premières noces, du sieur des Barres.
(2) *Alias* : du Mas.

de Guillaume d'Aisi ; Antoine et Guiot Troussebois; Jean Voysin, pour Alyre de Villaines, sa mère ; Jean de Saligny et Guillaume de Reux, al. de Montjoye, etc. (1)... A cette époque, il ne fallait pas essayer d'éluder l'hommage car, en semblable cas, le suzerain avait droit de faire saisir le fief, et le vassal poursuivi pour défaut d'hommage se voyait contraint d'abandonner l'immeuble acquis par lui. Deux *vidimus* en parchemin, signés et jadis scellés, datés respectivement des 22 août 1463 et 8 avril 1467 nous ont conservé aux Archives Nationales (2) le souvenir d'un fait similaire : Le 12 mars 1463 [nouveau style], le Parlement rendit un arrêt confirmant la sentence de la Chambre des Requêtes du Palais, rendue le 16 juin 1462, par laquelle la saisie de l'étang de Sancoins (3), dépendant de la seigneurie de Sagonne [châtellenie d'Ainay], faite au nom du duc de Bourbonnais pour défaut d'hommage, était déclarée valable ; et Pierre Barillet, condamné à délaisser par puissance de fief ledit étang, moyennant restitution des 500 écus par lui payés pour son acquisition à Pierre d'Amboise, seigneur de Sagonne (4). Ainay-le-Château — comme nous avons

---

(1) Ces divers aveux sont conservés aux Archives Nationales : P, 462³ et 463¹.

(2) Arch. Nationales : P, 1356², cote 284 et 1460¹, cote 826.

(3) On trouve dans le deuxième registre du Bourbonnais estant en la Chambre des Comptes de Paris [coll. Gaignières, 654] les lettres par lesquelles le duc a remis à M. Pierre d'Amboise, chevalier, seigneur de Chaumont et à Anne de Bueil, sa femme, son droit de retenue de l'estang situé près la ville de Xaincoins, tenu et mouvant dud. duc. — Montluçon, 26 mai 1463 expédiées le 13 juin ; [folio 286].

(4) Dans le troisième registre, coll. Gaignières [fol. 46] se trouvent les Lettres par lesquelles Mgr le Duc veut que son amé et cher cousin, Pierre d'Amboise et sa chère et amée cousine,

DES ORIGINES JUSQU'A LA RÉVOLUTION 81

pu nous en rendre compte par ce qui précède — était donc devenue à la fin du xve siècle une châtellenie importante du duché de Bourbonnais et, comme telle, avait sous sa dépendance les petites localités d'alentour. Divers arrêts des 31 août, 12, 19 et 26 septembre 1498, indiquent cet état de choses et soulignent l'importance réelle d'Ainay où les habitants de Charly, Chalivoy-les-Noix et Blet, devaient venir faire leurs approvisionnements de sel (1).

Anne de Bueil, jouissent de faire ressortir par devant le bailli de Sagonne leur terre et seigneurie de Sermage, assise en la chastellenie d'Ainay. — Moulins, 3 avril 1464 ; expédiées le 9 avril. — [Les registres du Bourbonnais furent transportés à la Chambre des Comptes de Paris lors de la réunion du duché à la couronne. Les originaux ont péri, soit en 1737 lors de l'incendie de la Chambre des Comptes, soit en 1793 ; mais un des collaborateurs du P. Anselme, du Fourny, en avait fait des analyses. C'est le manuscrit de du Fourny qui forma le registre 654 de l'ancienne collection Gaignières ; — actuellement manuscrit français 22299 de la Bibliothèque nationale].

(1) Arch. Nationales : P, 1370[1], cote 1874.

Château de Chandon.

Vue de Pontcharrault.

CHAPITRE III

FIN DE LA GUERRE DE CENT ANS. — VENTE ET RACHAT DE LA CHATELLENIE D'AINAY. — LES DERNIERS DUCS DE BOURBON. — AINAY DEVIENT CHATELLENIE ROYALE

Comme nous l'avons déjà dit, la Guerre de Cent Ans éprouva grandement le duché de Bourbonnais. Par terreur des incursions anglaises, les habitants des campagnes se réfugiaient dans les places-fortes et les villes closes dès que le bruit se répandait de l'approche de l'ennemi. Il arriva même parfois que les gens du pays sollicitèrent la création de nouveaux forts dans lesquels, en cas d'alerte, les campagnards qui avaient contribué à leur construction se pouvaient venir abriter (1) ; mais parfois aussi, dit M. Max Bruchet, d'avides châtelains abusèrent

---

(1) C'est ainsi que peu avant 1381, un fort fut construit dans de semblables conditions, à Saint-Bonnet-de-Fours. [Arch. Nationales : P, 1377^2, cote 3889].

de la faiblesse de Jacques Bonhomme. Louis II de Bourbon voulut empêcher cette exploitation, c'est pourquoi, afin d' « obvier aux grants griefs et oppressions que ses sujets du pays Bourbonnais ont par longtemps souffert au temps passé et souffrent de jour en jour par les guets auxquels ils sont obligés tant dans ses villes, chasteaux et forteresses, comme dans ceux de ses sujets à qui il les a prêtés pour convertir en leurs lieux et qui, soubz umbre dudit prest en plusieurs et diverses manières en ont esté grevés (1) », le Bon Duc, après avoir révoqué tous les guets prêtés, créa dans chacune de ses châtellenies un clerc justiciable de sa chambre des comptes, chargé de dresser le rôle des hommes soumis au guet et de percevoir les défauts prononcés contre les défaillants.

A cette époque, la Cour de Louis II passait pour l'école de la bravoure et de la courtoisie ; les plus grands princes de la chrétienté ambitionnaient le collier de l'ordre de Notre-Dame de l'Espérance (2) que le Bon Duc avait fondé sous le patronage de la Sainte Vierge, ou encore la décoration de l'Ecu d'Or qu'il institua à Moulins le 1er janvier 1367 (3), et qui consistait en un petit écusson d'or que les chevaliers portaient sur l'épaule ou la poitrine, sur lequel étaient écrits ces mots : *Allen ! Allen !* Aussi d'illustres voyageurs dirigeaient-ils leurs pas vers le Bourbonnais et de grands princes, traversant

---

(1) La chevauchée du duc de Lancastre en Bourbonnais. [*Arch. historiques du Bourbonnais*, III, pp. 240-241].

(2) « Louis II prit pour cri : « Notre-Dame, Notre-Dame ; Bourbon, Bourbon !... » Et pour ce même sujet il établit en l'honneur de Dieu et de la Vierge, sa mère immaculée, l'ordre des chevaliers de Notre-Dame ou autrement : du Chardon... » [Favyn, *Le théâtre d'honneur*, p. 768].

(3) L'abbé J. Clément, *L'Ecu d'or et l'ordre de Notre-Dame.*

ce duché, fixaient dans ses principales villes leurs gîtes d'étape : Ainay-le-Château eut l'honneur de recevoir dans son enceinte et d'abriter dans ses murs « très hault et très puissant prince » Mgr Philippe-le-Hardi, duc de Bourgogne, qui s'y arrêta au mois de novembre 1373 ainsi que l'indique ce paragraphe de son « Itinéraire (1) » : 1373. — Venant de Montagu-en-Combraille ; 11 novembre : gister à Molisson-en-Bourbonnais ; — samedi 12 novembre : souper et gister à Molisson ; — dimanche 13 novembre : tout le jour à Molisson ; — lundi 14 novembre : séjour à Molisson ; — mardi 15 novembre : disner à Hérisson ; souper et gister à Ainay-en-Bourbonnais »... Suivant M. Bruchet, ce séjour du duc de Bourgogne en Bourbonnais aurait été motivé par une attaque malheureuse des bandes anglaises commandées par le duc de Lancastre, sur Montluçon et les pays avoisinants. Cette hypothèse, très plausible, n'est cependant qu'une hypothèse ; ce qui est certain, c'est que cette campagne, désastreuse, avait épuisé le pays et que Louis II de Bourbon eut beaucoup de peine à réparer les ravages causés par l'envahisseur.

Hélas, ces maux n'étaient pas à la veille de prendre fin. La lutte sanglante qui se déroula entre les Armagnacs et les Bourguignons eut son contre-coup dans le duché (2). Du côté des Bourguignons était Jean sans-Peur, duc de Bourgogne, beau-père du dauphin Louis (3) ; les Armagnacs ayant signé le 8 mai 1412

---

(1) *Itinéraires de Philippe-le-Hardi et de Jean-sans-Peur, ducs de Bourgogne* [1369-1419], par Ernest Petit.

(2) Voir Achille Allier, *L'ancien Bourbonnais*.

(3) Philippe-le-Hardi mourut le 26 avril 1401, laissant comme successeur son fils, Jeans-sans-Peur, dont la fille aînée, Marguerite de Bourgogne épousa, le 30 août 1404, le dauphin Louis, qui mourut lui-même le 18 décembre 1415.

un traité d'alliance avec Edouard III d'Angleterre, le duc de Bourgogne se trouva donc être le défenseur du royaume. Charles VI et le dauphin le chargèrent de punir les rebelles et le rejoignirent, en mai 1412 pour marcher sur Bourges, capitale du duché de Berri (1) ; mais Charles VI ayant eu un nouvel accès de folie furieuse, les Bourguignons se résolurent à signer, le 13 juillet 1412, la paix de Bourges (2).

Or, durant l'attaque de cette cité, Hector, bâtard de Bourbon se jeta dans Dun-le-Roi, où il tint tête à l'armée royale durant quelques jours avec 300 hommes d'armes (3) ; la proximité de Dun et d'Ainay est assez grande ; les Castellainaisiens redoutèrent un siège eux aussi et la panique fut sérieuse dans les environs.

Trois ans plus tard, Jean Ier qui, en 1410, avait succédé au Bon Duc, fut fait prisonnier à Azincourt. Les temps étaient toujours mauvais, mais les partis avaient changé d'orientation : les Bourguignons, alliés des Anglais, et soutenus par Isabeau de Bavière, luttaient contre le Dauphin, chef du parti national français. Pendant la captivité de Jean Ier de Bourbon, sa femme, la duchesse Marie de Berry, prit en mains le gouvernement du Bourbonnais, — son fils Charles de Bourbon n'ayant alors que 15 ans. — La duchesse Marie avait l'âme française (4) ; elle

---

(1) ERNEST LAVISSE, *Histoire de France*, etc., IV, p. 338. — Le duc de Berry faisait partie des Armagnacs.

(2) Ratifiée à Auxerre le 30 du même mois.

(3) L'assaillant employa la « grielle » ou « griole », engin de balistique qui avait une ouverture « plus grande qu'une caque de harengs » et qui lançait des pierres « grosses comme une meule de moulin ». [COTTIGNÉ, *Chronique de Jehan de Bourgogne*]. — Hector était le fils naturel du duc Louis II.

(4) VALLET DE VIRIVILLE, *Hist. de Charles VII*, t. I, p. 405.

resta toujours de cœur (1) du parti du dauphin. Or, pendant trois ans, le dauphin Charles (2), qui le 29 décembre 1418 prit le titre de régent, ne connut que des revers et, le 9 décembre 1419, le Château-Gaillard, dernière place française dans la haute Normandie, se rendit faute de corde pour tirer l'eau du puits. Ce fut pourtant le moment que choisit celui qui devait plus tard s'entendre appeler Charles VII le Victorieux, pour passer avec quelques troupes en Languedoc afin de réduire à l'obéissance le comte de Foix, lieutenant-général du Roi, qui s'était rendu indépendant (3). Son itinéraire est intéressant à consulter, car il indique les lieux que ce prince considérait comme les plus sûrs au point de vue de la fidélité des habitants et de la facilité de sa marche; le Dauphin choisit la route du Bourbonnais et marqua Ainay-le-Château comme lieu de halte. Parti de Bourges le 21 décembre 1419, il se dirigea sur Lyon en passant par Dun-le-Roi, Ainay, Bourbon-l'Archambault, Souvigny, Moulins, Varennes, La Palisse; puis gagna le Beaujolais; or, comme il séjourna au Perreux en Beaujolais les 5 et 6 janvier 1420 (4),

---

(1) Néanmoins elle s'était engagée vis-à-vis du duc de Bourgogne à garder la neutralité. « Son mari était captif en Angleterre ; elle avait à défendre ses terres contre les incursions des routiers et les convoitises de son voisin, le duc de Savoie ; elle avait aussi à payer l'énorme rançon de Jean Ier », qu'elle ne put arriver à liquider... — Voir E. LAVISSE et ses collaborateurs, *Hist. de France*, etc., IV, pp. 18-19 (2e partie).

(2) Il avait succédé à ses frères : le dauphin Louis, mort en 1415 ; et le dauphin Jean, mort du poison le 5 avril 1416.

(3) J. M. DE LA MURE, *Histoire des ducs de Bourbon et des comtes de Forez* (1860-1897), II, 135.

(4) Il « séjourna les 5 et 6 janvier 1420 [n. s.] à Perreux-en-Beaujolais, pour y passer la fête des Rois. » [VALLET DE VIRIVILLE, *Hist. de Charles VII*, t. I, p. 204].

on peut supposer vraisemblablement que ce fut vers les 23 ou 24 décembre qu'il passa à Ainay-le-Château.

Enfin, la Pucelle survint qui sauva la monarchie et chassa l'Anglais de France. Mais aussitôt après le bûcher de Rouen « la guerre reprit le caractère qu'elle avait eu avant les grandes campagnes de Jeanne d'Arc (1) ». Et, en 1433, Jean Jouvenel des Ursins écrivait : « Les ennemis font forte guerre, gaignent des places, et n'y a personne qui résiste et qui fasse semblant d'y résister, sinon les povres compaignons des frontières, aymant leur honneur et le pourfit du royaume, qui n'ont eu aucun proffit du roy, non mie une povre lettre close de reconfort ». Néanmoins, cette fois, la fortune souriait aux Français malgré des alternatives de revers et de succès à la faveur desquelles, les bandes de pillards, tant anglais que français, se répandirent dans les provinces, pillant et saccageant sur leur passage : Le Bourbonnais ne fut pas épargné, aussi tous les seigneurs fortifièrent-ils — dans la limite du possible — leurs châteaux et leurs hôtels-forts. C'est très probablement pour ce motif que nous lisons « dans un ancien inventaire des titres de Poligni (2) que le 13 mai 1438, le duc de Bourbon, Charles Ier, accorda à noble homme Jehan de Châteaumorand la permission de faire « fortifier et entourer de fossés son lieu, place du Breuil-ès-Chaps (3), sis en la châtellenie d'Ainay ;

(1) ERNEST LAVISSE, *Histoire de France depuis ses origines jusqu'à la Révolution*, IV, p. 73.
(2) Aujourd'hui Lévy, commune de Lurcy-Lévy (Allier).
(3) Commune de Bannegon. Ce nom de lieu a été défiguré : L'inventaire de Poligni écrit *Bonnelly aux Camps* ; — Cassini : *Le Bruit au chat* ; — et la carte de l'Etat-Major : *Brot au Chat*. Aujourd'hui encore les paysans des environs désignent sous le

qu'il tenait en fief de l'abbaye de Saint-Sulpice de Bourges, comme seigneur de Bannegon et de Poligny (1) ». Vers la même époque, par lettres datées de « Chastellerault le 20 avril après Pâques 1438 » et expédiées seulement le 5 décembre 1438, le duc donne « faculté et licence à son amé et féal escuier Jehan de la Porte, dit Champeroux, de pouvoir bastir et édifier un hostel-fort en un hostel qu'il a en la chastellenie d'Aynay, assis à Champeroux (2) ». Et quelques années plus tard, c'est Loys Segaud, écuyer, maître d'hôtel de Mme la Duchesse, qui obtient de Monseigneur le Duc, par lettres datées de Moulins en octobre 1473, le « pouvoir de fortifier et clore de fossez son hostel de la Vaverille, assis en la chastellenie d'Aysnay (3) ».

Trois ans après la fin de la guerre de Cent Ans, Charles Ier, « duc de Bourbonnois et d'Auvergne, comte de Clermont, de Forêts, de Mont-pensier, S. de Beaujeu, de Combrailles et de Châtel-Chénon, gouverneur de Languedoc, Pair et Chamberier de France » mourut — si nous en croyons La Thaumassière (4) — dans son château de Moulins, le 4 décembre 1456. Il avait eu de son mariage avec Agnès de Bourgogne, onze enfants (5) (voir note 5, page 89), dont l'aîné, Jean II, lui succéda comme duc de Bourbon. Mais en recueillant la succession paternelle, Jean II accepta vis-à-vis de ses frères et

nom de Brotté aux Chats, le domaine situé entre Bessais, Vernais, Fonblisse et Rhimbé, qui appartient à Mme veuve Hidrot.

(1) CHAZAUD, *La Chronique du bon duc Loys de Bourbon*, p. XIII.
(2) Bibl. nationale, ms. franç. 22299 ; Extrait du premier registre du Bourbonnais... — Ancien fonds Gaignières : 654.
(3) Bibl. nationale, ms. franç. 22299, quatrième registre. Le serment fut prêté le 14 décembre 1473.
(4) *Histoire du Berry*, liv. IX, chap. LXXII.

(5) *Enfants de Charles Ier de Bourbon et d'Agnès de Bourgogne*

Charles Ier, duc de Bourbonnais, épousa le 1er septembre 1426, Agnès de Bourgogne, fille de Jean, duc de Bourgogne, et de Marguerite de Bavière.

| Jean II, duc de Bourbon, sire de Beaujeu, ne laissa pas d'enfants de ses trois femmes. Il mourut le 1er avril 1488. | Philippe, qui ne laissa jeu, sans alliance. | Charles, cardinal de Bourbon, archevêque de Lyon, duc de Bourbon à la mort de Jean II; il céda ses droits au duché de Bourbonnais à son frère Pierre II, sire de Beaujeu, puis duc de Bourbon, se contentant du revenu de la seigneurie de Beaujolais. Il mourut à Lyon le 13 septembre 1488. | Pierre de Beaujeu, duc de Bourbonnais sous le nom de Pierre II, par la cession de son frère Charles II, cardinal, duc de Bourbon en 1488. Il mourut en 1503 laissant une fille. | Louis, évêque de Liège ; tué par Louis « le Sanglier des Ardennes »,en 1482. | Jacques, mort sans alliance le 23 mai 1468. | Marie, qui épousa Jean d'Anjou, duc de Calabre et fils du bon roi René de Sicile. | Isabelle, mariée à Charles, duc de Bourgogne. | Catherine, qui épousa Adolphe d'Egmont, duc de Gueldres, fils du duc Arnoul et de Catherine de Clèves. C'est pour « payer » le mariage de Catherine de Bourbon, que le duc Jean II vendit le 19 août 1463, son « chastel, ville, chastellenie, seigneurie, terre et chevance d'Ayney-le-Chastel », à Patris Foucart, écuyer. | Jeanne, mariée à Jean de Châlons, prince d'Orange, fils de Guillaume de Châlons et de Catherine de Bretagne. | Marguerite, alliée le 6 janvier 1471 à Philippe VII de Savoie, fils du duc Louis de Savoie et d'Anne de Chypre. |

sœurs les devoirs et les charges qui incombaient à Charles Ier : C'est pourquoi il se décida à aliéner sa châtellenie d'Ainay qu'il vendit — ainsi que le prouve l'acte ci-dessous — le 19 août 1463, moyennant six mille écus d'or, somme qui lui était nécessaire pour subvenir au mariage de sa sœur Catherine de Bourbon avec Adolphe d'Egmont, duc de Gueldres. Voici la teneur de cet acte de vente :

Devant Jean Regnart, clerc juré notaire de la cour de Saint-Pierre-le-Moûtier, Jean Beaudreul, bourgeois de Saint-Pierre-le-Moutier étant garde du scel de la prévôté dudit lieu ; très haut et puissant prince, monseigneur Jehan duc de Bourbonnois et d'Auvergne, comte de Clermont de Forez de Lisle, seigneur de Beaujeu, « per » et chamberier de France vend a noble homme Patris Foucart, écuyer, son conseiller chambellan et capitaine d'Aynay, à ce present, stipulant et acceptant et ce pour le prix et somme de six mille écus d'or « a present aïant cours de bon et loyal poix ja paiez comptez et nombrez reaument et de fait a mondict seigneur le duc a la personne et ès mains de Jehan Douet commis a l'office de trésorier général en la presence dudict notaire et de messire Loys de Vernade chevalier chancellier de mondit seigneur et lesquelx six mil escus d'or (1) ont estés prins pour estre employes au paiement du mariage de madamoiselle Catherine de Bourbon, seur de mondict seigneur avec le filz de tres hault et puissant prince Monseigneur le duc de Guerles, son chastel ville chastellenie seigneurie

(1) Nous n'osons donner une valeur précise à l'écu d'or à cette époque : D'après les calculs de N. de Wailly [*Mémoires de l'Académie des Inscriptions et Belles-Lettres*, XXXI, 2e partie (1857)], l'écu d'or aurait pu valoir 11 fr. 70 environ, et l'écu à la couronne, 12 fr. 05.

terre et chevance d'Aynay-le-Chastel assis en Bourbonnois, avec toute juridiction et justice haulte moïenne et basse prez terres estangs gaennes boys colombiers charrois maneuvres domaynes droiz et adcenses des greffes de ladicte chastellenie les esmolumens du scel d'icelle et scel aux contraulx cens rentes tailles sauf et reservé à mon dict seigneur le duc et a ses successeurs le fief ressort et souveraineté dudict Aynay et les fiefz et ressors des seigneurs aïant justice haulte moïenne et basse soubz le fief et ressort dudict Aynay excepté les exploiz de la seneschaucée de Bourbonnois, des assises qui seront tenues par le seneschal de Bourbonnois ou son lieutenant au lieu d'Aynay tout ainsi que le receveur d'Aynay les a accoutumées de recevoir par cy devant, lesquelx seront audict Patris et ès siens, sauf et réservé que les esmendes des causes d'appel de ladicte seneschaucée et des maintenues et gardes d'icelle seront a mondict seigneur le duc, desquelles choses ainsi vendues comme dict est mondict seigneur le duc s'en est devestu et desaisi et ledict Patris Foucart en a saisi et vestu par le bail et octroy de ces présentes et est assavoir que mondict seigneur le duc n'entend point ne n'est d'entencion ne vouloir que la fourest de Troncaye (1) touchant le fourestage et droit de fourest

(1) « ...Là des coteaux abrupts portent un plateau sur lequel s'étend une des plus belles et des plus vastes forêts de France, celle de Tronçais, contenant 10.436 hectares de futaies superbes. Une route allant depuis Urçay, au bord du Cher, jusqu'au Veurdre, au bord de l'Allier, parcourt 20 kilomètres sous bois, de l'ouest à l'est. Elle est croisée par la route de Bourges à Moulins qui la traverse sur 10 kilomètres, sans cesse à l'ombre des grands arbres. » — ARDOUIN-DUMAZET, *Voyage en France ; Bourbonnais et Haute-Marche*, ch. XI, p. 157.

soit comprise en ceste présente vente de transport, reserve que ledict Patris Foucart et les siens auront leur usaige en ladicte fourest pour chauffer et bastir et pour l'engraissement de quarante pourceaulx et aussi réservé que les hommes demeurans en ladicte fourest dedans ladicte chastellenie seront justiciables et subjetz dudict Patris en autres choses que dudict fourestaige ; et desdictes choses ainsi vandues mondict seigneur en a receu, present ledict notaire, ledict Patris en foy et hommaige, lesquelx il a faitz a mondict seigneur et au cas que mondict seigneur le duc ou les siens recouvreront ou rachapteront ladicte terre et seigneurie d'Aynay dudict Patris ou des siens, audict cas ledict douhaire de madicte dame (1) reviendra et retournera sur ladicte chastellenie d'Aynay ainsi qu'il estoit avant ceste presente vante et ladicte chastellenie de Vichy sera deschargée dudict douhaire. En tesmoing de ce nous, a la rellacion dudict juré qui les choses dessus dictes nous a rapporté estre vrayes, la scel de ladicte prevosté avons mis et apposé à ces présentes. Donné, tesmoings a ce présens et appelez Loys, bastard de Bourbon sieur du Chastelart, messire Loys de la Vernade chevalier chancellier de mondict seigneur le duc, Jehan sieur du Chastel et Pierre des Barres sieur de Bouge chevaliers, Jehan de la Gardette maistre d'ostel de mondict seigneur, maistre Pierre de Culant lieutenant du seneschal de Bourbonnois, et maistre Olivier Millet procureur-général de Bourbonnois le XIXe jour d'aoust l'an mil CCCC soixante et troys (2). »

(1) La duchesse de Bourbon.
(2) Arch. Nationales : P, 1374², coto 2422. — Original sur parchemin, signé : Regnart.

Cette vente, — comme nous venons de le voir, — était contraire aux dispositions arrêtées par le duc Jean II lors de son mariage avec Jeanne de France, fille de Charles VII ; dispositions en vertu desquelles la châtellenie d'Ainay était désignée au contrat (1), comme devant constituer une partie du douaire de la future duchesse : « ...Et se nostredict cousin le conte de Clermont (2) alloit de vie a trépassement, ledict mariage consommé et accomply survivant nostre dicte fille lesdictes sommes ou héritages et ce qui restera a employer de ladicte somme lui seront rendus et restituez. En oultre sera nostredicte fille Jehanne douée ; et ont nostredict cousin le conte de Clermont pour luy en tant qu'il luy touche et lesdicts procureurs et ambassadeurs pour et au nom de nostredict cousin le duc de Bourbon consenty, accordé, promis et constitué, consentent, accordent, promettent et constituent, dès maintenant pour lors, que douaire aura lieu ; et dès lors maintenant assignent a icelle nostre fille ledict douaire en et sur les chasteaux, chastellenies, terres et seigneuries de Murat en Bourbonnois, Chaveroche et Aynay-le-Chastel, et leurs appartenances, appendances, adjacences quelzconques en la valleur de six mil livres tournois de rente annuelle en bonne et souffisante assiette, selon la coustume des pays ou lesdictes terres sont assises ; et lesquelz six mil livres tournoy de rente a assiette du pays dessus dictes, nostre cousin et ambassadeurs ont promis fournir et y faire valloir et asseoir de pro-

---

(1) Ce contrat fut fait le 23 décembre 1446.
(2) Jean II était alors simplement comte de Clermont. Son père, Charles Ier, vivait encore et portait le titre de duc de Bourbon.

chain en prochain desdictes places jusques à la perfection et accomplissement de la totalle assiette d'icelle... (1). »

Jean II songea bien vite à effectuer le rachat de sa châtellenie d'Ainay ; malheureusement l'état plutôt précaire de ses finances ne devait pas — de longtemps — lui permettre de mettre son projet à exécution. La guerre de la Ligue du Bien Public fut peut-être l'une des causes qui l'empêcha d'économiser les sommes nécessaires au remboursement ; car cette ligue formée contre le roi de France, Louis XI, réunissait, sous le commandement de Charles-le-Téméraire, les plus grands seigneurs du royaume : parmi eux se trouvait le duc de Bourbon, contre qui son royal beau-frère (2) se dirigea tout d'abord (3). Les lettres de La Loère nous indiquent, étape par étape les péripéties de cette campagne où Louis XI s'empara de » Saint-Aman-Lailler (4) », reçut la reddition du château de Montrond, prit d'assaut Montluçon et accepta la soumission de nombreuses places-fortes de Combraille, Bourbonnais et Auvergne. Jeanne de France s'entremit enfin

---

(1) Lettres de vidimus données au Montilz-les-Tours, le 25 décembre 1446. — Voir Achille Allier, *L'ancien Bourbonnais*, II, p. 81.

(2) Louis XI était frère de Jeanne de France, première femme de Jean II de Bourbon.

(3) « M. de Bourbon avait mis de fortes garnisons à Sancerre et à Sancoins ; de là, ses gens d'armes faisaient la guerre à Bourges et au pays plat de Berry. » — Achille Allier, *L'ancien Bourbonnais*, II, p. 62.

(4) Bibl. Nationale : Dupuy, 539, fol. 144 ; et Brienne, 198, fol. 202. — Quicherat, *Mélanges historiques*, II, pp. 255, 261. — Joseph Vaesen et Étienne Charavay, *Lettres de Louis XI*, II, p. 292-296. — Notre *Simple croquis de Montluçon au bon vieux temps*, pp. 84-90, etc.

entre son frère et son époux et, après bien des pourparlers, « la paix fut décidée par une convention faite à Mauzac » en 1463. Or, aussitôt après sa réconciliation avec Louis XI, une des premières faveurs que le duc Jean sollicita et obtint de ce monarque fut que « toutes ses terres situées en France, ainsi que son duché de Bourbonnais, seraient placées, pour les appellations, sous la juridiction immédiate du parlement de Paris (1) : c'est-à-dire que les justices seigneuriales cesseraient de ressortir, comme par le passé, aux bailliages royaux. Depuis l'établissement des Parlements sédentaires, ces bailliages n'exerçaient plus une juridiction sans appel ; leurs décisions pouvaient toujours être soumises par les parties à la révision du Parlement ». Les Lettres qui furent délivrées à ce

(1) Au sujet de la juridiction où ressortissait Ainay, nous lisons dans l'*Histoire de Dun-le-Roi*, de M. P. Moreau [I, 169], que Philippe VI de Valois rendit au mois d'août 1338, à Paris, une ordonnance [*Ordonnances des Rois de France*, III, 325], par laquelle la châtellenie de Dun — qui avait été, en 1213, échangée par Charles-le-Bel à Henry de Sully, contre Château-Renard — faisait définitivement retour à la couronne. A ces Lettres de 1338 intervint le beau-père de Jehan II de Sully, Louis Ier, dit le Grand, duc de Bourbon... suppliant à grande instance, il obtint de Philippe de Valois, pour la ville de Dun-le-Roi, cette faveur que « tout ce de la terre, domaine et subjection de notre cousin, dit le roi, soit en fiez ou arrière-fiez, pour moïen et sans moïen qui ressortissent en tout la baillie de Bourges en ressort roïal, quelque part qu'ilz soyent et quelque part qu'ilz ayent autreffoỹs ressorty d'ancienneté par ordonnances ou par privilèges, soyt à Dun, soyt à Cenquoins ou à Saint-Pierre-le-Moustier ou ailleurs, ressortiront dores en avant et perpétuellement en nostre ville et chastel de Dun le Roy sans jamais estre réunis, remuez ou renvoyez ailleurs pour cause de ressort », dispositions ratifiées par Lettres du duc, datées de Bourbon, du mardi 11 janvier 1339.

sujet à Jean II sont datées de novembre 1465. Malgré cet avantage — quasi platonique — il est permis de supposer que le duc de Bourbon, assez malmené dans cette guerre de la Ligue du Bien Public, ne put songer à de grandes économies : en tous cas, le 21 juin 1475, quelque dix ans après cette campagne malheureuse pour les armes ducales, Marguerite de Salignac, veuve de Patris Foucart (1), en son nom et au nom de ses filles ; et Charles Foucart, fils dudit Patris, — par acte passé devant Gilbert Tard, clerc juré et notaire du roi, et devant « honorable homme et saige monsieur maistre Jehan Peletier, licencié-ez-droiz canon et civil, chancellier de mondict seigneur le duc, Loys Mareschal, sieur d'Apinat, et Loiz de Villers, escuiers, maistres de mondict seigneur le duc », témoins, — consentent et « accordent au duc de Bourbon une nouvelle période de réméré (2) ».

Pendant ce temps la veuve de Patris Foucart jouissait de la terre et seigneurie d'Ainay-le-Château, dont elle défendait les prérogatives et les privilèges. C'est ainsi que les 7 et 8 avril 1476 [nouveau style], elle donna procuration (3), dans le but de désavouer un procureur qui avait dit et fait plaider par un avocat que les châtellenies d'Ainay et de Pontcharrault étaient du ressort de Sancoins. Un *vidimus* du 17 septembre 1476 (4), rapporte ainsi le fait :

---

(1) Alias : Marg. de Salignat ; — et Patris Foulcart.
(2) Arch. Nationales : P, 1378², cote 3057 ; original sur parchemin, signé : Tard. — HUILLARD-BRÉHOLLES, *Titres de la maison ducale de Bourbon*, n° 6598.
(3) Arch. Nationales : P, 1374², cote 2421. — HUILLARD-BRÉHOLLES, n° 6634.
(4) Arch. Nationales : P, 1374², cote 2418 ; original sur parchemin, signé.

« A tous ceulx qui ces présentes lettres verront Jehan de Lagoute, conseiller de très hault et puissant prince Monseigneur le duc de Bourbonnois et d'Auvergne et garde du scel aux contractz de la chancellerie de son dict duché de Bourbonnois, salut. Scavoir faisons que Guillaume Huet, notaire de lad. chancellerie et dud. scel et le nostre, auquel, quant à ce, nous avons donné nostre povoir lequel nous a rapporté que le XVIIe jour de septembre de l'an mil IIII^c soixante et saize, il a veu, leu, tenu et déligemment visité de mot a mot unes lettres escriptes en parchemin, scellées du scel du bailliage de Saint-Pierre-le-Moustier, en cire rouge en simple queue, seines et entières en scel et escriptures, non vicieuses ne suspectes en rasure (1), desquelles la teneur sensuit :

A tous ceulx qui ces présentes lettres verront Estienne de Charpaignes, licentié en loiz, lieutenant de noble homme Guérin le Groing, escuier, seigneur de la Monte du Pré d'Esternay et du Chassaing, conseiller et chambeillan du Roy nostre sire, cappitaine et son baillif de Saint-Pierre-le-Moustier, des ressorts et exempcions de Berry et d'Auvergne, salut. Scavoir faisons aujourduy dacte de ces présentes est venu et comparoit en jugement par devant nous honnorable homme et saige maistre Jehan Jorrand, licentié en loiz, procureur souffisamment fondé de lettres de procuracion de madamoiselle Marguerite de Salignac, vefve de feu Patris Foucart en son vivant cappitaine de la garde du corps du Roy nostre sire, desquelles la teneur sensuit : A tous ceulx qui ces présentes lettres verront Jehan de la Goute, président des comptes de

---

(1) Synonyme de rature.

très hault excellent et puissant prince, Monseigneur le duc de Bourbonnois et d'Auvergne et garde du scel de la chancellerie de son dit duché de Bourbonnois, salut. Scavoir faisons que par devant Estienne Amet, clerc juré de mondit sire et dud. scel, notaire usant de nostre pouvoir et auctorité et de nous commis quant à ce, pour ce personnellement estably, noble damoiselle Marguerite de Salignac, vefve de noble homme Patris Foucart, jadis escuier et cappitaine de la garde du corps du Roy nostre sire et seigneur d'Ynay, tant en son nom que comme tuteresse et ayant le bail et administration des corps et biens de Marguerite, Françoise et Charles, ses enffans et dud. feu son mary, laquelle certaine pourvéue et bien conseillée en ce fait, si comme elle disoit, publicquement et en droict a congnu et confessé avoir fait, passé, constitué et ordonné ses procureurs generaulx et certains messagers especiaulx, c'est assavoir honnorables hommes et saiges Jehan Moutonnet, Jehan Jorrand, licenciés en loiz, Gillebert Alenat, bachellier en loiz, Jehan Sellier, Gilbert Tard, Jehan Bregis, Gilbert Blondeau, Jehan Nyole, Michel Cadier, Jehan Lemoyne et chascun d'eulx portans ces lettres en telle manière que l'acendicion de l'un d'eulx ne soit pire ou meilleure de l'autre, maiz tout ce que l'un d'eulx aura encommencé ou encommencera, l'autre puisse poursuivre et mettre affin en toutes ses justes causes et querelles, meues et a mouvoir étant en demandant comme en deffendant contre tous ses adversaires et pardevant tous juges de ce Reaulme tant ecclésiastiques comme séculiers, de quelque povoir et auctorité qu'ilz usent ou soient fondez ou leurs lieutenans, commis et députez. Donne et octroye lad. constituante a sesdits procureurs et a chascun d'eulx plain pouvoir, auctorité et mandement espécial d'estre et comparoir en jugement pour elle, sa personne représenter, de l'exonnier, excuser, dire, jurer et faire foy de ses exoines et excusacions, de nyer, cognoistre, advoher, dyadvoher, convenir, reconvenir, demander, deffendre pour elle, en son nom, exercer, litiscontester, plait ou plaitz entamer, de poursuivre, de repliquer, dupliquer, tripliquer, poser, affermer, articuler aux faiz et raisons de partie adverse, d'estre et comparoir pardevant commissaires, debatre lettres ou autres accions, de conclurre en cause, de jurer en l'ame d'elle et faire tous sermens licites que ordre de droit requiert et enseigne demander et requerir son renvoy ou renvois, court et cougnoissance de ses hommes et subgez, de faire toutes manières d'impetracions, de requerir et demander absence, reppit, garans et prendre charge, de garantir, de produire et amener lettres, tesmoins, actez, instrumens et tous autres inducions et delaiz de court, de dire contre tesmoins et contre leurs dictz et depposicions, de contredire lettres, actes et tous instrumens, de bailler contrediz et salvacions. Et mesmement et especiallement lad. constituante a donné povoir par ses dites presentes a sesdits procureurs ou l'un d'eulx, au nom que dessus, de desadvoher Estienne de la Bonde, son procureur, d'avoir dit et fait postuler à maistre Jehan Tenon, son advocat, par devant le bailly de Saint-Pierre-le-Moustier, audit lieu, en certaine cause contre maistre Jehan Gon, que Ynay et la terre de Pont-Charrault et se dont est question en lad. cause sont du ressort de Cenquions (1), et aussi pour l'advoher

---

(1) Sancoins.

et desadvoher en tant qu'il a empesché le revoy de la cause qui estoit audit Saint-Pierre-le-Moustier, que demandoit le procureur de Monseigneur le duc pardevant Monseigneur le seneschal de Bourbonnois à Molins, disant qu'il est question defié (1) appartenant à mondit seigneur le duc ; de opposer à toutes fins, de accepter et eslire domicille, de oïr et attendre arrestz, jugemens, interlocutoires et sentences deffinitives, d'appeller de tous tors et griefz et sentences poursuir et rellever, appeler ou appeaulx ou y renoncer, se mestier est, de demander et requerir despens et les interestz d'iceulx, se aucuns luy en sont tauxés ou adjugés, et génerallement de faire, dire, procurer toutes et singulierez choses que à bons et leaux procureurs appartient affaire et que lad. constituante feroit et faire pourroit, se présente en sa personne y estoit, jaçoit ce que le cas requiere mandement plus espécial. Promettant lad. constituante la foy et serment de son corps et sous l'obligacion et ypothèque de tous ses biens meubles et immeubles, présens et advenir à tenir ferme et avoir pour agréable perpetuellement tout ce qui par ses dits procureurs ou l'un d'eulx sera fait, dit et procuré ou autrement besougné et paier le juge et ester a droit se mestier est. En tesmoing de ce nous, a la relacion dudict juré que les choses dessus dites nous ont esté rapportées estre vrayes le scel dessus dit avons mis et apposé a ces presentes. Donné tesmoings a ce presens Jehan Guillebaut et Pierre Maudet le sixiesme jour d'avril l'an mil IIII^c soixante quinze. Ainsi signé E. Amet.

Lequel Jorrand, audict nom, nous a dit et exposé que es-assizez dernièrement tenuez le dixiesme jour

---

(1) De fief.

de mars dernièrement passé, mesmement le quatorziesme jour dud. mois, quatriesme desdites assizez, entre autres choses, en certaine cause meue et pendante pardevant mondit sieur le bailly ou son lieutenant entre lad. damoiselle Marguerite de Salignac d'une part et honnorable homme et saige Jehan Gon, conseiller et maistre de la chambre des comptes de Monseigneur le duc de Bourbonnois et d'Auvergne et le procureur de mondit seigneur le duc adjoinct avecques lui, d'autre part, par honnorable homme et saige maistre Jehan Therion, advocat et conseiller de lad. damoiselle, par l'adveu de Estienne de la Bonde, procureur d'icelle damoiselle ou autrement, fut dit et plaidoyé entre autres choses telles paroles ou semblablez pour avoir et obtenir à certaine fin de renvoy requise par lad. damoiselle ou sondit procureur au siège de Cenquoins, c'est assavoir que la chastellenie d'Ynay, Pont-Charrault et autres choses dont est question audit procès et entre lesdites partiez estoient du ressort et juridicion de Cenquoins, pour laquelle cause led. procureur de lad. damoiselle requeroit led. renvoy audit lieu de Cenquoins, lesquelles choses lad. damoiselle jamaiz n'en bailla instrucions ne charge ne memoire audit de la Bonde ne autre ses procureurs pour ce faire dire, plaidier et alleguer et a ceste cause a envoyé led. Enjorrand, procureur dessus dit, lequel audit nom lesdites parolles et plaidoye dont dessus est faicte mencion a desavoué et révoqué desavoue et révoque en nous requerant de ce lui faire et bailler lettres à quoy audit Enjorrand, procureur dessusdit avons dit et respondu que lad. cause et plaidoyé dessusdit n'avoit esté, demeuré ne conduite pardevant nous mais pardevant honnorable homme et saige maistre

Jehan Sallat, lieutenant-général de mondit sieur le bailly et que, à ceste cause, il se tirast devers lui pour avoir sadite provision. Semblablement par le procureur du Roy nostre dit seigneur a esté dit que ce qui a esté plaidé par led. Thenon et advohé par led. de la Bonde, en tant que touche le fait du Roy nostredit seigneur, il a accepté et a eu agréable pour icellui seigneur et ne se consent autrement audit desadveu et autres choses alléguéez par ledit Enjorrand. Au moins à icellui Enjorrand audit nom des choses dessus dites octroyé lettres pour lui servir et valoir en temps et lieu ce que de raison auxquelles en tesmoing de ce nous avons fait mettre a ces présentes le scel aux causes dud. bailliage. Faictez et données par nous, lieutenant dessusdit, le huictiesme jour d'avril l'an mil IIII^c soixante quinze avant pasques. *Signé* : E. Selliep. — En tesmoing de laquelle vision dessus nommée au rapport dudit juré qui, les choses dessusdites nous a rapportées estre vrayes ledit scel avons fait mettre et apposer à ces présentes lettres de *vidimus* faictes les jour et an dessusdit. *Signé* : G. Huet (1). »

Malgré tout, Jean II de Bourbon redevint seigneur direct d'Ainay-le-Château. Usant du privilège que lui avaient consenti les héritiers de Patris Foucart en lui accordant, au mois de juin 1475, une nouvelle période de réméré, le duc qui s'était

---

(1) On lit au verso de ce document : « Vidimus de certaines lectres de Saint-Pierre-le-Moustier pour damoiselle Marguerite de Sallignat, par lesquelles Jehan Jorrand, procureur d'icelle damoiselle a requis audit bailly que Estienne de la Boube fut desavohé et révoqué d'avoir fait postiller à maistre Jehan Thenon, advocat d'icelle damoiselle, que la chastellenie d'Aynay et Pontcharrault sont du ressort de Xaincoins. » — Arch. Nationales : P, 1374^2, cote 2418.

mis en mesures de rentrer en possession de sa châtellenie, pût la racheter le 23 octobre 1478, ainsi que le prouve l'acte suivant :

« Feu Patris Foucart, en son vivant ecuyer, vicomte d'Anvillars, seigneur de Mirandotz et de Badefol, avait acquis de très hault et puissant prince, Monseigneur Jehan, duc de Bourbonnois et d'Auvergne, pour le prix et somme de 6.000 écus d'or, les chastel, ville, chastellenie, terre, seigneurie et chevance d'Aynay-le-Chastel en Bourbonnois, le 19 août 1463, et en faisant laquelle vente ledit feu Patris Foulcart, acheteur, avait donné et octroyé à mondit seigneur le duc et cz siens rehemeré, faculté et permission de povoir rachapter et recouvrer lesdiz chastel, ville, chastellenie, terre, seigneurie et chevance dudit Aynay... dedans certain terme ensuyvant. Et après le déceps dudit feu Patris Foulcart, achepteur, damoiselle Marguerite de Salignat, velve dudit feu Patris, Charles Foulcart, escuier, son filz, pour lui et damoiselles Marguerite et Françoise Foulcart, ses sœurs, avaient prolongé ledit rehemeré. En conséquence, le 23 octobre 1478, devant Gilbert Tard et Berthomier Merlin, clercs jurés et notaires du Roi, lesdits Marguerite de Salignat et ses enfants, ledit Charles Foulcart, âgé de 17 ans, procédant de l'auctorité et consentement de Patris Banatin, son cousin et curateur, et encore ledit Charles comparaissant en jugement en la présence de honorable homme et sage maistre Michel Cordier, licentié en lois, lieutenant du sénéchal de Bourbonnois, revendent à mondit seigneur le duc de Bourbonnois et d'Auvergne, pour ledit prix et somme de 6.000 écus d'or (1) comptés et nombrés

(1) Dans les *Titres de la maison ducale de Bourbon*, par

en plusieurs pièces d'or, en monnoye et vaisselle d'argent, chacun écu d'or à raison de trente deux solz six deniers tournois la pièce (1), par la main d'honorable homme et sage Nicolas Laubigoiz, conseiller et trésorier-général du duc, c'est assavoir lesdiz chastel, ville, chastellenie, tere, seigneurie et chevance dudit Aynay-le-Chastel, justice haulte, moyenne et basse, prés, terres, garennes, boiz, colombiers et autres droiz seigneuriaulx... En tesmoing de ce, nous à la relacion desdits jurez, ledit scel royal de ladite prévosté [de Saint-Pierre-le Moûtier] avons mis et apposé à ces présentes lettres. Fait en l'ostel de Jehan dez Greniers, aux fauxbourgs de Molins, tesmoingz a ce présens honorables hommes et saiges Charlot Popillon marchand de Molins, Pierre Asse habitant de Bourges, Pierre dez Touches clerc habitant de Héricon et Jehan Chaunat demeurant aux fauxbours de Molins, le vendredi vint et troisième jour d'octobre l'an mil CCCC soixante dix-huit. — *Signé* : G. TARD ; — B. MERLIN (2). »

C'est trois ans plus tôt — en 1475 — que fut dressé, d'après La Poix de Fréminville (3), dans

---

HUILLARD-BRÉHOLLES, continués par LECOY DE LA MARCHE, au n° 6689, on lit « huit mille écus d'or ? ...» Si ce dernier chiffre est le bon, les héritiers de Patris Foucart auraient gagné 2.000 écus d'or sur leur marché.

(1) D'après ces données, nous pouvons, en nous basant sur les évaluations du vicomte d'Avenel, dire que l'écu d'or valait alors 9 fr. 257 environ de notre monnaie, mais avec un pouvoir d'achat six fois plus considérable que de nos jours.

(2) Arch. Nationales : P, 1374², cote 2406 ; original sur parchemin.

(3) *Pratique universelle pour la rénovation des terriers et des droits seigneuriaux*, t. IV [Paris, MDCCLXX]. — EDME DE LA POIX DE FRÉMINVILLE, né en 1680, mort en 1773, fut bailli

tout le Bourbonnais « un procès-verbal de règlement des mesures de la plupart des châtellenies royales dépendantes de ce duché, titre que l'on a appelé vulgairement *Thalamus*, lequel n'a été fait que pour les intérêts et objets particuliers ; l'on y a réglé et fixé les mesures par le poids des grains, ce qui est très équivoque, et dont j'ai vu nombre de fois des expériences qui m'ont prouvé que rien n'est moins juste que cette façon d'étalonner (1). » La Poix de Fréminville explique ensuite qu'il y a souvent plusieurs mesures différentes en un même lieu, et que l'on trouve généralement une mesure vendible ou vendant [pour le marché], et une mesure grenier ou censale (2) ; mais Ainay-le-Château faisait exception à cette règle (3). Dans cette ville, en effet, la mesure *grenier* et la mesure *marché* n'étaient qu'une seule et même chose. Un document manuscrit (4) que nous avons trouvé parmi les papiers de M. Chavaillon nous a permis de contrôler les assertions de La Poix de Fréminville ; c'est la copie du *Thalamus* de 1475 : « Extrait d'un livre en parchemin couvert d'aix (5) et de cuire intitulé le livre des abuttements (6) des mesures de Bourbon-

---

de La Palisse et commissaire des droits seigneuriaux. Il a laissé plusieurs ouvrages de droit féodal.

(1) Page 283.
(2) Page 215.
(3) Ainsi que Vichy et Belleperche.
(4) D'une écriture du xviiie siècle.
(5) Probablement « ais ». — Ais, dit Trévoux, « axis, assis... ais de sapin ; pièce de bois de sciage longue et peu épaisse ». Le livre avait une couverture en bois et cuir.
(6) Abuter, « terme de joueurs de quilles, c'est-à-dire voir à qui jouera le premier... tirer au but » (Trévoux). — On cherchait à rapporter les différentes mesures à une seule prise comme terme [but] de comparaison.

nois étant en la Chambre du Trésor dudit duché, en l'archive de la châtellenie de Moulins, aux feuillets 155-156 auxquelles et suivant est écrit ce qui suit :

» C'est le livre des abbuttements des mesures du Bourbonnois fait en la Chambre (1) des comptes de Monseigneur le duc... Le septier gros bleds, mesure grenier et marché d'Ainay qui est tout un, auquel a vingt-quatre moduriers ou douze boisseaux, fait à mesure de Moulins vingt-huit boisiaux et demi et demi-quart ; c'est le muid, vingt-un septiers, quarte, trois boissiaux et demi de Moulins. — Le septier avoine, mesure grenier dudit lieu auquel a vingt-cinq moduriers pour septier et cinq quartes, et sont à mesure de Moulins. Le septier avoine, mesure marché dudit Ainay, est moindre que mesure grenier d'un moudurier. » La création de cette espèce de barème des différentes mesures employées dans le duché, réalisait un réel progrès dont il est juste d'attribuer le bienfait au duc Jean II. Grâce à cette réforme les transactions devinrent plus faciles et le commerce des grains en aurait dû bénéficier si la famine qui vint s'abattre quelques années plus tard sur tout le pays n'avait réduit les habitants à une extrême misère.

A cette époque, c'est-à-dire dans le dernier quart du XVe siècle, le duc vint faire un ou plusieurs séjours à Ainay, car des lettres de lui sont datées « du château d'Aynay-le-Chastel, le 28 novembre 1480 (2) » ; ses dernières années de règne s'écou-

---

(1) C'est pourquoi on peut donner au mot *thalamus*, l'étymologie grecque θάλαμος, chambre, sanctuaire, lieu sacré où l'on cache les objets précieux.

(2) Bibl. Nationale : Coll. Gaignières, 654, 5e reg., fol. 115 — ou ms. franç. 22299.

lèrent au milieu des malheurs qui fondirent sur ses vassaux : D'abord — en 1481 et 1482 — une disette épouvantable réduisit aux abois tous les habitants du duché qui se virent contraints — si nous en croyons Jehan Masselin (1) — à se nourrir d'aliments absolument hétéroclites que l'on abandonnait habituellement aux animaux ; en plusieurs endroits de nombreuses victimes périrent de faim. Ce fut ensuite la peste, qui depuis 1472, était toujours demeurée dans le pays à l'état latent, et dont les misères de la famine augmentèrent les violences en 1483 ; parmi les victimes de ce fléau se trouva la duchesse Jeanne !... (2) C'est peu après toutes ces épreuves dont Ainay-le-Château subit une large part, que Pierre II de Bourbon succéda à son frère Jean II, mort sans postérité — le cardinal de Bourbon ayant, le 15 avril 1488, abandonné ses droits au trône ducal en faveur de son frère cadet. —

Pierre II, secondé par Anne de France (3), s'occupa de l'administration intérieure de ses domaines. C'est lui qui, par lettres datées de Montbrison, le 25 mars 1493, ordonna que « les Coustumes tant générales que particulières que locales, Usances, Styles observez, tenus et gardez » fussent rédigées par écrit. Dans ce but, il donna commission et mandement à Gilbert Soreau, son chambellan et à plusieurs des hauts officiers de son duché (4) de se

(1) Voir le *Journal des États-Généraux de France tenus à Tours en 1484*, par JEHAN MASSELIN. — Traduction de M. Banier, en 1885.

(2) Sœur de Louis XI.

(3) Fille de Louis XI, bien mieux connue sous le nom d'Anne de Beaujeu. Elle avait épousé Pierre II de Bourbon.

(4) Gilbert de Beauquaire, prieur-commandataire de Saint-Libardin ; Pierre Bertrand et Jean Donet, lieutenant et procureur-général du duché.

transporter dans toutes les châtellenies et d'y prendre note des coutumes particulières à chacune d'elles (1). Nous verrons plus loin quelles étaient les coutumes « entretenues et observées » spécialement à Ainay-le-Château.

Le duc avait alors à demeure dans chacune de ses châtellenies des officiers chargés de le représenter, de défendre ses intérêts en son lieu et place. C'est pour ce motif que nous voyons, le 15 mai 1500, Pierre Vignier et Jean Delavau « officiers du duc de Bourbon à Ainay-le-Chastel » passer procuration à quatre personnes, parmi lesquelles figurait Martial d'Auvergne, pour plaider en toutes leurs affaires (2). Ces officiers remplaçaient le suzerain dans presque toutes les circonstances ; ils recevaient les aveux et dénombrements et faisaient prêter serment de fidélité : Ainsi Jean Gardet, avocat fiscal du duché de Bourbonnais, rend aveu, en 1501, à la châtellenie d'Ainay, pour des dîmes, cens et rentes situés dans cette châtellenie ; en 1503, Jacques Dumas, écuyer, seigneur de l'Isle, rend hommage pour sa terre seigneuriale de Bannegon ; en 1505, Pierre de Bonnay, écuyer, seigneur de Moret, reconnaît jouir d'un droit de chauffage en la forêt de Tronçays pour son four bannier de la ville d'Ainay-le-Château ; la même année, Gilbert Racquet, licencié en droit, fait aveu des terres seigneuriales de Pontlong et de Fredde (3) ; le 20 avril 1507 (4), Jacques de Castelnau, seigneur des châ-

---

(1) Voir J. B. Thonié, *Les premières éditions de la Coutume générale du Bourbonnais*.

(2) Arch. Nationales : P, 1376², cote 2686 ; original sur parchemin, signé, mutilé.

(3) Dom Bétencourt, *Noms féodaux*.

(4) Arch. du Cher : E, 177.

tellenies du Chastel-Saint-Amand et de Changy, rend, par l'intermédiaire de son procureur, « honorable homme et saige maistre Hervier Prévost, licencié-ès-lois », aveu et dénombrement à « très haulte et puissante dame, Madame Anne de France, duchesse de Bourbonnois et d'Auvergne, à cause de ses chastel et chastellenie d'Ynay-le-Chastel, desdites terres et seigneuries de Saint-Amand et Changy en toute justice haulte, moienne et basse, avecque les appartenances et appendances d'icelles (1) ; en 1510, Jean de la Halle et Françoise Grosyeulx, sa femme, rendent hommage pour les hostel et chastellenies de Pontcharrault, la Tour de Bouy et Faye ; en 1512, Jacques de Segrault rend hommage pour des terres et censives en la seigneurie de Sagonne ; en 1519, Anne des Barres, femme de François de Bellenge, écuyer, seigneur de Haussay, fait aveu pour la vicomté de Raymond, les seigneuries de Bruye et des Barres, etc.....

Mais à cette époque le duc Pierre II était mort depuis 17 ans (2), laissant une fille unique, Suzanne de Bourbon, sous la tutelle d'Anne de France, sa mère. Celle-ci qui, à l'époque où elle ne se nommait encore que la dame de Beaujeu, avait été désignée par son père, le roi Louis XI, pour exercer la régence pendant la minorité de Charles VIII, conserva toujours la faveur du roi son frère (3).

---

(1) Par exemple, le lieu noble du Vernay-du-Chêne que tenait alors Antoine de la Chastre, — le lieu noble et la maison de Colombier à François et Jehan de Saint-Amet ; — Meslon, à François et Jehan de Barbarin, etc....,

(2) Il mourut en 1502.

(3) Charles VIII témoigna sa bienveillance au duc et à la duchesse de Bourbon en leur octroyant des lettres-patentes par lesquelles il leur concédait tout le profit des droits de ga-

Louis XII continua la même protection à la veuve du duc de Bourbon, et François Ier, au début de son règne, renouvela en faveur du duché les donations qu'avaient faites ces prédécesseurs. Forte de la bienveillance royale, la duchesse de Bourbon s'occupa de soulager les maux de ses vassaux. La peste désolait toujours la contrée avec des intermittences de diminution ou d'accroissement de violence ; les archives communales de Moulins ont conservé un compte de dépenses faites en 1515-1516 à cause des « gens malades et pestiféreux par ordonnance faite en Consulat le 17 septembre 1516 », dans lequel Jean de Chignon, barbier, figure pour une somme de 20 livres « pour avoir pansé les malades (1) ». La crainte de la contagion détermina une véritable panique dans la capitale du Bourbonnais et les autorités municipales de Moulins furent obligées de proclamer un édit par lequel elles faisaient « deffence de non loger ceulx de Nevers, Ainay, etc., sur peine d'amende... (2) »

Tout le monde sait que Suzanne de Bourbon épousa Charles de Montpensier-Bourbon — le con-

belle des greniers à sel de Moulins, Montluçon, Bourbon-Lancy, Clermont et Vierzon. — Arch. Nationales : P, 1377[1], cote 2823.

(1) Arch. communales de Moulins, reg. 286.

(2) Arch. communales de Moulins, reg. 286. — « Autre despence faicte par ledit receveur des deniers... a plus payé ledit receveur à Gilbert des Usines, Jehan Tresle, Pierre Clerc et autres sergens la somme de soixante-dix sols pour leurs peines et vaccations d'avoir esté parmi les hostelleries et tavernes de Molins faire deffence de non loger ceulx de Nevers, Aynay, Coleuvre, Sainct-Amand sur peine d'amende et pour avoir gardé les passaiges des lieux dangereux le jour de la foire Sainct Barnabé, comme apert par mandement de mes dits sires [les échevins] dacté du xiiiie jour de juing l'an mil cinq cens et seize... » fol. 35, verso.

nétable — dont le conflit avec Louise de Savoie, la défection et la fuite à l'étranger constituent une page d'histoire de France... Le connétable de Bourbon était très aimé de ses vassaux ; plusieurs le suivirent au début de sa fuite à l'étranger ; l'un d'entre eux, Philippe des Escures — lisons-nous dans *Les Fiefs du Bourbonnais* (1), joua dans les projets de son seigneur un rôle très actif ; il le suivit à l'étranger et ne rentra en France qu'après le triomphe de la cause royale ; « pendant son exil volontaire, la terre des Escures avait été confisquée, mais elle lui fut rendue et peu après à son fils, Louis, qui, du chef de sa femme, Anne de la Halle, fille de Jean et de Françoise Grozyeux, possédait aussi le fief de Pontcharraud sur la paroisse d'Ainay ».

François Ier fit instruire par son Parlement le procès du connétable ; et, malgré une des clauses du traité de Madrid (2), l'arrêt rendu le 26 juillet 1627 par le chancelier Duprat déclara « tous chacuns les biens féodaux qui appartenaient audit Bourbon, tenus de la couronne de France médiatement ou immédiatement, être retournés en icelle, et les autres biens meubles et immeubles confisqués ». En vain Charles-Quint s'éleva-t-il à Palencia, par l'intermédiaire de ses ambassadeurs, contre ce jugement qui condamnait son protégé ; en vain la sœur du connétable et son neveu, Louis de Bourbon de la Roche-sur-Yon, en appelèrent-ils de la déci-

---

(1) AUBERT DE LA FAIGE et R. DE LA BOUTRESSE, *Les Fiefs du Bourbonnais : La Palisse.*

(2) Dans ce traité [janvier 1526] Charles-Quint avait fait intercaler : « ...Le Roy très chrétien fera restituer audit seigneur de Bourbon ou à ses deputez toutes lesdites duchez, comtez et seigneuries... »

sion du Parlement... Justice leur fut rendue en partie par la cession qui leur fut faite le 17 mai 1530 du duché de Chatellerault, des Dombes, des comtés de Forez et de Beaujolais ; mais le Bourbonnais cessa pour toujours d'être considéré comme apanage de la maison de Bourbon. Par transaction du 25 août 1527, ce riche duché devait appartenir au duc d'Orléans, troisième fils de François Ier et de Claude de France (1), mais de nouvelles Lettres-Patentes réunirent bientôt à nouveau ce fief à la couronne et, par suite d'une transaction définitive conclue sous Charles IX avec les princes de La Roche-sur-Yon, un dernier arrêt du Parlement rendit cette réunion formelle le 25 juin 1561. Nous pouvons donc dire, avec M. E. Méplain (2) : « L'histoire des ducs de Bourbon finit à la mort du connétable, bien que l'histoire du Duché ne s'arrête exactement qu'à » la transaction de 1559, enregistrée par le Parlement en 1561 ; mais, néanmoins, la ville d'Ainay-le-Château — comme toutes les autres cités bourbonnaises — fut, dès 1525, gouvernée par des officiers royaux et devint, au moins de fait, dès cette époque, une des dix-sept châtellenies royales de la province du Bourbonnais.

Le premier acte de François Ier touchant Ainay-le-Château fut la promulgation d'une ordonnance aux grèneliers de Moulins, Montluçon, Ainay, Germigny et Gannat, leur enjoignant de percevoir vingt deniers sur chaque mesure de sel vendu, afin de créer des ressources pour la construction du

---

(1) Fille de Louis XII, première femme de François Ier.
(2) *Notice sur la Législation civile et les jurisconsultes du Bourbonnais*, par M. MÉPLAIN, juge au tribunal de première instance de Moulins. — *Bulletin de la Société d'Emulation de l'Allier* (1855).

grand pont de pierre de Moulins (1). Ce fut aussi à la même époque, vers 1532, que l'administration (2) de la province fut confiée à un gouverneur (3), le duc d'Albanie qui, depuis 1525 environ, portait ce titre sans pouvoir en exercer les fonctions ; près de lui fut placé un « maistre des garnisons pour le Roy, en Bourbonnais », Jehan Ferault (4).

(1) Voir l'article de M. Grassorcille dans la *Revue Bourbonnaise* de 1885, pp. 374-375.
(2) Le 19 mars 1532, la Chambre des Comptes de Moulins fut supprimée et les papiers versés à la Chambre des Comptes de Paris.
(3) Plus tard, quand le Bourbonnais eut été engagé au Grand Condé, des compétitions s'élevèrent parfois entre le *gouverneur* sous l'influence des Condés, dévoué à leurs intérêts, et *l'intendant* qui représentait le Roi.
(4) Arch. de Moulins, n° 293.

CHAPITRE IV

DES COUTUMES PARTICULIÈRES DE LA CHATELLENIE D'AINAY

L'événement dont la portée fut la plus considérable en Bourbonnais vers la fin du xve siècle consiste dans la rédaction des Coutumes. Certes le besoin de cette réforme était grand : dans une bonne moitié de la France, le droit était « non écrit » ; qu'une contestation survînt donc à propos d'un point litigieux de cette jurisprudence orale et, par conséquent, facilement variable, il fallait un temps infini, des recherches multiples pour établir où était le droit et trancher définitivement le différend ; tout cela demandait beaucoup d'argent (1).

(1) Voir DE RAYNAL, *Hist. du Berry*, t. III, pp. 470, 480-481. — J. B. THONNIÉ, *Les premières éditions de la coutume générale du Bourbonnais* ; [Arch. historiques du Bourbonnais, III]. — Notre *Simple croquis de Montluçon au bon vieux temps*, pp. 122-124.

C'est à Pierre II de Bourbon que revient — comme nous l'avons déjà signalé — le mérite d'avoir le premier ordonné par Lettres-Patentes, la rédaction, en un unique recueil, des différentes Coutumes en usage dans tout son duché : « ... Pour ce est-il, écrivait le Duc (1), que nous recors et mémoratifs desd. ordonnances par nous faites par délibérations des gens de notre grand Conseil, et à l'instance, supplication et requeste des gens de nosdits trois Estats, désirant de tout nostre cueur bonne justice estre faite et entretenue en nostre dit pays et Duché de Bourbonnois ; et afin d'abréger les procès et procédures d'entre nosdits subjets et mettre certeneté aux jugemens d'iceux, tant que faire se pourra, et oster toute matière de variation et contrariété, que le temps passé se sont ensuivis, à cause de la diversité desdites Coutumes, voulant nostredite ordonnance estre gardée entièrement et mise à exécution deuë de point en point. Voulons, vous mandons et commandons, vous commettant si besoin est, que vous transportiez aux châtellenies et lieu de nostredit Duché et Pays de Bourbonnois, que verrez estre nécessaire, et assembliez par devant vous gens d'Eglises, Nobles et Bourgeois, bons coustumiers, bien famez et renommez en nombre suffisant et tel que verrez estre à faire, vous enquerrez bien et diligemment de et sur la vérité et effet desdites Coutumes, Usances et Styles, ainsi que de tout temps et d'ancienneté, selon bonne raison et équité elles ont accoustumé estre gardées, entretenues et observées en nostredit Pays et Duché de Bourbonnois, chastellenies et jurisdictions d'iceluy, et icelles accordez, redigez et mettez ou

---

(1) Par lettres données à Montbrison le 26 mars 1493.

faites rédiger par escript en forme deue en un livre et cahyer, lequel voulons estre par vous signé et scellé de scel de nostre sénéchaussée... »

Les commissaires députés auxquels le duc de Bourbon adressait les Lettres susdites étaient : le seigneur de Saint-Gerand ; Charles Soreau, conseiller et chambellan ; Gilbert de Beauquaire, prieur commendataire de Saint-Libardin ; Pierre Bertrand, lieutenant-général ; et Jean Donet, procureur-général du duché. Deux mois après la réception des Lettres Ducales, ils commencèrent leur enquête dans les différentes châtellenies, en débutant par Montluçon où ils séjournèrent le 10 mai 1493. Ils firent assembler les notables des trois ordres et en exigèrent le serment requis : les gens d'Eglise jurèrent sur les saints Ordres ; les membres de la Noblesse et du Tiers-Etat sur les saints Evangiles... La même opération se renouvela à tour de rôle pour les autres châtellenies ; elle eut lieu à Ainay-le-Château, le 5 novembre 1500 (1).

Ce jour-là furent assignés « en la chastellenie d'Aynay, noble et puissant Monseigneur Dorval (2), pour lequel est comparu honnorable homme et saige maistre Meryan Reigle, son procureur-général en toutes ses terres ; — Monseigneur de Chaumont (3), pour lequel est comparu Françoys de Touzelles son procureur ; — le sieur de Beaudricourt (4), représenté

---

(1) Bibl. Nationale : manuscrit français 11501, fol. 4. — Original sur parchemin.

(2) Jean d'Albret, époux de Charlotte de Bourgogne, seigneur d'Orval.

(3) Charles II d'Amboise, seigneur de Chaumont, Meillant, Sagonne, Charenton..., époux de Jeanne Malet de Graville, dame de Marcoussis.

(4) Jean de Beaudricourt, maréchal de France, bailli de

par maistre Loys Sadon, son procureur et lieutenant-général du bailly en toutes ses terres et seigneuries de Saint-Amand-le-Chastel ; — Hugues Arnauld, procureur du sieur de la Queuille ; — Philippes de Molins, écuyer, seigneur de Chandon ; — Hugonin de Saint-Aubin, écuyer, seigneur d'Arpentin ; — maistre François de la Rivière, prothonotaire du Saint-Siège appostolique ; — frère Hugues Chiton, prieur d'Aynay ; — messires Nicolas Mareschal ; Barthélemy Bonin ; Clément Renoux ; Jehan Beatrix ou Jehan Det ; Charles Amet et Berthelemy Baugy, prebstres ; — maistre Anthoine Morne, lieutenant-général de ladicte chastellenie ; — Guillaume Bachelier, procureur pour nostredit seigneur le duc en ladicte chastellenie ; — maistres Gilbert Allonat, licentié en loix ; Jacques Morne, bachelier en loix ; Estienne Jorrant ; Laurent Dayres ; Pierre Dayres ; Jacques Petit ; Jacques de Touzelles ; Berthelemieu Gauvinin ; Françoys Bergerat ; Regnault Paillier ; Jehan de Brailly ; Pierre Chambetin ; Pierre Morelat, tous procureurs, bourgeois et praticiens en ladicte chastellenie d'Aynay ». Après avoir prêté le serment requis, aux interrogations qui leur furent faites sur les Coutumes locales et particulières à la châtellenie, les comparants répondirent :

« Sur le chapitre des censives (1), au regard des

Chaumont, seigneur de Saint-Amand-le-Chastel par son mariage avec Anne de Beaujeu, veuve de Philippe de Culant et de Louis de Beauvais. Il mourut à Blois le 11 mars 1499.

(1) Il est bon de signaler que le bail à cens était une vente véritable : « La censive et quelques droits féodaux, profitables ou honorifiques, étaient le seul revenu que les bailleurs à cens se réservaient du Moyen Age en perdant le domaine *utile*, c'est-à-dire la propriété réelle et effective. » [D'AVENEL, *La fortune privée à travers sept siècles*, p. 195].

surcharges sur les censives, on les y peut mettre sans le vouloir du seigneur, et ne peut agir à la descharge, mais il les aura par retenue si bon luy semble, ou en prendra lods et ventes au choix et election de luy.

Sur l'article 2 (1), aux terres et seigneuries d'Orval, Saint-Amand-le-Chastel et Charenton, les lods et ventes sont de quatre blancs (2) pour livre pour le simple, et trois sols quatre deniers pour le double, excepté aux censives de l'Eglise qui prennent comme la Coutume générale l'ordonne, et disent que c'est pource que l'Eglise n'a point de droit de retenue sur les choses vendues mouvans de censives, ce qui a lieu pour le quatrième article.

Le 5e (3) article s'entend de ce qui touche la levée des fruicts et non pas quant à la retenue.

Au titre des retenues, article 1er disent que les quarante jours se prennent et commencent au temps que le seigneur ou lignagier a sçeu ou pu sçavoir ladite vente ; d'autres ont dit que lesdits quarante jours commencent au jour du contract de ladite vente.

Sur le 2e article, ont déposé que si deux lignagiers en un même instant viennent demander le retrait de la chose vendue, ils l'auront chacun par moitié : les autres ont déposé que audit cas le plus prochain l'emportera entièrement.

Sur le 4e article, aucuns déposent que si l'argent d'entrage excède la rente ou le cens, il y a retenue ; d'autres suivant la Coutume générale que ledit

(1) Sur l'article 2 du titre : *Des Fiefs et Censives*.
(2) Pièces de monnaie d'argent qu'on frappa du xive jusqu'au milieu du xviiie siècle : Les grands blancs valaient 10 à 12 deniers tournois ; les petits blancs 5 ou 6.
(3) Du titre : *Des Fiefs et Censives*.

seigneur n'avoit point droit de retenue, mais qu'il prendra lods et ventes.

Sur le 5ᵉ article, que les quarante jours de retenue commencent au jour du réméré fini.

En ce qui est du marciage (1), il n'avoit pas lieu en ladite chastellenie.

Au titre des donations, sur le 4ᵉ article, il y a exception pour les donations faites en faveur du mariage.

Sur le premier (2), ils conseillent et supplient Monseigneur qu'on y fasse une restriction, c'est à sçavoir qu'il soit ordonné qu'on ne puisse déshériter son loyal héritier que jusques à la moitié, et leur semble ladite Coutume estre trop rigoureuse touchant l'exhérédation des enfans.

Sur le 5ᵉ article (3), disent qu'en cas de confiscation le mary ne confisque que sa part, et semblablement la femme ne peut confisquer que la sienne.

Sur le 2ᵉ (4) conseillent qu'on limite le temps de la renonciation de quarante jours après la mort du mary.

Que le 6ᵉ (5) s'entend des héritages patrimoniaux seulement et non pas des adventifs par succession collatérale.

Sur le 4ᵉ (6), que ledit article est bien raisonnable et conseillent qu'ainsi soit ordonné et introduit hor-

(1) « Le droit de marciage est celui qu'un seigneur censivier et direct de trois années prend en retirant une année des fruits de la terre pour la terre même ou la moitié des fruits pour les biens d'industrie. » Trévoux.

(2) Sur le premier article des *Donations faictes en contractz de mariaige et en faveur des contrahans.*

(3) Cinquième article des : *Donations*, etc.

(4) Deuxième article des : *Mariaiges et Douaires.*

(5) Sixième article des : *Mariaiges et Douaires.*

(6) Quatrième article des : *Communaultez.*

mis ledit lieutenant qui dit qu'il n'y eschet point de remboursement, si n'est quand le mary bastit en son héritage, auquel cas il faut que la femme ou ses héritiers soient remboursez.

Sur le 5ᵉ (1), que par la Coutume locale et particulière de lad. chastellenie d'Aynay et ressort d'icelle, le fils marié est tenu et réputé émancipé, et peut acquérir communauté avec son père, faire tous contractz et ester en jugement sans autorité de sondit père.

Sur le 3ᵉ (2) que le charrois est de huit deniers et la corvée de quatre deniers et dient la plupart d'eux qu'ils ne sont point tenus de charrier hors de ladite chastellenie et dient tous qu'ès terres d'Orval et de Cherenton, n'y a point de charrois.

Sur le premier (3), que la Coutume particulière et localle en la Baronnie de Charenton et en la terre de Changy il y a l'interest de la partie pour chacune beste bouvine ou chevaline quatre deniers, et pour brebis deux deniers.

Sur le 2ᵉ (4), les sieurs de Chandon, prieur Allonat, d'Acres et Saint-Aubin que la coutume est telle qu'elle est contenue audit article ; les autres dient qu'il n'y a que douze deniers pour chacune beste pour l'intérest de partie, et sept solz tournois pour l'amende de justice, hormis ledit Sadon qui dit qu'il y a sept solz six deniers pour ladite amende et que l'interest de partie est arbitraire ; et dient quasi tous que si la garenne est au seigneur justicier, il ne prendra que l'amende ou l'interest à son choix.

(1) Cinquième article des : *Communaultez*.
(2) Cinquième article des : *Droitz seigneuriaulx et de Justice*.
(3) Premier article des : *Prinses de Bestes*.
(4) Deuxième article des : *Prinses de Bestes*.

Sur le 3ᵉ (1), le lieutenant-général a dit que si ladite taille est petite et qu'elle ne monte jusques à une septérée de terre, il convient qu'elle soit bouchée, autrement on n'y peut user de prinses de bestes comme en garenne.

Sur le dernier (2), après la faulx n'a point de prinse, et en prez bouchez et clodis, on peut user de prinse toute l'année, et aussi dient que par ladite Coutume, pourceaux sont de prinse toute l'année.

Sur le 5ᵉ (3), par coutume particulière et localle ès-terres d'Orval, Charenton et Changy, les successions des père et mère se portent par teste et non mye par licts.

Sur le 9ᵉ (4), que par la Coutume localle et particulière de la Baronnie de Charenton, il n'y a point de confiscation en quelque cas que ce soit.

Sur le 11ᵉ (5), qu'ils tiennent le contraire dudit article et que la renonciation faite par la fille mariée est autant au proffit des filles à marier que des masles.

Sur le 12ᵉ (6), faisant mention du droit d'aînesse, dient et déposent que la Coutume générale dudit pays est telle qu'elle est contenue audit article, et outre dient qu'il aura tout autour de ladite place ou maison, le circuit ou vol de chapon, horsmis et excepté ledit Bergerat qui dit qu'il n'y a point de vol de chapon par ladite coutume, ains aura l'ostel avec le pourpris, et s'entend ledit pourpris la clôture ou fossez s'il n'est clos ; dit plus ledit lieute-

---

(1) Troisième article des : *Prinses de Bestes.*
(2) Quatrième article des : *Prinses de Bestes.*
(3) Cinquième article des : *Successions et Tutelles.*
(4) Neuvième article des : *Successions et Tutelles.*
(5) Onzième article des : *Successions et Tutelles.*
(6) Douzième article des : *Successions et Tutelles.*

nant-général que si dedans le vol de chapon, il est compris moulin ou four bannier il ne sera pas à l'aîné pour droit d'aînesse, mais sera party entre lesdits frères.

Sur le fait des tailles réelles et personnelles ont dit n'en sçavoir rien et n'estre d'usaige dans ladite chastellenie.

Par la coutume particulière dudit Aynay, au lieu de l'amende par la Coutume générale qui est de sept solz, elle n'est que de trois solz, excepté contre gens nobles, d'Eglise et fourains qui ne sont de la première justice de Monseigneur le Duc, contre lesquels lesdites amendes sont de sept solz tournois ; dient outre que par la coutume particulière de la terre de Cherenton, toutes amendes sont de trois solz horsmis contre Clercs et gens serfs, contre lesquels les amendes sont de sept solz ; et au regard des terres d'Orval et Saint-Amand, lesdites amendes ne sont que de trois solz tournois contre quelques personnes que ce soient excepté les définitivements jugez que sont de vingt et un solz, et les autres d'apel de trois livres ; et ainsi en use le Sénéchal sur les Chastellains, mais au regard des seigneurs justiciers vassaux, ils en font leur rapport audit Sénéchal.

Plus ont dit et déposé, que par la coutume tenue et gardée en ladite Chastellenie d'Aynay, quand un laboureur laboure en autre dixmerie qu'en celle où il demeure, le seigneur de la dixmerie, soit lay ou d'Eglise, en laquelle le laboureur demeure, prendra la moitié des dixmes des terres que ledit laboureur aura labouré hors sadite dixmerie par droit de reilhe (1) et de suite, et dit led. lieutenant qu'il

---

(1) Ce mot, d'après Trévoux, signifie soc de charrue ; par

s'entend quand les bestes desquelles est fait le labourage sont norries rière (1) ledit seigneur, autrement celui rière qu'elles sont norries et yvernées prendra led. droit de suite, et non pas le seigneur rière qui ledit laboureur demeure.

Dient plus et déposent, que par la coutume dud. Pays, nul ne peut de nouvel faire garenne ou colombier en justice d'autruy sans le congé du Prince, excepté led. prévost Sadon, Rolhe, Morelat et Touzelles qui dient qu'il suffit avoir congé du seigneur justicier.

Dient et déposent tous les dessusdicts que les choses par eux déposez sont vrayes, et que telles sont les coutumes dud. Pays et le sçavent, car ainsi l'ont ouÿ dire et maintenir aux anciens praticiens, ont veu alleguer et pratiquer en jugement, et ont donné des opinions et des conseils, et icelles ont tenues et vue tenir toutes notoires, et les aulcuns d'eux en ont veu prouver en turbes (2) et aussi les ont veues escriptes en vieils papiers et registres. »
Signé : BERTRAND et DONET.

Semblable enquête fut faite dans toutes les châtellenies du duché et la rédaction des *Coutumes Générales,* approuvée dans des assemblées identiques à celle ci-dessus rapportée, fut publiée en l'auditoire de la Sénéchaussée du Bourbonnais, le 29 septembre 1500. Seulement on ne tarda pas à constater des lacunes importantes qui nécessitaient une nouvelle rédaction ; aussi François Ier octroya-t-il au

---

extension on l'emploie pour reilhage, qui veut dire charuage, terrage, suite de dîme.

(1) Arrière, de retro.

(2) D'après Courtin, faire enquête par turbe, c'est ouïr des praticiens ensemble et conjointement sur l'explication et usage d'un point de coutume.

duc Charles III des lettres-patentes ordonnant la rédaction de nouvelles Coutumes et leur publication dans chacune des dix-sept châtellenies du Bourbonnais (1). Le 23 février 1520 [vieux style], parmi les comparants qui assistèrent à cette nouvelle rédaction, les échevins d'Ainay-le-Château se firent représenter par Martin Odeau (2). Un nouveau procès-verbal fut dressé reproduisant les observations et les protestations des notables assistant à la publication (3). Enfin, en 1521, les « Coutumes génerales du pays et duché de Bourbonnois » furent publiées (4) à nouveau ; leur enregistrement au greffe de la Cour eut lieu le 20 mars 1522 [nouveau style] et le Parlement de Paris rend un arrêt qui en prescrivait l'observation « sur pène d'amende arbitraire ».

Les premières Coutumes peuvent nous aider à nous rendre compte approximativement de la valeur des objets les plus usuels à l'époque. Nous apprenons, en effet, qu'un tonneau de vin est « donné en assiette coutumière » pour 30 sols tournois ; un septier de seigle pour six sols ; un agneau, pour 15 deniers ; une oie pour 8 deniers ; une géline pour 4 deniers, etc. Le Lieutenant-Général d'Ainay-le-Chateau observa donc dans tous ses jugements les prescriptions de la Coutume de 1521, jusqu'à la promulgation du Code civil des Français.

(1) Arch. de l'Allier : A, 5.
(2) Bibl. Nationale : manusc. franç. 11502, fol. 91 verso. — Il convient de remarquer que, par le fait, Martin Odeau représenta les Castellainaisiens à des Etats Provinciaux réunis sur l'ordre du Roi ! Et pourtant, au xviiie siècle, le Bourbonnais fut compris dans les pays d'élection...... Les Etats Provinciaux du Bourbonnais avaient déjà été convoqués plusieurs fois — [24 ; de 1405 à 1457] — avant 1521.
(3) Arch. de l'Allier : A, 5.
(4) Arch. de l'Allier : A, 6.

CHAPITRE V

LES BOURGEOIS D'AINAY A L'ASSEMBLÉE DU TIERS-
ÉTAT A MOULINS EN 1559. — LA RÉFORME. —
PRISE D'AINAY PAR LES HUGUENOTS. — LA LIGUE.
— SIÈGE D'AINAY PAR FRANÇOIS DES BARRES. —
DIANE LÉGITIMÉE DE FRANCE ET FRANÇOIS DE
VALOIS, SEIGNEURS D'AINAY-LE-CHATEAU

Comme nous l'avons dit plus haut, en 1527, malgré les protestations du Connétable (1), puis de ses héritiers, un premier arrêt du Parlement déclara le Bourbonnais réuni à la Couronne. Louise de Savoie en avait obtenu la jouissance au début même de l'année ainsi que le prouvent les Lettres données à Saint-Germain, le 9 janvier 1527 et expédiées le 4 mars, par lesquelles « madame Loÿse, mère du Roy, donne à Pierre d'Anlezy, escuier, sieur de Boisbernart, en considération de ses services, la somme de 80 livres par manière de pension pour et au lieu de 30 livres qu'il souloit prendre sur l'émolument du scel de la chastellenie d'Ainay et

(1) Mort au siège de Rome, le 6 mai 1527.

sur le revenu de l'estang de Saint-Bonnet (1) ». A cette époque et pendant les années qui suivirent, Ainay-le-Château formait l'une des importantes châtellenies de la province ; la ville était fort bien habitée : parmi les notables de la population, un vieux document de 1534 cite Jehan Bodinat, licencié en lois, lieutenant-général de la châtellenie ; Pierre Carton et Regné Petit, notaires-royaux ; damoyselle Gabrielle de l'Esbaulpin, vefve de feu maistre Charles Rouët (2) en son vivant lieutenant-général de la châtellenie ; François Alloat, procureur du Roi ; vénérable et discrète personne, maistre Jehan de Garet, archiprêtre de Charenton, demeurant à Ainay ; Pierre Bachelein, sergent-royal ; vénérables et discrètes personnes, maistres Charles Amet et Charles Pornin, prêtres, etc. Et le même document (3) signale comme particulièrement achalandée « l'hostellerie ou pend pour enseigne la Corne de Serf (4) », qui a donné son nom à une rue actuelle. Ce vieux logis subsiste encore actuellement à Ainay-le-Château. Dans ce vieux titre qui n'est autre que le *Terrier des droits et devoirs de la châtellenie,* sont encore signalés parmi les comparants : Jean Bonnet, Estienne Graperon, Jacques et Estienne Damont, Pierre Tram-

(1) Bibl. Nationale : Ancien Gaignières, 654 ; 10ᵉ registre, fol. 19. — C'est à la même époque que fut donnée à Saint-Germain, le 28 janvier 1527, « décharge pour Messire Loys des Barres, sieur dudit lieu et de Benegon, conseiller et maitre d'hostel du Roy, de 60 livres de rente deues à la prévosté d'Aisnay à prendre sur sa terre de La Chapelle ». [*Id.* fol. 156].

(2) Al. Rouër.

(3) Arch. de l'Allier : A, 12.

(4) En 1697, Claude Serventier, le Jeune, était « hoste vendant du vin au logis de la Corne » ; et le 7 décembre 1741, Gilbert Bonneville s'intitulait aubergiste de la Corne.

plier, Jean Rameau, Germain Gozard, Jean et Mathieu Groslier (1), Jean Tortat, Catherine Aumerle, Catherine Moutonnet, veuve de René Vignier, Pierre Rouër, Philippon et Pierre Meignard, Claude Blondelat, Jean et Girard Darchis, Pierre Porchet, Germain et Michel Groslier, Catherine Damont, Louis Delais, Jean Dauphin, André Estange, Blaize Chaipault, Jean Bérard, etc.

Quelque neuf ans après cette époque, le duc d'Orléans reçut, en 1543, le Bourbonnais en apanage et, après son décès, cette province fit de nou-

---

(1) On trouve Groslier, Grollier et Grollyer. — Jean et Mathieu Groslier, tous deux fils d'Estienne Groslier, l'aîné ; Claude, Jean et Gilberte Groslier, épouse de Pierre Patreux, tous trois enfants et héritiers d'Estienne Groslier, le jeune, reconnaissent, le 5 août 1534, tenir du Roi à cause de sa châtellenie d'Ainay, une terre acquise de Gilbert Theurault ; — Jean Groslier est cordonnier à Ainay, en 1620. — Jacques Grollyer, curé de Vernais, 1620, vicaire de la communauté de Charenton, 1632 ; — Antoine Groslier, notaire et procureur à Charenton, 1622. — Marguerite Groslyer, femme de Claude Demesme, sculpteur, 1666. — Louis Groslier, vigneron à L'Etelon, 1748. Pierre Grollier vivait à Sancoins, en 1699, ainsi que son fils, Jehan Grollier, marchand, mari d'Anne Gasteau. Les époux Grollier-Gasteau eurent cinq enfants : (1) Antoine Grollier, curé de Vernais, en 1746, qui se retira à Ainay-le-Château où il mourut, faubourg de la Castinerie, le 8 juin 1763 ; (2) D^{lle} N... Grollier, mariée à N. Beraud, dont naquirent au moins deux enfants : Pierre Beraud, greffier à Ainay, et Pierre Beraud, le Jeune, qui avait pris à viag r son oncle, Antoine Grollier, et mourut avant lui, le 26 septembre 1762 ; (3) Marie Grollier, mariée à Jacques Legay, par contrat de Gaulmier, notaire à Sancoins, le 16 novembre 1699 ; (4) Anne Grollier, mariée le 16 novembre 1699 à Nicolas Legay, marchand d'Ainay, dont naquirent entre autres : Claude Legay de Bourgelin et François-Nicolas Legay, commissaire de police à Ainay ; (5) Reine Grollier, qui vivait en 1733, ainsi que son époux, Etienne Ruby, bourgeois.

veau retour au domaine royal ; puis après la mort d'Henri II, Catherine de Médicis la reçut en douaire. C'est alors, disent MM. R. de Quirielle et A. Vayssière qu'une « assemblée du tiers-état à laquelle furent seules représentées les châtellenies de Moulins, Souvigny, La Chaussière, Ainay (1), Germigny, Chaveroche, Gannat et Bessay, eut lieu à Moulins, le 18 octobre 1559 à l'occasion de la cession du Bourbonnais à Catherine de Médicis, à titre de douaire, et décida d'envoyer à frais communs *personnages notables dudit pays* auprès de la nouvelle duchesse pour lui faire la révérence et remontrance des choses qui sont nécessaires (2) ». Un an avant cette manifestation du Tiers-Etat d'Ainay-le-Château, la ville reçut l'ordre de faire transporter à l'hôtel de la Monnaie de Bourges (3) tout l'argent que pouvaient avoir entre mains les Castellainaisiens, afin de le convertir en nouvelles espèces selon l'édit nouvellement rendu (4). Des pouvoirs avaient été donnés à ce sujet par le maître de la monnaie de Bourges à Nicolas Lyon, orfèvre de cette ville, pour se transporter à Orléans et chez tous les orfèvres, changeurs et marchands des pays de Berry, Nivernais et Bourbonnais, afin de les inviter à envoyer à ladite Monnaie, l'or, l'argent et le billon

---

(1) Il est à remarquer que les bourgeois d'Ainay devaient avoir une certaine notoriété dans la contrée, puisque la châtellenie est une des neuf [sur les dix-sept que comptait le Bourbonnais], qui députa à l'assemblée du Tiers-Etat du 18 octobre 1559.

(2) *Archives historiques du Bourbonnais*, III, p. 96.

(3) Avant la Révolution, il y avait, en France, vingt-quatre ateliers monétaires différenciant leurs produits par une lettre ; ils furent successivement réduits à trois et aujourd'hui il n'existe plus que l'Hôtel des Monnaies de Paris.

(4) Voir d'AVENEL, *La Fortune privée à travers sept siècles*, pp. 48-52.

qu'ils pouvaient avoir entre mains pour qu'il y fût converti en espèces (1).

Avec le XVIe siècle, nous arrivons à la période de la Réforme qui causa en France de grands malheurs en déchaînant la guerre civile. Par un hasard heureux, les sanglantes horreurs de la Saint-Barthélemy n'eurent pas de répercussion en Bourbonnais, l'ordre du massacre ayant été habilement dérobé au porteur pendant son sommeil (2). Ainay-le-Château profita, comme les autres cités du pays, de ce providentiel larcin sans lequel elle eut été désolée par les meurtres et assassinats qui se perpétrèrent dans les villes voisines du Berry ; telles Bourges et Issoudun. Cependant de nombreux combats eurent lieu dans la contrée entre les Huguenots et les Catholiques : Ainay-le-Château en eut à souffrir tout particulièrement. Le premier événement historique relatif aux guerres de Religion qui survint en Bourbonnais, date de 1651 : c'est l'expédition du baron de Riau sur les terres de Nicolas de Bèze, frère du fameux Théodore de Bèze. Cette première expédition, toute à l'avantage des catholiques, fut peut-être une des causes du succès du protestantisme dans le pays ; la persécution ayant, en général, le privilège de provoquer l'enthousiasme des persécutés : En tous cas, il parait évident, comme l'a écrit M. Bouchard, qu'avant 1562, la province comptait un certain

---

(1) Arch. du Cher : E, 1196. — Nous trouvons, comme relevant de la monnaie de Bourges, Moulins, Montluçon, Saint-Amand, Ainay-le-Vieil, La Guerche, etc. [Voir H. JONGLEUX, *Archives de Bourges*, 1877].

(2) BOUCHARD, *Les Guerres de Religion et la Fronde en Bourbonnais*. — A. VAYSSIÈRE, *Le Siège des Hugenots devant Moulins*. — PAUL BAER, *Les Protestants de Moulins*, etc.

nombre de personnes ayant embrassé la Réforme, tels les Moulinois Pierre Bricquet, Laurent Delaplanche, Etienne Gannerelle, etc.... Bref en 1562 « le sieur de Montaret fut envoyé à Moulins avec ordre de persécuter les religionnaires... (1) » Il y avait à cette époque des religionnaires bien ailleurs qu'à Moulins ; presque toutes les localités en abritaient : Gannat, Bessay, Huriel, Domérat, Vichy, Ainay-le-Château (2), Saint-Amand-sous-Montrond, Cluys, Sancoins, Cérilly, Charenton, etc., et, pourtant, ils ne formaient qu'une minorité qui causa, malgré son infériorité numérique, de grands désastres dans la contrée. Sans aller jusqu'à dire, avec M. Audiat, qu'à partir de cette époque, « l'histoire d'Ainay-le-Château n'est qu'une série de calamités », nous sommes forcé de reconnaître que les malheurs qui accablèrent cette ville ont débuté lors des guerres de religion, époque où l'on s'entretuait sans-merci pour, soi-disant, la plus grande gloire de Dieu et l'édification de sa conscience !...

L'armée protestante qui remporta, le 6 janvier 1568 (3), la victoire de Cognat, traversa le Bourbonnais en dévastant tout sur sa route : Vichy, Gannat, Charroux, Chantelle, Le Montet, Cérilly, Ainay-le-Château supportèrent partie des pillages qui marquèrent son passage (4) : La dernière ville

(1) DULAURE, *Description des principaux lieux de France*, VI, p. 57. Il s'agit de Jehan de Marconnay, seigneur de Montaret.

(2) Parmi les protestants de Moulins, en 1562, on retrouve des noms connus à Ainay, tels ceux de Jehan Billon et Charles Roüer.

(3) Voir SAINT-GRIS, *Notes pour l'histoire de Varennes-sur-Allier*. [Arch. historiques du Bourbonnais, II, p. 225].

(4) Voir RAYNAL, *Histoire du Berry*.

du Bourbonnais, dit M. Bouchard (1), « où nous rencontrons les vainqueurs de Cognat avant de les voir pénétrer dans le Berry, est Ainay-le-Château, située dans un vallon, sur la rivière de Sologne, près de son confluent avec la Marmande, et l'une des plus considérables châtellenies de l'ancien duché de Bourbonnais dont le ressort s'étendait sur soixante-dix paroisses et sur plus de quatre mille feux ». Malgré son château-fort, ses fossés et ses remparts, ses tours et ses portes (2) d'un accès si difficile, cette cité ne put résister à l'attaque de l'armée protestante ; elle fut saccagée, pillée et désolée par des meurtres nombreux parmi lesquels il convient de citer celui du lieutenant-général de la châtellenie.

Nicolas de Nicolaÿ « daulphinois, sieur d'Arfeuille, vallet de chambre et géographe ordinaire du Roy », dans sa *Générale description du pays et duché de Bourbonnais* », — imprimée un an après ces événements, — nous a laissé un rapide croquis d'Ainay-le-Château. C'est, dit-il, « une petite ville cloze de forme un peu longue, située en vallée sur un grand

---

(1) Voir le compte rendu des *Assises scientifiques du Bourbonnais tenues à Moulins, en* 1866, p. 533.

(2) Seul le beffroi subsiste encore, qui faillit être démoli de 1850 à 1855. Louis Audiat écrivit à ce sujet : « ...Voilà qu'il est question de l'abattre sous prétexte d'élargir la route. En avant les démolisseurs ; accourez vite la pioche en mains : allons, courage ! détruisez en quelques heures ce qui a tant coûté de peines à vos pères. L'œuvre du temps et de la Bande-Noire n'est pas complète ; à vous de l'achever. Eh quoi ! au milieu de tant de ruines amoncelées il reste encore un monument pour vous rappeler votre histoire ! c'est une honte. Si les bras vous manquent, appelez à votre aide les ponts et chaussées, et, tous ensemble, acharnez-vous contre ces pierres... » [*Le Mémorial de l'Allier*, 25 septembre 1855].

estang (1) qui s'étend vers le midy environ un bon quart de lieue soubz la chaussée et avaloir duquel qui est sur le milieu de la ville sont plusieurs molins à bledz et a tannerie et vers le septentrion au dedans d'icelle est le chasteau duquel dépend la chastellenie. Il est assez grand, de forme quarrée et bien fossoié, mais du tout en ruine, et dans la basse court y a un petit prieuré qui n'est de grand revenu. La ville est petite et asses mal plaisante, mais les fauxbourgs sont beaux et bien peuplés de bons marchans et artisans, et aussy y sont les hostelleries, et a esté ladicte ville et faulxbourgs fort affligée en l'année dernière par ceulx de la nouvelle religion qui s'en saisirent en y exerçant et ès environs infinis meurtres et pilleries mesmement en la ville de Cérilly qui fut par eux surprinse et saccaigée avec grand meurtre de ceux de la ville et au départir d'Ainay non sans grande violence tuèrent le lieutenant-général de la chastellenie (2). Ladicte ville est le siège capital de la chastellenie et y a un capitaine du chastel qui a trente livres de gaiges, un lieutenant-général pour le faict de la justice qui n'a que vingt livres, un procureur du Roy et de

(1) Quelques dix ou douze ans avant l'époque où écrivait Nicolay, d'importantes réparations avaient été faites à cet étang, si nous en croyons le « mandement pour solde des réparations faites à l'étang et au moulin d'Ainay-le-Château, 1554-1557 », qui est conservé aux Archives du Cher [G, 952]. — Un pré situé près de l'étang du « chasteau d'Aynay » fut baillé par adjudication à Pierre Legay, moyennant un modurier et demi d'avoine, de cens annuel. [Arch. de l'Allier : A, 9].

(2) C'est sans doute en cette même année 1568, qu'après le sac d'Ainay-le-Château fut pillée la ville de Charenton. Les traces de l'incendie — nous a affirmé M. le chanoine Clément, ancien doyen de Charenton — étaient encore visibles en plusieurs endroits des murs de l'église, il y a une trentaine d'années.

HOTEL DELIN-CARREAU

Monsieur le Duc sans gaiges, un greffier, fermier, sergens et notaires, un recepveur qui a douze livres dix sols et un bovatier qui a trente sols. Conciste la ville et paroisse d'Ainay en ij^{e}xl feuz » ; ce qui ferait, si nous acceptions l'évaluation, faite en semblable matière, par M. Bonnet de Sazay (1), en comptant cinq à six habitants par feu, une population de 1.300 âmes environ dans la ville proprement dite, au temps où Charles IX régnait. A cette même époque, la châtellenie d'Ainay avait été affermée — c'est toujours Nicolay qui parle — par maistre Jehan Foullé, conseiller du Roy au Parlement de Paris, et par Etienne Corvilhasson, pour une durée de six ans, moyennant un prix de douze cent vingt-cinq livres tournois par an, suivant bail passé en 1566. Outre cette somme les fermiers étaient tenus d'acquitter les « charges ordinaires assignées sur ladicte recette » telles que les appointements des différents officiers [châtelain, lieutenant-général, etc.], dont nous avons déjà parlé ; et les rentes en espèces ou en nature dans le genre de celles de l'abbesse de Charenton qui avait droit sur la châtellenie d'Ainay à 20 livres d'argent, 4 septiers de froment, 6 septiers de seigle [dont 4 septiers « pour les prières »], 2 septiers d'avoine ; celle du collège Sainte-Marie de Bourges qui avait droit à une livre ; ou celle du garde-concierge du château d'Ainay qui touchait annuellement 6 septiers de seigle...

Quant aux gages des différents officiers de la châtellenie, ils étaient peu élevés : 30 livres tournois, en 1569, représentaient environ 93 fr. 30 de notre monnaie avec un pouvoir d'achat cinq fois

---

(1) Voyez MALLARD, *Histoire des deux villes de Saint-Amand et du château de Montrond*, p. 220.

plus grand que de nos jours il est vrai (1). Néanmoins on se figure mal aujourd'hui un commandant de place-forte à qui son traitement ne permettrait pas de faire des dépenses excédant 466 fr. 50... C'était pourtant le cas du capitaine du chastel d'Ainay au milieu du xvie siècle et ses fonctions — peu lucratives, je l'accorde — étaient très recherchées à cause de l'honneur qu'elles faisaient rejaillir sur leur titulaire. Nous pouvons nous en rendre compte en parcourant la liste des châtelains d'Ainay-le-Château dont il nous a été donné de retrouver les noms :

Pierre de Boville (2) était en charge dès 1437, ainsi que le démontre le « don fait par Monseigneur le Duc à Pierre de Bouille, son escuier d'escurie, capitaine d'Aynay en considération de ses services, de la moitié indivise de la terre et chavance de la Besasse avec ses droicts et appartenances pendant sa vie seulement » ; don fait par Lettres données à Montluçon, le 22 septembre 1437, confirmées le 5 juin 1442 à Moulins et expédiées le 12 juin suivant.

Patris Foulcart « escuier, nagaires capitaine des gens de la garde du corps du feu Roy », reçut ses « lettres de provisions de l'office de chastelain du chastel, ville et chastellenie d'Aynay au lieu de Pierre de Boville » (3), le 7 janvier 1461 ; et la prestation de serment eut lieu le 24 avril 1462.

De nouvelles lettres de provisions pour le même office vacant « par le trespas de feu Patris Foul-

---

(1) Voyez d'AVENEL, *La Fortune privée à travers sept siècles*, ch. II.

(2) Bibl. Nationale : manusc. franç. 22299 [ancien Gaignières, 654, fol. 112] : Premier registre de Bourbonnais estant en la Chambre des Comptes de Paris depuis 1410 jusqu'en 1443. — On lit aussi : De Bouille.

(3) Bibl. Nationale : ancien Gaignières, 654; 3e registre, fol. 206.

cart », furent expédiées de Lyon, le 18 octobre 1473, en faveur d'Antoine d'Ussel, écuyer, pannetier du Duc, qui prêta serment le 10 novembre suivant (1).

Ce fut Brémond de Lorière (2) qui devint capitaine du château d'Ainay, après le décès d'Antoine d'Ussel : ses Lettres de provisions sont datées du château de Moulins, le 17 novembre 1482 (3) ; il prêta serment le 18, puis résigna son office ainsi que l'expliquent les « provisions données au Montillès-Tours, le 28 décembre 1491, en faveur de M. Jehan du Mas, chevalier seigneur de Resle et de Benegon, conseiller et chambellan du duc (4) », qui prêta serment le 10 janvier 1491. Et le 14 janvier 1494, au château de Moulins, le duc de Bourbon signait les provisions de l'office de capitaine châtelain de la ville et place d'Ainay, en faveur de Jehan de la Halle, escuier, nommé par suite de la résignation de Jehan du Mas (5). Le serment fut prêté le 23 février.

Quelques jours plus tard, de nouvelles Lettres de provisions du même office furent envoyées — « en faveur de Gilbert de Pontcharrault (6), à survivance

(1) Bibl. Nationale : ancien Gaignières, 654 ; 4º registre, fol. 145.
(2) Il s'agit probablement de Brémond de Vitry, seigneur de Laurière. On trouve, en effet [mss. franç. 22299, 1ᵉʳ vol., p. 215] les provisions du capitaine-châtelain de Verneuil, en faveur de Jehan de Vitry, écuyer de Larrière au lieu de feu Brémond de Vitry, seigneur de Larrière, son père, bailli de Beaujolais, 18 novembre 1509.
(3) Ancien Gaignières, 564 ; 5ᵉ reg., fol. 41.
(4) Ancien Gaignières, 654 ; 6ᵉ reg., fol. 60.
(5) Ancien Gaignières, 654 ; 6ᵉ reg., fol. 197.
(6) Gilbert Grosyeux, écuyer, sieur de Pontcharrault, beau-père de Jehan de la Halle. [Voir dom BETENCOURT, et notre *Notice sur la famille Grozieux de Laguérenne* : *Rivistà del Collegio Araldico di Roma* (1903)].

de Jehan de la Halle, escuier — du chastel de Moulins, pénultième février 1494 (1) » ; mais la formalité du serment n'eut lieu que le 8 octobre 1495.

Or par la suite, Robert du Mas, en considération des services de feu Jehan du Mas, chevalier, conseiller et chambellan du Duc, fut, de son côté, nommé à l'office — vacant par la mort dudit sieur du Mas de l'Isle, son père — de capitaine de Crozant et de capitaine-châtelain d'Ainay-le-Château. Les Lettres de provisions furent données « à Lyon, le 21 novembre 1495, avec dispense de service de Anthoine de Jarrye, premier escuier d'escurie dud. Duc, commis pour avoir la garde desdits lieux (2) ». Il prêta serment le 3 octobre 1496.

Huit ans après, « Jehan de la Salle (3), conseiller et maistre d'hostel du Duc », était « confirmé capitaine-chastelain de la ville et chastellenie d'Aynay », par lettres datées de Moulins, dernier novembre 1503 la prestation de serment eut lieu le 10 décembre. Sa succession fut donnée à son gendre, Loys des Escures, « escuier, lieutenant du capitaine des archers de la garde de Monseigneur le connestable de France » ; et, le 17 mars 1530, furent données à Paris — mais expédiées seulement le 27 septembre 1531 — les « provisions du capitaine-châtelain d'Aynay, en faveur d'Estienne Dumont, bachelier en loix, au lieu de feu Loys des Escures, sieur de Pontcharrault (4) ». Le serment fut prêté le 21 juillet 1531.

Enfin, au XVIIe siècle, cette charge fut occupée

---

(1) Fonds Gaignières, 654 ; 6ᵉ reg., fol. 219.
(2) Fonds Gaignières, 654 ; 6ᵉ reg., fol. 255.
(3) Lisez : Jehan de la Halle. — Fonds Gaignières, 654 ; 7ᵉ reg., fol. 183.
(4) Gendre de J. de la Halle et de Françoise Grozieux de Pontcharrault. Fonds Gaignières, 654 ; 10ᵉ reg. fol. 251.

successivement par deux membres de la famille de Chevenon de Bigny ; car, le 15 novembre 1660, les provisions de capitaine-châtelain d'Ainay-le-Châtel, étaient octroyées à messire Louis-Armand de Bigny, comte d'Ainay (1), au lieu de messire Philippe de Bigny, comte d'Ainay, son père (2).

Mais puisque nous avons suivi Nicolay dans la description de la ville et du château d'Ainay, continuons de le suivre dans l'énumération qu'il donne des paroisses et collectes (3) qui faisaient partie de la châtellenie *proprement dite*. Il y avait : Augy, qui comptait alors 40 feux ; — Saint-Martin, avec 16 feux ; — Bessais-le-Fromental, 113 feux ; — Saint-Aignan, 26 feux ; — Braize, 38 feux ; — San-

---

(1) Comte d'Ainay-le-Vieil. — Philippe de Chevenon de Bigny, comte d'Ainay-le-Vieil, épousa, le 25 avril 1621, Catherine du Bellay, dont il eut : — a) Louis-Armand ; — b) François ; — c) Sylvie, religieuse. — Louis-Armand de Chevenon de Bigny (fils du précédent), épousa, le 23 janvier 1656, Isabelle de Château-Bodeau, morte le 4 octobre 1665, dont il eut François de Chevenon de Bigny, mort célibataire en 1692, et cinq filles. [Voir Moréri, La Thaumassière, etc.].

(2) Arch. de l'Allier : B, 846. — Pourtant nous avons eu sous les yeux un parchemin provenant des dossiers de M. Chavaillon, daté du 7 février 1665, où nous avons lu : « A tous ceux qui ces présentes Lettres verront, nous Philippe de Bigny, chevalier, seigneur comte d'Ainay-le-Vieil, capitaine et chastellain d'Ainay-le-Chastel, salut. Sçavoir faisons qu'entre dame Jeanne Imbault, veufve de deffunct maistre Hugues Baugy, esleu à Saint-Amand, demanderesse en arrest et déclaration de biens contre maistre Jean Charrier, fermier de Meillant... », etc. « ainsy signé, Imbert, Conseiller du Roy, Lieutenant-général civil et criminel en la chastellenye d'Ainay-le-Chastel... » ; ce qui semblerait indiquer qu'à cette date, Louis-Armand de Chevenon de Bigny n'avait pas encore prêté serment.

(3) On entend par collecte la levée des deniers de la taille ou d'une taxe ; puis, par extension, l'étendue du territoire où se fait cette levée.

ceaux, 15 feux ; — Raymond, 24 feux ; — Lugny, 24 feux ; — Saint-Benin, 73 feux ; — Neuilly, 39 feux ; — Sagonne, 131 feux ; — Blet, 130 feux ; — Charly, 89 feux ; — Bardais (1), 48 feux ; — Bannegon, 90 feux ; — Vernais-le-Grand et Vernais-le-Petit (2), « qu. n'est qu'une paroisse combien qu'elle soit mise en la taille pour deux collectes », 73 feux ; — Saint-Bonnet-le-Désert, 75 feux ; — Jouy (3), 32 feux ; — Thaumiers, 80 feux ; — Coûst, 19 feux ; — Croisy, 19 feux ; — Cougny, 48 feux ; — Saint-Pierre-les-Etieux, 238 feux ; — Charenton, 258 feux ; — Asimon, 69 feux ; — Isle, 29 feux ; — Cérilly, 448 feux ; — Esparnay, 1 feu ; — Chalivoy-les-Mesles et Chalivoy-les-Noix « n'est qu'une paroisse »,

---

(1) Le 16 avril 1744, D[lle] Gilberte de La Chenalle [fille de M. Aimé de La Chenalle et de Suzanne Legrouïn] se trouvant au château du Creuzet accorda, par acte passé devant Avenier, notaire à Charenton, un petit bénéfice situé dans la commune de Sidiaille et dont elle était nominatrice et collatrice à M. Joseph Garraud, vicaire du bourg de Bardais, Ille et Valigny [Minutes du notaire de Charenton].

(2) Le prieuré de Vernais, dépendant de l'abbaye de Charenton, fut, par acte du 1er juin 1769, affermé moyennant 900 livres à Jacques-Vincent Bujon, notaire à Ainay. Il consistait en « bâtiments, maison, chambres, étables, cour, jardin, chenevière, prés, terres, pâtureaux, bois et dîmes ». Sur la somme de 900 livres, le fermier versait entre les mains du curé de Vernais et par quartiers, une rente annuelle de 400 livres, selon l'ordonnance du Roi du 13 mai 1768, qui fixait à ce chiffre le montant de la portion congrue. [Minutes du notaire de Charenton].

(3) La curé de Jouy était à la collation de l'abbesse de Charenton. — Le 12 octobre 1780, Mme de Beauvergier de Montgon y présentait Grégoire Menouvrier, vicaire de la paroisse de Meaulne, au lieu de Jacques Bujon, dernier titulaire décédé. — En octobre 1786, Mme de Bertrand de Pouligny y présentait Léonard Fargin, prêtre du diocèse de Limoges, curé de Sainte-Valérie en Combrailles qui, pendant la Révolution, quitta la soutane à Sancoins.

87 feux ; — Meillant et Arfeuille réunies, 249 feux ;
— Le Pondy, 29 feux.

A ces paroisses, qui relevaient directement de la châtellenie d'Ainay-le-Château, Nicolay ajoutait encore celles qui en relevaient indirectement comme dépendant de l'ancien fief de Saint-Amand (1), divisé, au XVIe siècle, en deux portions : Saint-Amand-en-Sully et la terre de Culan (2). Ces paroisses se nommaient : Saint-Amand-en-Sully ; Saulzais-le-Potier ; La Celette ; La Perche ; Ainay-le-Vieil ; Faverdines ; Saint-Georges ; Soye ; La Groute ; Bouzais ; Arcomps ; Loye ; Orval ; Orcenais ; Nozières ; Vallenay ; Farges ; Crézançais ; Saint-Julien et Saint-Symphorien ; Rousson ; Chavannes ; Saint-Loup ; Uzay ; Le Venon ; Allichamps ; La Celle-Bruère ; Saint-Amand-le-Chastel, appelé aussi Saint-Amand-hors-Sully ; Colombier ; L'Etelon ; Changy ; Meslon ; Drevant ; Reulhe ; Aude ; Saint-Désiré ; Moussais ; ce qui constituait, somme toute, concluait le géographe, de Charles IX, « pour toute ladicte chastellenie. suivant les trois départent de la taille d'Aynay, Sainct-Amand et Cullant V^{m}ij^{c}iiij^{xx}Vj feuz », soit — toujours d'après les évaluations de M. Bonnet de Sarsay, — un total de 26.430 à 31.716 habitants

---

(1) Saint-Amand, avant 1789, relevait d'Ainay-le-Château et faisait partie du Bourbonnais, d'une part, et de la Généralité de Bourges, d'un autre côté. — Moréri dit du Bourbonnais : « ... Moulins en est la capitale ; les autres [villes] sont Bourbon-l'Archambault, Montégut, Montluçon, Sancoins, Saint-Amand, Cusset, etc... » — Voir ACHILLE ALLIER, L'ancien Bourbonnais, I, p. 275, note 1.

(2) Voir MALLARD, Histoire des deux villes de Saint-Amand et du château de Montrond. — Revue Bourbonnaise de 1885 ; [RICHEROLLES, Les seigneurs de Saint-Désiré].

dont bon nombre étaient rançonnés et pillés sans pitié jusqu'aux alentours même de la ville-forte, par les troupes de soldats des différents partis qui parcouraient les provinces du Centre : le Bourbonnais et le Berry en particulier.

Les paysans effrayés, découragés, ne travaillaient plus la terre. Si, par hasard, quelqu'un d'entre eux se livrait à la culture, tout était bientôt pillé ou détruit... Les gens d'armes s'étaient emparés des bestiaux dont il ne restait pour ainsi dire plus pour labourer ni pour engraisser les terres : La famine apparut et, avec elle, tout le cortège de maladies et d'épidémies qui l'accompagnent d'ordinaire et dont la plus terrible, la peste, fit encore une incursion dans la contrée, vers 1581.

C'est vers cette époque que se constitua la Ligue qui, fondée dans le but de protéger la religion catholique, servit surtout pendant un temps à fortifier les ambitieuses visées de la puissante maison de Lorraine et avait pour objectif de remplacer Henri III par Henri de Guise sur le trône de France. Des bandes armées appartenant, soit au parti de la Cour, soit à la Sainte-Ligue, parcourent la province en tous sens, semant la dévastation sur leur passage : Ainay-le-Château fut une des villes les plus éprouvées de la contrée. Le chef suprême des ligueurs en Berry et Bourbonnais, était messire Claude de la Châtre (1), baron de la Maisonfort qui, nommé gouverneur et

(1) Voici le portrait que trace de Claude de la Châtre, baron de la Maisonfort, descendant d'une famille qui se prétendait issue des anciens princes de Déols, M. Armand Pérémé : « ...Un homme ambitieux, hautain, impitoyable, absolu, furieux contre tout ce qui lui faisait obstacle et ne connaissant qu'un drapeau, celui de son intérêt personnel... » (*Recherches historiques et archéologiques sur la ville d'Issoudun*, p. 185).

bailly de Berry en 1569, s'était vu — comme ligueur — révoquer de ses fonctions par Lettres-Patentes d'Henri III, données à Tours, le 30 avril 1589 ; sous ses ordres immédiats était le seigneur de la Boulaye (1), à qui obéissaient les ligueurs du Bourbonnais dont le gouverneur, M. de Chazeron, était resté fidèle à Henri III. Ce prince nomma — pour seconder Chazeron et résister au baron de la Maisonfort — le sieur de la Grange d'Arquian au gouvernement de la province de Berry (2).

Tels étaient les chefs des deux partis en présence. Autour d'eux se pressaient de nombreux lieutenants. Du côté de la Ligue on comptait, outre le seigneur de la Boulaye, les sieurs de Neuvy-le-Barrois (3), de Mathefelon, de Jars, de Mareuil, de Lignerac, de Savigny, de Blancfossé, etc. Le parti royal se composait — en plus des sieurs d'Arquian

---

(1) Voir l'*Histoire de Chantelle*, de l'abbé BOUDANT ; — et le compte rendu des *Assises scientifiques du Bourbonnais tenues à Moulins en* 1866, p. 555.

(2) Voir Achille Allier, Coiffier-Demoret, Bouchard, La Thaumassière, Raynal, Mallard, Audiat, etc.

(3) François des Barres, sieur de Neuvy-le-Barrois et Bannegon, appartenait cependant à une famille protestante ; il était fils de Jean des Barres et de Marie de Barbançon. Cette dernière, huguenote fanatique, soutint avec cinquante défenseurs, dans son château de Bannegon, un siège en règle contre 3.000 hommes commandés par M. de Montaré, gouverneur du Bourbonnais, en 1568. La lutte dura deux mois et quand Marie de Barbançon se fut rendue, le roi ordonna de la mettre en liberté, moyennant rançon, sous la garde du sieur de Grossouvre. [BUHOT DE KERSERS, *Histoire et statistique monumentale du département du Cher*]. — François des Barres, qui épousa, vers novembre 1589, à Bannegon, Charlotte de la Rochefoucault [fille de Charles de la Rochefoucault, seigneur de Meillant, Lignières, Charenton, etc., et de Françoise Chabot], fut tué peu après au siège de La Prée.

et de Chazeron — d'Antoine de la Grange, sieur de Montigny, des sieurs de Marcilly, de Taunerre, de Vatan, d'Aigues-Mortes, de Gamaches... Enfin le duc de Nevers, Ludovic de Gonzague, seigneur de Saint-Amand, — et comme tel, vassal de la châtellenie d'Ainay, — après bien des hésitations, se rangeait du côté du roi, quoique beau-frère du duc de Guise.

Or, lorsque M. de la Châtre se déclara pour la Ligue, il parvint à entraîner à sa suite les habitants de la ville de Bourges dont il était primitivement gouverneur. Assuré de cette place de guerre, Claude de la Châtre sillonna toute la contrée à la tête de ses troupes, et de nombreux châteaux-forts tombèrent entre ses mains ou furent pris par ses lieutenants. C'est ainsi que sur les frontières du Bourbonnais et du Berry, les Ligueurs occupèrent les châteaux d'Ainay et du Veurdre, les villes de Cérilly, Sancoins et Saint-Amand (1). Le château d'Ainay fut pris par surprise en novembre 1589, par François des Barres, sieur de Neuvy-le-Barrois, qui y mit une garnison et s'empressa d'en faire réparer les fortifications qui étaient en assez mauvais état, afin de remettre la place en état de défense. Précautions superflues et vaines !... Dans les premiers mois de 1590, en effet, l'avantage sembla favoriser les bandes royalistes : MM. de Montigny, de Beaupré et d'Arquian poussèrent leurs incursions jusqu'aux portes de Bourges ; au mois de juin, M. de Châtillon s'avança en Berry par le Bourbonnais, au moment même où l'on annonçait en Berry l'arrivée du comte de Turenne à la tête de forces considérables (2) ; et, au mois d'août, les

---

(1) RAYNAL, *Hist. du Berry*, IV, p. 187.
(2) RAYNAL, *Hist. du Berry*, IV, p. 186-192.

troupes royales, sous les ordres des sieurs d'Arquian, de Montigny, de Beaupré, placés eux-mêmes sous le haut commandement de Charles, bâtard d'Orléans, grand prieur de France, colonel-général de la cavalerie-légère (1), vinrent mettre le siège devant Ainay. Toute résistance ne pouvait qu'être vaine. François des Barres rendit donc Ainay-le-Château aux troupes d'Henri IV (2), par la convention du 19 août 1590, dont voici la teneur :

« Ce jourd'huy dix-neufviesme d'aoust mil cinq cens quatre-vingtz-et-dix, au lieu d'Hérisson, a esté convenu et accordé entre monseigneur le grand prieur de France, d'une part ; et le sieur de Neufvy-Barrois, d'autre, ce qui s'ensuit : Assavoir que dans demain midy ledict sieur de Neufvy remettra en l'obëyssance du Roy et entre les mains dudict sieur grand prieur la ville et chasteau d'Aynay, pour y mestre telle garnison qu'il luy plaira, pour le service de Sa Majesté, soubz la charge du sieur de Grossouvre (3). en l'absence dudict sieur grand prieur et du sieur de Chaseron, lieutenant de Sa Majesté au pays de Bourbonnoys, et que pour les frais faictz par ledict sieur de Neufvy à la réparation et fortiffication dudict Aynay, monseigneur le grand prieur lui fera payer et assigner la somme de deux mil escuz sur les restes deuz d'arréraiges au Roy de ses

---

(1) PALLET, *Nouvelle histoire du Berry*, t. IV, p. 472.

(2) Henri III avait été assassiné le 2 août 1589 ; Henri IV, roi de Navarre, était obligé de conquérir, sur les Ligueurs, soutenus par les Espagnols, la couronne de France qui lui revenait en héritage.

(3) C'est probablement Jean de Grivel, seigneur de Grossouvre [fils de Guillaume de Grivel, et de Marie de Champ] dont il est ici question. Il avait épousé Gabrielle de Damas, le 18 mars 1585.

tailles sur la chastellenye dudict Aynay. Que ledict sieur de Neufvy, ni aultre de son adveu, soit de la garnison de ses maisons de Banagon, d'Apremont et de Neufvy, ny aultre qui aye retraicte en icelles ne pourront entreprendre ny faire aulcung acte d'hostilité, ny faire exaction quelconque sur les subjectz du Roy dans les pays de Bourbonnois, bailliage de Sainct-Pierre-le-Moustier, Combraille, Auvergne, la Marche haulte et basse, Lyonnois, Forestz, Beaujolloys, et ne se pourront trouver en aulcune trouppe ny armée dans ledict pays au préjudice du service du Roy ny de des subjectz, si ce n'est soubz la charge d'ung prince de leur party qui soict en ladicte armée ou trouppe et non aultrement ; à quoy toutesfoys lesdictes maisons et chasteaux ny leurs dictes garnisons ne seront favorables ny assistant en maniere que ce soit. Pour la reciprocque, ne sera commis ny faict de la part de Sa Majesté aulcune hostilité contre lesdictes maisons et garnisons dans lesdictz pays par ledict sieur grand prieur ny autres ayant pouvoir de Sadicte Majesté. Moyennant ce que dessus, lesdictes maisons et chasteaux de Banagon et Aspremont seront gardés par ceux que ledict sieur de Neufvy y commectra, par vingt soldatz à pied qui seront payés et soldoyez à raison de cinq escuz chascung, qui sera cent escuz par moys, des deniers de Sa Majesté qui seront assignez au dit sieur de Neufvy sur les tailles des paroisses deppendantes desdictes terres et maisons, et autres de proche en proche, jusques à la concurance de la dicte solde, selon l'estat qu'il en sera dressé et faict expédier par mondict seigneur le grand prieur, le tout selon le bon plaisir de Sa Majesté. En tesmoingt de quoy se sont soubz signez. Outre ce que dessus, a esté promis et convenu que ceulx qui ont cy-devant assisté ledict sieur de Neufvy ne seront en façon que ce soit inquietz ny recherchez pour les choses passées, ny empeschez de résider paisiblement en leurs maisons, en observant le contenu de ces présentes, ainsy signées : Charles B. d'Orléans ; — Neufvy (1). »

Le sieur de Neuvy-le-Barrois ne devait pas longtemps tenir cette promesse de ne plus faire la guerre en Bourbonnais. Quatre mois après la signature de la convention ci-dessus mentionnée, il se présentait subitement devant Ainay-le-Château, pénétrait dans la place par surprise et y rétablissait une garnison de ses soldats (2). Aussi lorsque, le 20 janvier, M. de la Châtre, ayant subi un échec devant Aubigny, se vit contraint de lever le siège de cette ville, il n'hésita pas à demander à son fidèle lieutenant, François des Barres, dont la situation — par la prise d'Ainay-le-Château — s'était bien améliorée, de lui amener des renforts du Bourbonnais ; et pendant le temps que celui-ci mit à exécuter ses ordres, Claude de la Châtre résolut de venger son échec d'Aubigny en attaquant le duc de Nevers (3) qui s'était prononcé pour Henri IV : il prit La Chapelle-d'Angillon, détruisit le fort des Aix et s'empara des châteaux de Pesselières, Montfaucon et Jouy. Puis, ayant reçu les renforts demandés que lui conduisait le sieur de Neuvy-le-Barrois, M. de la Châtre vint assiéger Sancoins : la ville se rendit,

(1) Bibl. Nationale : manus. franç. 3979, fol. 90. — Cette pièce a déjà été publiée dans les *Archives historiques du Bourbonnais*.

(2) ACHILLE ALLIER, *Voyage pittoresque*, p. 237. — PALLET, *Nouvelle histoire du Berry*, IV, p. 475.

(3) Ludovic de Gonzague, prince de Mantoue, duc de Nevers, seigneur de Saint-Amand et Montrond.

les habitants évitèrent assaut et pillage en payant une contribution de mille écus d'or (1) ; ensuite les Ligueurs descendirent à Saint-Amand, démolirent les remparts du château de l'Isle, prirent Lignières, La Châtre et mirent le siège devant Le Châtelet. Mais à ce moment Claude de La Châtre apprit l'approche de MM. de Châtillon, d'Arquian, de Chazeron à la tête de 1.200 chevaux ; il leva vivement le siège, se retira sur Dun-le-Roi d'où il gagna Bourges à la faveur d'une nuit obscure.

Les Castellainaisiens, aussi bien les bourgeois et marchands de la ville que les habitants de la campagne avoisinante, eurent beaucoup à souffrir tant des incursions des troupes adverses que des garnisons imposées ; enfin Ainay-le-Château fut à nouveau remise en l'obéissance royale avant la fin de l'année 1593. La preuve nous en est donnée par un arrêt du Conseil d'Etat, rendu à Mantes, le 16 janvier 1594, qui déchargeait les habitants d'Ainay de ce que ceux-ci devaient encore à cette époque sur les tailles de 1589 à 1593 « en considération de ce qu'ils avaient souffert pendant les troubles et le siège de leur ville par le baron de La Châtre (2) ». Et deux mois après cet arrêt, Claude de La Châtre fit lui-même sa soumission à Henri IV, mais à des conditions vraiment avantageuses et rémunératrices (3). Les habitants d'Ainay pouvaient donc

---

(1) Il y laissa pour gouverneur M. de Ponsus qui, au mois de septembre suivant, périt dans une embuscade dressée par M. de Chazeron, gouverneur du Bourbonnais pour le Roi. — RAYNAL, *Histoire du Berry*, IV, pp. 192-193.

(2) Bibl. Nationale : manus. franç. 18159, fol. 19 verso.

(3) *Mémoires de Sully*, édit. Michaud, II, p. 30. — Voir également ce qui est dit, à ce sujet, de Claude de La Châtre dans une pièce de vers satyriques de l'époque : *Le Testament de l'Union*.

espérer, à bon droit, jouir de la paix et de la tranquillité. Il n'en fut rien : En 1595, si nous en croyons M. de Raynal (1), un capitaine nommé Villars qui, pendant la Ligue, avait longtemps défendu Saint-Pourçain, se mit à rançonner les habitants de la frontière du Berry et du Bourbonnais avec son lieutenant, le cadet des Aix : Ainay, Le Châtelet et les villes voisines furent victimes de leurs déprédations. Les routes étaient loin d'être sûres ; les foires et les marchés délaissés ; les indigènes de la contrée dans un perpétuel effroi. Ces exploits de pillards firent du bruit, la renommée en vint jusqu'à Bourges dont les échevins, justement émus d'un semblable état de choses, adressèrent leurs doléances à Henri IV. Le roi autorisa le sieur de la Verne de Vauvrilles à s'emparer par la force du capitaine Villars ; ce qui fut fait. Villars, prisonnier, fut vendu à la ville de Bourges, le 8 juillet 1595, moyennant 2.500 écus. On le jeta dans un cachot, on instruisit son procès : condamné à mort, il fut exécuté à Bourges (2).

La ville d'Ainay-le-Château put enfin respirer : Ces alertes, marches, contre-marches, attaques, combats de troupes peu disciplinées et portées au pillage lui avaient fait beaucoup de mal. Les habitants avaient été mis à contribution de toutes façons ; ils étaient excédés d'avoir toujours à fournir des subventions (3) pour les troupes et ceci à un point tel, que Jacques Gaboreau, marchand de la ville, fit sommation à François Communy, [commis

---

(1) *Histoire du Berry*, IV, p. 217.

(2) Registre des délibérations de la municipalité de Bourges (1592-1598).

(3) Voir au sujet des subventions, Trévoux ; et les Arch. Nationales : E, 2*b*, fol. 210 et 312 verso.

à la recette, de la subvention pour l'entretien de 27 cornettes de reitres et de 27 enseignes de Suisses, mise sur les villes closes], pour qu'il eût à recevoir un certificat constatant que la ville d'Ainay-le-Château n'avait, de ce fait, payé que 40 écus-soleil (1)... Bref, Ainay était réduite aux abois dans un royaume réduit à la misère (2). « Le pouvoir d'achat du numéraire avait, en France, au dire de La Noue, baissé dans la proportion de 4 à 1. Les seigneurs qui avaient cédé des terres à leurs paysans contre des redevances en espèces, continuaient à percevoir le même revenu, mais qui n'avait plus la même valeur : ce qui coûtait cinq sols au temps passé, en coûtait vingt sous Henri III (3) ». Les paysans étaient ruinés par les incursions des soldats ; les marchands et les bourgeois épuisés par les exigences des rançons et des combats ; les nobles s'appauvrissaient insensiblement sans s'en douter : la guerre civile avait déchaîné tous les fléaux sur ce malheureux pays. En outre, la châtellenie d'Ainay avait été détachée, pour ainsi dire, de la province de Bourbonnais et cédée, par engagement, à des seigneurs particuliers qui semblent n'avoir eu pour unique préoccupation que l'encaissement de leurs revenus ou redevances, laissant au pouvoir royal le soin de protéger leurs nouveaux vassaux.

La première personne en faveur de qui fut opérée

(1) Arch. du Cher : E, 1626.
(2) La France et moi, écrivait Henri IV le 1er mai 1598, avons besoin de reprendre haleine.
(3) ERNEST LAVISSE, *Histoire de France depuis les origines jusqu'à la Révolution*, etc., t. VI, fascicule 5, pp. 2-3. — Voir également d'AVENEL, *La Fortune privée à travers sept siècles*, pp 30-31.

cette séparation est la maréchale de Montmorency, Diane, légitimée de France, duchesse d'Angoulême, fille d'Henri II (1). Au mois de février 1576, des Lettres-Patentes furent datées de Paris portant « don à Diane légitimée de France, épouse de François, duc de Montmorency, pair et maréchal de France, du duché d'Etampes et des terres de Coucy, Folembray, Montluçon, Hérisson, Bourbon, Verneuil, Souvigny et Aisnay (2) », avec faculté de rachat perpétuel : L'acte d'enregistrement de ces lettres (3) au bureau des finances (4) est daté du 20 décembre de la même année. Or, quelque trois ans plus tard le Bourbonnais constitue le douaire de la veuve de Charles IX ; mais, le 24 septembre 1579, lors de l'enregistrement des Lettres constatant cette érection, il est spécifié que le duché de Bourbonnais est attribué à la reine douairière Elisabeth « moins les seigneuries délaissées à Mme de Montmorency (5) » qui conserve jusqu'à sa mort la châtellenie d'Ainay ; plusieurs pièces en font foi. Ainsi, le 28 décembre 1598, un arrêt du Conseil d'Etat, rendu à Saint-Germain-en-Laye, accorde à « Diane légitimée de France, duchésse d'Angoulême, main-levée

---

(1) Fille d'Henri II et de D^{lle} Philippe Duc, elle avait épousé en premières noces Horace Farnèse, duc de Castro, dont elle n'eut pas d'enfants.
(2) Arch. Nationales : K, 100, n° 1², copie.
(3) Aux Archives du Cher [C, 963] on trouve l'acte d'enregistrement au greffe du bureau des Finances des lettres du 20 décembre 1576, portant délaissement, par Henri III à la maréchale de Montmorency, des terres et châtellenies de Montluçon, Hérisson, Verneuil, Souvigny et Aisnay-en-Bourbonnais.
(4) A partir de l'édit de 1577, il y eut, dans chaque Généralité, cinq trésoriers-généraux qui formaient, par leur réunion, un bureau des finances.
(5) Arch. du Cher : C, 963.

du duché d'Angoulême, du comté de Ponthieu, des terres de Coucy et de Follembray, des châtellenies de Montluçon, Hérisson, Bourbon-l'Archambault, Souvigny, Ainay et Verneuil en Bourbonnais (1) ». Puis, le 24 mars 1603, un nouvel arrêt, rendu à Paris, ordonne qu'il « soit procédé nonobstant l'opposition de la duchesse à la vente des terres vaines et vagues, des buissons et broussailles des châtellenies de Montluçon, Bourbon, Hérisson, Souvigny, Verneuil et Ainay (2) » et, enfin, un dernier arrêt du même Conseil, rendu à Paris le 5 août 1603, accorde à la duchesse « un tiers du produit des ventes de terres vaines et vagues, de broussailles et buissons (3) » effectuées dans les mêmes châtellenies ci-dessus nommées. Mais Mme d'Angoulême mourut en janvier 1619 et, au bout d'un certain temps les châtellenies qu'elle avait possédées en Bourbonnais passèrent entre les mains de Louis de Valois, comte d'Allais, peut-être par succession, ou par acquisition plus vraisemblablement.

Diane légitimée de France n'eut pas d'enfants de son second mari, François de Montmorency, mort au château d'Ecouen, le 6 mai 1579, laissant comme héritier, son frère Henri Ier, duc de Montmorency, qui continua la lignée et laissa plusieurs enfants, parmi lesquels Charlotte de Montmorency, sa fille aînée. Celle-ci épousa « par contrat du 6 mai 1591, Charles de Valois (4), duc d'Angoulême, pair de

(1) Arch. Nationales : E, 1c, fol. 221 recto. — Bibl. Nationale : manus. franç. 18163, fol. 145 recto.
(2) Arch. Nationales : E, 5a, fol. 384 recto. — Bibl. Nationale : manus. franç. 18166, fol. 308 recto.
(3) Arch. Nationales : E, 5b, fol. 122 recto.
(4) Charles de Valois, duc d'Angoulême, pair de France, comte d'Auvergne, de Ponthieu, d'Alais, etc., fils naturel de

France, comte d'Auvergne, de Ponthieu et d'Alets »,
dont elle eut plusieurs enfants ; entre autres Louis-
Emmanuel de Valois, comte d'Alais, puis duc d'Angoulême, pair de France, colonel-général de la cavalerie légère, qui naquit en 1596 et mourut le 13 novembre 1653. L'hypothèse de l'héritage de Diane de France, recueilli par Louis-Emmanuel de Valois, peut donc être envisagée ; en tous cas, ce qui est certain, c'est qu'en 1645 Louis-Emmanuel de Valois était seigneur d'Ainay-le-Château, car on trouve aux Archives Nationales, à la date du 6 février, un « contrat de revente et adjudication par les commissaires généraux du Conseil, en exécution de l'édit du mois de mars 1629 et arrêts du Conseil donnés en conséquence, au profit de Louis de Valois, comte d'Alais, colonel-général de la cavalerie-légère de France et étrangère, des châtellenies, terres et seigneuries de Montluçon, Hérisson, Bourbon, Verneuil, Souvigny et Ainay-en-Bourgogne (1) dépendant du domaine du Roi, moyennant la somme de 11.159 livres et les deux sols pour livre (2). »

Charles IX et de Marie Touchet, épousa : — 1º par contrat du 6 mai 1591, Charlotte de Montmorency [fille d'Henri Iᵉʳ de Montmorency et d'Antoinette de Marck-Bouillon, sa première femme], morte le 12 août 1636 ; — 2º le 25 mai 1644, Françoise de Nargonne [fille de Charles de Nargonne, baron de Mareuil, et de Léonore de la Rivière], morte à 92 ans sans enfants, le 10 août 1713. Du premier mariage étaient nés : — a) Louis-Emmanuel, qui fit souche, et dont il est ici question ; — b) François de Valois, comte d'Alais, colonel-général de la cavalerie-légère de France, décédé le 19 septembre 1622 sans postérité, de Louise-Henriette de la Châtre, baronne de la Maisonfort. — Voir le P. Anselme, *Histoire de la maison de France*.

(1) Nous avons déjà signalé plus haut [chapitre 1ᵉʳ] que le territoire d'Ainay faisait partie de l'ancien royaume de Bourgogne.

(2) Arch. Nationales : Q¹, 17. Original en papier.

Quant au duché de Bourbonnais, il fit encore partie — moins les châtellenies ci-dessus désignées — des douaires de Louise de Lorraine (1), veuve d'Henri III ; de Marie de Médicis et d'Anne d'Autriche, qui y renonça.

(1) Elle mourut au château de Moulins le 29 janvier 1601.

Château de Chandon ; vue d'ensemble.

CHAPITRE VI

TROUBLES AU COMMENCEMENT DU XVIIe SIÈCLE. — TRANSLATION A AINAY DES ÉLECTION ET LIEUTENANCE DE MARÉCHAUSSÉE DE SAINT-AMAND, CHATEAUROUX, LA CHATRE ET AUTRES LIEUX. — LA PESTE. — LA FRONDE : SIÈGE ET PRISE DE LA VILLE PAR LES CONDÉENS. — RUINE DES CASTELLAINAISIENS. — LE PRINCE DE CONDÉ DEVIENT SEIGNEUR D'AINAY-LE-CHATEAU.

Le début du XVIIe siècle est marqué par un fait historique dont les conséquences auraient pu avoir une importance considérable pour Ainay-le-Château. Nous voulons parler de la translation en cette ville de l'élection et du grenier à sel de Saint-Amand. Si cette décision, prise en 1615, n'eut pas été rapportée l'année suivante, nul doute que, de ce fait, l'importance d'Ainay ne se fut trouvé considérablement accrue. C'était, du reste, dans le but de « bonifier la ville de Saint-Amand que le duc de Sully y avait établi un grenier à sel et une élection (1) ». Or, le grenier à sel de Saint-Amand, dont l'acte d'établissement date du « vingt-sixiesme jour de janvier l'an mil six cent neuf (2) », était autrefois installé à Ainay-le-Château (3) comme le prouve un acte de prise de possession passé en cette ville devant M. Oyseau, notaire-royal en Bourbonnais, le 15 février 1600, acte contresigné par maître Philibert Peynauldet, commis-grènetier de la ville d'Ainay (4). Rétablir le siège du grenier à sel en cette dernière localité, était en quelque sorte opérer une restitution. Malheureusement, cette nouvelle translation (5) était motivée exclusivement par les troubles qui existaient alors dans la contrée ; et l'ordonnance des trésoriers-généraux de France ne fut appliquée que pendant sept mois. Voici pourquoi :

A la mort d'Henri IV, en 1610, Sully qui était seigneur de Saint-Amand et Montrond vit sa faveur décroître. En 1611, il se retira de la cour. A cette époque, les dissentiments entre catholiques et

(1) MALLARD, *Histoire des deux villes de Saint-Amand et du château de Montrond*, p. 148.

(2) Arch. du Cher : C, 982.

(3) Le grenier à sel qui était autrefois à Ainay-le-Château, fut transféré du temps de Maximilien de Béthune à Saint-Amand, dans le quartier de la Chaume. [Manuscrit de Bonnet de Sarzay].

(4) Dossiers de M. Chavaillon.

(5) Des élections de Châteauroux et la Châtre ; les lieutenants de la maréchaussée de Berry, résidant à Châteauroux et La Châtre, étaient déjà installés à Ainay-le-Château.

protestants semblaient vouloir renaître ; ces derniers à qui l'édit de Nantes garantissait la liberté de conscience s'inquiétaient de voir Marie de Médicis rechercher pour son fils une alliance espagnole ; et, quelque temps avant le 25 novembre 1615, jour où la jeune Anne d'Autriche était unie à Louis XIII au milieu même de la Bidassoa, le prince de Condé arrivait en Touraine à la tête d'une armée protestante grossie des renforts que lui amenèrent le duc de Soubise, le duc de la Trémouille et le duc de Sully lui-même, tandis que, dans le Midi, le duc de Rohan soulevait en sa faveur Montauban et armait les réformés des Cévennes (1). C'est cet instant de disgrâce de leur seigneur — coïncidant avec une période de trouble intérieur, — que choisirent les habitants de Saint-Amand pour se soulever contre les exigences seigneuriales : D'où assignation et procès intenté par les Saint-Amandais au duc, le 25 mars 1612. L'affaire fut portée aux requêtes du Palais de Paris qui, les 15 septembre 1612 et 1er avril 1615, rendit deux jugements contre les habitants de Saint-Amand (2). On comprend facilement l'attitude un peu fraîche que devait avoir Sully vis-à-vis des Saint-Amandais, et l'on s'explique très bien que son fils, le marquis de Rosny, gouverneur de Montrond, ait agi en leur endroit

---

(1) *Histoire de France depuis l'établissement des Francs dans la Gaule jusqu'à 1830*, par Théodore Burette ; — continuée depuis la Révolution de 1830 jusqu'au 1er juin 1848, par Léon Guérin, historien titulaire de la marine, II, p. 299.

(2) Ceux-ci en appelèrent en la Cour du Parlement de Paris. L'affaire fut instruite en la Chambre de l'Edit en raison de la religion du duc de Sully et, le 24 septembre 1616, fut rendu un arrêt définitif et confirmatif. — Voir La Thaumassière, *Coutumes locales*, p. 252.

avec une certaine riguéur ; d'où des plaintes et des lettres adressées par les bourgeois au Conseil du Roi. Or Sully, nous l'avons montré, était en défaveur ; la Cour ne savait au juste s'il fallait le compter comme ami ou comme adversaire... s'inspirant de cet état d'esprit les trésoriers généraux des finances promulguèrent les Lettres-Patentes suivantes, afin de *faciliter la levée des deniers de Sa Majesté* :

« Les Trésoriers-Généraux de France au Bureau des finances de la charge et généralité de Languedouy establi à Bourges, conseillers du Roy, veu par nous ung procès-verbal faict par les officiers du roy en l'eslection et au grenier à sel establis en la ville de Sainct-Amand-sur-Cher, les III, IIII et V^e des présens mois et an, signé par collation à l'original Clerjault, greffier de ladicte eslection, contenant le mandement faict ausditz officiers de la part du sieur marquis de Rosny de l'aler trouver au chastel de Montrond où ils auroient esté conduitz par plusieurs soldatz, la déclaracion à eux faite par ledit sieur marquis qu'il avoit commandement verbal de Sa Majesté de prandre tous les deniers qui se trouveroient tant ès mains du receveur des tailles dudit Sainct-Amand que du commis à la recette des deniers du sel audit lieu et qui seront deubz par les parroisses d'icelle ellection, contenant aussy l'ouverture qu'il auroit fait faire des coffres desditz receveur et commis, ne s'y estant trouvé aucun argent leur auroit enjoinct de vériffier estat par devant luy ou le sieur Degrisieux en son absence de leurs recetes et despenses actuelles avec deffences de ne délivrer aucuns deniers de leurs recetes à autres qu'à luy à peine d'encourir toutes rigueurs et de payer deux fois. Et les menasses faites à tous

lesditz officiers que s'ilz ne satisfaisoient de gré à
ce qu'il leur ordonnoit, qu'il leur feroit faire de
force selon qu'il est plus au long contenu par ledit
procès-verbal ; une lettre escrite de notre part le
IXe desditz présens mois et an au sieur Ducroiser,
gouverneur de ladite ville de Sainct-Amand, afin
qu'il eust à nous donner advis si soubz le commandement qu'il avoit en ladite ville de par Monsieur
le duc de Sully les susditz officiers y pouvoient estre
et demeurer en seuretté pour continuer à y faire la
function de leurs charges et si aussi les deniers du
roy y pouvoient estre portez et conservez par lesditz receveur et commis pour estre par eux voiturez
tant en la recete généralle des finances establie en
ceste ville qu'ailleurs où les deniers se doivent acquiter selon l'ordre donné par sa majesté de son
Conseil. — Autre lettre par nous escrite les mesmes
jour et an audit sieur Degrisieux de la suitte dudit
sieur marquis par laquelle sur ce que par le susdit
procès-verbal avions recongnu que ledit sieur avoit
enjoinct ausditz receveur et commis de veriffier
estat de leurs dites recetes et despenses actuelles
pardevant luy l'aurions convié de se desporter d'inquietter iceux officiers ny de prandre cognoissance
du faict des finances de Sa Majesté audit Sainct-
Amand et qu'autrement nous serions contrainctz
d'en advertir sa dite Majesté; Autre procès-verbal
faict par les esluz de ladite eslection le XIe jour
desditz présens mois et an en la maison de messire
Jehan Morin, receveur des aydes et tailles audit
Sainct-Amand contenant les plaintes faictes par
la femme dudit Morin pour lors seulle en ladite
maison des mauvais déportemens de dix soldatz
qui y estoient entrez et la responce faite par lesditz
soldatz ausditz esluz qui si estoient logez par com-

mandement dudit sieur marquis ; autre procès-verbal faict par messire Jehan Debredz, controleur audit grenier à sel, le landemain XIIe desditz présens mois et an signé dudit Debredz et Nerret, contenant comme ledit sieur Degrisieux assisté de diz ou douze soldatz armez auroient mené et conduit audit chasteau de Montrond ledit Debredz, messire Estienne Nerret, Tiburce Brunet et Pierre Deberne (1) esluz, Anthoine Bonnet et Pierre Bernardat, procureurs du roy en ladite eslection et grenier à sel et qu'estant audit chasteau ledit sieur marquis les auroit interpellez de luy dire ou estoit ledict maistre Jehan Morin, receveur ; avoir faict lire en leurs présences ung pouvoir qu'il disoit avoir de lever plusieurs gens de guerre prandre et enlever

---

(1) Pierre de Berne « conseiller et eslu pour le Roy en l'eslection de Sainct-Amand, demeurant en la ville » de Saint-Pierre-le-Moûtier vendit, le 14 février 1619, par acte passé devant Maistre, notaire audit Saint-Pierre, sa charge d'élu en l'élection de Saint-Amand à honorable homme, M. Hugues Baugy, sieur de Piédenis, bourgeois d'Ainay, moyennant un prix de 7.400 livres pour le paiement duquel s'obligeaient ledit Hugues Baugy, « son père, maistre Jehan Baugy, bourgeois d'Ainay » et « dame Marie Billon, femme dudit messire Hugues ». — Le 9 mars 1628, Hervé de Berne, assesseur au siège présidial de Saint-Pierre-le-Moûtier — tuteur de Pierre de Berne [fils mineur de défunt Pierre de Berne, frère dud. Hervé] — quittança Hugues Baugy de la somme de 3.150 livres (3.100 livres en principal ; 50 livres en frais et intérêts) par reçu daté de Saint-Amand, en présence de noble François Pastureau, lieutenant en l'élection, et de Louis Bouchaconet, praticien. — Enfin, le 6 août 1654, le même Hervé de Berne, agissant comme tuteur de ses petits-neveux — héritiers de son frère Pierre de Berne, leur aïeul — envoya à dame Jeanne Imbault, veuve d'Hugues Baugy et tutrice de leur fils, commandement de payer la somme de 3.300 livres restant due, plus les intérêts d'icelle. [Dossiers Chavaillon].

les deniers des tailles et du sel de toute ceste généralité ; contenant aussi avoir dit audit Nerret qu'en suite de ses préceddentes ordonnances il entendoit qu'il luy rendisse compte de toute sa recete et despense dudit grenier à sel et qu'à ceste fin il l'avoit envoyé quérir et pour demeurer prisonnier jusques à ce qu'il y eust satisfaict et luy eust fourny tous les deniers qui se trouveroient entre ses mains avec injonctions de continuer ladite recete soubz son auctorité à peine d'en respondre en son propre et privé nom et d'estre déclaré son ennemy selon qu'il est plus au long contenu par ledit procès-verbal ; une lettre à nous escrite par lesditz officiers le XIIIIe desditz présens mois et an sur l'envoy desditz procès-verbaux contenant comme lesditz sieurs Ducroiser et Degrisieux ont esté reffusans respondre aux lettres que avions escrites. Et dautant qu'il auroit pleu au roy et à nos seigneurs de son Conseil de nous mander dès les IIIIe et XIIIe du mois de septembre derniers qu'eussions sur les occurences présentes à adviser d'asseurer les deniers de Sa Majesté afin qu'aultre qu'elle ne s'en peust prévalloir et qu'eussions à cest effet à prévoir et considérer assez à temps les inconvéniens qui en pourroient arriver pour, sur le besoin qu'en seroit, transférer l'establissement des eslections et comptouers de nostre généralité en lieux surs propices et commodes aux contribuables pour y venir rechercher la Justice et aux collecteurs des tailles pour y porter et payer les deniers royaux recongnoissans à présent estre nécessaire d'exécutter la vollonté de sadite Majesté sans aucun retardement pour ce qui est de ladite eslection, comptouer et grenier à sel estabiz audict Sainct-Amand attendu ce que dessus nous avons advisé d'y pourvoir. — A ces causes nous avons transféré et transferons par ces présentes ladite eslection de Sainct-Amand et le comptouer dudit lieu ensemble le grenier a sel y establv en la ville d'Aisnay-le-Chasteau en laquelle se rendront incontinant et sans délay tous lesditz officiers du roy d'icelle eslection et grenier à sel sans aucuns en excepter pour s'y tenir et y faire les functions de leurs charges tout ainsy qu'ils faisoient audit Sainct-Amand sur peine aux deffaillans de suspencion de l'exercice de leurs offices et de privation de leurs gages. Enjoignant aux officiers dudit grenier de faire doresnavant voiturer en ladite ville d'Ainay tout le sel qu'il contiendra pour la fourniture d'icelluy, et aux collecteurs et contribuables aux tailles et de l'impost qui sont en l'estendue desdites eslection et grenier à sel de porter et payer en ladite ville d'Aisnay-le-Chasteau ce qu'ils doibvent et debvront cy-après des deniers des tailles et du sel ès mains des receveurs tant dudit comptouer que du grenier de Sainct-Amand et d'y aller chercher la Justice sur le faict d'icelles et des gabelles et non ailleurs à peine de payer deux fois et de plus grande s'il y eschet. Ce que nous mandons et enjoignons ausditz officiers desdites eslections et grenier à sel faire savoir aux parroisses de l'estendue d'iceux afin que nul n'en prétende cause d'ignorance. Mandans en oultre aux procureurs du Roy d'icelle eslection et grenier à sel d'y tenir rigoureusement et dilligemment la main le tout jusques à ce que par le roy en son Conseil et nous autrement en soit ordonné et afin que lesditz officiers ne puissent ignorer ces présentes et ayent à y satisfaire leurs seront signiffiés par le premier huissier de notre bureau ou aultre sergent royal sur ce requis auquel mandons et donnons pouvoir de ce faire. Donné en nostre dit bureau le XVIII® jour de novembre l'an mille six cens quinze (1). »

Et deux jours après, la translation à Ainay-le-Château du lieutenant et des archers de la vice-sénéchaussée du Bourbonnais résidant à Saint-Amand était également prescrite par de nouvelles Lettres dont voici la teneur :

« Les trésoriers généraux de France au Bureau des finances de la charge et généralité de Languedouy estably à Bourges, conseillers du roy par nostre ordonnance dujourd'huy dont copie est cy attachée soubz le cachet de nostre Bureau nous avons pour les causes et consideracions y contenues et suivant le pouvoir a nous donné par Sa Majesté, transféré l'eslection de Sainct-Amand et le comptouer dudit lieu ensemble le grenier à sel y estably en la ville d'Aisnay-le-Chasteau en laquelle se doibvent rendre tous les officiers du roy d'icelle eslection et recongnoissans qu'il estoit aussi nécessaire pour les mesmes causes et consideracions et davantage pour facilliter la levée des deniers du roy en laditte ville d'Aisnay-le-Chasteau et donner escorte aux receveurs lorsqu'il leur conviendra les voiturer en la recète générale des finances establie en ceste ville de Bourges, de transférer en icelle ville d'Aisnay le lieutenant de la visénéchaussée de Bourbonnois avec ses dix archers establis audict Sainct-Amand, nous avons advisé d'y pourvoir. A ces causes nous avons transféré et transférons par ses présentes ledit lieutenant de ladite visénéchaussée de Bourbonnois en l'establissement dudit Sainct-Amand avec le nombre de ses dix archers estans soubz sa charge en ladite

---

(1) Arch. du Cher : C, 988. — Original non signé, mais paraphé.

ville d'Aisnay-le-Château en laquelle icelluy lieutenant et ses archers se rendront incontinant et sans délay pour si tenir et y faire la function de leurs charges tout ainssy qu'ils faisoient ou debvoient faire audit Sainct-Amand sur peine audit lieutenant de suspencion de l'exercice de son office, de privation de ses gages et d'estre commis er son lieu de personne capable et ausditz archers aussi de privation de leurs gages et d'estre commis en leurs places le tout jusques a ce que par Sa Majesté et nous autrement en ait esté ordonné et, afin qu'aucuns d'eux n'en puissent prétendre cause d'ignorance, sera la présente ordonnance signiffiée audit lieutenant à la personne de Advisard, son greffier, tant pour luy que lesditz archers et ce par le premier huissier de nostre bureau ou aultre sergent royal sur ce requis auquel mandons et donnons pouvoir de ce faire. Donné en nostre dit Bureau le XXe jour de novembre l'an mil six cens quinze (1). »

Ce choix d'Ainay-le-Château indique que la ville avait réparé ses remparts, ruinés par les attaques qu'elle avait dû subir vers la fin du XVIe siècle, et qu'à l'abri de ses murailles les officiers du roi se pouvaient supposer hors de la portée du marquis de Rosny. Mais sept mois plus tard, il faut croire que les troubles commencèrent à s'apaiser, car les mêmes Trésoriers-Généraux de France, par une nouvelle ordonnance donnée « le XVIIe jour de juin mille six cens seize », rétablirent en leurs sièges primitifs les élections, comptoirs, grenier à sel, et maréchaussées qui avaient été transférées à Ainay-

---

(1) Arch. du Cher : C, 988. — Original non signé, mais paraphé.

le-Château par ordonnances des 7 octobre, 9, 18 et
20 novembre 1615 « pour faciliter pendant les derniers troubles la levée des deniers de Sa Majesté ».
Il s'agissait, dans l'espèce, de l'élection et du comptoir de Châteauroux ; de l'élection particulière et
du comptoir de La Châtre ; du lieutenant de la
maréchaussée de Berry, ès établissements de Châteauroux et Argenton ; des substituts du procureur
du Roi, greffiers et archers des villes d'Issoudun
et Saint-Chartier ; de l'élection de Saint-Amand ;
du comptoir et grenier à sel dudit lieu ; du lieutenant de la vice-sénéchaussée de Bourbonnais en
l'établissement dudit Saint-Amand, et des archers
sous sa charge. Il était enjoint à tous les officiers
de ces élections, comptoirs, maréchaussées, grenier
à sel, de retourner en leur siège primitif pour y accomplir les fonctions de leur charge (1). Ainay-le-Château qu'une animation subite et inaccoutumée
avait — pendant quelques mois — transformée,
allait retomber dans l'engourdissement et la torpeur qui avaient succédé aux désastres et aux
ruines qu'avaient accumulés dans ses murs les
guerres de religion et les pillages qui s'ensuivirent ;
elle allait redevenir la « ville fort ruinée » dont le
croquis peu flatté avait été esquissé quelque deux
ans auparavant dans la « topographie du duché de
Bourbonnois, avec la carte dudict pays, desdiée à
M. Grangier (2), seigneur de Liverdy, conseiller et
président pour le Roy en sa court de Parlement à

---

(1) Arch. du Cher : C, 989. — Original non signé, mais paraphé.
(2) La lettre de dédicace de l'auteur audit Grangier porte
la date du 1er janvier 1614. — Le manuscrit a pour devise :
Fero et Spero.

Parys, par Jean Ferault-Daiguet, enquesteur en la seneschaulcée et siège présidial dudict pays estably à Molins (1) ».

Voici en quels termes l'auteur s'exprimait sur la châtellenie et la ville : « La chastellenie d'Esnay, disait-il, est située en pays plain, asses fertile, notamment du costé de Saint-Amand. La plus grande partie de la grande forestz de Tronsay est située en icelle... Elle joint d'orient à la chastellenie de Bourbon en partie et à celle de La Bruyère ; de midi à ladicte chastellenie de La Bruyère et aux terres de Culant ; de noroit aux terres de Saint-Amand ; et de bize à la chastellenie de Germigny. La ville d'Esnay est le siège de la chastellenie à laquelle, comme aux aultres chastellenies, il y a ung lieutenant, procureur du Roy et procureurs postulantz. Ceste ville a esté fort ruinée pendant les guerres dernières, comme aussi le chasteau qui l'adjoinct du costé du noroit ; elle contient encores de present huict ou neuf vingtz feux ; elle est fort bien située pour la guerre ; sy (2) elle estoit munie de boulevars et parapetz, car son asiéte n'est nulement commode pour Cherenton ; c'est une petite ville qui est en la juresdiction vassales, situé neantmoings en bon fondz ; son enceinte est petite et, au pied du mur, passe une petite rivière qui dessent d'une lieu au dessoubz d'Esnay... » Dans cette ville « fort ruinée », et cependant « fort bien située pour la guerre », un événement assez important allait, — trois ans après le transfert dans leurs sièges respectifs des élections, lieutenances de maréchaussée et comptoirs

(1) Bibl. Nationale : manus. franç. 5402 [ancien 9863], fol. 39, verso.
(2) Aussi

1. Etang et forges de Saint-Bonnet-Tronçais. — 2. Etang et tréfilerie de Morat. — 3. Un relai de chasse en forêt de Tronçais. — 4. Allée conduisant à la fontaine de Viljot.

qu'on y avait un instant abrités — secouer l'indifférence des citoyens et exciter leur activité : nous voulons parler de l'érection du couvent des Pères Recollets, dont la fondation à Ainay-le-Château fut décidée le 25 mai 1619. La fabrique de l'église Saint-Etienne, en vue de faciliter aux religieux leur établissement dans la ville, leur accorda un emplacement à elle appartenant pour y faire bâtir un couvent dont la première pierre fut posée en 1621 (1). C'était l'époque où les populations de cette contrée faisaient appel à la protection du ciel pour les garantir de ce fléau sans cesse renaissant, la peste, qui, vers la fin du premier quart du xviie siècle, désola de nouveau le centre de la France. Les villes de Bourges, Issoudun, La Châtre, Saint-Amand, Montluçon et bien d'autres encore eurent à souffrir d'une recrudescence de l'épidémie (2) : Ainay-le-Château n'échappa pas à la contagion.

Aux maux que cette petite ville avait supportés pendant la Ligue, dit M. Audiat (3) « vint se joindre une peste terrible qui emporta une grande partie de la population et faisait aussi périr les bestiaux. La foi qui s'éveille plus vive quand la main de Dieu s'appesantit sur nous, inspira aux habitants une grande dévotion à saint Roch (4). On lui bâtit,

(1) Documemts provenant du cabinet de M. Chavaillon.
(2) Les registres paroissiaux de Saulcet nous apprennent, qu'en 1626, « le pauvre petit peuple et des principales maisons du village souffrirent grande nécessité de la famine et en moururent plusieurs de faim ; de laquelle famine naquit une maladie de forte fiebvre chaude de longue durée... »
(3) *Le Mémorial de l'Allier* des 23 et 25 septembre 1855.
(4) Dans tout le Bourbonnais on invoquait saint Roch contre la peste avec une très grande confiance. [Voir notre *Simple Croquis de Montluçon au bon vieux temps*].

sur les bords de la Sologne, une chapelle que nécessait de remplir la foule pieuse et effrayée. On y amenait des troupeaux ; ils mangeaient de l'herbe qui croissait autour de la chapelle et, si l'on en croit la tradition, ils étaient guéris. Un cimetière entoura l'église ; on y déposait les corps de ceux qu'avait frappés l'épidémie et, en présentant à Dieu ces victimes du fléau, on lui demandait d'épargner les vivants ».

Cette recrudescence de peste signalée par M. Audiat pourrait, assez vraisemblablement, dater de 1629. Nous avons, en effet, trouvé dans les documents mis à notre disposition par M. Chavaillon, le texte d'une épitaphe curieuse que le copiste (1) avait également traduite ainsi : « Veuillez vous arrêter un moment en passant sur cette tombe où repose [sic] les cendres d'un amour intègre. — Là repose Mme Petronille Theurault, femme aussi honnête que prudente, fille de Gaspard Theurault, homme

---

(1) Cette copie est d'une écriture du début du xviiie siècle ; le contexte latin diffère très légèrement de la traduction : « Morare his parumper hospes, amoris casti monumentum : Jacet hic honesta nec minus prudens matrona Petrea Theurault prudentissimi viri Gaspardi Theurault nata : Domini Francisci Baugy hujusce Aynayensis civitatis procuratoris Regii meritissimi nec non christianissimi sponsa : Jacet inquunt cum dilectissimâ propè, francisco, Joanne, J. Baugy. Tres eodem tumullo, tempore, mense ac ferè die sepulti. Qui anno 1629 obiere 2 d. Stephani mensis augusti. Nec a longè mater secuta, puerum insignis, unicum reliquens, Petrum Baugy ; obiit 13 ejusdem anni et mensis die, Lj annos nota. — Dignum pro defunctis orare. — Incola quisque ædes tibi noto accurre sepulchro. Aspice quot genitus fuderit alma parens. Natorum hanc rapuit pietas, hanc ardor amoris, mortua nempè suis basiis mille ferens. Siste tamen lacrymas. Martyr nam mater in orbe quos tuta aligeros nunc in axe videt ! »

très prudent et sage, et épouse de M. François
Baugy (1) de la même ville d'Ainay-le-Château,
procureur du Roi et homme aussi équitable que
très bon chrétien. Elle repose, dis-je avec sa famille
très affectionnée, savoir : François, Jean et Jacques
Baugy. Tous furent mis dans la même sépulchre [sic],
enterrés dans le même temps, le même mois et
presque le même jour. Ils moururent l'an 1629, second jour du mois d'août qui étoit le jour de saint
Etienne. La mère illustre de ces enfants ne tarda
pas à les suivre et laissa un seul fils qui se nommait
Pierre Baugy. Sa mort arriva le treizième jour de
la même année et du même mois. — Il est juste de
prier pour les défunts. — De quelque condition que
vous soyez, hâtez-vous d'accourir à ce sépulchre
qui ne vous est pas inconnu. Considérez combien
cette tendre mère a répandu de larmes. Ce fut son
excessive tendresse et son grand amour qu'elle avait
pour ses enfants [sic] qui la conduisirent au tombeau, aussi les siens, quoique morte, ne cessèrent
pas de lui donner mille baisers. Cependant efforcez-vous de retenir vos larmes, car cette mère martyre
sur la terre a le bonheur de se repaître les yeux de
la présence des esprits célestes ! »... Trois enfants
succombant le même jour et la mère les suivant
dans la tombe onze jours après ! Une famille de six
membres réduite, dans l'espace de neuf jours, à
deux survivants, voilà des événements qui ne sont
pas ordinaires et qui semblent bien dénoter les ra-

(1) Il assistait, le 29 octobre 1617, avec maistre Hugues
Baugy, qui est désigné comme « oncle du futur », au contrat
de mariage d'Hugues Baugy [fils de Jean Baugy, bourgeois
d'Ainay-le-Château, et de Jehanne Damours] ; avec Marie
Billon [fille de feu Estienne Billon et de Jacquette Pornyni]. —
Minutes de Jacques Oyzeau, notaire.

vages d'une épidémie !... La grande dévotion des Castellainaisiens à saint Roch daterait de cette époque et voici la prière qu'ils lui adressaient pour obtenir sa protection contre le fléau (1) :

« O glorieux saint Roch qui, entraîné par l'amour de la pauvreté, avez méprisé les richesses de la terre pour gagner celles du Ciel et qui, nullement effrayé des fléaux qui désolaient l'Italie, avez voulu, caché sous un humble habit de pèlerin, y entrer pour consoler ceux qui étaient atteints du mal contagieux, vous dont l'amour pour les peuples a été jusqu'à demander à la Majesté Divine de décharger sur vous son juste courroux et qui avez été exaucé, ayant eu à souffrir des douleurs que vous avez endurées avec tant de résignation ; au nom de la charité avec laquelle vous avez guéri miraculeusement tant de malades, priez Dieu de nous délivrer, par votre très efficace intercession, des fléaux qui nous menacent, suppliant la Majesté Divine que nous avons tant offensée d'arrêter le châtiment mérité. O saint Roch, intercédez pour nous, car nous n'osons, misérables pécheurs que nous sommes, nous présenter devant le trône de Dieu ! Saint Roch, priez pour nous ce Dieu qui est le père des miséricordes, maintenant que vous jouissez de sa présence dans la gloire céleste ; saint Roch, présentez vous-même nos humbles prières en les unissant aux mérites de la Vierge Marie, à ceux de tous les Saints et aux Vôtres, afin que nous puissions, comme nous

---

(1) C'est à notre érudit collègue, M. l'abbé Desnoix, — ancien vicaire de Couleuvre, — actuellement aumônier du pensionnat Saint-Gilles à Moulins, que nous devons communication de la *prière que récitaient les habitants d'Ainay lorsque la peste décimait leur ville*. Nous lui adressons nos remerciements.

en avons la confiance, vous rendre devant votre autel de solennelles actions de grâces, au nom du Père, du Fils et du Saint-Esprit, Ainsi-soit-il. Que la Croix sainte brille sur notre front ! Que la Croix sainte soit sur notre bouche ! Que la Croix sainte soit sur notre cœur ! Par l'amour de saint Roch pour cette croix ; par le signe de cette croix avec lequel il délivra les peuples du mal contagieux ; délivrez-nous, Seigneur ! »

Heureusement, pour contrebalancer les décès que pouvait causer la peste dont aucun document officiel ne nous permet de mesurer les ravages qui — dans ces conditions — ne paraissent pas avoir dû être très considérables, on remarque — à cette période — chaque année, un nombre assez considérable de naissances indiquant l'importance, réelle encore, de la population. De 1628 à 1637, les registres paroissiaux relatent les baptêmes annuels suivants : 41-50-30-40-57-62-39-63-62-53, soigneusement indiqués. Nous relevons, en outre, les noms de personnages importants de la ville — soit par leur naissance, soit par leurs fonctions, soit par leur fortune, — ainsi : Jean Charrier (1), châtelain de Ban-

(1) On trouve l'orthographe Charrier et Cherrier. — Jean Charrier était bailli du Vieil-Château-Saint-Amand, en 1634 ; — Marie Charrier, veuve de Pierre Page le jeune [acte du 11 janvier 1663] ; — Jean Charrier, procureur du Roi à Ainay, 1671 ; — Philippe Charrier, avocat au présidial de Moulins, 1677 ; — François Charrier, notaire royal à Noyant, 1704 ; — Roger Charrier, sieur de Grandvaux, Lieutenant de police à Ainay, 1717 ; — Jean-Baptiste Charrier, bourgeois d'Ainay, 1737 ; — Le 26 août 1748, Estienne Charrier, sieur de Menitreux, bourgeois d'Ainay, se reconnaît redevable à l'abbaye de Charenton, pour vente faite à ses ancêtres par l'abbaye, des rentes suivantes : 5 boisseaux de froment, 1 chapon de cens, 4 sols de rente foncière, 1 modurier et demi de seigle, 1 obole

negon, époux de Suzanne Imbault (1) ; Jehan Theu-
de cens, 2 boisseaux de seigle, 3 sous et un denier de cens. —
Léonard Charrier et sa femme, Marguerite Libault, achètent,
en 1767, le domaine des Lourdins (près Charenton), à Jean-
Baptiste et Louis-Pierre Bonnet. — Roger Charrier de Fons-
treux, procureur au bailliage de Saint-Amand et Marie Bignon,
sa femme, vendent une maison à J. B. Maugenest, chirurgien
à Saint-Amand, le 15 décembre 1765. — Enfin, le « chevalier
Charrier », François Charrier, chevalier de la Légion d'Honneur [fils de François Charrier, premier échevin de Moulins,
en 1774], devint sous-préfet de Saint-Amand [Arch. du Cher :
K, 20] de 1819 jusqu'en 1823 ; maire de Moulins en 1838, président du Conseil Général de l'Allier ; il mourut en 1859, laissant
une fille, Mme Chabot. Il avait été anobli par Lettres-Patentes du
13 janvier 1816 et portait : D'azur à un navire d'argent, au chef
du même chargé à dextre d'un chien barbet assis de sable, et
à senestre d'une cloche d'azur bataillée d'argent. [CHAIX D'EST-
ANGE, *Dictionnaire des familles françaises du XIXe siècle*,
t. X].

(1) La famille Imbault fut connue à Ainay jusque vers le
milieu du XVIIIe siècle ; elle y a possédé le fief de Salvert. —
En 1617, Jehan Imbaud, en qualité d'oncle maternel, est curateur de sa nièce, Marie Billon [fille de feu Etienne Billon et
de Jacquette Pornyni], qui épousa Hugues Baugy [fils de Jean
Baugy et de Catherine Damours]. — Gabrielle Imbault, d'Ainay,
avait épousé Antoine Imbert, de cette même ville, dont elle eut
Jean Imbert, procureur en la sénéchaussée de Bourbonnais,
marié en l'église de Saint-Pierre d'Izeure, le 4 juin 1629, avec
Catherine Baugy [fille d'Hugues Baugy, bourgeois d'Ainay et
de Catherine Vigner] [Arch. d'Yzeure : G.G, 3]. — Jeanne Imbault, veuve d'Hugues Baugy, élu en l'élection de Saint-Amand,
et tutrice de Roger Baugy, son fils mineur, transigeait, le
20 mai 1681, avec Antoine et Etienne Baugy, Marie Baugy,
femme de François Theurault et Jeanne Baugy, veuve de Bérard de Vélard, sieur de Montifault ; tous enfants d'Hugues
Baugy et de Marie Billon, sa première femme. — Le 27 juin 1766,
dame Claude Imbault, veuve de François Valligny, vendait un
domaine situé à L'Amour à Pierre Imbault, sieur de Salvert,
époux de Jeanne Legrand, dont naquirent : Jacques Imbault,
curé de Vernais ; Marguerite Imbault et Elisabeth Imbault.
[Minutes de Daugy, notaire à Sancoins].

rault (1), avocat en Parlement ; Jean Duret (2), chirurgien, en 1628 ; — Hector Oyzeaul, alias Oyzeau tanneur ; noble Jehan Theurault, docteur en médecine ; Pierre Bouis et Gervais Chrestien (3), arquebusiers ;

(1) Le 21 avril 1663, Jean Theurault, avocat ; Jean Theurault, sieur des Tiers, son fils majeur ; François et Henry Theurault, ses autres fils mineurs ; et François Theurault, fils mineur de Theurault des Tiers, vendent diverses terres à Philippe Jobier, marchand d'Ainay. [Minutes F. Theurault, notaire].

(2) Famille qui résidait à Ainay aux xviie et xviiie siècles : Marie Duret épousa à Ainay, le 8 octobre 1691, Etienne Bujon ; — Anne Duret était femme de Jean Chassagne, sieur de la Tour de Bouy, vers 1720.

(3) Ce Gervais Chrestien était gendre de Jehan Theurault, marchand-tanneur à Ainay, et de Péronnelle Fort [d'après une promesse de mariage consentie le 26 mai 1637, devant Nicolas Lejay, notaire à Ainay]. — Or Jehan Theurault-Fort pourrait avoir été un frère de Roger Theurault, avocat, marié en 1570, à Marguerite Billon. [Voir le travail de M. MATER, *Mémoires de la Société des Antiquaires du Centre*, 1909]. En effet, le 26 mai 1637, sa fille, Péronnelle Theurault est désignée comme cousine-germaine de Maîtres Pierre Baugy, procureur du Roi ; Jehan Berault, Lieutenant-général de la châtellenie ; Jehan Theurault, avocat... Les époux Theurault-Fort eurent pour enfants : — *a*) François Theurault, l'aîné, notaire, qui mourut le 7 décembre 1667 laissant pour veuve Gilberte Caillet, (*Archives Dubreuil*) ; — *b*) Lucque Theurault, qui, veuve de Thomas Lejay, son second mari [dont elle eut au moins un fils : Pierre Lejay], se remaria une troisième fois à Raoul Paizant, sieur des Bruyères, grènetier au grenier à sel de Sancoins, dont elle était veuve en 1640 ; — *c*) Jeanne Theurault qui, le 3 juin 1638, était veuve de Maître Jacques Page ; — *d*) N... Theurault, épouse de Gilbert Jouannet ; — *e*) Gabrielle Theurault, veuve de Pierre Auperrin, en 1663 ; — *f*) Péronnelle Theurault, veuve en première noces de François Baugy, mariée par promesse du 26 mai 1637, à Adrian Dubois, arquebusier à Saint-Amand — *g*) Louise Theurault, mariée à Gervais Ch. restien et décédée, ainsi que son époux, avant le 3 juin 1658... qui tous étaient, par conséquent, cousins-germains d'Hugues Theurault, le défenseur d'Ainay pendant la Fronde. [Acte de vente du 14 fé-

Philippe Aupelletier, cordonnier ; Estienne Florand, tisserand ; Gilbert Berault, vicaire, en 1629 ; — Simon Ange, archiprêtre de Charenton et curé d'Ainay, en 1630 ; — Philippe Jobier, boucher, en 1631 ; — Pierre Durutin, substitut du procureur du Roi, en 1632 ; — Pierre Gillet, chirurgien, en 1633 ; — Pierre Baugy, prieur, en 1635 ; — Pierre Theurault et Marie Vignier, *al.* Vigner, sa femme (1); — Jehan Beraud, lieutenant-général en la châtellenie d'Ainay et premier assesseur en l'élection de Saint-Amand (2), en 1637 ; — Jean Garreau (3),

vrier 1641 appartenant à M. Choussy ; — Papiers de M. Chavaillon, 26 mai 1637 ; 3 juin 1850 ; 26 mars 1686].

(1) Dans un contrat de vente du 14 décembre 1663, on les dit, alors, décédés. [Papiers de M. Choussy, d'Ainay-le-Château].

(2) Au contrat de mariage d'Adrian Dubois et de Péronnelle Theurault, passé le 26 mai 1637, « en l'hostel de Maistre Jehan Theurault, marchand-tanneur, et de Péronnelle Fort, sa femme », signent les cousins-germains de la future : noble Jean Beraud, conseiller du Roi, Lieutenant en la châtellenie d'Ainay et premier élu assesseur en l'élection de Saint-Amand ; — noble Pierre Baugy, procureur du Roi en la châtellenie d'Ainay et son premier avocat en l'élection de Saint-Amand ; — Maistre Jean Theurault, avocat ; — Jean et Pierre Dumontet ; — Gilbert Carton ; — Claude Lejay, le jeune ; — Jean Sarrazin ; — Jean Valligny, sergent-royal. [Minutes de Lejay, notaire-royal].

(3) Ce « maître-sellier » jouissait, à l'époque, d'une réputation qui justifiait ses lettres de maîtrise : nous en trouvons une preuve dans l'engagement que lui fit prendre, en 1639, Michel Marceau, avocat et commissaire examinateur en la châtellenie, de faire « une chariotte de chesne à tenir six personnes avec les cottez d'ayes [bois] de sapin, une impérialle [dôme] aussy en mesme bois, garni par le dedans de huit aulnes de serge verte de deux tiers de large, avec un passement de flord et soye de coulleur rouge et verte » clouée à clous dorés et doublée de même ; le tout recouvert de vache ; et ce moyennant 110 livres tournois indépendamment du prix de la vache achetée 42 livres, qui a été fournie audit Garreau. [Arch. du Cher : E, 1535].

maître sellier, etc., etc. Parmi les noms de toutes ces personnalités nous avons relevé plusieurs fois ceux de divers membres de la famille Theurault — famille de la malheureuse mère décédée après ses trois enfants en l'espace de neuf jours. — Les Theurault étaient, à cette époque, très nombreux à Ainay où ils allaient acquérir une grande influence ; leur famille se divisait alors en plusieurs branches dont les membres exerçaient des professions libérales ou s'adonnaient au commerce : tel Simon Theurault (1) qui était tanneur et qui afferma pour six ans, en 1623, le contrôle et la marque des cuirs de la ville, moyennant 300 livres (2) de fermage annuel, ainsi qu'en fait foi le document ci-dessous :

« Fut présent en sa personne noble homme messir Germain Lelarge, conseiller du Roy, et esleu en l'eslection de Berry establye à Bourges y demeurant lequel, au nom et comme soy disant avoir charge et pouvoir de noble homme Pierre Deverton, conseiller, notaire et secrétaire du Roy, demeurant à Paris, rue de la Vieille Tixanderye, de son bon gré a adcensé et baillé à ferme à prudent home Symon Teurrault, filz de Pasquet Teurrault (3), marchand tanneur, demeurant à Aysné le Chastel présent, etc., pour le temps et espace de six ans prochains et continuelz commençans dès le vingtiesme jour de no-

---

(1) Le 30 mai 1620 [Minutes Claude Ange, notaire], Simon Theurault est qualifié « prudent homme... marchand, demeurant à Ainay ».

(2) Soit 624 francs de notre monnaie, avec un pouvoir d'achat trois fois plus grand.

(3) D'après le contrat de mariage d'Adrian Dubois avec Péronnelle Theurault, le 26 mai 1637 ; Pasquet Theurault semblerait frère de Jehan Theurault, époux de Péronnelle Fort, et de Roger Theurault, époux de Marguerite Billon.

vembre dernier passé et finissans à pareil jour, pour et moyennant chacun an la somme de troys cens livres tournoiz d'adcense (1) et ferme annuelle que le dit Teurrault a promis et sera tenu payer audit sieur Deverton en l'hostel dudict sieur Lelarge, chacun an à chacun vingtiesme jour de novembre et commancer le premier terme de payement au vingtiesme jour de novembre prochain que l'on comptera mil six cens vingt quatre.... c'est assçavoir le droict de marque et controolle des cuyrs, visitte, garde des halles et marteaux de la ville d'Aisné le Chastel, faulxbourgs et parroisse dudict lieu appartenant audict sieur Deverton sans en rien excepter ni reserver pour en jouyr par ledict preneur durant ledict temps et icelluy droict prendre lever et user aux mesmes charges, droictz, privillèges et honneurs attribuez audict office par les editz et ordonnances du roy, règlemens et arrestz sur ce intervenuz et qu'il a dict bien sçavoir constituant... etc... a promis luy garentir... etc... à la charge que sy ledict sieur Deverton ne veult que ladicte adcense ne soict a sy long temps elle ne demeurera que pour le temps qu'il luy plaira et pour le surplus dudict temps elle demeurera nulle et résolue sans aulcuns despens, dommages et interestz et pour l'exécution et entretien des présentes ledict Teurrault a esleu son domicille irrévocable en la maison de prudent homme, Charles Raveyn, marchand, demeurant à la place de la porte Gordaine, parroisse de Sainct-Bonnet dudict Bourges, auquel hostel il veult et entend que tous exploictz

(1) L'adcense est un mot employé ici d'une façon impropre, car l'accensement n'est pas une location ni un fermage, c'est une vente positive effectuée pour un revenu variable. [D'AVENEL, *La Fortune privée à travers sept siècles*, p. 193].

de commandemens, sommations et aultres actes de justice qui y seront faictz et posés en vertu suitte et conséquence des présentes soient de tel effect force et vertu que s'ilz estoient faictz en son domicille et parlant à sa personne, promectant en oultre soubz lesdictes contraintes bailler bonne et suffisante caultion pour le pris de ladicte ferme ; touteffoys et quantes accordans qu'un cas que Pierre Teurrault, marchand tanneur veuille estre de ladicte ferme, Il sera tenu l'admestre et associer avec luy et pour pareille portion qu'il, preneur, y aura ; car ainsy... etc... Faict audit Bourges en l'hostel du sieur Lelarge après midy le deuxiesme jour de décembre mil six cens vingt troys. Présens Pierre Babou, clerc, et Estienne Piat, marchand, demeurant audict Bourges, tesmoings. Ledict Piat a dict ne sçavoir signer de ce requis par le notaire qui a déclaré la présente estre subjecte au scel suivant l'édict : Lelarge, — Theurault, — Babou, — P. Babou.

Et le vingt neufviesme desdicts moys et an P. Babou, ledict sieur Lelarge audict nom et en la présence du notaire soubzsigné et tesmoings cy-après nommez ont exibé audict Teurrault a ce present une coppie de l'adcense cy-dessus au pied de laquelle est la rattiffication d'ycelle faicte par ledict sieur Deverton de luy signée le dixiesme desdicts présens moy et an à la charge que, en cas que Sa Majesté feist revendre ledict office ou que ledict office ou que ledict sieur Deverton en dispose sans fraude à telle personne qu'il advisera bon estre Ledyt Theurrault ne pourra prétendre aulcuns despens dommages et interestz et à la charge que ledict Theurrault fera faire l'exercice dudict office et garder les réglemens et ordonnances Ce qu'icelluy

Theurrault a accepté et promis faire soubz les peynes et contrainctes apposées par ledict contract d'adcense ; Car ainsy... etc... Faict audict Bourges en l'hostel dudict sieur Lelarge après midy lesdicts jour et an... Présens noble homme et sage maistre Paul Lelarge, advocat au siège présidial et de la maison commune dudict Bourges, et Pierre Babou, clerc, demeurant audict Bourges, tesmoings... : LELARGE, — THEURAULT, — LELARGE, — BABOU, — P. BABOU (1) ».

On peut conclure, — ce semble, — de la lecture des deux documents ci-dessus que les tanneries d'Ainay-le-Château avaient, au début du xviie siècle, une réelle importance, une réputation méritée, que leurs cuirs étaient recherchés, puisque le droit de contrôle et marque en était affermé un prix véritablement rémunérateur pour l'époque. Mais commerce et industrie, prospérité locale, développement agricole devaient encore recevoir une terrible atteinte à l'époque de la Fronde ! La Fronde, cette guerre d'intrigues, d'ambitions, qui fit couler plus d'encre que de sang, fut néfaste pour Ainay-le-Château.

Tout le monde connaît les débuts de la Fronde. Chacun sait que le grand Condé, qui s'était primitivement rangé du côté de la Cour (2), blessé par l'attitude de Mazarin, devint un des ennemis du ministre qui le fit arrêter par le comte d'Harcourt. C'est alors, écrit M. Bouchard (3), que la reine-mère enjoignit aux deux princesses de Condé de se retirer

---

(1) Arch. du Cher : E, 1187.
(2) Lors de la Fronde Parlementaire, terminée par la paix de Rueil, en 1649.
(3) *Les troubles de la Fronde en Bourbonnais*, par M. BOUCHARD ; *Assises Scientifiques du Bourbonnais tenues à Moulins, en* 1866, pp. 580-581.

à Chantilly où se donna rendez-vous une société choisie qui passait des plaisirs aux affaires de l'Etat, selon les caprices d'une belle veuve, la duchesse de Châtillon, de la comtesse de Tourville, de Mme de Gourville et de Mlle Gerbier. La Cour voulant déjouer ces complots, il fut décidé d'envoyer les princesses et le jeune duc d'Enghien à Montrond. Or, dans le même moment, un serviteur dévoué des Condés, « Pierre Lenet, procureur-général au parlement de Dijon, avait aussi choisi ce lieu solitaire et éloigné, afin de placer au milieu des nombreux seigneurs qui pouvaient soutenir la cause des princes, Claire-Clémence de Maillé et son fils, devenus la tête du parti, puisque Condé était renfermé à Vincennes ». Bref, après différentes péripéties et à l'aide de stratagèmes assez singuliers, tandis que la duchesse douairière se rendait secrètement à Paris pour y implorer l'aide du Parlement, la princesse de Condé et son fils, conduits par Pierre Lenet et escortés d'un certain nombre de gentilshommes, arrivaient à Montrond le 14 avril 1650, à minuit. Dans la contrée deux partis étaient alors en présence, nettement tranchés : les Royalistes et les Condéens. Des autres frondeurs ou robins à la tête desquels s'agitait Paul de Gondi, il n'était pas question dans la province ; on les ignorait, ils étaient trop loin. Ainay-le-Château, d'après M. L. Audiat, aurait facilement embrassé le parti de Condé. Heureusement il se trouva dans la ville « un homme qui épargna un parjure aux habitants. Hugues Theurault, dont les descendants habitent encore Ainay (1), parvint, par son énergie, à retenir ses com-

(1) Outre Mmes Choussy, d'Ainay ; Brucy, de Sancoins ; la générale Flouvat ; Boucaumont et Déchet (décédée) ; la

patriotes dans la voie du devoir (1) ». Pour le récompenser de cette attitude et, vraisemblablement en témoignage de son contentement, Gaston d'Orléans qui, — sans cesse oscillant entre la Cour, les Princes et le Parlement, — venait de prendre parti contre Condé et d'obtenir, grâce aux menées de Gondi, la charge de lieutenant-général du royaume, fit adresser à Theurault (2) les Lettres suivantes :

famille Theurault était encore dernièrement représentée à Ainay-le-Château, par Mme veuve Theurault, née Mativon, et par son fils, M. Aristide Theurault, ancien procureur de la République, secrétaire de la Société de Législation comparée, actuellement décédés.

(1) Malheureusement M. Audiat ne nous indique aucune des sources où il a puisé ses documents ; ceci est d'autant plus regrettable, qu'une lettre de cet auteur, adressée à M. Aristide Theurault — et que ce dernier nous a gracieusement communiquée, en 1905 — répond à une demande de renseignements faite par M. A. Theurault, par une fin de non-recevoir pour cause d'oubli, vu le temps écoulé depuis la publication des articles parus dans le *Mémorial de l'Allier* de 1855.

(2) Hugues Theurault est né en 1596 et mort âgé de 63 ans [avant juillet 1660] et après le 1er juin 1654 — jour où il reconnaissait et approuvait, par devant Maîtres F. Theurault et Bonnet, notaires-royaux, le mémoire des dépenses soldées par son fils, François Theurault, dans la transaction intervenue entre le marquis de Nangis et lui]. — Il était fils de Roger Theurault, avocat en Parlement, puis conseiller et procureur du Roi à Ainay, après 1570, et de Marguerite Billon. Roger Theurault mourut en 1598, laissant une fille : Madeleine Theurault, qui épousa Pierre Baugy, lieutenant-général en la châtellenie ; et trois fils, dont Pierre Theurault, sieur de Montmiral ; et Hugues, le défenseur d'Ainay-le-Château. Ce dernier épousa Jeanne Compaing, née en 1604, dont il eut : — *a*) Jean Theurault, sieur des Tiers, curé de Thaumiers, qui vivait encore le 2 septembre 1690 ; — *b*) N... Theurault, officier au régiment de Romainville-Cavalerie ; — *c*) François Theurault, né le 23 mai 1622, procureur à Saint-Amand en 1661, puis notaire à Ainay, époux de Marie Baugy, dont postérité ; — *d*) Hugues Theurault, né

« De par Monseigneur, filz de france, oncle du Roy, duc d'Orléans, Lieutenant Général de Sa Majesté en toutes les provinces de son royaume, A tous Lieutenants Généraux, Mareschaux et Maistres des Camps et armées du Roy, nostre très honoré Seigneur et neveu, Capitaines, Chefs et Conducteurs de gens de guerre tant de cheval que de pied, Mareschaux des Logis, fourriers et tous autres qu'il appartiendra, Salut ; nous vous deffendons très expressément de loger ny soufrir estre logé aucuns desdicts Gens de Guerre dans les maisons de Hugues Theurault situées dans les villes de Sainct-Amand et Aynay le Chasteau, province de Bourbonnois, ny dans ses mestairyes situées dans les parroisses de Charenton, Sainct pierre des Esteux et Sainct Bon-

en 1624, décédé à 6 ans ; — *e)* Jacques Theurault, né en 1627, décédé à un mois ; — *f)* Marie, al. Marguerite Theurault, née en 1623, morte en 1692 « à la Celle de Bruères, inhumée dans le milieu de l'église paroissiale soubz une très belle tombe ». Elle avait épousé François Libault, médecin à Saint-Amand, dont elle eut : François ; Claude, qui fut notaire-royal, Michel ; Jean-Baptiste et Marie-Magdeleine ; — *g)* Marguerite Theurault, née le 26 mai 1631, décédée en 1649 ; — *h)* Nicole Theurault, née en 1634, décédée en 1647 ; — *i)* Jacques Theurault, né en 1637, religieux capucin ; — *j)* Marguerite et Marie Theurault, jumelles, nées en 1640 ; Marie, décéda à 2 ans et 2 mois ; Marguerite épousa Jean Menouvrier, dont elle eut au moins : Jean Menouvrier, le jeune, chirurgien ; et François Menouvrier, sieur de Chavannes ; — *k)* Anne Theurault, née en 1643, décédée en 1660 ; — *l)* Marie Theurault, mariée à Maître Jacques, al. Estienne Caillet, marchand à Ainay, décédé avant 1696, dont postérité. — Ce dut être « Hugues Theurault, marchand » le — même que ci-dessus — qui fut témoin, le 5 novembre 1640, d'un paiement fait à Adrian Dubois et Peronnelle Theurault, par leurs beaux-parents « sire Jehan Theurault et Peronnelle Fort, sa femme ». [Ces Documents et la lettre ci-dessus proviennent des archives de M. Chavaillon.]

net des Désertz, ny y prendre fourrages ny enlever aucune chose Generallement quelconque a paine aux contrevenants destre punis selon la rigueur des ordonnances ayant pris comme nous prenons et mettons lesdictes maisons et mestairyes en la protection et sauvegarde specialle de Sa Majesté et la nostre, permettant à cette fin audict Theurault dy faire mettre et apposer nos armes et Escussons en telz endroitz que bon luy semblera a ce que nul nen prétende cause dignorance. Donné à paris le vingt-neufviesme jour de mars mil six cents cinquante. — *Signé* : GASTON ; et plus bas, par Son Altesse Royalle, Goullas, et scellé aux armes dudict Seigneur. »

Durant ce temps, la princesse de Condé qui, avec son fils, s'était enfermée dans le château de Montrond, à six lieues d'Ainay-le-Château, se vit forcée, dans la nuit du 8 au 9 mai, de s'enfuir à Blaye, laissant le soin de défendre Montrond à François de Vaudetar, marquis de Persan, qui vint presque immédiatement prendre possession de son poste de gouverneur. Bien soutenu par de nombreux soldats et par des chefs tels que Tavannes, Châtillon, Chavagnac et Bussy-Rabutin, le marquis de Persant, dit M. Bouchard, s'était chargé de défendre sa forteresse jusqu'à la dernière extrémité. La position d'Ainay-le-Château lui parut importante ; il résolut de s'en emparer. Il se présenta donc sous les murs de la ville avec cinq ou six cents hommes ; mais, vigoureusement reçu par la garnison à la tête de laquelle se trouvait le sieur de Beaugé et par Hugues Theurault qui avait pris le commandement des bourgeois, Persan fut obligé de se retirer. Cet échec ne fit que l'irriter et augmenter son désir de s'emparer de la place : Il ne tarda donc pas à reve-

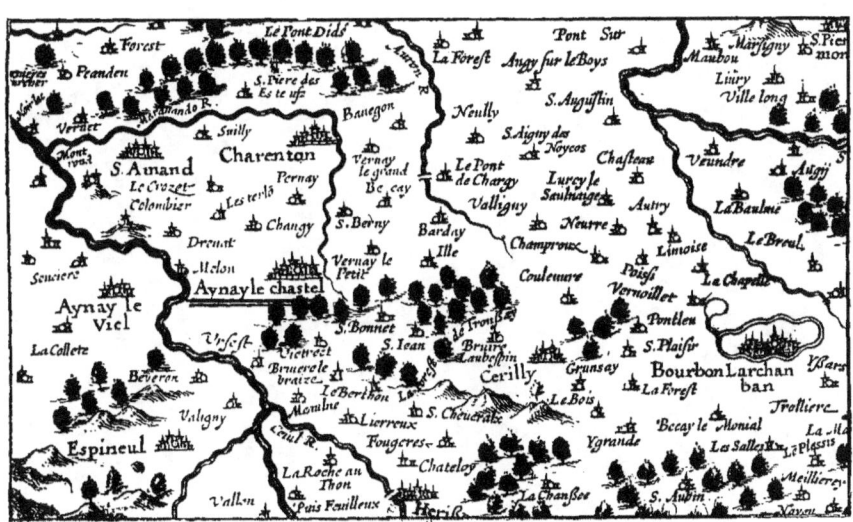

Carte de la région d'Aynay, d'après l'atlas de Mercator.

nir, à la tête de forces plus considérables, traînant à sa suite plusieurs pièces de canon. Malgré la résistance énergique des défenseurs ; malgré l'héroïsme d'Hugues Theurault ; malgré les ruses employées pour tromper l'assaillant en lui faisant croire, au moyen de mannequins qui se montraient soudain et disparaissaient ensuite des remparts, à une garnison plus nombreuse, la ville d'Ainay-le-Château fut obligée de se rendre et le vainqueur, méconnaissant la vaillance de son ennemi malheureux, fit pendre le gouverneur de Beaugé et imposa aux habitants d'énormes contributions de guerre. « Le comte de Persan, écrit à ce sujet Achille Allier, dans son *Voyage Pittoresque,* fit donner à la ville d'énormes taxes de vin, blé, paille, foin et argent. Après avoir été écrasée par de telles contributions, la place fut obligée encore de recevoir en garnison, pendant vingt-quatre jours, la compagnie de chevau-légers du prince de Condé. Les soldats maltraitèrent les habitants et leur emportèrent environ huit mille livres... (1) »

Si nous en croyons M. Audiat, Hugues Theurault ne pouvant, tout d'abord, réunir la somme demandée, fut contraint par Persan à livrer des otages ; Theurault, alors, vendit une partie de ses biens pour achever de compléter la contribution exigée et délivrer les otages. D'après une tradition de la famille Theurault, leur ancêtre fut, à ce moment, député à Paris par ses concitoyens désespérés pour demander au roi remise des impôts arriérés des trois dernières années ; il aurait obtenu, en outre, exemption de toute imposition pour dix

---

(1) Soit 14.560 francs de notre monnaie, avec un pouvoir d'achat deux fois et demie plus grand que de nos jours.

ans (1) et, pour lui personnellement, le titre d'écuyer. Sans vouloir opposer un démenti formel à cette assertion publiée dans le *Mémorial de l'Allier du 25 septembre* 1855, nous nous bornerons à la signaler comme très douteuse. En effet, dans un contrat de vente du dernier jour de juillet 1660 que nous avons eu sous les yeux, aucune qualification nobiliaire n'est donnée à Hugues Theurault ; voici cet acte : « Par devant Nicolas Lejay et François Theurault (2), notaires royaux et gardenottes héréditaires en Bourbonnois créez jurez et instituez soubs ledict scel fut présente en sa personne, dame Jeanne Compaing, veufve de deffunct maistre Hugues Theurault, marchand bourgeois de ladicte ville, tant en son nom que comme tutrice de leurs enfants mineurs, demeurant en ladicte ville laquelle librement et volontairement ès susdictes qualitez et en chacune d'icelles sollidairement a recogneu et confessé avoir vandu, ceddé, quitté, transporté... etc... à maistre François Theurault, son filz, procureur ès sièges de Sainct-Amand, demeurant audict Sainct-Amand, présent et acceptant pour luy et les siens cest assavoir une chambre haulte avec grenier estant audessus d'icelle appartenances et deppendances de ladicte chambre haulte et grenier, le tout estant audessus d'une chambre basse de la maison appartenant audict acquéreur (3) à cause de dame

---

(1) Ce qui est faux, comme nous le prouvons plus bas, en citant l'arrêt du Conseil des finances du Roi, conservé aux Arch. Nationales [E, 256B].

(2) François Theurault, l'aîné, fils de Jean Theurault, marchand-tanneur, et de Peronnelle Fort.

(3) Cette maison appartint, jusqu'à ces derniers temps, à la famille Theurault : François la donna, le 2 juin 1694, à son

Marie Baugy, sa femme, située en ceste ville d'Ainay, laquelle chambre et grenier jouxte d'une part la rue qui descend de la porte Morisset à la place de ladicte ville, de deuxiesme part les chambres haultes et greniers et cours de ladicte maison dudict acquéreur... La présente vente faicte moyennant le prix somme de trois cens livres... (1) » La qualification de marchand, ici donnée à Hugues Theurault, doit donc faire accueillir, avec une grande réserve, la version de son anoblissement par Louis XIV dans des circonstances telles qu'aucun Castellainaisien n'aurait pu l'oublier huit ou neuf ans après. Néanmoins, il est positif que les Condéens désolèrent la ville d'Ainay-le-Château (2) et qu'Hugues Theurault fut député à Paris par ses concitoyens. La requête présentée au Roy en son Conseil par les Castellainaisiens en fait foi. Voici cette requête :

fils Jean-Baptiste Theurault, et la veuve de ce dernier en fit abandon, le 12 mai 1727, à leur fils, Philippe Theurault de l'Amour ; après ce dernier, elle appartint, le 6 novembre 1767, à Etienne-Philippe Theurault, vicaire d'Hérisson qui, à sa mort, la laissa à son frère, Ch. Fr. Theurault de la Roche ; le petit-fils de ce dernier, Charles Pelletier, en devint possesseur, le 9 octobre 1839.

(1) Documents provenant des archives de M. Chavaillon.
(2) M. de Saint-Géran, gouverneur du Bourbonnais, écrivait à Le Tellier, le 17 septembre 1650 : « ...Je me promets de partir demain ou lundy avec ce que nous pourrons avoir de gens sur pied... pour aller du costé des deux chasteaux qu'ils tiennent dans cette province, pour les obliger à se retirer et délivrer les villages voisins des pilleries qu'ils y font tous les jours... » — Il s'agit probablement des châteaux d'Ainay et Hérisson. — L'original de cette lettre, qui a été publiée par M. Bouchard [*Assises scientifiques du Bourbonnais*, 1866], est conservé aux Archives du ministère de la Guerre.

« *Au Roy et à nosseigneurs de son Conseil* ;

Sire,

Les Eschevins et habitants de votre ville d'Aynay-le-Chasteau, en Bourbonnois, voisine de celle de Sainct-Amand et chasteau de Montrond, remontrent très humblement à Vostre Majesté qu'au sujet dudict chasteau de Montrond, les guerres et troubles du pays ayant commencé dès les mois de février 1650 et continué pendant trois années toutes entières, n'ayant cessé qu'au mois de mars dernier après l'entière démolition dudict chasteau de Montrond, ladicte ville d'Ainay qui en est fort proche, et de laquelle les habitans quoy qu'en fort petit nombre et fort pauvres et incommodés ont en tout temps et toutes rencontres tesmoigné leur zelle et leur affection pour le service de Vostre Majesté, a souffert tous les malheurs et désordres que la guerre peut causer dans les pays qui en sont affligés, ayant esté rendue comme déserte et abandonnée non seulement par l'éloignement de quelques uns de ses meilleurs habitans, mais aussi par la mort de la plus grande partie de ceux qui y restaient, causée par leur pauvreté et nécessité.

Au commencement de ladicte année 1650, le sieur de Persan s'estant jetté avec quantité de trouppes dans lesdicts chasteau de Montrond et ville de Sainct-Amand, contraignit, par force et violence, tous les environs de luy payer de grosses contributions outre lesquelles lesdictes trouppes qui faisoient journellement des courses jusqu'à huict et dix lieus à la ronde, pillèrent, vollèrent et prirent à rançon ceux qui se rencontrèrent par la campagne, prirent et emmenèrent tous les bestiaux ; et enlevèrent tous les bleds recueillys en la même année.

Cette cruelle persécution fut plus violente à l'endroit desd. supplians qui ne sont éloignés que d'environ deux lieues dudict chasteau de Montrond que des autres voisins d'iceluy à raison du refus que firent audict sieur de Persan de recevoir garnison de sa part en lad. ville d'Ainay dont il vouloit se rendre maistre à cause de son assiette, duquel refus et de ce que s'étant présenté avec cinq ou six cens hommes devant ladicte ville pour y entrer par force, il en fust repoussé avec perte de gens. Ledict sieur de Persan fust tellement indigné que mesme il fyt sortir dudict chasteau de Montrond et conduire devers lad. ville d'Ainay quelques pièces de canon pour la battre et forcer et réduire à sa volonté lesdicts supplians. Desquels enfin voyant la résolution opiniastre de mourir plus tost que de manquer à la fidellité qu'ils doivent à Vostre Majesté, ledict sieur de Persan receut les deniers, vins, bleds, avoines, fouings, pailles et autres choses auxquelles il les avait taxé avec excez pour lesdictes contributions, pour le payement desquelles ils aimèrent encores mieux donner le peu qui leur restait de deniers et denrées que de rendre ladicte ville entre les mains dudict sieur de Persan, duquel ou de ses trouppes lesdicts supplians ne receurent pas en suite un plus favorable traitement.

Ledict sieur de Persan s'étant retiré desdicts chasteau de Montrond et ville de Sainct-Amand sur la fin de lad. année 1650 (1), lesdicts supplians au

(1) Après la prise de Bordeaux par les royalistes, le 1er octobre 1650, deux envoyés de Mazarin furent députés à Persan, qui signèrent avec lui une convention spécifiant que les châteaux occupés de part et d'autre, seraient rendus à ceux qui en avaient la garde avant les troubles, que les fonds accordés à la princesse de Condé pour la subsistance d'une garnison de

commencement de l'année 1651 eurent en garnison en ladicte ville d'Ainay pendant vingt-quatre jours tous entiers, la compagnie de Chevaux Légers de monsieur le prince de Condé de laquelle ils furent tellement maltraités et incommodés à dessein comme il est à croire de se venger du refus qu'ils auroient fait peu auparavant d'embrasser son party, que outre que les cavaliers de lad. compagnie vécurent à discrétion pendant tout le susdit temps, ils prirent et exigèrent encores desdicts supplians de notables sommes de deniers que chascun en son particulier fust contrainct d'emprunter, et emportèrent de lad. ville d'Ainay plus de sept à huict mil livres, somme très considérable veu sa petitesse et pauvreté. Au mois de septembre de ladicte année 1651, ledict sieur de Persan s'estant de rechef jetté avec quelques trouppes dans lesdicts chasteau de Montrond (1) et ville de Sainct-Amand pour exercer ès environs ainsy qu'il avait fait l'année précédente tous les actes d'hostilité possibles et porter s'il pouvait les villes et places-fortes plus

---

200 hommes et 50 chevaux à Montrond, seraient payés sur les recettes du Berry et du Bourbonnais et particulièrement sur celles de l'Election de Saint-Amand, entre les mains du sieur Damours, nommé payeur de la garnison. De son côté, Persan devait sortir du château dès l'arrivée de la princesse et du duc d'Enghien. [Voir RAYNAL, *Hist. du Berry*, IV, p. 328].

(1) En 1651, Mazarin, obligé de fuir à Cologne, délivra, avant son départ, Condé prisonnier à Vincennes. Celui-ci voulut s'imposer à Anne d'Autriche, dont la défiance le blessa tant, qu'en juillet 1651, il quitta Paris pour Montrond où il arriva en septembre ; c'est là qu'il résolut de s'allier à l'Espagne contre Louis XIV. Le roi, alors, entra en Berry avec 4.000 hommes qu'il partagea à Bourges en deux armées, dont l'une, sous le commandement de Philippe de Clérambault, comte de Palluau, et du mestre-de-camp Bougy, vint assiéger Montrond.

voisines à se soulever et déclarer pour luy, Vostre Majesté envoya pour assiéger lesdicts chasteau de Montrond et ville de Sainct-Amand, le sieur comte de Palluau avec nombre de trouppes auxquelles il fust fourny par lesdicts supplians grande quantité de pains, de munitions, de bleds, avoines, fouings, pailles et autres choses nécessaires pour la subsistance desdictes trouppes, lesquelles ne laissèrent pas de battre et enlever les bleds que lesdicts supplians avaient recueillis en ladite année et qui estoient encores en gerbes dans les granges à la campagne (1). Les mois de février et mars 1652, lesdicts supplians eurent encores en garnison deux compagnies de cavalerie du régiment de Joyeuse (2) lesquelles ils ont gardé pendant quarante-un jours, les ont nourris à discrétion, ont pareillement esté contraint de leur donner de l'argent et peu de temps après de fournir

(1) C'est pourquoi, en 1652, ledit « maistre Hugues Theurault, et dame Marie Auclerc, veuve de Michel Grangeron, fermiers des terres et seigneuries de Meillant, Charenton, Chandeuil et Le Pondix », firent signifier au procureur d'office du marquis de Nangis, seigneur desdites terres, qu'ils délaissaient leur ferme. Et le 17 octobre 1752, lesdits fermiers suppliants présentèrent une requête au Lieutenant-Général de Moulins, aux fins de faire assigner ledit marquis de Nangis pour qu'il fut condamné à faire déduction sur le prix de la ferme, du prix des blés retirés des greniers de Meillant par « messieurs le comte de Paluau et chevalier de Baradat. » [Documents de M. Chavaillon].

(2) Nous lisons dans l'*Histoire de Dun-le-Roi*, par M. P. Moreau [I, p. 389] : « ...En février 1652, François Reau, fermier d'Acon sur Chalivoy-Milon, assigne en résiliation François du Coing, en raison des incommodités et vexations que journellement il subit des gens du siège de Montrond, entre autres du régiment de Joyeuse. On lui a ravi pour plus de 5.000 livres de bétail, pêché ses étangs de la Font et de la Cloix, et démoli une de ses métairies. [Transaction reçue Berthon, en 1659]. »

l'estappe aux régiments de cavalerie de Claire-Richelieu et Trassy sans en avoir aucun remboursement. Lors de moissons de lad. année 1652 les bleds desdicts supplians ont esté enlevés par lesdictes trouppes du camp devant Montrond, la plus grande partie de leurs vandanges l'ont esté ensuitte quoy que depuis la réduction dudit Montrond tous leurs bestiaux génerallement et sans réserve ont été pris et emmenés par lesdicts gens de guerre en sorte qu'il a été impossible auxdicts supplians de labourer et semer aucunes terres pour recueillir l'année présente de quoy subvenir à leur nourriture. Pendant tout le temps dudict siège de Montrond qui a duré environ un an, ayant commencé le 10 octobre 1651 et finy en septembre 1652 (1), et encores durent qu'on a travaillé à la démolition dudict chasteau de Montrond achevée ainsy qu'il a esté remarqué cy dessus seullement au mois de mars dernier, pendant laquelle le pays a continué de souffrir ou peu s'en est fallu comme pendant le siège. La rareté et cherté des bleds y a esté si estrange et particulièrement en lad. ville d'Ainay que nombre d'habitants s'en sont retirés pour n'avoir plus moyen d'y subsister, plus des deux tiers y sont morts de faim, de pauvreté et de langueur et tous génerallement sont demeurés dans la nécessité et incommodité.

Néantmoins il reste cette satisfaction auxdicts supplians d'avoir exécuté ainsy qu'ils ont fait du mieux qu'il leur a esté possible tous les ordres qui leur ont esté donnés et prescrits par ledict sieur comte de Paluau ou de sa part s'estant mesmes

(1) Le 15 août, Persan s'engageait à remettre Montrond aux royalistes si, dans quinze jours, il n'était pas secouru ; la garnison aurait la vie sauve et sortirait avec les honneurs de la guerre. Le 1er septembre 1652, les assiégés capitulèrent.

opposés généreusement à l'arrivée des trouppes envoyées pour le secours dudict chasteau de Montrond et donné en ce rencontre comme en tous ceus qui se sont présentés de véritables tesmoignages de leur affection et fidellité au service de Vostre Majesté. Aussy espèrent-ils que Vostre Majesté y aura quelque égard, et à leurs souffrances et misères et que pour empescher que ladicte ville d'Ainay ne soit entièrement abandonnée et rendue déserte, ce qui arrivera infailliblement s'il n'y est pourveu par quelque moyen qui oblige ceux qui en sont sortys d'y retourner et qui donne un peu de loisir à ceux qui y restent de respirer après tant de pertes, de paines et de travaux, Vostre Majesté accordera auxdicts supplians la descharge des arrérages qu'ils peuvent devoir des tailles et du sel pour les années passées et une exemption pour quelques années à venir. Ainsy que Vostre Majesté a faict par deux arrests de son Conseil des 5 et 26 mars derniers aux habitants de lad. ville de Sainct-Amand et à ceux de la ville de Dun-le-Roy laquelle estant plus esloignée dud. chasteau de Montrond que celle d'Ainay en a sans comparaison bien moins receu de dommage. Après lesquels arrest lesd. supplians peuvent et doivent espérer de Vostre Majesté du moins la même grâce qu'elle a accordée par iceux auxd. habitants des villes de Sainct-Amand et Dun-le-Roy. A quoy il y a d'autant plus de justice que non seullement lesdicts supplians n'ont pas commencé de souffrir alors qu'ont commencé lesdicts troubles du pays, mais depuis plus de vingt ans ils ont eu tous les quartiers d'hyver sans y manquer d'un seul des garnisons et logements de cavallerie et d'infanterie qu'ils ont gardé d'ordinaire un mois, six semaines et deux mois, les ont nourrys à discrétion (1) et après esté contraincts de leur donner de l'argent, ont aussy lesd. supplians pendant ce long espace de temps soufert très souvent des passées des recrues et régiments auxquels ils ont fourny les estappes suivant les ordres de Vostre Majesté, pour raison de quoy n'ayant peu recevoir aucune chose, il leur est deub de notables sommes de deniers. Et quoy qu'au moyen dudict fournissement d'estappes, de grains ou bleds et autres choses dont il est parlé cy-dessus et des sommes de quatre cens livres d'une part, et trois cens cinquante livres d'autre, payées par lesdicts supplians à quelques officiers des régiments d'Anjou et de Paluau sur des quittances du Receveur des tailles de l'Eslection de Sainct-Amand de laquelle est ladicte ville d'Ainay, lesdicts supplians ayant plus que satisfait pour ces années passées au payement desdictes tailles auxquelles ils sont imposés environ à la somme de deux mil livres par an, néantmoins ledit Receveur qui a parfaite cognoissance de cette vérité ne laisse pas de les poursuivre pour le payement des arrérages qu'il prétend estre deubs desdites tailles par lesdicts supplians lesquels il faict emprisonner, faict saisir et vendre le peu qui leur reste

---

(1) Ceci n'était pas particulier à Ainay : Le 20 septembre 1650, le comte de Saint-Géran ordonnait « très expressément aux officiers du Roy dans chascune chastellenie de cette seneschaussée, consulz et habitans des villes, d'assembler en toute diligence le plus grand nombre de cavalliers et soldatz les plus propres à porter les armes que l'on pourra choisir dans lesdites villes et paroisses desdites chastellenies... lesquels officiers desdites villes et chastellenies mettront en même temps ordre de faire subsister pendant un mois les cavaliers et soldats assemblés et fournis pas chascune d'icelles... » Voir *Assises Scientifiques du Bourbonnais* (1866), p. 591.

de meubles et bestiaux, et ne les persécute pas moins que faisoient les gens de guerre ce qui porteroit enfin lesdicts supplians à la dernière extrémité d'abandonner entièrement ladite ville d'Ainay. Pourquoy ils ont recours à la justice et charité de Vostre Majesté envers ses bons et fidelles subjects pour estre rédimés de cette estrange vexation et avoir moyen de subsister à l'avenir afin de pouvoir d'autant plus rendre des effets de leur fidellité et affection au service de Vostre Majesté (1).

A ces causes, Sire, et attendu qu'il appert de ce que dessus par les pièces cy-attachées au nombre de soixante et neuf et particulièrement par deux lettres missives des 8 juin et 3 juillet 1650, escrites auxdicts supplians par le sieur comte de Saint-Aignan, alors lieutenant pour Vostre Majesté dans le Berry, par une information du 6 novembre 1652, faite à la requeste du curé et archiprestre de Charenton des dégas, désordres et ravages commis par lesdicts gens de guerre dans les paroisses de son archiprestré, par le certificat dudit sieur comte de

---

(1) Le texte portait primitivement : « ...et ne les persécute pas moins que faisoient les gens de guerre dudict camp de Montrond, adessein de porter lesdictz supplians dans la dernière extrémité du désespoir, leur faisant abandonner entièrement ladicte ville d'Ainay ; et peut-être pour se venger de ce que lesdictz suppliantz n'ont jamais voulu approuver ny favoriser la rebellion de ladicte ville de Sainct-Amand et chasteau de Montrond. Et de ce qu'au contraire ilz se sont déclarés haustement et genereusement pour le service de Vostre Majesté de laquelle Ils imploront la justice et la pitié pour les rédimer de cette estrange vexation et leur donner moyen de subsister à l'avenir affin de pouvoir de plus en plus donner à Vostre Majesté des preuves de leur fidellité et affection... » — Ce passage a été raturé et remplacé par celui que nous avons rapporté ci-dessus.

Paluau, du 14 novembre 1652, et par lesdits deux arrest de vostre Conseil, des 5 et 26 mars dernier, il plaise à Vostre Majesté quitter et descharger lesdicts supplians des arrérages qu'ils peuvent devoir des tailles, taillon, creues, subsistances, aydes, gabelles et autres impositions pour les années passées et les exempter entièrement pendant dix années à commencer du premier jour de janvier dernier, desdictes tailles, taillon, creues, subsistances, aydes, gabelles et de toutes autres impositions ordinaires et extraordinaires, imposées ou à imposer, avec défense aux Elus grènetiers et autres officiers de l'Election du grenier à sel de Sainct-Amand de comprendre en leurs despartements lesdicts supplians pendant le susdict temps de dix ans et aux Procureurs desdicts élection et grenier à sel de Sainct-Amand et à tous huissiers, sergens et autres de faire aulcune poursuite et contrainte à l'encontre desdicts supplians pour lesdicts arrérages du passé et pour l'avenir pendant le susd. temps de dix ans à peine d'en respondre en leurs propres et privés noms et de tous despens et dommages et intérêts (1). Et lesdicts supplians continueront leurs prières

(1) Le texte portait : « ...Il plaise à Vostre Majesté quitter et descharger lesdictz suppliantz des arrériages si aucuns ils doivent desdictes tailles, taillon, creues et subsistances et du sel pour les années passées, faire deffenses aux Receveurs desdictes Election et grenier à sel de Sainct-Amand et à tous huissiers, sergents et autres de faire aucunes poursuites et contraintes à l'encontre desdictz suppliantz pour raison desdictz arrérages, et les exempter pendant six années à commencer du premier jour de janvier dernier desdictes tailles, taillon, creues, subsistances et du sel de toutes autres impositions et levées de deniers ordinaires et extraordinaires... » — Ce passage, raturé, a été remplacé par celui que nous donnons ci-dessus.

à Dieu pour la santé et prospérité de Vostre Majesté.

JODELET, *advocat au Conseil.*

THEURAULT, *députté desdits supplians* (1). »

Cette requête fut, en haut lieu, prise en sérieuse considération ; et, le 23 mai 1653, les Castellainaisiens obtenaient du Conseil des Finances du Roi, l'arrêt suivant :

« Sur la requeste présentée au Roy en son Conseil par les habitantz de la ville d'Ainay-le-Chasteau en Bourbonnois, tendante à ce que, pour les causes y contenues et attendu les grandes pertes, misères et désolations souffertes par lesdictz suppliantz, depuis longues années et particulièrement depuis trois ans qui ont commencé et continué les troubles et mouvementz dudict pays au subject du siège du chasteau de Montrond duquel ladicte ville d'Ainay rendue comme déserte et abandonnée par lesdictz troubles, et de rendre à Sa Majesté ainsy qu'ilz ont faict pendant lesdictz mouvementz du pays en tous les rencontres qui s'en sont présentez, des tesmoignages de leur zelle, fidellité et affection à son service, il pleust à Sa Majesté quitter et descharger lesdictz suppliantz des arrérages qu'ils peuvent devoir des tailles, taillon (2), creues (3), subsistance,

---

(1) Document provenant des archives de M. Chavaillon.

(2) Le taillon était un impôt subsidiaire établi en 1549, par Henri II, pour l'entretien [vivres et munitions] des gens de guerre, et pour remplacer les contributions que levaient les gens d'ordonnance. Il devait, à l'origine, se percevoir nonobstant toute exemption ou franchise. [Pérémé].

(3) La crue est la seconde partie de la taille. On l'imposait ci-devant par une commission particulière sur le pied de la grande taille [*tributi accessio*]. On distinguait alors taille,

aydes, gabelles et autres impositions pour les années passées, et les exempter entièrement pendant dix années à commencer du premier jour de janvier dernier, desdictes tailles, taillon, creues, subsistance, aydes, gabelles, et de toutes autres subsides et levées de deniers ordinaires et extraordinaires, imposées ou à imposer, et faire deffenses aux éleus, grènetiers et autres officiers de l'élection et grenier à sel de Sainct-Amand d'y comprendre en leurs despartementz (1) lesdictz suppliantz pendant le susdict temps de dix ans et aux receveurs de ladicte élection et grenier à sel et à tous huissiers, sergentz et autres de faire aucunes poursuittes et contraintes alencontre desdictz suppliantz pour lesdictz arrérages du passé et pour l'avenir pendant le mesme temps de dix ans à paine d'en respondre en leurs propres et privez noms et de despens, dommages et interestz ; veu ladicte requeste et pièces justifficatives d'icelle, ouy le rapport du sieur Lelièvre et tout considéré, le Roy en son Conseil ayant aucunement esgard à la dicte requeste a ordonné et ordonne que les supplians demeureront quites et deschargez des sommes par eux deues du reste des tailles et autres impositions des années passées et, pour la présente année et les deux suivantes qu'ils

taillon, crue, subsistances, étapes, etc., qui furent, par la suite, confondus. [Trousset].

(1) Ainay, bien que ville forte du Bourbonnais, faisait partie de la Généralité de Bourges, élection de Saint-Amand : Ainsi, en 1697, l'intendant de la Généralité de Moulins ne cite pas Ainay parmi les villes de sa Généralité : « .....Il y a, dit-il, dans le Bourbonnais, 18 villes, savoir, Moulins, Montluçon, Gannat, Bourbon, Vichy, Souvigny, Varennes, Verneuil, Le Veurdre, Jaligny, Lapalisse, Hérisson, Montmaraud, Gouzon, Uriel, Villefranche, Le Montet-aux-Moines. »

seront imposèz seulement, par chacune desdictes trois années au quart de ce qu'ils portoient en 1651. — Lelièvre ; Séguier ; Molé ; Servien ; Foucquet. — A Paris le XXI may M.VI^c cinquante-trois (1). »

Les guerres de religion et la Fronde portèrent à Ainay-le-Château un coup terrible dont cette petite ville ne parvint jamais à se relever complètement. Les registres paroissiaux de cette époque comparés aux documents antérieurs dénotent une réelle diminution de la natalité. Pendant une période de dix ans il nous a été donné de relever 28 baptêmes en 1650 ; — 40, en 1651 ; — 32, en 1652 ; — 29, en 1653 ; — 48, en 1654 ; — 27, en 1655 ; — 32, en 1656 ; — 31, en 1657 ; — 35, en 1658 ; — 32, en 1659. Mais, cette diminution des naissances ne fut pas l'unique cause de la dépopulation d'Ainay (2) ; l'émigration s'y ajouta puisque les échevins de cette ville supplièrent le roi, en 1653, « d'empescher que ladicte ville d'Ainay soit entièrement abandonnée et rendue déserte » ; or, tout en tenant compte de la propension qu'avaient, en l'espèce, les Castellainaisiens à noircir encore et renforcer la peinture déjà si sombre des malheurs qui les avaient accablés, il est certain qu'on relève dans les actes de baptêmes, mariages et sépultures un nombre moins grand qu'autrefois de personnes marquantes ou aisées. Nous avons pourtant trouvé : en 1641, Philippe Jobier, marchand, demeurant « aux faux-bourgs » ; Claude Lejay, le jeune (3), tanneur ; —

---

(1) Arch. Nationales, Conseil des finances du Roi : E, 256 B, fol. 13.

(2) Voir Alph. Feillet, *La misère au temps de la Fronde*, p. 371. — Victor Meilheurat, *Regist. par. de Montcombroux*. — *Assises scientifiques du Bourbonnais* (1866), etc...

(3) En 1644, il est marié à Marie Gallerand et habite dans la

en 1644, Pasquet Lejay (1), notaire ; — en 1650, Jean Rameau, marchand ; — en 1651, Pierre Page ; Jean Charrier, sieur de Crevan, avocat ; — en 1654, Jacques Soret, procureur-fabricien ; — en 1656, Jean Oyseau, sieur du Désert, tanneur, et Peronnelle Bernard, sa femme ; Louis Guérin ; Jacques Michel, marchand ; Jean Theurault, clerc ; Nicolas Lejay, notaire-royal ; Jean Michault (2) et sa femme, Gilberte Theurault ; Jean Theurault, tixier ; — en 1666, Philippe Raueyrs (3), sieur de la Castinerie ; — en 1675, Jean Brunet, notaire et procureur ; Gilbert Jobier, marchand ; Jean et Catherine Raueyrs, etc...

Mais la ville d'Ainay-le-Château allait encore changer de seigneur. Le 26 février 1661, le prince de Condé (4) échangea le duché et pairie d'Albret, la baronnie de Durance, la haute, moyenne et basse justice de Nogaro et des lieux de Barcelonne, Riscle, Plaisance et Agnane, avec tous les droits et revenus desdits lieux et consulats du Bas-Armagnac, contre le duché de Bourbonnais. Dans son *Procès-Verbal de la Généralité de Moulins en* 1686, l'intendant Florent d'Argouges dit à ce sujet : « ...Feu Monsieur le Prince avoit le duché de Bourbonnois par enga-

---

paroisse de Charenton. En 1653, les époux Lejay-Gallerand vivent à Thaumiers. [Papiers de M. Choussy].

(1) Pasquet Lejay est dit fils de Thomas Lejay et de Lucque Theurault, le 29 mars 1636. [Jugement de Claude François Lieutenant Particulier de Sancoins].

(2) Antoine Michaut est curé de Bessais en 1664; Louis Michau curé de Charenton, en 1665.

(3) *Alias* Rauër, Rouër.

(4) Signalons que le grand Condé était petit-fils d'Henri Ier de Montmorency. Son père Henri II de Bourbon, prince de Condé, épousa en 1609, Charlotte-Marguerite de Montmorency [fille d'Henri Ier ; et sa seconde femme, Louise de Budos].

gement du 26 février 1661, dans lequel sont comprises les châtellenies de Moulins et Bourg-le-Comte ; y joint Cérilly (1) et La Bruyère ; y joint Ussel, La Chaussière, Bessay, Riousse, Chantelle et Chevagnes qui n'est point châtellenie, avec faculté de retirer ce qui était engagé, leurs appartenances et dépendances, sans rien réserver que les bois de haute futaie, avec la provision et présentation des bénéfices à l'exception des abbayes... »
Et l'intendant Le Vayer rappelant cet échange dans son *Procès-Verbal de* 1698, ajoutait que Condé avait « les droits de nomination, présentation des offices ordinaires et extraordinaires et des bénéfices dont jouissait la feue reine-mère». Mais les autres châtellenies étaient engagées. Le prince en dégagea plusieurs ; entre autres : Bourbon, Montluçon, Hérisson, Verneuil, Ainay-le-Château et Souvigny « qui étaient engagées à Mme d'Angoulême (2) », Henriette de la Guiche (3). En 1685, la jouissance de ces seigneuries comme, au reste, celle de presque tout le duché de Bourbonnais, fut donnée par Condé à son fils, le duc de Bourbon (4), ainsi que nous l'apprend d'Argouges.

(1) « Ce n'est qu'en 1568 qu'on entend parler de Cérilly ; c'était déjà une ville que les protestans prirent et ravagèrent ; beaucoup d'habitans furent égorgés. Trente ans après, quoi qu'il fut de la chatellenie d'Ainay, le tribunal de celle de La Bruyère y fut transféré ; il y est resté jusqu'à la révolution ; il y avait aussi une maîtrise des eaux et forêts qui était fort importante par la quantité de forêts qui se trouvait dans son ressort. » [Coiffier-Demoret, II, p. 56]. — Depuis ce temps, Cérilly n'a fait que croître pendant qu'Ainay diminuait.

(2) Pierre Flament, *Mémoire de la Généralité de Moulins par l'intendant Le Vayer*, 1698.

(3) Henriette de la Guiche, duchesse d'Angoulême, mourut en 1682.

(4) Henri-Jules de Bourbon, prince de Condé, né en 1643, mort en 1709.

L'engagement de 1661 avait donc eu pour résultat de faire passer — tout en conservant au Roi la direction suprême de l'administration — la presque totalité du Bourbonnais dans les mains des Condés. En 1686 « quatorze châtellenies étaient dans leur dépendance ; celles de Moulins, Bessay, les Basses-Marches, Souvigny, Belleperche, Ussel, Chantelle, Verneuil, Montluçon, Bourbon, Hérisson, Ainay, La Bruyère-l'Aubépin et Cérilly (1) » ; seules, les seigneuries de Billy, Chaveroche, Murat, La Chaussière, Vichy et Gannat étaient engagées à d'autres personnes (2). Depuis cette époque, les Condés demeurèrent, jusqu'à la fin du xviiie siècle, seigneurs d'Ainay-le-Château et les destinées politiques de cette ville restèrent liées à celles de la province de Bourbonnais (3). La Révolution elle-même consacra cet état de choses en plaçant — malgré les réclamations et les pétitions des Castellainaisiens qui auraient désiré être, comme les Saint-Amandais, compris dans la circonscription du Cher — la ville d'Ainay dans les limites de l'Allier, lors de la division de la France en départements. Mais, quels que fussent ses seigneurs immédiats, la châtellenie d'Ainay continuait à recevoir, comme autrefois, les aveux, hommages et dénombrements des propriétaires dont les fiefs relevaient d'elle ; citons au hasard : Guy de

---

(1) *Souvenirs de l'Hôtel de Ville de Moulins*, par H. Faure. — *Annales Bourbonnaises* (1888), p. 68.

(2) Ces seigneurs engagistes étaient : le duc de Montmorency, à Billy ; les dames Carmélites de Paris, à Chaveroche ; la duchesse d'Antin, à Murat ; M. Douet à La Chaussière et Vichy ; enfin, M. de Villemont, à Gannat. [Voir les *Etrennes nouvelles à l'usage de la Généralité de Moulins, pour l'année* 1781].

(3) Répétons qu'au point de vue administratif et financier, Ainay dépendait de la Généralité de Bourges.

Laval, qui fait hommage en 1540 pour sa terre d'Orval (1) ; — Philibert de la Souche (2), écuyer qui, le 18 janvier 1676, par devant le lieutenant-général du domaine de Bourbonnais, rend hommage et dénombrement au roi pour ses fief et terre de Saint-Bonnet dans la paroisse et châtellenie d'Ainay-le-Chastel ; — Nicolas-Louis de Villelume, en 1689 et, en 1694, son fils, Louis de Villelume, écuyer ; — Agnès Thévenet, veuve de Charles de Beauquaire, en 1695 ; — Gaspard de Biotière, écuyer, sieur de Chassincourt, en 1696 ; — Thomas Bayard [fils de Thomas Bayard et de Gabrielle Segaud], marchand de Moulins, qui fait aveu, avec sa femme Gabrielle Bayard (3) de la moitié du fief de Bois-Farnoux,

---

(1) A cause de son mariage avec Claude de Foix.

(2) Ce dénombrement comprend une « maison et chasteau basty a neuf concistant en cinq pavillons couverts à thuilles ..... avecq un jardin et ouche, etc.» (. [Ar h. Nationales : Q¹ , 17]. — Les de la Souche étaient seigneurs de Boisaubin, Meslon, Chevyères, Beaumont, Pravier, La Forest, Le Breuil, Champaigne, Neufville, etc... En 1698, François de la Souche, écuyer sieur de Boisaubin, fit enregistrer ses armes à l'Armorial de la Généralité de Berry : «D'argent à deux léopards de sable lampassés et armés de gueules, couronnés de même. »—Aux environs d'Ainay, nous trouvons : Jacques de la Souche, seigneur de Meslon, 1577 ; — Nicolas de la Souche, 1628 ; — Gilbert-Bon d) la Souche [fils de feu François], seigneur de Boisaubin, qui épousa en 1704 Elisabeth Leborgne, dont trois enfants parmi lesquels Aimé-Sylvain de la Souche, marié en 1737 à Eléonor de Louan, sans postérité, etc...

(3) Devenue veuve, Gabrielle Bayard épousa en deuxièmes noces Etienne Charbonneau et rendit aveu pour le même fief du Bois-Farnoux dès 1717 [Dom Bétencourt]. Veuve de son second époux en 1719 et tutrice des enfants nés du premier lit, elle transigea le 10 décembre 1719[Menouvrier, notaire à Ainay] avec son neveu Jean-Baptiste Bayard, fils du feu Jean Bayard, au sujet d'une dette. — En 1736, on trouve au nombre des habi-

en 1696 et 1699 ; — Charles des Coutz (1), chevalier, seigneur de la Chapelle, capitaine de chevau-légers, qui rend hommage pour son fief de La Pacaudière et pour la dîme de Puichevalin, en 1697 ; — en 1698, Hugues Beraud (2), avocat, et Marguerite Bonnet, sa femme, qui font aveu de Vougon ; — Jacques Bujon (3), qui fait aveu du fief des Brosses et des

tants d'Ainay, Vincent Bayard et Gabrielle Bayard. [Arch. de l'Allier, B, 546].

(1) Le 11 novembre 1675 « damoizelle Geofroise Gaulmin, femme séparée quant aux biens de Charles Descoûts, escuyer, sieur de la Chapelle », transigeait par devant François Theurault notaire-royal à Ainay ; avec Gilbert Jobier, marchand, et Anne Imbert, femme séparée de biens dudit Jobier. [Documents de M. Chavaillon].

(2) Les Beraud, al. Berault, ecuyers, seigneurs de Vougon, les Billiers, Poincy, Fontbon, La Roize, Billeron, etc., portent : « D'azur au cygne d'argent becqué et membré de sable, posé sur une terrasse de sinople ombrée d'or, et accompagné en chef d'une étoile d'or. » Ils s'allièrent aux Steuf, Pastureau, d'Estat, Libault, Macé du Puy-Saint-Cyr, d'Aubigny, de Rouxelle de Blanchelande, de Chassy, de Sainsbut des Garennes, de Bâvre, Bouffet, de la Trollière, Alabat, Gougnon, Bonnet de Vougon, Aubusson, etc., etc... Les Berault des Billiers avaient droit de sépulture au couvent des Recollets d'Ainay-le-Château. L'un d'eux, Claude-François Berault de Billiers, major du régiment d'Infanterie de Hainault, reçut une pension de mille livres par an, en qualité de chevalier de Saint-Louis, à la place du sieur de Bassat, lieutenant-général décédé ; par Lettres datées de Versailles, le 1er mars 1675.

(3) Jacques Bujon [fils de Jacques Bujon, greffier en la chatellenie d'Ainay, et de Marie Menouvrier], naquit le 21 février 1641, et mourut le 3 novembre 1710, à Saint-Amand, où il fut inhumé dans l'église des Carmes ; c'est lui qui rendit l'aveu de 1698 ; il était président à l'Election de Saint-Amand. De ses deux mariages avec Catherine Leclerc et Marie-Madeleine de Barbarin, il laissa treize enfants, parmi lesquels : Jacques Bujon des Brosses, né à Ainay, le 27 mars 1695, notaire royal qui rendit l'hommage de 1716. Les Bujon portent : « De gueules à deux

trois quarts de la dîme de la Bezasse, en 1698 et 1716, etc.., etc... (1)

Depuis 1527, tous ces aveux et hommages étaient rendus « au Roy à cause de sa chastellenie royale d'Ainay », car le Bourbonnais avait cessé d'être fief héréditaire pour devenir fief apanager (2), en 1400, lors du mariage de Jean Ier de Bourbon avec Marie de Berry ; et, depuis 1527, avait été déclaré revenant au roi ainsi que tous les biens féodaux tenus directement ou indirectement de la couronne de France par Charles III, duc de Bourbon, connétable de France, convaincu du crime de « lèse-majesté divine et humaine, rébellion et félonie ». Et ce fut toujours ainsi (3), même lorsque, après l'accord

---

lions affrontés d'argent, lampassés et armés d'or » ; *alias* : « D'argent aux deux lettres P et B de sable mises en cœur, et accompagnées de trois joncs de sinople ».

(1) Voir dom Bétencourt ; — Arch. Nationales : P ; — Arch. du Cher : E, 177 ; — Anciens hommages de France, t. II ; Tour du Louvre, etc.

(2) C'est-à-dire devant faire retour à la Couronne suivant la loi des apanages.— C'est cette clause qui, par ses conséquences, devait constituer plus tard l'un des motifs de la révolte du connétable de Bourbon. — G. DEPEYRE, *Les ducs de Montpensier*, pp. 10-11.

(3) Ainsi Thomas de Villelume — pour ne citer qu'un exemple comparait en l'hôtel de Jean Febvrier, conseiller du roi, président et lieutenant-général en la chambre du domaine de Bourbonnais, en présence du procureur du roi ; il remontre que, par décret de la sénéchaussée de la ville, la terre et seigneurie de Pontcharrault, située en la paroisse de Saint-Benin, châtellenie d'Ainay, lui a été adjugée, « pour raison de laquelle il désire faire la foy et hommage au roi ». Il est adhéré à cette réquisition. Le sieur de Villelume se transporte en conséquence au devant de la grande et principale porte du château de la ville de Moulins où, étant, ayant posé son épée et ses éperons, tête nue et à genoux, il baise le verrou de ladite porte en signe de foi et hommage à son seigneur ; le 14 mars 1688. — Arch. Nationales : P, 474⁴, cote 753 ; original sur parchemin.

conclu entre le Roi et le Grand Condé, il eut été stipulé que jusqu'au rachat de la province, ce prince « et ses successeurs légitimes porteroient le titre de ducs de Bourbonnois... qu'ils exerceraient tous les droits féodaux afférents aux châtellenies qui leur étaient cédées » ; même lorsque le vainqueur de Rocroy eut « dégagé » la châtellenie d'Ainay (1). Nous trouvons à ce sujet, dans le *Mémoire de la généralité de Bourbonnais en* 1698, ces renseignements très nets : « ...Il y a de plus, à Moulins, une chambre du domaine qui, nouvellement, par arrêt du Conseil, vient d'être maintenue dans les droits de recevoir les fois et hommages, aveux et dénombrements de tous les vassaux, et de connoître de tous procès pour les cens et rentes, comme aussi de l'exécution des baux de la ferme générale et sous ferme d'icelle appartenante à M. le Prince... » ; mais les profits des fois et hommages étaient payés à l'engagiste (2) ; c'est-à-dire aux princes de Condé. Aussi, pour surveiller leurs intérêts, tant féodaux que pécuniaires, dit M. Faure, les Condés avaient dû organiser une véritable administration qui, indépendamment des châtelains, des procureurs et des greffiers des diverses châtellenies, ne comptait pas moins d'une vingtaine de fonctionnaires prin-

---

(1) Ces droits féodaux comprenaient : Les revenus de toutes les terres sans autre réserve que celle des bois de haute futaie, dont la couronne ne voulait pas se dessaisir ; les dîmes, champarts, cens et rentes ; les droits de commise, de servitudes mortailles, de confiscation, aubaine, deshérence, fief, *foi et hommage, vassalité*, greffe ; et tous autres droits généralement quelconques.

(2) De Boulainvilliers, *État de la France*, etc., 1737. [Extraits des *Mémoires de la généralité de Bourges*, en 1697 ; et de la *Généralité de Moulins*, en 1698].

cipaux, savoir : un secrétaire des commandements qui habitait à Paris, au Palais-Bourbon ; un régisseur-général des domaines et des bois, agent et correspondant général pour la province, qui résidait habituellement à Moulins, mais qui avait aussi un bureau au Palais-Bourbon; deux agents correspondants, l'un à Bourbou, l'autre à Montluçon ; six régisseurs, à Moulins, Montluçon, Bourbon, Charroux, Montilly et Le Donjon ; un conseil comprenant, à Moulins, deux avocats, un notaire et un procureur, et, à Paris, un avocat au Conseil du Roi et un procureur au Parlement ; un régisseur du poids-le-roi, à Moulins ; trois procureurs dans les maîtrises des Eaux et Forêts, à Moulins, Cérilly et Montmarault ; deux lieutenants des chasses et un garde-général à Montmarault (1).

Dans son *Mémoire sur la Généralité de Moulins* (2), — en 1664 — M. de Pomereu, après avoir signalé que les villes et paroisses du Bourbonnais sont divisées, pour l'administration judiciaire, en dix-sept châtellenies [dont Ainay-le-Château], qui ressortissent à la sénéchaussée et au présidial de Moulins, nous donne une nomenclature détaillée des

---

(1) Dans les *Etrennes Nouvelles*, à l'usage de la Province du Bourbonnais, pour l'année 1778, nous avons lu que Gabôtet, agent résidant à Bourbon, s'occupait, à cette date, des chatellenies de Bourbon, Souvigny, La Bruyère-L'Aubépin, Ainay-le-Château, et Riousse [Voir Arch. Nationales : E, 256B, fol. 13] ; et, dans les *Etrennes de* 1783, c'est toujours le sieur Gabôtet, al. Gaboret qui est régisseur du Prince à Ainay.

(2) *Mémoire sur la Généralité de Moulins*, dressé en 1664 par AUGUSTE-ROBERT DE POMEREU, conseiller du Roy en ses Conseils, maître des requêtes ordinaire de son hôtel, Président en son Grand Conseil et Commissaire départi par Sa Majesté pour l'exécution de ses ordres ès-généralités de Bourges et Moulins. — Bibl. Nationale, Collection des V^c de Colbert ; manuscrit 280.

différents officiers de chacune de ces châtellenies.
Nous lisons, pour Ainay : « Le sieur Baugy (1), procureur du Roy est accommodé. Il a quatre domaines en fonds et peult bien avoir quinze cens ou deux mil livres de rente. — Le sieur Imbert (2) est

(1) On trouve aux Archives du Cher [C, 1045] un décret de prise de corps décerné à la requête des collecteurs d'Ainay-le-Chasteau contre Pierre Baugy, avocat du Roy et autres, pour raison de violences par eux commises sur lesdits collecteurs. C'est le même dont il est question dans différents actes de vente de 1663 [Papiers de M. Choussy]. — Les Baugy sont inscrits à l'Armorial de la Généralité de Moulins avec le blason : « D'azur à trois palmes d'or » ; *alias* : « D'or, à trois palmes de sinople rangées en pals, celle du milieu soutenue d'un croissant de gueules. »

(2) La famille Imbert eut, à cette époque, de nombreux représentants dans la contrée. L'un d'eux, Jean Imbert [de Moulins], époux de Catherine Baugy, laissa plusieurs enfants : — *a)* Anne-Catherine Imbert, mariée à Philippe Jobier, sieur de Cérigny, dont est issu Etienne Jobier, sieur des Planchettes, qui vivait en 1695 et fut époux de Marie Baugy [fille de Roger Baugy, sieur de la Barre ; et de Catherine Martinat] ; — *b)* Anne Imbert, née vers 1640, morte à 60 ans en 1700 ; elle avait épousé Gilbert Jobier, bourgeois de Charenton, dont elle était séparée de biens dès le 25 juillet 1678 [documents de M. Choussy], s'étant choisi pour curateur, Jean-François Imbert, avocat en parlement. Les époux Jobier-Imbert eurent quatre enfants ; — *c)* Jean-François Imbert, sieur de Charnoux [Arch. Nationales : P, 4785 ; cote 2533], avocat, maire perpétuel d'Ainay-le-Château, par ordonnance de Dey de Séraucourt, décéda à Ainay le 9 octobre 1692, après avoir épousé Marguerite Theurault [fille de François Theurault et de Marie Baugy] ; — *d)* Philippe Imbert, sieur du Peyron, qui laissa au moins une fille : Catherine Imbert, laquelle signa le 20 février 1691 au contrat de sa cousine-germaine Marguerite Jobier avec J.-B. Theurault ; elle épousa par la suite Gilbert Jobier, sieur de Bernon et du Paillard ; — *e)* D^lle N....., Imbert mariée à Nicolas Savenault, notaire-royal ; d'elle naquit Catherie Savenault, femme de Jean Ruby, vivant en 1691 ; — *f)* noble Rémy Imbert, lieutenant-général d'Ainay en 1657 [Arch. de l'Allier, B, 86] jusqu'en 1693 ; mort inspecteur de la marine royale à Saint-Valéry-sur-Somme, le 14 octobre

lieutenant ; n'a aultres biens que sa charge ; il la faict assez bien ; il aura quelque fonds après la mort de sa mère. — Il y a encores un nommé Manceau qui a la charge de commissaire-examinateur en cette chastellenie ; il a de l'esprit, mais ses affaires et debtes l'accablent... »

1694 ; — g) Hugues Imbert, sieur de l'Amour, époux de Catherine Bernard [fille de Jacques Bernard, sieur de Bernon ; et de Jeanne Nizier ; — h) Remy Imbert, curé de Bessais-le-Fromental où il mourut et fut enterré le 24 juin 1695, dans l'église, au côté gauche du chœur. — A la mort de l'inspecteur de la marine, Rémy Imbert, le 14 octobre 1694, un procès faillit éclater entre ses héritiers : Hugues Imbert, sieur de l'Amour et Anne Imbert femme de Gibert Jobier. — Les Imbert portent : « D'azur à onze besans d'argent, 4, 4, 3 ; au chef d'or », bien qu'ils aient été inscrits à l'Armorial de la Généralité de Moulins, en la personne de Pierre Imbert, sieur de Brioude, grènetier au grenier à sel, avec le blason : « D'azur à une nuée d'or en chef, de laquelle tombe une pluie d'argent sur une terrasse de même. »

Vue de l'église d'Ainay en 1830 (1).

CHAPITRE VII

MARCHANDS, ARTISANS ET BOURGEOIS DU MILIEU DU XVIIe SIÈCLE. — TERRIER DU ROY POUR LA CHATELLENIE D'AYNAY-LE-CHASTEL, 1679. — LE CHATEAU. — LA CHATELLENIE. — HIVER DE 1693-1694. — AVEUX ET HOMMAGES A LA FIN DU XVIIe SIÈCLE

Malgré les pertes très grandes que firent éprouver à la population agricole et commerçante d'Ainay-le-Château les guerres de Religion, la Fronde, les sièges et les impositions de toutes sortes dont la ville eut tant à souffrir, nous pouvons dire qu'il existait, au milieu du XVIIe siècle, un commerce assez considérable à Ainay. Les marchands y étaient nombreux à cette époque, surtout les tanneurs qui y formaient une importante corporation ; du reste tout ce qui touchait au commerce ou au travail des

(1) D'après un croquis de Barriault. — Collection du chanoine Clément.

cuirs était en honneur dans la cité où nous verrons plus loin qu'une confrérie de tous les membres des différents corps de métiers qui travaillaient le cuir s'était constituée sous le patronage de saint Crépin. Les minutes des notaires et les actes conservés dans les différentes archives de famille nous ont permis de relever les noms de Simon Theurault (1), époux de Marie Fougère, marchand, 1650 ; Gilbert d'Hoüan, marchand, 1651 ; Gabriel Michaut, tanneur, 1651 ; Jean Jacquemet, mégissier, 1652 ; Nicolas Duret, apothicaire, 1652 ; Jean Duret, tanneur, 1653 ; François Soret, tanneur, 1653 ; Jean Oyseault, sieur du Désert, tanneur, 1653 ; Chrestien, armurier, 1654 ; François Dubost, apothicaire, 1656 ; Marc Peynault, charpentier, 1657 ; Louis Guérin, boucher, 1657 ; Jacques Ducellier, drapier, 1658 ; Jacques Michault, cordonnier, 1658 ; Jacques Chassaigne, tanneur, 1658 ; Etienne Bujon, époux de Jeanne Soret, tanneur, 1659 ; Gilbert Legay (2), marchand, 1663... A côté d'eux,

(1) C'est lui qui, le 5 avril 1622, recevait procuration de Marie Deferre, veuve de Gaspard Theurault, marchand à Bourges. [Arch. du Cher : E, 1338 ; minutes Toussaint Berault].

(2) Gilbert Legay, né au Veurdre, résidait, en 1663, à Ainay-le-Château. Il était fils de Pierre Legay et de Geneviève Vernois, marchands-tanneurs à Ainay, en 1658 ; il fit promesse de mariage, en présence de Theurault et Lejay, notaires, le 3 juin 1663 à Peronnelle Auperrin [fille de feu Pierre Auperrin, et de Gabrielle Theurault] dont il eut : — *a*) Estienne Legay, qui épousa Marie Dubost, veuve Damont ; — *b*) Pierre Legay ; — *c*) François Legay ; — *d*) Marguerite Legay, mariée le 14 janvier 1703, à Jean Tisserant, maître-cordonnier à Ainay ; — *e*) Jacques Legay, marié par promesse, passée devant Gaulmier, notaire à Sancoins, le 16 novembre 1699, à Marie Grollier [fille de Jean Grollier, de Sancoins et de Gilberte Gasteau] ; — *f*) Nicolas Legay, qui épousa le même jour, Anne Grollier, sœur de la précédente.

menant la même existence, s'alliant à eux, nous trouvons des bourgeois « vivant de leurs revenus » ou exerçant des professions libérales ou militaires, comme Pierre Baugy, 1652 ; Jean Menouvrier, huissier, 1652 ; Pierre Imbault (1), sieur de Salvert, maréchal des logis de la mestre-de-camp du régiment de Lévis, 1652 ; Gilbert de Lacroix, sacristain, 1652 ; Jehan Duret, maître-chirurgien, 1652 ; Jacques Brunet (2), substitut du procureur du Roi, 1652 ; Claude Lejay, huissier, 1653 ; Jacques Bujon (3), greffier, 1654 ; Philippe Jobier (4), sieur de

(1) Parent très proche de Jeanne Imbault, seconde femme d'Hugues Baugy, conseiller du Roi, élu en l'Election de Saint-Amand.

(2) Au mois de juillet 1671, Marie Grandjean, veuve de Maître Jacques Brunet, substitut du procureur du Roi, et Jean Brunet, marchand, héritiers de feu Maître Jean Brunet, père, plaidaient en la châtellenie d'Ainay contre Catherine Baugy, veuve de Maître Jean Imbert, procureur à Moulins.

(3) Jacques Bujon, né à Ainay en 1603 [fils de Gilbert Bujon, notaire-royal à Meaulne et de Blaise Boursier], épousa Marguerite Menouvrier [fille de Laurent Menouvrier, notaire à Ainay et de D^{lle} Beaujard]. Il mourut le 21 mai 1677 et fut inhumé dans l'église d'Ainay. Il eut pour enfants : — *a*) Marguerite, née le 19 novembre 1634 ; — *b*) Etienne, marchand-tanneur, né le 12 octobre 1636, marié à Jeanne Soret, puis à Marguerite Theurault, desquelles il eut 14 enfants ; — *c*) Marguerite, née le 21 mars 1639, mariée le 26 octobre 1685 à Antoine Huguet, greffier de la maîtrise des eaux et forêts de Cérilly, où elle mourut, en mars 1736, laissant postérité ; — *d*) Jacques Bujon des Brosses, président à l'Election de Saint-Amand, dont il a déjà été parlé ; — *e*) Marie, née le 6 août 1643 ; — *f*) Marie, née le 17 février 1646 ; — *g*) Madeleine, née le 8 avril 1651, mariée le 14 février 1707 à Etienne Serventier, morte le 12 mai 1724 ; — *h*) Marie, née le 8 janvier 1654 ; — *i*) Marguerite, née le 9 juin 1656, mariée à Jean Peron, dont postérité ; — *j*) Marie, née le 14 octobre 1660, mariée à Modeste Pouillard.

(4) Philippe Jobier, sieur de Sérigny, épousa Catherine Imbert [sœur d'Anne Imbert, décédée à 60 ans le 19 août 1700,

Sérigny, 1654 ; Marie Lochon, femme de Gilbert Robin, 1654 ; Etienne Guérin, maître-chirurgien ; noble Pierre Raüeyrs, *al.* Rouër, conseiller du Roi, 1654 ; François des Escures, écuyer, 1655 ; Pierre Page, greffier ; Remy Imbert, sieur de l'Amour, conseiller au siège présidial de Moulins ; Thomas Charrier, écuyer, sieur de Crevan, époux de Marguerite Baugy ; Antoine Baugy, écuyer, sieur des Morins, 1655 ; Pierre Oyzeault, gendarme de S. A. S. ; Claude Lejay, sergent-royal ; Jacques Michel, échevin, 1656 ; Hugues Imbert, sieur de l'Amour, Mal-

veuve de Gilbert Jobier, bourgeois de Charenton, qui était probablement lui-même frère de Philippe Jobier]. De ce mariage naquit Etienne Jobier, sieur des Planchettes et de Désertines, vivant en 1695 et 1698, mort avant 1709, qui épousa, le 18 janvier 1697, Marie Baugy [fille de Roger Baugy de la Barre et de Catherine Martinat], dont il eut : Roger Jobier, cadet en la compagnie de M. de Montmort, au régiment de Bourbonnais-Infanterie, lequel donna quittance à Paris, le 11 mars 1724, à son cousin Ph. Theurault de l'Amour, d'une somme provenant de l'héritage de ses père et mère, Jobier-Baugy. Le 14 juin 1724, il reconnaissait « avoir reçu de son oncle Theurault, la grosse du contrat de mariage de ses parents ». [Documents de M. Chavaillon]. — On trouve encore : Pierre Jobier, marié à Charlotte Lochon, par contrat de Dupont, notaire à Charenton, le 6 novembre 1653. — Gasparde Jobier [fille de Philippe Jobier et de Jeanne Bernard], qui épousa Pierre Bujon, lieutenant de la bourgeoisie et doyen des procureurs de Moulins, par contrat reçu Theurault, notaire à Ainay, le 28 juillet 1668 ; — J. B. Jobier qui se substitua à J. B. Theurault comme fermier du greffe et tabellionnage de Charenton, le jour de Noël 1694 ; — Hubert Jobier, marchand, 1665 [Arch. de l'Allier : B, 144] ; — Philippe Jobier, sieur du Paillard, parrain de Philippe Theurault, le 25 avril 1697, à Ainay ; — Roger Jobier, sieur des Barres qui, en 1746, plaidait contre Pierre du Peyroux, ancien curé de Charenton [Arch. de l'Allier : B, 581]... Et, à la fin du XVIIIe siècle, une veuve Jobier possédait, à Charenton, la chapelle « des Lochon », dans l'église Saint-Martin.

content et Durebize ; Louis Guérin, capitaine des gardes de M. le Prince, 1657 ; Marguerite de Graleul, *al* de Grafteuil, dame de Pontcharrault ; Jacques Rétif, sergent-royal, 1658 ; Dlle Marie Henry, épouse de noble Hugues Berault, élu en l'Election de Saint-Amand ; Jean Menouvrier, commis à la recette des aydes ; François Becquas, sieur de Villers ; Pasquet Page, sieur des Mandays, 1659 ;... et parmi tous ces bourgeois, marchands et artisans, chaque année le tableau des collecteurs des tailles ou du sel en signale quelques-uns chargés d'aller recouvrer les impôts : en 1664, c'est Etienne Bujon (1) et Jean Mabru, pour les tailles, Sylvain Maussan et Jean Naudin pour le sel ; en 1665, Jacques Ducellier pour le sel et Toussaint Guillebault pour les tailles ; en 1666, Jacques Caillet pour les tailles, Jacques Fort et Jacques Gadais, pour le sel ; en 1667, Jean Theurault et Jacques Benoist, pour le sel, Antoine Cabanne et Georges Turquois, pour les tailles, etc... Et tous ces noms que nous retrouverons un demi-siècle, un siècle plus tard, sont encore, en grande partie, portés par des Castellainaisiens de nos jours ou par des habitants des campagnes voisines d'Ainay-le-Château !...

Presque tous les gens que nous venons de citer, marchands ou bourgeois, nobles ou magistrats, pos-

---

(1) Etienne Bujon, sieur de l'Etang et de Richebourg, marchand-tanneur [fils de Jacques Bujon et de Marie Menouvrier], né à Ainay, le 12 octobre 1636, mort le 5 avril 1706, épousa en premières noces Jeanne Soret, décédée le 16 juin 1690, dont il eut 8 enfants : — *a)* François, né en 1658 ; — *b)* Marie, née en 1660 ; — *c)* Jacques, né en 1662 ; — *d)* Jean, né en 1664, qui épousa Madeleine Serventier, le 18 février 1708 et forma branche ; — *e)* Louis, né en 1665 ; — *f)* Marie, née en 1666 ; sans postérité de son mariage avec Pierre Boissonnier, tanneur à

sédaient des terres qui étaient frappées de redevances, soit en argent, soit en nature (1). Sous l'ancien régime, le cadastre n'existait pas ; « le gouvernement ayant toujours reculé devant la dépense et les populations accueillant fort mal toute tentative de recensement foncier qui leur paraissait recéler quelque projet de taxe nouvelle (2) » ; les seigneurs ou le Roi — lorsque le Roi était suzerain direct — désireux d'éviter qu'on put invoquer la prescription contre leurs droits (3), faisaient exécuter, quand ils le supposaient nécessaire, les terriers de leurs seigneuries. Les Lettres-Patentes qui annonçaient la rédaction de ces terriers « étaient lues à trois reprises différentes à la porte de l'église ou au prône. Elles obligeaient les habitants de la

Dun-le-Roi ; — g) Etienne, né en 1668, épousa, le 8 octobre 1691, Marie Duret et forma branche ; — h) Marguerite, née en 1670, mariée à Antoine Huguet, de Braize, greffier de la maîtrise des eaux et forêts de Cérilly, dont postérité ; — i) Catherine, née en 1672 ; — j) Etienne, né en 1673. — Etienne Bujon de l'Etang se remaria, le 17 juillet 1691, à Marguerite Theurault [fille de François Theurault et de Marie Baugy], dont il eut encore : — k) Jean, né en 1692, prieur de Plaimpied, fut nommé par sa cousine Marguerite Péron, desservant de la Chapelle-Péron à Saint-Amand ; il mourut à Ainay, le 11 novembre 1763 ; — l) Pierre, né en 1693 ; — m) Etienne, né en 1695 recollet sous le nom de « Père Didace », il rebâtit le couvent d'Ainay ; — n) Etienne, né en 1697, marié le 11 novembre 1719 à Elisabeth Huguet, dont postérité.

(1) Voir G. d'Avenel, *La Fortune privée à travers sept siècles* pp. 209-211.

(2) Voir G. d'Avenel, *La Fortune privée à travers sept siècles* pp. 254-255.

(3) Droits de censives, terrage, lods et ventes, tailles seigneuriales, péages, banalité des fours, moulins, pressoirs, chasse et pêche, plantation, champart, agrier, tasque, bordelage, parcière, carpot, dîmes, commise, mortaille, aubaine, deshérence, etc. — Les feudistes ne comptent pas moins de 500 droits.

seigneurie à venir déclarer d'une manière exacte au notaire ou au commissaire désigné par le seigneur la nature de leurs terres et la quotité de leurs redevances (1). Les frais de rédaction parfois élevés étaient à la charge des vassaux (2) ». Or, en 1679, un « terrier du Roi pour la chastellenie d'Aynay-le-Chastel » fut fait par Jean Coussion, notaire-royal, en vertu de la commission de Monseigneur de Bouville, intendant de la Généralité de Moulins (3). On y retrouve les noms des habitants d'Ainay-le-Château ou des environs qui possédaient des biens dans la châtellenie, car chacun d'eux était forcé de faire aveu de chacune de ses propriétés. Ainsi nous lisons, par exemple : « Aujourd'huy, sixiesme jour de décembre mil six cent soixante et dix-neuf par devant nous Jean Coussion, nottaire-royal en Bourbonnois, commis par Monseigneur de Bouville, Intendant en la Généralité de Moulins... a comparu Messir Louis de la Roche, chevalier de l'ordre de Sainct-Jean de Hyerusalem, seigneur de Rhimbé, demeurant paroisse de banegon, lequel nous a dit et déclaré estre propriétaire et pocesseur [par contract d'acquisition de novembre 1678] d'une pièce de terre dépendant du petit domaine du Cloux (4),

---

(1) En 1789 on disait : « L'état de feudiste est devenu une profession très lucrative et très commune... Les reconnaissances à terrier sont devenues un vrai brigandage. »

(2) ALBERT BABEAU, Le village sous l'ancien Régime, liv. III, chap. III, p. 206.

(3) Arch. de l'Allier : A, 14.

(4) La propriété du Clou [commune de Bessais-le-Fromental] appartient actuellement à la famille Grozieux de Laguérenne, qui y réside une partie de l'année. Les bâtiments du domaine de M. Alfred de Laguérenne sont construits au milieu du champ « des Bonnes ». — Le hameau du Clou comprend aujourd'hui neuf à dix feux.

situé au terroir de la Grande Bonne, proche ledit village du Cloux, paroisse de Bessay-le-Fromental, contenant sept boisselées mesure dudict Ainay... etc.» Certaines des familles citées dans ce terrier ont encore actuellement des représentants.

Etaient inscrits au terrier de 1679 : Jean Charrier, procureur du Roi en la châtellenie ; — Pierre Bourdin, marchand-boucher, et François Bourdin, son fils, aussi boucher ; — Mathurin Bourdin ; — Pierre Bourdin, charpentier ; — Jean Michaut, marchand, demeurant au village de Chavane, paroisse de Saint-Bonnet, comparant en qualité d'époux de dame Gilberte Theurault, héritière de défunt maître Pierre Theurault, son père ; — Estienne Bujon, marchand, chargé de la procuration de dame Marie Menouvrier, sa mère ; — Pierre Groslier ; — Jean Guérin— ; —Jean Beraud des Billiers (1) ; — François Page ; — Pierre Turault (2);

(1) Noble Jehan Berault, al. Beraud, sieur des Billiers, conseiller du Roi, Lieutenant-général en la châtellenie d'Ainay, épousa, par contrat passé le 24 juin 1652 [Etienne Myncreau, notaire-royal à Bourges], D^{lle} Anne d'Estat [fille de Jean d'Estat, sieur du Poincy et de D^{lle} Marie Reveillé de la Grégosaine].

(2) Il y avait plusieurs Pierre Theurault alors, à Ainay. L'un d'eux, marchand, avait épousé, avant 1668, N... Badillier [fille de Pierre Badillier, marchand, et de Jacquette Beauvillier], sœur de N... Badillier, femme de Sébastien Girault ; de Claude Badillier et de Gabrielle Badillier, épouse de Roger Baugy, sieur de la Barre. — Un autre Pierre Theurault, sieur de Montmiral, signa, le 9 novembre 1664, à l'acte de baptême de J. B. Theurault ; mais, au contrat de mariage de ce dernier avec Marguerite Jobier, le 20 février 1691, il n'est plus question de Pierre Theurault de Montmiral, mais de Claude Theurault, sieur de Montmiral [peut-être fils de Pierre] qui est qualifié « cousin issu de germain du futur époux ». [Reg. par. — Minutes de Nicolas Savenault, notaire à Ainay].

— Balthazar Dubost ; — Pierre Page ; — Pierre Vernier ; — Jean Roy, écuyer, sieur de la Presle, maître seul et général des eaux et forêts de Bourbonnais, demeurant à Moulins ; — Jacques Ruby (1), marchand à Bannegon et autres ; — Gilbert Auchappus ; — Gilberte Moreau ; — Catherine Thurault (2) ; — Roger Baugy (3), sieur de la Barre,

(1) La famille Ruby qui a possédé le fief de Bergerenne a eu de nombreux représentants dans la région. Par arrêt du sénéchal de Bourbonnais, en date du 3 juillet 1703, « Nicolas Savenault, sieur de la Forest, tuteur des enfants mineurs de feu Jean Ruby, iceluy héritier de feu Jacques Ruby, son père », était condamné en tant que représentant ses pupilles, à payer un cens annuel de 20 sols 5 deniers à Jean d'Aubigny, écuyer, seigneur d'Alligny et de Bonnay. — En 1713, Louise de Barbarin était veuve de Jacques Ruby [Minutes Menouvrier, notaire à Ainay]. — Gilbert Ruby, conseiller du Roi, prévôt, juge et garde de la prévôté royale de Sancoins, 1701, 1716. — Jean Ruby, époux de Marie Bernard, marchand à Valigny, 1723 ; — Gilbert-Pierre Ruby, notaire-royal à Sancoins, 1730. — Etienne Ruby, bourgeois de Sancoins, époux d'Anne Grollier, 1733 ; — Louise Ruby, seconde femme de Pierre Bujon des Brosses, 1710, mourut le 11 décembre 1739. — Catherine Ruby, sœur professe à l'abbaye de Charenton, 1742 ; — Elisabeth Ruby, sœur professe à la même abbaye, y vivait encore en 1779 ; — Louis-Renault Ruby de Bergerenne, bourgeois de Joüy, 1752 ; — Marie-Anne Ruby, femme de Jean Lejouif, 1757, [Minutes Savenault, notaire à Bannegon] ; — Jean-Philippe Ruby de Bergerenne, conseiller du Roi, prévôt, juge garde-scel en la prévôté de Sancoins, 2 avril 1771 ; — Ruby de Bergerenne, subdélégué de l'Intendant à Sancoins, 1782 [Arch. de la Nièvre : B, 26, 28, 32, 95, 109, 146, 287, 299, etc.]. — Jacques Ruby, marchand à Jouy, est inscrit à l'Armorial Général de 1701 : « D'argent, à une fasce de gueules » ; à la même époque, Léonarde Coutault, veuve de Pierre Ruby, bourgeois de Jouy, faisait enregistrer : « D'azur à une bande vivrée d'or. »

(2) Une Catherine Theurault [fille de François Theurault, notaire, mort à Ainay en 1667] épousa Charles Dumont, notaire-royal et procureur d'office en la comté de Sagonne.

(3) Il est question de Roger Baugy [fils d'Hugues Baugy

procureur d'office des justices de Charenton, Meillant ; — Marguerite Charrier (1) ; — Jean Rault ; — Jean Jacquemet ; — Estienne Duret ;

et de Jeanne Imbault] qui, en 1691, était bailly de Charenton, Meillant et Chandeuil et mari de Suzanne Pelletier, après avoir épousé en premières noces, par contrat du 10 décembre 1668 [Brunet et Bessonat, notaires], Gabrielle Badillier [fille de Pierre Badillier, marchand, et de Jacquette Beauvillier] ; le même Roger Baugy qui, le 30 octobre 1695, faisait dresser à Saint-Amand, devant Godin, l'aîné, son contrat de mariage avec D^{lle} Catherine Martinat [fille de François Martinat, conseiller du Roi, contrôleur des actes, et de Marie Bonnet]. Il chercha, à cette occasion, à extorquer à Hugues Imbert, sieur de l'Amour, une donation à son profit de tous les biens de ce dernier ; il échoua, mais les époux Baugy-Martinat eurent une fille, Marie Baugy, qui épousa, en 1697, Etienne Jobier, sieur des Planchettes et de Désertines ; celle-ci fut plus habile, et Hugues Imbert fit, au profit des époux Jobier-Baugy, une donation entre-vifs qui comprenait entre autres choses, les domaines de l'Amour et de Malcontent ; cependant il eut à se plaindre de ses donataires, et à la mort dudit Hugues Imbert, son neveu, J. B. Theurault, intenta un procès aux Jobier-Baugy et fit annuler la donation ; c'est ainsi que l'Amour revint à Jean-Baptiste Theurault qui en prit le nom. — En quatrièmes noces, Roger Baugy de la Barre épousa, en 1700, Louise-Françoise Fouchier, dont il eut au moins une fille, Louise Baugy, qui épousa Jean Croussolle de la Mariatte lequel, le 5 novembre 1747, reconnaissait devoir une rente non rachetable de 10 sols, pour possession d'un jardin situé au faubourg du Marché, joutant au levant le chemin de Charenton au village des Odonnais ; au midi, une cour dépendant de l'ancien hôpital de Charenton dont jouissaient, à titre de rente, Etienne Mazerat, cordonnier, et l'Hôpital de Saint-Amand ; au couchant, Nicolas Semoux, chirurgien à Bannegon ; et au nord, un jardin appartenant à Louise Baugy, veuve du sieur de Bréviande. [Minutes du notaire de Charenton].

(1) Marguerite Charrier, alors veuve, avait épousé, avant 1668, François Béquas, avocat en Parlement. Elle était fille de N... Charrier et de Jeanne Imbault, laquelle, devenue veuve, se remaria à Hugues Baugy. — Marguerite Charrier avait pour

— Catherine Baugy (1) et autres ; — Jean-François Imbert ; — Georges Thomas ; — Gilles Duret, Gilbert Duret ; — Pierre Caille ; — Marguerite Canonïer ; — Louis Guérin ; — Marguerite Gelinet ; — Pierre Patangeon, *al.* Patengeon ; — Anne Gomety ; — Louis-Fauste de Brichanteau (2) ; — Estienne Genyn (3), sieur de la Brosse, Saint-Benin, conseiller du Roi, premier président au siège présidial de Moulins ; — Pierre Sionnay ; — Jean Menouvrier (4),

frères et sœur : Thomas Charrier, sieur de Crevant, époux de Marguerite Baugy ; Marie Charrier, femme de Maître Claude Libault ; et Roger Baugy de la Barre, frère utérin.

(1) Fille d'Hugues Baugy, bourgeois d'Ainay, et de Catherine Vignier. Elle épousa, en 1629, Jean Imbert, procureur en la sénéchaussée de Bourbonnais, dont elle était déjà veuve, en 1653 ; elle était morte avant le 24 août 1695. [Minutes Menouvrier et Jacques Brunet, notaires à Ainay].

(2) Les de Brichanteau, originaires du Beauvoisis, établis en Berry, étaient seigneurs de Beauvais, Mareuil, La Creusette, Saint-Ambroix-sur-Arnon, Charenton, Chandeuil, Le Pondis, Rezay, Thevet, Boisboutrand, Bannegon ; barons de Meillant et Lignières, marquis de Nangis, comtes, puis marquis de Brichanteau. Ils portaient : « D'azur à six besans d'argent : 3, 2 et 1 ». — Il s'agit ici de Louis-Fauste de Brichanteau, marquis de Nangis, colonel du régiment royal de la Marine, brigadier de cavalerie [fils posthume de Claude-Alphonse de Brichanteau et d'Anne-Angélique d'Aloigni], qui mourut le 20 juillet 1690, d'une blessure reçue deux jours auparavant dans les plaines d'Offembourg, au-delà du Rhin, âgé de 32 ans. Il laissait trois enfants de sa cousine-germaine, Marie-Henriette d'Aloigni de Rochefort.

(3) On trouve l'orthographe Genyn et Genin. — Philippe Genin, bachelier en droit canon, chanoine de la Sainte-Chapelle de Bourbon-l'Archambault, était archiprêtre de Charenton, en 1621. — N... Genin, entrepreneur à Saint-Amand, en 1635, etc.

(4) Un Menouvrier, lieutenant-particulier, a été inscrit d'office à l'Armorial de la Généralité de Berry (élection de Saint-Amand) avec le blason : « D'or à un lion de gueules ». — Cette

Pontcharrault en 1912.

chirurgien d'Ainay, tant en son nom que comme époux de Marguerite Theurault, fille d'Hugues Theurault ; — Jacques Bugeon, *al.* Bujon ; — Pierre Oyseau ; — Estienne Groslier ; — François Caillet, sieur de Bernon ; — Marie Aubrun ; — Marie Guilloët et autres ; — Gilbert de la Croix et autres ; — Marie Minier (1) ; — Estienne Gadeux ; — Antoine La Baume ; — Jacques Duret, Etienne Duret ; — Louis Chassagne ; — François Ducrot ; — François Turauld (2) ; — Jean d'Aubigny (3) ;

famille a longtemps résidé à Ainay et aux environs : Laurent Menouvrier est notaire à Ainay, en 1630 ; — François Menouvrier, sergent-royal en la châtellenie, en 1698 ; — Pierre Menouvrier, bourgeois d'Ainay, 1737 ; — Simon Menouvrier, recollet, 1738 ; — Jean-Baptiste Menouvrier, chirurgien, 1740 ; — Jeanne Menouvrier, sœur professe à l'abbaye de Charenton, 1779 ; — Grégoire Menouvrier, vicaire à Meaulne, est présenté à la cure de Joüy, par l'abbesse de Charenton, 1780, etc.

(1) Le lundi 3 juin 1658, Marguerite Morat, veuve en premières noces de Pasquet Minier, assiste avec Pierre Minier, son fils, au contrat de mariage de son autre fils Pasquet Minier, d'Ainay, avec Catherine Dubois [fille d'Adrian Dubois, maître-arquebusier de Saint-Amand ; et de défunte Péronnelle Theurault]. A ce contrat, étaient également présents Jacques Fort, frère maternel du futur ; Marguerite Minier, épouse de Jean Damon, ses oncle et tante ; Jean Minier et Pierre Bujon, ses cousins-germains. [Minutes de Bessonnat, notaire à Ainay].

(2) Au contrat de mariage de J. B. Theurault avec Marguerite Jobier, le 20 février 1691, assistèrent trois cousins issus de germains du futur : François Theurault, sieur du Chailloux ; Claude Theurault, sieur de Montmiral ; et Jean Theurault, marchand. [Minutes de Savenault, notaire à Ainay].

(3) La famille d'Aubigny, très ancienne en Bourbonnais est, d'après Lainé, connue dans la chevalerie dès 1350. — Les d'Aubigny furent maintenus dans leur noblesse, en 1715, à l'Intendance de Berry, sur preuves remontant à Ithier d'Aubigny, qui vivait en 1538 ; ils étaient seigneurs d'Aubigny, Villecomte, La Lande, Janzat, Bonnay, Coust, Alligny, Salvert, Prédoré, Neureux et Gouzat, en partie ; et portaient : « D'or à la bande

— les religieuses de Charenton (1) ; — Antoine Alaroze (2) ; — Jean Ralley ; — la Boucherie d'Ainay ;

de gueules chargée de trois lionceaux d'argent ». C'est de Jean d'Aubigny, sieur d'Alligny et Bonnay qui plaidait, en 1669, devant la sénéchaussée de Bourbonnais, contre Charles d'Escorailles, sieur de Torsy, et Marie de Thianges, épouse de ce dernier [Arch. de l'Allier : B, 139] qu'il est ici question ; c'est encore lui qui, en 1703, plaidait contre les mineurs Ruby. Cette branche de la famille s'est alliée aux de Bovel, Cosson de Lalande, Bonnet, Berault des Billiers et de Poincy, Delarue, de Villars, Horstel, Colomb, de Lagorée, Lebœuf. — On trouve dans les registres de la paroisse de Saint-Bonnet de Bourges, l'acte de mariage célébré, le 5 février 1742, entre messire Jean-Louis d'Aubigny, écuyer, sieur du Breuil, veuf de Magdeleine Chauday, de la paroisse d'Ainay-le-Château, avec D^{lle} Claude-Françoise de Villars [fille de défunts François de Villars et Charlotte Lebrun].

(1) L'abbaye royale de N.-D. de Charenton est inscrite à l'Armorial Général : « D'argent à un lion de sable. » — Le 5 novembre 1760, l'abbesse et maître François Doyet, receveur de la Châtellenie d'Ainay reconnaissent qu'il est dû à l'abbaye de Charenton chaque année au jour de Saint-Michel 4 septiers de froment, 4 septiers de seigle, 2 septiers d'orge et 2 septiers d'avoine ; réciproquement, il est dû par l'abbaye à la châtellenie d'Ainay 11 septiers d'avoine. Ils concluent une transaction de sept ans par laquelle les comptes seront réglés par le paiement annuel que la châtellenie effectuera à l'abbaye de 254 livres en argent. [Minutes du notaire de Charenton].

(2) Les Alaroze de la Charnay résidaient au Veurdre et portaient : « D'azur au chevron d'or accompagné de 3 roses d'argent. » Ils étaient seigneurs de Beaume, La Charnay, La Bresne, Beauregard, La Mousse, Les Morins, Le Breuil, *al.* Breux. — Antoine Alaroze, châtelain du Lurcy, Couleuvre et Poligny, 1679, dont il est ici question avait épousé Anne Theurault. Le 26 mars 1686, les époux avec leurs frères, sœur et beau-frère : Charles Dumont, notaire et procureur en la comté de Sagonne, époux de Catherine Theurault, — Gilbert Theurault, contrôleur-général des rentes en l'hôtel-de-ville de Paris, — Claude Theurault, — Jean Theurault, — et François Theurault, sieur du Chailloux, receveur des droits d'entrée au bureau-général de Rouen [tous

— Auradoux du Cellier ; — Michel Martinat, procureur en l'Election et grenier à sel de Saint-Amand, agissant comme mari et maître des droits de dame Anne Morne, fille et héritière de défunt maître François Morne ; — Michel Aujohannet (1) ; — Balthazar Devignolles, al. de Vignolles (2) ; — François de Forests, sieur du Chollet, demeurant à Murat, agissant comme maître des droits de Marguerite de la Souche, sa femme, et autres ; — Barthélemy Bernard (3), marchand à Ainay, agissant comme époux de Marguerite Brunet ; — Philibert

---

enfants de François Theurault, notaire à Ainay, mort en 1667], vendirent à maître Gilbert Legay, tanneur, leur part de l'héritage de leur tante Louise Theurault, veuve de Gervais Chrestien. — On trouve bien d'autres Alaroze à Moulins et Montluçon.

(1) On trouve Aujouhannet, Aujohannet et Aujouannet. — Louis Aujouannet, curé d'Ygrande, figure à l'Armorial Général : « D'azur à 6 besans d'or chargés chacun d'une croisette pattée de gueules et posés 2, 2 et 2. » Cette famille eut des représentants à La Bruyère-l'Aubépin, Saint-Vitte, etc.

(2) Fils et héritier de François de Vignolles.— Les de Vignolles étaient seigneurs de Mautour, Boueix, Argent, Clémont, Le Haultbourg, Pouligny, Les Ternes Poudin, le Rys, Besses, Beuvron, La Grange, La Barre, Laumoy, Les Couraux, La Rochère, La Hire ; barons de Vignolles. Ils portaient : « Ecartelé : aux 1 et 4, d'azur à trois étriers d'or surmontés chacun d'un besan d'argent ; aux 2 et, 3, d'azur au lion d'or surmonté d'une croix de même » ; alias : « D'argent au cep de vigne de sinople, fruité de trois grappes de raisin de sable, accolé à un échalas de même. » — Parmi les membres de cette famille [dont est issu le fameux La Hire] qui furent possessionnés aux environs d'Ainay, nous trouvons Nicolas de Vignolles, sieur de Mautour et la Tour du Boueix, mort avant 1676, — Balthazar de Vignolles, sieur de la Tour du Boueix et de la Pacaudière, dont il est ici question, frère du précédent.

(3) Fils de Jacques Bernard, sieur de Bernon, et de Jeanne Nizier ; — et frère de Catherine Bernard épouse d'Hugues Imbert, sieur de l'Amour. [Minutes J. Brunet ; 4 février 1657].

de la Souche (1), écuyer, demeurant au Creux, paroisse de Vallon ; — Pierre Brunet, laboureur, demeurant au village de Richebourg, agissant en qualité d'acquéreur de terres appartenant primitivement à la veuve Jean Oyzeau (2) et à Antoine Baugy, sieur des Morins ; — Pierre Lamenon, vigneron, demeurant à Coust ; — Jean Brunet, notaire-royal à Ainay, héritier de maître Jacques Brunet, son père ; — Louis de Bigny (3) ; — Françoise Theurault ; — Marie Menouvrier ; — Jean Michaut ; — François de la Souche (4), écuyer, sieur de Boisaubin, demeurant au château de Gouttière, paroisse de Saint-Genest ; — Jacques Ruby ; — Jean Perrinet (5) ; — Jean Paizant (6) ; — François Desma-

(1) Fils de défunt Gilbert de la Souche, écuyer, seig^r de Mazière.

(2) Jean Oyzeau avait épousé Péronnelle Bernard.

(3) En 1304 un de Chevenon était seig^r de Bigny. — La maison de Chevenon s'est fondue dans celle de Bigny et a formé la maison de Chevenon de Bigny. Ses membres étaient seig^{rs} de Bigny, Neufvy, Meaulne, Coudron, Saint-Amand, Le Breuil-les-Barres, Chandiou, Sennevois, La Gorce, Villars, Vallenay, Crésançay, Prégirault, Larnay, Changy, Charmeil, Jussy, Bois-sir-Amé ; barons de Préveranges et du Boucix ; comtes d'Ainay-le-Vieil ; marquis de Bigny et de Margival : « D'azur au lion d'argent accompagné de cinq poissons de même » ; *alias* : « D'azur au lion d'argent armé et lampassé de gueules, à l'orle de cinq poissons d'argent. »

(4) Fils de défunt Gilbert de la Souche, écuyer, seig^r de Mazière.

(5) Les Perrinet semblent originaires du Sancerrois où l'un d'eux fit enregistrer ses armes à l'Armorial Général. — N... Perrinet était juge des eaux et forêts à Saint-Amand, en 1612. — Claude Perrinet, Lieutenant-Civil et Criminel à Ainay, en 1740. — François Perrinet, avocat, 1788. — Antoine Perrinet, qui épousa Madeleine Bujon le 21 octobre 1749, fut l'auteur d'une famille qui résida longtemps à Ainay et Charenton.

(6) Il habitait Valigny et était fils de François Peisant. — Cette famille résida longtemps à Ainay et aux environs : Lazare Pezant, marchand à Saint-Amand, afferme en 1586 les revenus de Noirlac. — Nicolas Pezant, procureur à Saint-Amand, 1640 ;

gnoux (1), écuyer, sieur de Laleuf, demeurant en la paroisse de Bardais ; — Jean Turault (2), et autres ;

— Louise Pezant, femme de Louis de la Maille, sieur de Saint-Romble, bourgeois de Saint-Amand, 1640. — François Pezant, grènetier au grenier à sel de Sancoins, 1664 ; — Marie Pesan, femme de François Fouquet de Prégirault, vers 1735 ; — Pierre Pezant, marchand à Ainay, 1737 ; — N.. Pezant, greffier de la châtellenie d'Ainay, 1737, etc. .

(1) Fils d'Antoine des Maignoux, écuyer, sieur de Laleuf. — Les des Maignoux étaient seigneurs de la Garde, Laleuf, les Manteaux, Touzelles. — Nicolas des Maignoux, chevalier, sieur de Touzelle et Anne de la Mousse, son épouse, vivaient en 1672 ; — François Desmaignoux, écuyer, sieur de Laleuf, fit enregistrer son blason à l'Armorial de la Généralité de Berry, en 1698 ; « D'azur à deux chevrons d'or accompagnés de trois merlettes d'argent, deux en chef et une en pointe ; celle-ci soutenue d'un cœur d'or. » — Le 23 avril 1703, François et Charles des Maignoux oncles de la femme, assistent au contrat passé à Urçay, devant Piat notaire, entre Nicolas de Velard, écuyer, sieur de Montifault ; et Anne Marie d'Augeran [fille de feu Gilbert d'Augeran et d'Anne des Maignoux] ; les deux contractants mariés devant l'Eglise depuis 5 ans ; — N... des Maignoux, seigneur de Touzelle, afferme en 1745 un pré au curé de Charenton, etc.

(2) Il y avait alors deux Jean Theurault : L'un, marchand à Ainay, assista le 3 août 1692 au contrat de mariage de J.-B. Theurault son cousin issu de germain, avec Marguerite Jobier [Minutes nutes Savenault]. L'autre Jean Theurault était conseiller du Roi, receveur des tailles et octrois en l'élection de Montluçon, [fils très probablement de François Theurault, notaire qui mourut à Ainay en 1667]. Une fille dudit François Theurault, Anne Theurault avait épousé Antoine Alaroze, ce qui explique le document ci-après : « 6 août 1720. — Devant Thévenin, notaire-royal en la ville de Montluçon, partage entre Anne Lasserre, veuve, commune en biens et usufruitière de maître Jean Theurault, conseiller du Roi et receveur des tailles et octrois en l'élection de Montluçon, d'une part ; et maître Joseph-Eustache Alaroze, sieur de Breut, donataire universel des biens dudit feu sieur Theurault, son oncle, d'autre part ; tous deux demeurant en la ville de Montluçon, paroisse Saint-Pierre ». [Bibl. Nationale : Pièces originales ; 2818, cote 62704]. Les dits

— François Thurault (1), agissant tant en son nom que comme époux de dame Marie Baugy ; — Jean Le Jay et autres ; — Louis de la Roche, seigneur de Rhimbé ; — la Franchise d'Ainay (2) ; — François Petit, dit Baron, collecteur de Bessais-le-Fromental ; — Antoine Renon (3), meunier de Bardais ; — Estienne Bourdin, marchand-tanneur d'Ainay ; — Estienne Renon, marchand-drapier d'Isle ; — Jacques Imbault, curé de Vernais ; — Hugues Imbert, bourgeois d'Ainay ; — Toussaint Ramouvet et Louis Bardoux, collecteurs de Bardais, laboureurs ; — Pierre Baugy, avocat du Roi en l'Election de Saint-Amand ; — Marguerite Charrier, épouse de François Béquas (4), sieur de la Frénau-

Theurault et Lasserre avaient été mariés par contrat du 21 avril 1686, passé devant Legrand et Lemoyne, notaires au Chatelet de Paris. Et Antoine Alaroze avait acquis de Theurault la charge de receveur des tailles et octrois de Montluçon, le 20 mars 1719 ; Jean Theurault décéda le 13 avril 1720.

(1) Notaire-royal et procureur en la châtellenie ; c'est lui qui, le vendredi 20 juin 1687, acquit de Maître Hugues Imbert, sieur de l'Amour, un petit morceau de vigne ayant 16 toises de long, sur 3 toises de large, situé près de la porte Moricet, moyennant le prix de 20 livres.

(2) Ce qui prouve qu'Ainay-le-Château reçut jadis une charte d'affranchissement.

(3) Cette famille dont plusieurs représentants existent encore aux environs d'Ainay [entre autres M. Renon, boulanger à Bessais-le-Fromental], a fourni toute une filiation de meuniers : Mathieu Renon, 1745 ; — Jean Renon, 1753 ; — Sébastien Renon, 1771 ; — Pierre Renon, 1778... En outre, on trouve : Simon Renon, sacristain, 1737 ; — Claude Renon, bourgeois, 1790... Dans les dernières années du xix° siècle résidait à Ainay, le Dr Renon qui semblait être un descendant de cette famille.

(4) François Béquas avait épousé avant 1668, D^{lle} Marguerite Charrier [fille de N... Charrier et de Jeanne Imbault]. Jeanne Imbault épousa en deuxièmes noces Hugues Baugy, élu en l'Election de Saint-Amand.

derie, avocat au Parlement, bourgeois d'Ainay ; — Jean Coussion, notaire en Bourbonnais, commis par le Roi pour recevoir le terrier, demeurant à Cérilly ; — Nicolas Seméneau, comparant pour le seigneur de Bannegon, François de Brichanteau ; — Marie Bouchaut, veuve de Jean Théveneau, demeurant à Charenton, héritière de Nicolas Bouchault ; — François Soret (1), marchand, demeurant en la seigneurie de Vougon, paroisse de Saint-Benin, comparant comme fondé de procuration de Constance Guillouët, veuve de Jacques Aubery, écuyer, conseiller et procureur du Roi au présidial de Moulins ; de Marie Guillouët, veuve de Jacques Cadier, écuyer, seigneur de la Brosse, et de Suzanne Guillouët, femme autorisée de Jean-Nicolas de Lapelain, écuyer, seigneur de Boussat, tous héritiers bénéficiers de Jean-Louis Barbe, sieur du Pontet, capitaine au régiment de Normandie ; — Pierre Caillet (2), bourgeois de Charenton ; — Ligier Thé-

---

(1) Cette famille a eu à Ainay, Charenton et environs de nombreux représentants : Le 3 juin 1658, François Soret, dont il est question ici, assistait avec sa femme Péronnelle Morat, son frère Jacques Soret, et sa belle-sœur Isabelle Morat au contrat de mariage de son neveu Pasquet Minier avec Catherine Dubois [Minutes Louis Bessonnat, notaire] ; et, en 1663 au contrat de sa nièce Péronnelle Auperrin avec Gilbert Legay. — François Soret, sieur de la Bourgonnerie, marchand à Ainay, 1714, était fils de François Soret et de Péronnelle Morat ; — Jean-Baptiste Soret, chirurgien à Charenton, 1740 ; — Jean-Baptiste Soret, tanneur à Charenton, 1750 ; — Philippe Soret, collecteur de l'impôt du sel à Charenton, 1760 ; — François Soret, chirurgien à Charenton, 1770 ; — Philippe Soret, marchand, 1789 ; — Mathieu Soret, 1789, etc... En 1902, M. Soret, ancien vétérinaire à Paris, a fait restaurer, pour y demeurer, une vieille maison située dans l'enceinte primitive du manoir abbatial de Charenton, près la Marmande.

(2) Pierre Caillot, fils de Nicolas Caillet, assista à Charenton le

veneau ; — le seigneur de Rémont (1) [Raymond] ;
— Pierre Douët, laboureur, demeurant au village
de la Richarderie, paroisse d'Augy ; — Jean Lauzent, laboureur, demeurant au village des Hierres,
paroisse d'Augy ; — Jeanne Dugué, veuve d'Augustin Moreau, vivant notaire-royal au bailliage de
Berry à Bourges ; — Etienne Mautrand, marchand-grossier à Sancoins ; — les sieurs de Saint-Etienne
de Bourges, représentés par Gilles Giraud ; — Gilbert Simon ; — Jean Gibault, demeurant au village
de Vésure, par Augy ; — Jean Gaulmier (2), au

25 novembre 1663 au mariage de sa sœur Gilberte Caillet, veuve de Jacques Bernard, sieur de Bernon, avec François Theurault, notaire-royal. [Minutes de Dupont et Valligny, notaires à Charenton]. Dans un acte du 5 juillet 1675 [Brunet, notaire à Ainay] on la dit veuve de François Theurault et on cite son fils du premier lit : Jacques Bernard.

(1) C'était alors Claude II de Gamaches, époux de Catherine Nizier. — Les de Gamaches, seigneurs de Rosemont, Lauroy, Jussy, Quincampoix, La Fougerolle, Coudron, Sury-ès-Bois, Saint-Germain-des-Bois, Ourouer, Lugny-Champagne, Sanceaux, Brécy, Sainte-Solange, Moulins-sur-Yèvre, etc..., barons de La Guierche, vicomtes de Raymond et Châteaumeillant, marquis de Gamaches portaient : « D'argent au chef d'azur. »

(2) La famille Gaulmier qui s'est maintenant fixée et implantée dans le pays et qui revendique à juste titre comme l'un des siens le poète Antony Gaulmier, semble être originaire de Neuvy-le-Barrois, où le 21 février 1632, Claude Gaulmier, greffier [le premier connu] épousa Etiennette Jollivet (fille de Pierre Jollivet, marchand-fermier ; et de Jeanne Laurencet].
— Gilbert Gaulmier, greffier au bailliage de Bourges, bailli et maître-particulier des eaux et forêts de la Comté de Sagonne, 1706 ; eut six enfants parmi lesquels : Jeanne Gaulmier, épouse de Louis-Antoine Delarüe, dont postérité ; Marie-Magdeleine Gaulmier ; Jean-Baptiste Gaulmier époux de Marie Dobremel ; et Marc-Antoine Gaulmier, notaire royal à Bourges en 1754, procureur-fiscal à Graçay en 1755, marié le 17 novembre 1754 à Françoise-Magdeleine Gouin dont il eut : — a) Jeanne Gaulmier

Saulnier ; — Claude Boin, laboureur de Jouy ; — Jean Dhouan, marchand, demeurant à La Bruère, paroisse de Braize ; — Ignace Perrot, sieur de Boisevrou, demeurant à Châteauneuf ; — Jean Menouvrier, apothicaire à Ainay, chargé de la procuration de noble Jean Bourdin, conseiller et procureur du Roi à Moulins ; d'Antoine Griffet, sieur de la Baume, conseiller et médecin ordinaire du Roi, intendant des eaux minérales de Bourbonnais et Auvergne ; et de Jacques Ruby, marchand à Bannegon ; — François Soret, le jeune, marchand-tanneur de la paroisse de Saint-Benin, chargé de la procuration de François Soret, son frère, marchand à Ainay ; — Claude Soulette, habitant de Charenton, époux de Marie Page ; — Louis Michault, laboureur à L'Etelon, époux de Gilberte Aurat, etc.

Les frais occasionnés par la confection des terriers étaient, nous l'avons déjà dit, à la charge des vassaux. Ceux-ci réclamaient parfois, soit à cause de ces frais qu'ils trouvaient trop considérables, soit

---

1757-1833, mariée en mai 1781 à Jacques Regnault [petit-fils de Jean Regnault de la Mothe, et de Catherine Rollet] sans postérité, (voir ED. BRODY DE LAMOTTE, *Généalogie de la famille Rollet*) ; b) probablement Jean-Baptiste-Gilbert Gaulmier, juge à Saint-Amand, époux de D[lle] de Garros, dont naquit le poète Antony Gaulmier ; — c) Gabriel-Luc Gaulmier, né le 18 octobre 1762, mort à Levet le 4 avril 1835, laissant deux enfants de son mariage avec Marie-Solange Michel du Tremblay : [1] Magdeleine-Louise Gaulmier, mariée à Julien Touraton Des Chellerins ; [2] Claude Gaulmier, 1794-1868, époux d'Adèle Périgne, père d'Eugène-Gabriel-Louis Gaulmier, magistrat né en 1823, décédé à Charenton (Cher), le 12 mai 1911, veuf de Marie-Marguerite Desfosses-Lagravière, dont deux fils MM. Eugène et Joseph Gaulmier et une fille Mme Gaston Grenouillet qui tous ont postérité. — M. Joseph Gaulmier, maire actuel de Charenton, époux de Mlle Croué est le représentant de cette famille dans la contrée ; il a trois enfants : Paul, Jean et Etienne Gaulmier.

à cause des divergences d'appréciations survenant entre eux et le rédacteur du terrier. Il dut en être ainsi en 1679, si nous en croyons l'ordonnance ci-dessous d'André Jubert de Bouville, chevalier, marquis de Bizy, conseiller du Roy en tous ses conseils, maître des Requêtes ordinaire de son Hôtel, Intendant de justice, police et finances en la Généralité de Moulins : « Veu la déclaration passée au nouveau Papier-Terrier du Roy de la chastellenie d'Aisnay, par François Turaud (1), par devant Coussion, notaire, par nous à ce commis le... (2) les procédures

(1) Françoise Theurault [fils d'Hugues Theurault et de Jeanne Compaing], né le 23 mai 1622, procureur ès-sièges de Saint-Amand en 1661, notaire-royal à Ainay en remplacement de François Theurault, l'aîné, par ordonnance du sénéchal de Bourbonnais du 19 janvier 1668, épousa en 1654 Marie Baugy [fill de noble Hugues Baugy, conseiller du Roi, élu en l'Election de Saint-Amand ; et de sa première femme Marie Billon]. Les deux conjoints étant cousins obtinrent du pape Innocent X une bulle datée du mois d'octobre 1654 et fulminée par le vicaire-général de l'archevêché de Bourges le 24 novembre suivant, pour leur accorder dispense du quatrième degré de consanguinité. François Theurault mourut le 26 janvier 1699, âgé de 77 ans, ayant eu pour enfants : a) Estienne Theurault, sieur de Piédeny, décédé le 13 juillet 1695 et inhumé le 14 dans l'église d'Ainay, en la Chapelle de tous les Saints ; b) Jean-Baptiste Theurault, sieur de l'Amour, qui continua la lignée ; — c) Marguerite Theurault, mariée en premières noces à Jean Petiot, sieur de Villers ; en deuxièmes noces à Jean-François Imbert, maire perpétuel d'Ainay, lieutent.-civil et criminel ; en troisièmes noces à Etienne Bujon [ainsi que le démontre l'acte d'abandon de ses biens que fit, en présence de Menouvrier, notaire, Marie Baugy, femme Fr. Theurault, à ses deux enfants, le 23 juin 1697] ; et enfin, en quatrièmes noces, par contrat reçu Menouvrier, le 20 juillet 1708, à Roger Dubost, huissier des tailles à Saint-Amand, dont elle était séparée de biens le 6 avril 1711, quand elle abandonna, devant Menouvrier, à J. B. Theurault, les droits qu'elle avait dans la succession de Nicolas et d'Eucaristie de Vélard.

(2) La date est restée en blanc.

faites par Maître Jacques Buisson, fermier-général des Domaines de France, poursuivant la confection dudit nouveau Papier-Terrier pour parvenir tant à la passation de ladite déclaration que réception d'icelle et autres pièces des parties : Conclusions du Procureur du Roy en la Commission, auquel le tout a été communiqué. Nous, Intendant susdit avons reçeû la déclaration dudit sieur Teurraud dudit jour et ordonné qu'elle sera insérée au nouveau Terrier du Roy de la chastellenie de Aisnay en payant les frais que Nous avons liquidez à trente sols, y compris la signification des présentes qui seront exécutées nonobstant oppositions ou appellations quelconques et sans préjudice d'icelles, sauf au Procureur du Roy et audit Buisson à se pourvoir ainsi qu'ils aviseront bon être pour les autres héritages possédez par ledit suppliant tant en la censive du Roy en Franc-Alleu et Allodiaux non compris en ladite déclaration. Fait à Moulins le X6e septembre 1681. *Signé* : JUBERT ; *par Monseigneur* : GOBLET (1). »

En 1679, les « héritages et fermes meubles » de la châtellenie d'Ainay étaient ainsi dénombrés : « Le chasteau d'Aisnay qui est en ruyne auquel il y a pus que des mazures, un estang en ruyne y attenant dans lequel il y a deux petits prez et le reste en terre labourable que soulloit s'empoissonner de quatre et cinq millier et au bas de la chaussée duquel estoit autrefois un forge et deux moulins bannaux dont il y a aucungs vestiges, et saccense la place dud. estang par an la somme de cinquante-cinq livres (2). Au bas duquel estang a esté cons-

(1) Document provenant des Archives de M. Chavaillon.
(2) Soit 81 fr. 40 de notre monnaie, avec un pouvoir d'achat comparable à celui d'aujourd'hui multiplié par 2,33.

truict un moulins a escorse dans les avalloire dudit estang avec un petit pré audessus dud. moulin qui ont esté baillé a nouveau cens à François Soret, le jeune, et autres ; — plus le droit de layde, poix, crochet, peage, jeu de quilles, provoste et banc que l'on est acoustumé de fournir aux marchandz les jours de foires dud. Aisnay que saccense chacun an la somme de soixante livres (1) ; — plus un dixme de vin appelé le dixme de Presle situé proche la ville dudit Aynay saccense chacun an quinze livres (2) ; — plus les Lois appelé les bois seigneuriaux situé en la parroisse de Vernay qui saccense chancun an vingt livres ; — plus le droit des sinature du greffe de lad. chastellenie d'Aynay qui saccense chacun an trente-trois livres ; — plus le droit de terrage et saizin qui se persoit ès-paroisses de Sainct-Bonnet et Braize qui saccense chacun an pour trois septiers seigle mesure Aynay qui vallent soixante et douse mesures dud. Aynay ; — plus est deub a Sa Maiesté les corvées par tous les hommes justiciables de lad. chastellenie à cause de la haulte justice desquelles le fermier de lad. chastellenie jouy conformément à la coutume (3). »

Tels étaient les « héritages et fermes meubles » de la châtellenie d'Ainay à la fin du xviie siècle ; et, cependant, si nous feuilletons l'*Etat de la France* (4), dressé par le comte de Boulainvilliers, publié à Londres en 1737, nous lirons dans l'extrait du *Mé-*

(1) 88 fr. 80 de notre monnaie.
(2) 22 fr. 20 de notre monnaie.
(3) Arch. de l'Allier : A, 14.
(4) « Extrait des *Mémoires* dressés par les Intendants du Royaume, par ordre du roi Louis XIV à la sollicitation de Mgr le duc de Bourgogne, père de Louis XV à présent Régnant » ; t. V, p. 68.

moire de la *Généralité de Bourbonnais*, rédigé sur l'ordre de Monseigneur le duc de Bourgogne, en 1698 (1), qu'à part les châtellenies de Moulins et de Montluçon, « toutes les autres chatelainies sont si peu de chose, qu'elles ne méritent pas qu'on en parle ». Ce jugement, malgré tous les maux que nous avons vu fondre sur Ainay-le-Château, nous paraît d'une sévérité injuste. Et M. de Boulainvilliers a dû penser, comme nous, puisqu'il a ajouté : « ...L'auteur [l'intendant] l'a jugé ainsi sans cependant renoncer à sa coutume de médire de ce qu'il lui plaît, et de recommander ses subdéléguez avec grande distinction pour faire valoir la justesse de son choix ». Il est bon d'ajouter, toutefois, pour ce qui regarde exclusivement Ainay, que cette malheureuse ville avait bien du mal à se relever de ses désastres. D'après le livre de raison (1) de maître Jean-Baptiste Theurault (2), nous constatons que les Castel-

(1) Par l'intendant Le Vayer.
(2) Communiqué par M. Chavaillon.
(3) Dans le *Livre de raison de la famille Theurault* [publié par M. Mater dans les *Mémoires de la Société des Antiquaires du Centre* de 1909], Jean-Baptiste Theurault est désigné comme le fils de François Theurault, procureur du Roi, seigneur de Saint-Jean-de-Boüy ; et de Marie Baugy. — Jean-Baptiste Theurault qui fit aveu en 1717 pour une partie de la dîme et terrage de la Tour-de-Boüy (Arch. nationales, P, 477, cote 377], épousa par contrat passé le 19 février 1691, devant Savenault, notaire, Marguerite Jobier [fille de Gilbert Jobier, demeurant à Charenton ; et d'Anne Imbert qui mourut le 19 août 1700]. Il eut pour enfants : — *a)* Anne Theurault, née le 8 novembre 1691, décédée le 24 juillet 1698 ; — *b)* Rémy Theurault, né le 3 mai 1693, décédé le 21 octobre suivant ; — *c)* Marguerite Theurault, née le 29 octobre 1694, mariée en premières noces à Noël Thévenard, sieur de la Chassignolle [fils du garde-marteau de Cerilly] dont est issu Jacques Thévenard, sieur de Repantin qui, en 1759, fut receveur des aydes à Saint-Pourçain. En deuxièmes noces, elle épousa François Ruffray, sieur des Mandais et du Chaillou, employé

lainaisiens étaient désespérés à un point tel que la moindre des choses les aurait portés à s'expatrier : « Environ la my-avril 1692, écrit Jean-Baptiste Theurault, il a tant passé de troupes, tant irlandaises que françaises, à Ainay, que tous les habitants ont quitté. Jean-François Imbert, sieur de Charroux, advocat en Parlement, faisant la fonction de juge audit Ainay, estant maire perpétuel en vertu d'une ordonnance de M. de Seraucourt, intendant de Bourges, a obligé tous les habitants dudit Ainay à y retourner. » Pour comble de malheur, l'année 1693 amena un hiver terrible qui accrut les misères du peuple ; les récoltes furent gelées. La terre était durcie à une profondeur telle que dans beaucoup de localités on ne pouvait creuser de fosses pour enterrer les morts qui furent — — quelle que fut leur condition sociale — inhumés dans les églises (1) ; et dans toute la contrée la dé-

dans les aydes, dont naquirent 3 garçons ; elle mourut le 18 septembre 1727 ; — *d)* Marie Theurault, née le 13 février 1696, mariée à Jean-Baptiste Desfougères, sieur du Boüy, bourgeois ; — *e)* Philippe Theurault de l'Amour, né en 1697, qui continua la lignée ; — *f)* Etienne Theurault, né le 27 mai 1698, décédé le 27 décembre 1718 ; — *g)* Anne Theurault, née le 7 janvier 1700, décédé le 27 avril 1744, après avoir eu de son mariage avec Maître Jacques Bujon des Brosses vingt-quatre enfants, dont dix encore étaient vivants le 27 avril 1744.; — *h)* Jean-Baptiste Theurault, né le 2 septembre 1701 ; — *i)* Marie Theurault, née le 14 avril 1703, femme de Maître Pierre Huguet, sieur de Saint-Jean-du-Boüy ; — *j)* François Theurault, né le 15 mai 1704, décédé le 6 janvier 1705 : — *k)* Catherine Theurault, née le 7 mars 1707, morte le 4 février 1724.

(1) « Au mois de janvier 1694, le froid avait tellement durci la terre que, dans l'impossibilité de faire ouvrir une fosse au cimetière, le curé de Curzay-Sainte-Radegonde dut inhumer dans l'église. » — Voir P. MOREAU, *Hist. de Dun-le-Roi*, p. 404. — JANIN, *Hist. de Montluçon*, p. 102.

tresse devint excessive, la misère terrible : on redoutait la famine dans toute l'acception du mot (1). Enfin, s'il convient de reconnaître que, dans la Généralité de Bourges (2), à l'occasion de la guerre, les impôts avaient été sensiblement diminués durant les années 1693 et 1694, il convient également d'admettre, avec l'intendant de Berry, en 1697, que « les affaires extraordinaires auxquelles on a été obligé d'avoir recours ont été si fortes et si peu proportionnées aux forces de la province que telle diligence que les traitans ayent pu faire, quoy qu'ils ayent mis en usage les contraintes les plus violentes, ils n'en ont pu tirer que les moindres parties et poursuivent encore le recouvrement du surplus....(3)» Et, à l'inverse des tailles, les ustensiles (4) de cavalerie et d'infanterie, les gabelles (5), etc... étaient augmentés considérablement (6). Tout ceci n'était

---

(1) Le compte des achats de blé faits par les maire et échevins de Moulins à cette époque « afin de les vendre et distribuer aux artisans et menu-peuple pendant la disette » se monte à 980 boisseaux de seigle à 14 sous le boisseau (Arch. Com. de Moulins, cahier 163].

(2) Dont dépendant Ainay [élection de Saint-Amand].

(3) Cte de Boulainvilliers, *Etat de la France....,* etc., V, p.16.

(4) « L'ustencile est une gratification que le Roi fait aux officiers de ses troupe pour leur donner moyen de faire leurs recrues d'hommes et de chevaux, et mettre leurs compagnies en état de servir... le fonds en est remis au trésorier de l'extraordinaire des guerres et distribué aux troupes selon les états arrêtés par le Roi. » [De Boulainvilliers, *Etat de la France,* V, p. 60].

(5) « Le sel a été augmenté de 4 liv. 13 sols 6 deniers par minot ; et depuis encore de 3 livres et de 2 sols pour livre, de sorte qu'il est à présent [1697] à un prix si exorbitant, que ce peuple est obligé de s'en passer au grand préjudice de sa santé. (*Id.....,* pp. 16-17].

(6) On relèv à ce sujet sur les registres paroissiaux de Lapalisse la note ci-dessous du cu é Rigollet, datée du 6 mai 1691 :

pas propre à ramener la prospérité dans une petite ville précédemment si éprouvée !...

En l'année 1698, nous relevons un assez intéressant hommage rendu à Sa Majesté pour le quart de la grande dîme d'Ainay-le-Château : « L'an mil six cens quatre vingt-dix-huict, le vingt-deuxiesme jour de febvrier, par devant nous François Durioux, conseiller du Roy, président et lieutenant-général en la Chambre du domaine de Bourbonnais, en présence du procureur du Roy, est comparu maistre Hugues Imbert lequel, comme héritier de maistres François et Remy Imbert, ses frères, nous a remontré qu'il est propriétaire du quart du grand dixme de la parroisse d'Aynay-le-Chastel, indivis pour les autres trois quarts avecq les sieurs curé dudict Aynay, Genin de Chamelers, Cellier et Guérin, maistre d'escolle audict Aynay, porté en fief de Sa Majesté à cause de son duché de Bourbonnois, chastellenie dudict Aynay pour raison duquel il désireroit faire la foy et homage, nous requerant le vouloir recevoir a faire icelle, adherant à laquelle réquisition, assisté du procureur du Roy et de nostre greffier nous nous sommes avecq ledict Imbert, transportés au-devant de la grande et principalle porte du chasteau de cette ville de Moulins, principal manoir de Sa Majesté en ce duché de Bourbonnois, où estant, ledict Imbert teste nue et

---

« ..... Les ustensil s qui se lèvent tous les hyvers vont bien au tiers des tailles, le payement des milices fait une somme considérable, le sel est augmenté de trois livres par minot, le huictiesmo de quinze sols par poinçon ; les cours de justice, les notaires et les huissiers-royaux sont taxés, les marchands-tanneurs et les maîtrises le sont aussi ; enfin, il y a des impositions sur toutes les choses où on peut en mettre... tout est cher, l'argent est bien rare et la misère est très grande. »

La Porte de l'Horloge (côté extérieur).

a genoux a baisé le verrou de ladicte porte en signe de foy et homage telle que le doibt le vassal à son seigneur, promis et juré par son serment presté de ne faire faux aveu et de garder les chapitres de fidellité tant anciens que nouveaux dont nous avons donné acte et, ce requerant le procureur du Roy, ordonnons que ledict Imbert fournira son dénombrement dans le temps de la coustume et a signé avecq nous, le procureur du Roy et nostre griffier. — F. Durioiux ; Alaroze, procureur du Roy ; Imbert ; Degobertierre, greffier (1). »

A cette époque on retrouve encore un assez bon nombre de rendues d'hommage à cause de la châtellenie d'Ainay. Ainsi, pour un terrier appelé les Brosses et pour diverses parties des dîmes de Cérigny, Saint-Bonnet, Charenton et Bessais-le-Fromental, Claude Libault, marchand, fait hommage en 1700 et 1725. — En 1700 également, Louis de Lasseré rend aveu pour son fief seigneurial de Condioux ; — J. B. Bonnelat (2) rend aveu pour la moitié des dîmes de Changy, sises dans les paroisses de Braize et Coust, en 1711 ; — la même année on relève les hommages de François Caillet et de sa sœur, Françoise Caillet (3), épouse de Claude Louis, receveur des aides ; celui de Gilbert-Bon de la Souche (4), écuyer, seigneur de Boisaubin. — En 1712, on trouve ceux de Charles Asse, capitaine au régiment de Picardie ; de Magdeleine

---

(1) Arch. Nationales : P, 478^5, cote 2533. — Original sur parchemin.

(2) Fils de feu Vincent Bonnelat et de Magdeleine Libault, remariée à Jacques Beraud, sieur des Billiers.

(3) Fille de feu Vincent Caillet, et d'Anne Courtanger.

(4) Fils de feu François de la Souche, écuyer.

Barbarin (1), veuve de Jacques Bujon, président en l'élection de Saint-Amand ; d'Alexandre de Saint-Quentin (2), baron des Brosses et comte de Blet. — En 1714, on relate les aveux de François Soret (3), marchand, à cause du fief de la Bourgonnerie ; d'Eustache de Chéry, seigneur de Beaumont, trésorier de la cathédrale de Nevers, agissant en qualité de tuteur des enfants de la Roche-Loudun, relativement au fief de Rhimbé. — Les hommages de Pierre Beauvisage, receveur aux saisies réelles du Parlement de Paris, pour la terre de Charenton ; de François de Biotière, seigneur de la Roche-Othon, tuteur des enfants de son frère, Annet de Biotière ; d'Elisabeth Le Borgne, veuve de Gilbert-Bon de la Souche, seigneur de Boisaubin ; de François de Brichanteau, pour Bannegon ; de François de La Roche-Landon, représenté par Eustache de Chéry ; de François du Verdier, seigneur de Saint-Vallier, trésorier de France, époux de Henriette du Rioux et seigneur des Barres en partie ; de Gabriel d'Assy, époux de Marie du Rioux ; de Marguerite du Rioux ; de François Le Perseur, époux de Marie

---

(1) Fille de Claude Barbarin, écuyer, seigneur de Chandon ; et de Françoise Méténier. — Elle avait épousé le 10 novembre 1676 Jacques Bujon, sieur des Brosses, veuf en premières noces de Catherine Leclerc, lequel mourut à Saint-Amand le 3 novembre 1710 et fut inhumé dans l'église des Carmes.

(2) Fils de Daniel de Saint-Quentin, chevalier.

(3) Fils de Jean-François Soret. — Le 20 mai 1714, Maître François Soret, l'aîné, marchand, puis greffier en la justice de Charenton, époux de Magdeleine Jacquemet et père de François Soret, le Jeune, mari de Catherine Page, vend — de concert avec son fils — les Mandais à François Ruffray, receveur des aides au département d'Ainay. [Minutes Menouvrier et Theurault, notaires].

Caillet (1)... datent de 1717. — En 1719 et 1723, on relève les aveux de François de Bouet, seigneur du Portal, époux de Marguerite Frétart. — En 1722, ce sont les hommages de Jean d'Aubigny (2), seigneur de Bonnay ; de Louis de Brichanteau, seigneur de Bannegon ; et d'Hélène Chassaigne, dame de l'Etang-Mordesson, veuve de Louis Michaud, huissier. — En 1723, on peut relever les aveux de François Beraud pour son fief de la Bourgonnerie ; de Jacques Busson pour sa terre des Hérauts, sise paroisse de Neuilly ; de Gilbert de Rochebut, seigneur de Laumois et le Puids de Vareines en partie ; de Jeanne de Rochebut, veuve de Nicolas Martin ; d'Henri Labbe, seigneur de Saint-Loup en partie ; d'Etienne Ragon, seigneur de Cousat, les Barres et la Rivière. — En 1724, Pierre Colladon, avocat à Bourges, époux de Marie Bonnelat (3), fait hommage de la moitié de la dîme de Changy ; et Pierre Labbe, de la terre de la Chapt, tous aveux qui indiquent qu'au commencement du XVIIIe siècle, les châteaux des environs d'Ainay étaient habités, pour la plupart, par des gens dont les descendants ont toujours des attaches au pays et dont les noms réunis peuvent constituer — sinon un nobiliaire — du moins un recueil des familles anciennes et notables de la contrée, dont quelques-unes seulement sont éteintes.

(1) Fille de feu François Caillet.
(2) Fils de Louis d'Aubigny et de Claudine de Bord. — D'après M. Buhot de Kersers, les seigneurs de Bonnais furent : Jean d'Aubigny, 1671. — Georges d'Aubigny, 1676-1678 ; — Jean d'Aubigny, 1695, 1725 ; — Gilbert d'Aubigny, 1764 ; — Bernard Rey, 1885 ; — Mme Corbin de Mangoux, 1900.
(3) Fille de Vincent Bonnelat, et de Magdeleine Libault.

Château de Vougon.

CHAPITRE VIII

LES PRINCES DE CONDÉ, ENGAGISTES DU BOURBONNAIS. — AINAY-LE-CHATEAU AU XVIIIe SIÈCLE. — LE COMTE D'ARTOIS, APANAGISTE DU BERRY. — FIN D'UN RÉGIME

Les princes de Condé étant devenus apanagistes du duché de Bourbonnais, jouissaient des domaines et revenus de la châtellenie d'Ainay ; aussi leurs receveurs passèrent-ils à la fin du XVIIe siècle et au cours du XVIIIe, de nombreux baux à ferme et accensements à perpétuité. Parmi ces divers contrats, les uns concernaient des terrains domaniaux situés dans la châtellenie, les autres des droits, tels que les droits de laides (1), aulnage, pintage, mesurage, étalonnage, etc. Nous avons recueilli quelques-uns de ces actes qui indiquent, d'une façon

(1) Droits de place.

approximative, l'état des revenus de la châtellenie d'Ainay à ces époques. Ainsi, en 1664, nous pouvons citer le bail d'un héritage « qui soulait être en deux morceaux », situé au-dessous de la chaussée de l'étang d'Ainay, de la contenance « d'un modurier et demi, mesure d'Ainay » : La jouissance en fut adjugée à Maître Gilbert Legay, moyennant deux boisseaux d'avoine de cens annuel (1), payables et portables à Ainay (2). — En 1668, nous trouvons un bail à cens annuel et perpétuel d'une pièce de terre et broussailles vaines et vagues, ne produisant aucun revenu, située en la châtellenie d'Ainay, paroisse de Charenton, au terroir des Bourroux, contenant six boisselées ou environ. L'adjudicataire fut maître Claude Caillet, moyennant la quantité de deux boisseaux d'avoine mesure d'Ainay, payables chacun an à ladite châtellenie (3). — Le 10 septembre 1670, bail d'une terre d'environ « huit arpens, sise au tènement des Coustures », paroisse de Saint-Bonnet-le-Désert, châtellenie d'Ainay, adjugée à maître François Soret (4), marchand-tanneur, contre douze boisseaux d'avoine, mesure de Moulins, de cens annuel et perpétuel (5). — En 1673, nouveau bail à cens de quatre petites pièces de terres vagues et vaines, ne produisant aucun fruit, situées en la pa-

(1) L'accensement, ou bail à cens, n'était pas une location, ni un fermage. Bien différent du bail à ferme dont la fin est toujours prévue, le bail à cens fait à un colon libre ou affranchi était une vente positive effectuée pour un cens ou revenu fixe. Nous en reparlerons plus loin.
(2) Arch. de l'Allier : A, 9.
(3) Arch. de l'Allier, : A, 9.
(4) La même année, François Soret prenait encore par bail à nouveau cens une terre située en la paroisse de Saint-Bonnet-le-Désert. [Arch. de l'Allier : A, 9].
(5) Arch. de l'Allier : A, 9.

roisse d'Ainay-le-Chastel, le long de la rivière de Sologne qui vient de l'étang d'Ainay au moulin de Papote (1). — En 1702, bail à nouveau cens : premièrement d'un morceau de terre sis dans les fossés de la ville d'Ainay à prendre du côté « de la porte au bré [sic] de laditte ville », à main droite sortant par le grand chemin, contenant trente-six toises de long et dix à douze toises de large, à prendre depuis le jardin ou chenevière de Mathurin Pulvin, jusqu'au coin d'une maison appartenant audit Pulvin et habitée par lui, sise au commencement du sentier qui mène à la fontaine des Goûts [sic] (2) ; secondement, d'un autre morceau de terre sis dans les fossés du Château, contenant soixante toises de long et vingt de large, à prendre depuis la muraille qui est au bout de ladite terre jusqu'au chemin qui va à la porte de ladite ville, sise au bout de la chaussée de l'étang ; troisièmement, d'un autre morceau de terre sis au-dedans des fossés d'Ainay, contenant cinquante toises de long et dix à douze de large,

(1) Ce bail était consenti pour : 1º une pièce de terre appelée l'Auberière-Dubois, contenant à semer une modurée, joutant ladite rivière du côté d'Orient, la terre des hoirs de M[tre] Pierre Page, les jardins de M[tre] Claude Dubost ; — 2º une autre pièce de terre de même contenance appelée l'Auberière-Soret qui joutait ladite rivière du côté d'Orient, le chemin allant de l'étang au moulin Papote, le chemin allant de la grange de Saint-Tibault au village des Mandés.; — 3º une autre pièce qui joutait ladite rivière, le chemin à bœufs et à charettes allant de la grange de Saint-Tibault au jardin de M[tre] Dubost en passant par la chenevière de M[tre] Soret, le pré de feu M[tre] Jean Oyseaux : — 4º une autre pièce de terre qui joutait ladite rivière, le même chemin à charettes et à bœufs, confinée le long du pré et héritage de Pierre Thurault. — Le tout était adjugé à Pierre Gadaire, tailleurs d'habits à Ainay [Arch. de l'Allier : A, 9.]

(2) La fontaine de l'Egout.

qui joint par les deux bouts aux murs dudit Ainay au jardin appelé de la Charité et au jardin d'Annet Gaultier... Le tout fut adjugé à Antoine Agu, journalier, demeurant à Cérilly, moyennant la quantité de douze moduriers d'avoine [mesure d'Ainay], de cens annuel et perpétuel, payables à chacun jour et fête de Saint-Michel (1).

A cette époque étaient fermiers de la châtellenie, Pierre Labbe, Jean Berthomier et Jean Buisson, qui affermèrent eux-mêmes à Etienne Jacquemet, geôlier des prisons d'Ainay, les droits de terrages et de saizins à percevoir dans les paroisses de Braize et Saint-Bonnet-le-Désert « moyennant trois septiers de seigle chacun an, mesure d'Ainay-le-Château, valant soixante et douze mesures de bled, seigle » que prenait ledit Jacquemet en paiement des gages « attribuez à son office de concierge, à la charge de donner une quittance en parchemin chacun an auxd. fermiers pour compte desd. gages (2) ». Les sieurs Thibaut de Chanlive et Dufour (3) furent ensuite fermiers de la châtellenie de 1716 à 1725 ; ils eurent pour successeurs, de 1725 à 1731, un autre Dufour (4), un nommé Rivière, notaire à Cérilly, Pierre Huguet et Jacques Bujon à qui succéda, de 1731 à 1740, le sieur Coulon qui passa cette même ferme à Isaac Godin...... Philippe Baugy, bourgeois d'Ainay, cautionné par les époux Theurault-Libault, afferme ensuite pour neuf années allant de la saint Jean-Baptiste 1749 à 1758, « les droits et revenus appartenant à S. A. S. Monseigneur le

---

(1) Le 9 juin 1702 [Arch. de l'Allier : A, 9]. Dans cet acte, il est fait mention de Louis Michaud, sergent-royal. résidant à Ainay.
(2) Documents de M. Chavaillon.
(3) Mort Lieutenant-Général du bailliage de Dun-le-Roi.
(4) Mort Lieutenant-Général de la châtellenie de Cérilly.

prince de Condé et qui composent la châtellenie royale d'Ainay », consistant en « cens, rentes, revenus, tant en argent qu'en grains, corvées, péage, mesurage et aunage, droits de terrage et de saisime, signature du greffe », etc... moyennant le prix annuel et principal de 600 livres, plus 4 septiers de froment, 4 de seigle, 2 d'orge et 2 d'avoine à payer chaque année à l'abbaye de Charenton ; plus un poinçon de vin à la fabrique d'Ainay ; plus 3 septiers de seigle au concierge de la prison d'Ainay ; plus 50 livres aux Jésuites de Bourges et 10 livres au lieutenant-général d'Ainay : sont exclus du susdit bail, les droits de confiscation, aubaine, deshérence, bâtardise, droits de reversion, droits de bandées, glandées et pacages de forêts et corps de bois taillis, ainsi que toutes les amendes et tous les droits dans les procès criminels (1)... Le bail est passé devant Thévenard et Advenier, notaires royaux à Cérilly.

En 1758, Philippe Chassaigne, bourgeois, et Anne Duvernet, sa femme, afferment pour neuf ans, à commencer du jour de saint Jean-Baptiste, la châtellenie d'Ainay. Le bail se passe devant Gabriel-François Doyet, receveur de S. A. Monseigneur le prince de Condé ; il est conclu moyennant 680 livres par an ; et 4 septiers de froment, 4 septiers de seigle, 2 septiers d'orge, 2 septiers d'avoine portables à l'abbaye de Charenton ; plus encore 50 livres payables aux Jésuites de Bourges, et 10 livres au lieutenant-général de la châtellenie (2). — Le 17 avril 1776, Pierre Bourdin, marchand boucher, demeurant « ès faubourg de cette ville », afferme

---

(1) Documents de M. Chavaillon.
(2) Arch. de l'Allier : A, 9.

pour neuf ans, à commencer de la saint Jean-Baptiste 1776, les droits et revenus de la châtellenie [à l'exception des droits de laides, pintages, minages, mesurages et aulnages des prés dont jouissent alors les sieurs Renon, Péron et Paizant], ainsi que les corvées nécessaires pour la fauche et la levée des prés, le droit de saizin dans les paroisses de Saint-Bonnet et Braize, le pacage des bois seigneuriaux, le droit de signature du greffe (1), le droit de boucherie et le pré du pont, pour la somme de 500 livres ; mais à la condition, pour le preneur, d'acquitter les charges en grains dues par la châtellenie (2). — Le même jour, Jean Robrieux (3), marchand voiturier de la ville, prend à ferme, pour le même laps de temps, les prés situés à l'étang d'Ainay, dont jouissaient les sieurs Renon et Péron, moyennant 123 livres (4) annuellement à payer. — Toujours à la même date, Simon Rozat afferme pour neuf années les droits de laides, pintages, mesurages et étalonnages de la châtellenie pour le prix annuel de 125 livres 8 sols ; un fermage de 130 livres est encore consenti par Jean-Antoine Fossier, maître-boulanger, pour les autres prés de l'étang dont jouissait maître Paizant. — Enfin, huit jours plus tard, le 25 avril 1776, Pierre Lapaire, bachelier en droit canon, prêtre et curé de la paroisse de

(1) En 1692, Jean-Baptiste Theurault avait affermé « les greffes et tabellionages » de Charenton pour le prix annuel de 112 livres, payable en deux termes ; à Noël et à la Saint-Jean,: ce qui faisait — d'après les évaluations du vicomte d'Avenel — environ 165 fr. 70, de notr monnaie dont le pouvoir d'achat était comparable à celui d'aujourd'hui multiplié par 2,33.
(2) Arch. de l'Allier : A. 9 [2ᵉ registre].
(3) Il fut cautionné par François Rétif, d'Ainay.
(4) Soit 116 fr. 85 de notre monnaie avec un pouvoir d'achat deux fois plus grand que de nos jours.

Saint-Etienne d'Ainay, afferme, pour le même laps de temps et moyennant 23 livres 4 sols (1), [plus un poinçon de vin à fournir annuellement à la fabrique d'Ainay], les dîmes de Presles, ainsi que S. A. S. avait le droit de les percevoir dans cette paroisse (2)...

Tous ces derniers fermages — dans l'acception stricte du mot — venaient à expiration en 1785 ; et, un an avant cette date, fut fait assavoir « de par le Roi et Son Altesse Sérénissime, Monseigneur le prince de Condé, duc de Bourbonnais... » que, le 1ᵉʳ octobre 1784, à 7 heures du matin, en l'étude de maître Amy, notaire à Moulins, rue de Bourgogne, serait procédé au renouvellement des baux des domaines et revenus du duché de Bourbonnais pour une période de neuf années commençant à la saint Jean-Baptiste 1785. Les revenus de la châtellenie d'Ainay étaient alors, à très peu de choses près, les mêmes qu'un siècle auparavant ; ils comprenaient : les cens (3) et devoirs en argent, grains, etc., plus les droits de blairie (4), à la charge pour le preneur d'acquitter les redevances en grains, vin, cire, affectées à la châtellenie ; — les dîmes (5) et sai-

---

(1) Soit 22 fr, 05 d notre monnaie, prix légèrement inférieur [surtout vu le pouvoir d'achat de l'argent aux deux époques comparé au pouvoir d'achat actuel] au prix de 1679.

(2) Arch. de l'Allier : A, 9.

(3) Il y avait le cens principal que l'on payait une seule fois pour une terre tenue d'un seigneur ou du roi, et le cens périodique qui constituait une rente imprescriptible et non rachetable. Et nous le répétons, le bail à cens constituait une aliénation absolue d'une terre ou d'un immeuble, — bien différent donc du bail à ferme ou location.

(4) Droits de pâturage.

(5) Portion des fruits de la terre — généralement un dixième — payée primitivement à l'Eglise et, par suite, aux seigneurs.

zins (1) d'Ainay ; — deux prés ; — le droit de signature du greffe ; — les mesurage, aunage et pintage de la ville ; — la dîme de Presle, paroisse de Saint-Bonnet-le-Désert, avec un pré dans la même paroisse ; — le pacage des bois seigneuriaux ; — le grand pré de l'étang d'Ainay ; — le droit de laide de la ville (2). Quant au nouveau bail, il n'aurait

(1) Redevance payée au seigneur de qui relevait un héritage dont on venait de faire achat, lorsque le contrat d'acquisition était notifié audit seigneur.
(2) Arch. de l'Allier : A, 8. — Une supplique au sujet de ce droit fut adressée en 1786 à S. A. S. par le maire d'Ainay : « La ville d'Ainay-le-Château a dans son enceinte deux places qui lui servent de promenades. L'une, connue sous le nom de Chaumes Fubré, et l'autre sous celui de Chaumes Ramade ; cette dernière luy sert de plan de foire. Il est dû à votre A. S. conjointement avec l'abbaye de Charenton et à la fabrique de cette ville un droit de laide sur chaque espèce de bestiaux qui se vendent aux foires de cette ville. Ce droit paroit estre le prix et la condition imposés à la ville tant par vos augustes auteurs que par les anciennes abbesses les religieuses de Charenton, et à la fabrique d'Ainay. Pour la concession du terrain desd. Chaumes du moins voyons-nous jusque dans ces époques les plus reculées que tel a été le jugement qu'en ont porté les habitans de cette ville et que cette idée leur a servi de guide jusqu'à nos jours. En effet, la ville considérant que ce terrain, par son usage journallier, n'étant susceptible d'aucune culture et vu qu'une plantation de noyers en rendant ce local plus agréable et plus commode pour les étrangers que les foires y attirent, luy produirait, par la suite, une augmentation de revenu qui allégeroit un peu les charges dont elle est grevée ; ces considérations l'ont déterminée il y a un nombre d'années considérable à ordonner à tous ses habitants de se trouver au jour indiqué dans lesd. Chaumes à l'effet de planter les noyers qui leur seroient fournis et suivant l'allignement qui leur seroit prescrit : En effet, ces noyers ont été plantés ; il en reste aujourd'hui 41. Mais en même temps, pour autoriser les habitans desd. Chaumes à la conservation et culture desdits noyers, il fut statué que les habitants desd. Chaumes en auroient la jouissance jusqu'à ce que les

dû prendre fin qu'à la saint Jean 1794, mais la Révolution vint changer les choses et quand commença à gronder l'orage qui devait emporter l'Ancien Régime, en 1789, les fermiers de la châtellenie d'Ainay étaient les sieurs Meige et Petitjean (1).

besoins de la ville en ordonnassent autrement. Ils en ont effectivement joui jusqu'à ce jour sans trouble ni opposition. Les dépenses considérables que la ville est à la vel [veille] de supporter pour les réparations de lorloge, du pont et des pavés de cette ville, l'ont déterminée à rentrer dans ses droits et à priver les habitans des Chaumes Fubret et Ramades d'une jouissance qui les avait complètement dédommagés des dépens et des soins qu'ils avoient pu employer à la culture desdits noyers. En conséquence, l'hotel de ville, par sa délibération du 14 moy d'oust dernier a ordonné que l'adjudication de la despouille desd. arbres noyers seront criés à l'enchère pendant trois dimanches consécutifs, qu'il seroit présenté une requeste au Conseil de Sa Majesté à l'effet d'être authorizée à procéder à lad. adjudication et qu'avant tout, tous les habitans propriétaires ou autres ayant droits seront soumis par trois dimanches consécutifs de produire leurs titres de propriété ou de dire leurs moyens d'opposition sy non qu'il seroit passé outre à lad. adjudication. Cette formalité a été remplie et il n'y eut aucune opposition même de la part des fermiers ou sous-fermiers de Votre A. S. Avant de mettre sous les yeux du Conseil de Sa Majesté la délibération de l'hotel de ville et les autres pièces justificatives venant à l'appuyer, nous avons cru devoir en prévenir Votre A S.., chargés des intérêts de la ville en exposant à Votre A. S. les faits tels qu'ils sont, les droits de la ville et ses besoins avec la plus grande vérité, nous honnorons son choix et nous présentons à Votre A. S. le seul hommage qui ait droits de lui estre offert ; nous ozons nous flatter que Votre A. S. verra d'un œil favorable les démarches de la ville et qu'elle daignera y donner son agrément ; en contribuant à augmenter les revenus de la ville vous en serait [serez] le Bienfaiteur, vous satisferay la justice et l'équité et vous captiveray irrévocablement l'amour d'un peuple qui est pénétré du plus profond respect pour les hautes vertus qui décorent votre A. S. et pour l'auguste sang dont vous êtes issu... » [Documents de M. Chavaillon].

(1) Arch. de l'Allier : A, 129.

Certains droits — tels les droits de laide, — étaient perçus aux marchés qui avaient lieu le samedi de chaque semaine et aux foires qui étaient alors au nombre de onze, savoir : la foire de la Saint-Paul, au 25 janvier ; — celle de la Bonne-Dame de mars, au 26 mars ; — celle de Saint-Marc, au 25 avril ; — de Saint-Cyr, le 16 juin ; — de la Pentecôte ; — de la Madeleine (1) ; — de la Saint-Barthélemy, le 24 août ; — de la Nativité, le 9 septembre ; — de Saint-Denis le 9 octobre ; — de Saint-Simon, le 29 octobre ; — de la Conception, le 9 décembre. Etaient perçus les droits suivants (2) :

1º Sur chaque personne qui, en foire et marché, étale et vend denrée quelconque, ne fut-ce qu'un merle : 6 deniers ;

2º Sur chaque boisseau de blé vendu à quelqu'un par qui que ce soit : 4 deniers ; mais le blé des habitants, par eux vendu, ne payait rien et il semble, à interpréter le tarif, qu'il devait en être de même pour toutes choses. Moyennant ce droit, à chaque foire, le sous-fermier devait fournir les boisseaux pour le mesurage ;

3º Sur chaque marchand forain qui étalait en foire ou marché : 6 deniers ;

4º Droit de laide sur chaque chef de chevaline : 10 deniers ; — sur chaque chef de mule, mulet, bourrique et bourriquet : 12 deniers ; — sur chaque

(1) Bonne foire pour les moutons gras.
(2) Etat des foires et marchés de la ville et châtellenie d'Ainay et du droit y perçu conformément au tarif envoyé au sous-fermier dudit Ainay par les agents de Mgr le Prince de Condé à Moulins. [Papiers de M^{tre} Antoine Buffault, notaire et procureur de Sa Majesté et de Mgr le comte d'Artois. — Documents Chavaillon.

bœuf, vache, taure ou taureau, bouc, chèvre, porc ou truie : 10 deniers ; — sur chaque peau d'aumaille : 6 deniers ; — sur chaque mouton ou brebis : 3 deniers ;

5° Et chaque cabaretier devait, à toute foire, une pinte de vin et un gâteau.

Quant au prix moyen des bestiaux qui étaient vendus après avoir acquitté les taxes ci-dessus indiquées, le livre de raison des Theurault nous renseigne à ce sujet. Nous y lisons, en effet, que le 10 novembre 1666, Theurault, père, avait acheté à François Vallenet, marchand d'Auzances, deux bœufs pour la somme de « sept vingt-cinq livres », soit 285 fr. 25 de notre monnaie (1) ; — que, le 11 juin 1667, jour de saint Barnabé, 60 moutons provenant du domaine du Chaillou, furent acquis, à la foire de Baugy, par M. Pierre Jobier, au prix de 9 livres la paire et un mouton par dessus le marché, ce qui donnait un total de 265 livres 10 sols. — Le même jour, le même acquéreur payait 9 livres une brebis et trois agneaux. — Le 24 octobre 1667, jour de foire d'Orval « un bœuf caffet (2) », est vendu 54 livres. — Le 9 décembre suivant, à la foire d'Ainay, le sieur Bouchaille, marchand de Dun-le-Roi, achète deux vieilles vaches au prix de 35 livres. — Et au mois de janvier 1668, la peau

---

(1) Le prix moyen des bœufs, vaches et taureaux est de 84 francs sous Louis XIV, pour redescendre à 69 francs à la fin du règne, monter à 105 francs aux dernières années de Louis XV et à 140 francs à la Révolution. [Vicomte d'AVENEL, *Paysans et ouvriers depuis sept cents ans*, p. 229]. Mais il ne faut pas oublier que le pouvoir d'achat de l'argent était deux fois et demie à trois fois plus grand que de nos jours.

(2) De caffe, c'est-à-dire restant seul, sans l'autre bœuf qui l'appareillait.

d'une vache se vend 3 livres 10 sols ; sans doute pour les tanneries (1).

A la fin du xviie et au commencement du xviiie siècle, les tanneurs étaient très nombreux à Ainay. Divers actes de l'époque signalent un certain nombre de ces industriels : Le 26 décembre 1707, maistres Lazare Dubost (2), Nicolas Legay, Jean Minier, Estienne Bujon, Estienne Legay (3), Jean

(1) Le même livre de raison signale le décès de François Theurault, notaire, mort à Ainay-le-Château le 7 décembre 1667 âgé de 62 ans, 10 mois 12 jours, membre de la Confrérie de la Conception d'Ainay, il fut enterré dans le cimetière. Les frais de cercueil, luminaire, offerte et aumônes montèrent à 10 livres ; le curé d'Ainay et les prêtres [recollets] qui assistèrent aux obsèques reçurent 11 livres. Son service de quarantaine eut lieu le 27 janvier 1668 ; il couta — avec une quarantaine de messes en surplus — 20 livres ; et le luminaire, les offerte et aumônes pour ce service, 4 livres 10 sols. [Papiers de M. Chavaillon].

(2) Lazare Dubost avait épousé Marguerite Menouvrier [quatorzième enfant de Jean Menouvrier et de Marie Delamare], née en 1699, dont il eut : — *a)* François ; — *b)* Etienne ; — *c)* Anne. — Il se remaria à Marie Caillet [fille de Maître Jacques Caillet et de Marie Theurault], dont : — *d)* Marie-Magdeleine ; — *e)* Jeanne Dubost, qui épousa Jacques Jobier, dont sept enfants. — Devenue veuve à son tour, Marie Caillet convola en deuxième noces avec Louis Chassaigne, dont elle eut : Jean Chassaigne, mort jeune et Anne Chassaigne, mariée à Etienne Bonnelat, d'où Marguerite Bonnelat et Philippe Bonnelat.

(3) Estienne Legay avait épousé Marie Dubois, *al.* Dubost, veuve de François Damont, apothicaire à Ainay ; comme le constate la vente faite devant Bessonnat, notaire, le 28 mars 1695 par les époux Legay-Dubost de la boutique d'apothicaire délaissée par François Damont « avec les livres sans réserves sinon un petit mortier ». Cette vente consentie au prix de six-vingts livres au profit de Maître Jacques Damont, chirurgien à Ainay. — Les époux Legay-Dubost laissèrent une fille, Anne Legay, qui épousa Claude Aupertin. Les époux Aupertin-Legay obtinrent des lettres royales datées de la chancellerie du Pa-

Tixerand, Estienne Servantier, Jacques Legay, Hugues Cabane et Michel Bonnet, tous marchands-tanneurs, demeurant à Ainay-le-Château ou en ses faubourgs, s'assemblèrent devant Maîtres Bessonnat et Menouvrier, notaires-royaux, pour répartir entre chacun d'eux la quote-part individuelle qu'il faudrait annuellement verser, afin de parfaire la somme de 80 livres, moyennant laquelle ils avaient affermé (1) la marque des cuirs. Ils décidérent que lesdits Dubost, Nicolas Legay et Jean Minier paieraient chaque année la somme de 8 livres 6 sols ; Estienne Bujon, Estienne Legay, Tixerand, Serventier et Jacques Legay chacun la somme de 106 sols ; Cabanne, 4 livres 6 sols ; Bonnet, 3 livres 6 sols ; Philibert Vernier, 15 livres ; Gilbert Roy, 40 sols ; et Jean Maugenest (2), corroyeur, demeurant à Sagonne,

lais de Paris, le 7 août 1743, par lesquelles il était ordonné d'annuler la vente de tous ses biens qu'après le décès de ses parents, ladite Anne Legay, mineure, avait consentie, le 18 janvier 1732, au bénéfice de son oncle Nicolas Legay, marchand, pour le prix principal de 700 livres, plus 12 livres et 3 paires de souliers d'épingles ; alors qu'il était prouvé que, par la suite [au contrat de mariage de sa fille, Anne Legay, avec le sieur Moutonnet des Granges], ledit Nicolas Legay avait estimé une portion seulement de l'acquisition qu'il avait faite le 18 janvier 1732 [soit seulement deux maisons et une vigne] au prix de 1.400 livres.

(1) Pour neuf années, deux ans auparavant, devant Theurault, notaire.

(2) Il s'agit probablement de Jean Maugenest, né le 28 mars 1689 [fils de Marcoust Maugenest, sieur du Pommeix et des Bureaux et de Marie Amyot], dont une sœur, Jeanne-Marie Maugenest, épousa à Culan, le 25 février 1721, Antoine Michot, al. Michau, marchand apothicaire à Ainay-le-Château [fils de défunt Louis Michau, aussi marchand, et d'Hélène Chassagne] en présence d'Hugues Michaux, frère du marié, de Philippe Baugy, son cousin germain, et de Gabriel Maugenest, sieur de la Petite-Barre, frère de la future.

celle de 4 livres chaque année (1). Chacun devait verser la moitié de cette somme entre les mains de Nicolas Legay pour la fête « de saint Jean d'après Noël », et l'autre moitié pour la fête de saint Jean-Baptiste. Trois mois après, le 19 mars 1708, — toujours devant maître Menouvrier, notaire, — comparaissaient : d'une part, maître Louis Michau (2), fermier du droit de contrôle du parisis (3) de la marque des cuirs, qui subrogeait en son lieu et place, maîtres Lazare Dubost, Nicolas Legay, Jean Minier, Estienne Legay, Jean Tixerand, Estienne Servantier (4), Jacques Legay, Hugues Cabanne, Michel Bonnet, Philibert Vernier, Gilbert Roy, Philippe Bernard, tous marchands-tanneurs, d'autre part : Cette subrogation était faite au bail qu'avait consenti au cessionnaire, le sieur Pinon (5), fondé de pouvoirs du sieur Perrot, propriétaire dudit droit, moyennant la somme de 50 livres par an au premier janvier, et un bénéfice de 10 livres, une fois payées, pour le sieur Michau.

Quelques années plus tard, le 9 juillet 1719,

(1) « Lesdits Vernier, Roy et Maugenest ont été ainsi taxés pour parfaire ladite somme de 80 livres suivant la teneur desdites conventions... »

(2) Dans un autre acte, [jugement de M. Carré de Montgeron], on lit : « Louis Michault ». C'est probablement lui qu'avait épousé Hélène Chassagne.

(3) Le parisis d'une somme était l'addition du quatrième de cette somme à son total. Cela provenait de ce que jadis la livre parisis valait 25 sous et la livre tournois, 20 sous. [Chéruel].

(4) Fils de Claude Servantier qui vivait en 1700 et eut pour enfants : — *a)* Remy Servantier ; — *b)* Magdelaine Servantier, femme du Jean Bujon, huissier ; — *c)* Catherine Servantier, femme de Jean Minier ; — *d)* Etienne Servantier, susdit, qui n'eut qu'une fille, Marie Servantier, laquelle était, en 1747, femme de François Baugy, taillandier à Ainay-le-Vieil.

(5) Devant Dubois, notaire-royal à Saint-Amand.

maîtres Jean Minier et Nicolas Legay (1) affermaient « le droit et jouissance de l'office de marque des cuirs [sol et six deniers parisis en augmentation] en présence de maîtres Jean-Baptiste Theurault, conseiller du Roi et son procureur en la châtellenie ; Pierre Rousseau, curé ; Antoine Huguet et Jean Bonnet, fabriciens et marguilliers agissant pour le compte de la fabrique d'Ainay » à laquelle, par contrat du 12 mai 1715, maître Charles-Pierre Perrot, auditeur en la Chambre des Comptes à Paris, avait cédé ledit droit. Le prix de ferme était fixé à 55 livres. Surgit un procès qui fut porté devant le Président de l'Election de Saint-Amand, Claude Josset, sieur des Bruères, lequel éleva à 100 livres le prix du fermage. Il fut nécessaire d'adjoindre aux deux premiers un troisième fermier, Jacques Sarrassat, de Saint-Pierre-les-Etieux, qui dut se faire cautionner par maître Claude Libault (2).

Comme on le voit, le prix du fermage de la marque des cuirs avait subi une baisse : n'était-ce pas à cause de la fraude qui se pratiquait assez facilement, comme nous pouvons nous en rendre compte

---

(1) Nicolas Legay, marié en 1699 à Anne Grollier [fille de défunt Jean Grollier et d'Anne Gasteau], eut de nombreux enfants, dont trois seulement se marièrent : — *a*) Claude Legay, sieur de Bourgelin, bourgeois de Vesdun, vivant en 1765, qui, de son mariage avec Marie Desfougère, morte à Vesdun le 12 avril 1742, eut : (1) François-Nicolas Legay, recollet ; (2) Marie Legay, femme de M. Duchier de Préveranges ; (3) Louise Legay, épouse d'Alexis Theurault, procureur du Roi à Ainay ; (4) Jean-Baptiste Legay, né le 7 mai 1741 ; — *b*) Anne Legay, qui épousa M. Moutonnet, sieur des Granges, habitant au Breton ; — *c*) Nicolas-François Legay, qui épousa Agnès Garandeau.

(2) Documents de M. Chavaillon.

en parcourant le procès-verbal dressé, en 1757, contre la veuve Ligier et ses enfants, tanneurs : Les agents du fisc rencontrèrent une voiture chargée de cuirs que conduisait Thomas Perrot, cordonnier au Gravier ; ils y trouvèrent cinq ou six peaux de vache et dix de veau dont plusieurs manquaient de contrôle. Interrogé sur leur provenance, le cordonnier déclara avoir acheté les cuirs chez la veuve Ligier ; ce qui motiva une visite au domicile de cette dame où furent découvertes d'autres peaux non contrôlées (1). Ce qui indique que, de tout temps, on a cherché à tromper le fisc aussi bien à Ainay qu'ailleurs... L'année précédente, en 1756, c'était de l'eau-de-vie qui avait été vendue en fraude par Jean Simonnet et sa femme. Un agent du fisc, en passant près d'un groupe de femmes, entendit l'une d'elles dire à ses amies : « Il y a de bonne eau-de-vie pas cher chez la Simonnette. » On surveilla les commères et l'on surprit une acheteuse entrant dans une maison située près de la chapelle Saint-Roch. L'eau-de-vie était cachée dans une bouteille en terre, enfermée dans un mannequin et dissimulée sous un toit de chaume au bout du jardin ; elle contenait dix pintes. Une bouteille plus petite en contenait quatre, et il y avait encore d'autres récipients (2). Et c'étaient les dames d'Ainay — et non plus les tanneurs — qui se livraient aux douceurs du colportage et de la consommation des alcools !...

Certains documents qu'il nous a été donné de parcourir contiennent de curieux et intéressants détails sur la vie privée des Castellainaisiens aux

(1) Arch. du Cher : C, 618.
(2) Arch. du Cher : C, 618.

débuts du xviiie siècle ; telle cette quittance du 20 décembre 1700 : « Anthoine Gon, couvreur, demeurant en cette ville d'Ainay-le-Chastel, de son gré a reconnu et confessé avoir reçu et eu avant ces présentes de maître Nicolas Legay, marchand-tanneur, demeurant audit Ainay, présent et acceptant la somme de 40 livres et ce pour avoir repassé toute la maison où demeure ledit Legay, appartenant aux Oyseau et fourny un millier de lattes, quatre milliers et demy de petits clous, deux milliers de rebardeau (1), un charroi de sable et deux tines de chaux... » D'autre part, nous savons déjà qu'Ainay était un gîte d'étapes où souvent venaient coucher les soldats. Du mois de mars 1703 à la même époque de l'année suivante, il y eut dans la ville six passages de troupes comprenant 9.538 fantassins, 566 chevaux, 194 dragons montés, 63 dragons à pied, 40 chevaux de dragons de remonte, 473 autres cavaliers montés, 14 cavaliers à pied, 158 chevaux de remonte (2). Le Roi payait 9 sous par ration de fantassin, 15 sous pour les chevaux d'infanterie et de remonte, 25 sous 6 deniers pour les dragons montés, 10 sous 6 deniers pour les dragons à pied, 30 sous pour les cavaliers montés et 15 sous pour les cavaliers à pied ; soit une somme de 5.865 livres 10 sols 6 deniers, sur laquelle une diminution de 5 deniers pour livre étant effectuée, restait un total

---

(1) Terme de couvreur défiguré, employé pour *bardeau*. « Ce sont des morceaux de merrain débité en lattes de 10 à 12 pouces de long sur 6 à 7 de large dont les couvreurs se servent quelquefois pour remplacer l'ardoise et couvrir des bâtiments peu étendus. Ces lattes se font ordinairement de vieilles douves de tonneaux. » [GLAIRE et WALSH, *Encyclopédie catholique*].

(2) Arch. du Cher : C, 541.

de 5.743 livres 6 sols 6 deniers qui devait être versé à l'étapier ; mais, comme de tout temps il y eut des entrepreneurs avides qui cherchèrent à gagner le plus possible sur le soldat, l'étapier de 1703-1704 fournit en nature le nombre de rations prescrit, mais qu'il paya — déduction faite de la réduction des 5 deniers pour livres — 4.560 livres 2 sols 7 deniers ; ce qui lui constitua le bénéfice appréciable de 1.183 livres 3 sols 11 deniers !...

Après l'exposé de ces comptes d'ouvriers et le rapide aperçu des procédés de gain d'un heureux spéculateur de jadis, il nous est donné de pénétrer — grâce au registre de notes et comptes de Jean-Baptiste Theurault (1) — dans la vie intime d'une famille bourgeoise d'Ainay-le-Château au commencement du xviiie siècle, et de nous rendre compte des petits événements qui tranchaient sur la monotonie de l'existence des habitants d'une petite ville de cette époque : Nous lisons qu'en 1705, les gages d'un valet montaient à 40 livres par an, [soit 48 fr. 80 de notre monnaie] (2), plus deux chemises ; et qu'une servante se louait, d'une fête de saint Jean-Baptiste à l'autre, à raison de 10 livres (3), plus un tablier de droguet. Les serviteurs demeuraient alors 10, 15, 20 ans dans la maison quand ils n'y restaient pas leur vie entière !... Le maître ou

(1) Documents de M. Chavaillon.
(2) Le vicomte d'Avenel rapporte que les gages des valets de labour en Berry étaient — sous Louis XIV — de 70 francs en moyenne, et que ceux d'un domestique de Saint-Amand (Cher) montaient, sous Louis XV, à 33 francs par an. [*Paysans et ouvriers depuis sept cents ans*, p. 70]. Quant à la toile dont les servantes se faisaient des chemises, elle valait 1 fr. 10 à 1 fr. 25 le mètre [*id.*, p. 302].
(3) Voir d'AVENEL, *Paysans et ouvriers depuis sept cents ans*, pp. 78-80.

la maîtresse payait chez les fournisseurs ou marchands du pays les dépenses que leurs valets ou servantes pouvaient faire pour leur entretien, et l'on réglait chaque année pour la saint Jean ; c'est ainsi qu'en 1706, J. B. Theurault écrit : « Depuis le compte de l'autre part, j'ay payé à Duchenet, pour Marie, notre servante, cent sols pour du droguet qu'elle a acheté pour se faire faire une cotte » ; et il ajoute au paragraphe suivant : « plus ma femme a donné à notre servante 25 sols pour payer la garniture et façon de ladite cotte. » Bien plus, les serviteurs faisant partie de la maison à titre familial, le maître s'inquiétait de leurs parents, les aidait et les protégeait, le cas échéant, eux et les leurs, les faisait soigner dans la maladie comme nous le montre cette note : « ... plus le 20 octobre dudit an 1706, ma femme a donné à la tante de Marie, 19 sols pour payer maître Libault, médecin qui avait consulté sa maladie. » Et c'est ainsi que s'entr'aidaient maîtres et serviteurs à cette époque ou — pas moins qu'aujourd'hui — les mauvais jours n'étaient rares et où, tout comme aujourd'hui, les mauvais domestiques étaient nombreux, mais les maîtres plus autoritaires, plus arrogants et plus brutaux qu'au xxe siècle (1).

Les mauvais jours !... Nous en retrouvons la trace souvent dans le livre de raison de Jean-Baptiste Theurault....... Ecoutons-le plutôt parler : « Le 9 décembre 1708, il a tombé tant de neiges qu'en une nuit elles devinrent hautes de plus d'un pied avec une petite gelée qui dura dix jours, cela avait bien accommodé les bleds. Le 6 janvier 1709 au

---

(1) Voir d'AVENEL, *Paysans et ouvriers depuis sept cents ans*, pp. 72-74.

soir, [il avait plu tout le matin], il commença à geler si fort que le lendemain la gelée portoit partout avec un vent de bise qui a duré les 7 et 8 dudit mois de janvier 1709 ; et le 9 il tomba de la neige en quantité que le vent a amassée à monceaux et les bleds sont demeurés à demy-decouverts ; un froid piquant a duré pendant dix-huit jours, en sorte qu'il a gelé dans les eaux profondes, bien de hauteur de trois pieds, et après la gelée on a trouvé tous les bleds particulièrement les froments, quoique très beaux auparavant la gelée, grillés et morts par dessus ; les boutons des poiriers, pommiers, pruniers et autres arbres fruitiers gelés ; les vignes gelées jusques en pied et les coignassiers, quoique très gros, morts par pied. Le degel est venu le 24 janvier aud. an. Il est mort quantité de personnes de la gelée, presque toutes les brebis et porcs, et des veaux et gros bestiaux (1). — Plus le 10e de febvrier il a recommencé à geler après une pluie, et cette gelée a duré huit jours et a achevé de geler nos froments. — Le 5e mars aud. an 1709, Mgr l'Intendant de Bourges a défendu de labourer où on avoit précédamment semé des froments que le 25 du mois ne soit passé. Après le 25 mars, quand on a veu que les bleds ne poussoient pas, que mesme la plus grande partie des seigles estait perdue, on a refaict

(1) Cette épizootie s'accentua jusqu'en 1714. Elle gagna la Bourgogne, une partie de la Généralité de Châlons, la Généralité de Moulins et celle de Lyon. On adressa de Paris, aux intendants, divers remèdes composés par Gerauldy, Fagon et Daguesseau, avec ordre du roi de les distribuer gratuitement aux pauvres dont les bestiaux étaient malades. On réglementa les foires ; on ordonna d'enfouir les bêtes mortes à 4 pieds de profondeur sans être dépouillées ; on fit l'autopsie des cadavres... Le mal dura cinq années. [Voir DE BOISLISLE, Correspondance des Contrôleurs généraux].

toutes les terres. Plusieurs ont semé du froment, les autres ont semé leurs terres en marsesches. Et le bled est jusques à 5 livres et 6 livres le boisseau d'Ainay, la marsesche jusques à 4 livres ; c'est à cause du tems. — Au commencement d'avril, les pommiers se sont mis à pousser et le bouton paroit bon. Plus au commencement de may la plus grande partie des arbres ont flétry et le fruict presque demy faict sont tombés et séchés (1), et du moins la moitié des pommiers, poiriers et pruniers sont morts, tous les peschers entièrement et les noyers ; la plus grande partye des chesnes sont aussy morts. Il n'est resté aucunes poires sur les arbres, mais seullement quelques pommes et des pommes sauvages ; les mûriers sont tous morts et les abricotiers. — Au milieu de juillet, les froments qu'on avait semé à la fin de mars ont commencé à monter. Le froment vaut mesure Ainay 9 livres le boisseau, le

(1) Cela devait paraître d'autant plus amer au pauvre J. B. Theurault, qu'avant ce funeste hiver, il semblait favorisé au point de vue de la récolte des fruits, ainsi que paraît le démontrer ce document : « Je soussigné, propriétaire du four banal de la ville d'Ainay-le-Chastel ay donné et donne par ces présentes, pouvoir et permission à M^{tre} Jean-Baptiste Theurault, notaire-royal aud. Ainay, de construire et entretenir luy et les siens, un four de telle grandeur qu'il luy plaira en une petite maison audit Theurault appartenant, située aux Chaumes Ramades dudit Ainay, joignant son verger [c'est ce verger qui fut, par la suite, vendu à la ville 1 fr. 50 le mètre, par Mme Bonnelat de Champmatoin, née Pelletier, — qui le tenait de sa grand'mère Theurault de la Roche, née Marie-Anne Mazerat, — pour construire l'Hôtel-de-Ville] afin de pouvoir faire cuire les fruits dudit verger et ce, sans tirer à conséquence à l'esgard des autres habitans et sans y pouvoir faire cuire aucuns pains, mais des fruits seullement. Faict à Mandault, le dix-septième d'aoust mil sept cens trois : Dalligny ». — Papiers de M. Chavaillon.

seigle 7 livres, la marsesche 4 livres, l'aveine 45 sols. On a battu des bleds à demy verts et avec des marsesches qui sont assez belles car il n'y a que très peu de froments et soigles pas à moitié de ce qu'il fault pour semer, et la misère est si grande que dans les champs les pauvres volent partout le bled en gerbes. Je prie Dieu que la récolte prochaine soit melieure et heureux ceux qui pourront y estre ; et cette année il n'y a pas un raisin dans les vignes. »

Quel sinistre tableau ! Quelle terrible année !... Ne semble-t-il pas que le fléau date d'hier, et ne croirait-on pas, — à deux siècles de distance, — en parcourant le triste récit de M. J. B. Theurault, reconnaître l'écho lointain des mêmes plaintes navrantes des cultivateurs du Centre au cours de l'année 1910-1911. Tout comme deux siècles avant, pas de blé, pas de vin, pas de fruits ; les foins noyés sous l'inondation ; et l'épizootie qui, — des moutons morts presque tous, — gagne le gros bétail !... Triste rapprochement que complète encore d'une façon saisissante la constatation terrible du renchérissement de toutes les denrées :

« Au 14 aoust, marché à Ainay, continue M. Theurault, le froment a esté vendu, pour semer, 10 livres le boisseau, le seigle 9 livres, la marsesche 5 livres, l'aveine 40 sols. Les arbres se laissent insensiblement mourir ; je crains qu'il n'en reste point... » Plus bas il ajoute : « ... Quoyque l'on ayt moissonné et battu, le bled continue à estre cher : le froment, 9 livres le boisseau ; la marsesche, 5 livres ; et l'avoine, 40 sols. On a semé en octobre et novembre des gros bleds que les pluies gastent beaucoup et les loches »... Et dans toute la contrée avoisinante ce sont les mêmes plaintes navrées et désespérantes. L'intendant de la Généralité de Moulins, M. Turgot, écri-

vait, le 24 septembre 1709, au contrôleur-général :
« Plusieurs domaines ont été abandonnés par les propriétaires après expulsion des métayers et retrait des bestiaux, et ils sont laissés sans culture sous prétexte qu'il n'y a ni blé pour faire les semailles, ni argent pour en acheter. »

Malgré cette misère il fallait encore fournir l'étape (1) aux troupes de passage et loger celles qui prenaient leurs quartiers dans le pays, ainsi que le prouve la lettre ci-dessous, adressée de Bourges, le 1er juin 1709, par M. Foullé, Intendant de la province de Berry, à M. Bujon « Lieutenant-général à Aisné-le-Château : Le Roy ayant jugé à propos, Monsieur, de faire rester encore quelque tems le régiment de cavalerie de Thourotte dans cette province, j'ay distribué, selon les ordres de Sa Majesté, les compagnies dans de nouveaux quartiers et je vous adresse l'ordre pour recevoir dans votre ville une demi compagnie, lequel vous remettrez au maire et échevins afin qu'ils disposent les logements suivant cet ordre et face [sic] trouver du foin et de l'avoine pour les chevaux de la demie compagnie, ainsy que je l'ay marqué, dont le remboursement sera fait à la communauté sur le pied que la ration (2) reviendra, et dont vous aurez soin

---

(1) Comme les troupes en marche s'arrêtaient ordinairement dans des villes de commerce où elles pussent s'approvisionner, on appela étapes les distributions de vivres faites aux troupes en marche ainsi que les lieux où elles devaient stationner.— Chéruel.

(2) « Le pain pour la fourniture, tant des officiers que des cavaliers, doit être cuit et rassis, et entre bis et blanc. Le vin, cidre ou bière du crû des lieux ou des environs. La viande, bœuf, veau ou mouton, au choix de l'étapier. La ration de fourrage doit être composée de 20 livres de foin de la récolte des lieux ou des environs les plus prochains, et d'un boisseau

de régler le prix par rapport à ce que valloit l'avoine au marché précédent l'arrivée de la compagnie. Si l'on pouvoir trouver quelqu'un qui voulut se charger de la fourniture du fourrage (1) en lui donnant quelque bénéfice pour ses avances, cela seroit fort commode et d'un grand soulagement pour la communauté (2), j'auray soin que le remboursement des cinq sols (3) que l'extraordinaire des

d'avoine, mesure de Paris, aussi de la récolte des lieux ou des environs. » [Art. III de l'Ordonnance du Roi du 13 juillet 1727].

(1) Ce qui semble indiquer qu'il n'y avait pas alors d'étapier à Ainay. En 1703, Louis Michaut était sous-traitant de la fourniture de l'étape d'Ainay, [le sieur Cheminon étant traitant général], ainsi que le prouve un arrêt de l'intendant de Berry, Guy Carré de Montgeron, rendu le 25 mars 1708 en faveur dudit Louis Michaut contre Jean-Baptiste Theurault et Jean Chassaigne, échevins d'Ainay, [Dossiers Chavaillon] ; mais lors du passage des troupes d'infanterie, durant l'année 1705 — de février à juillet — ledit Michaut se vit radier 886 rations d'hommes et 6 rations de chevaux sur l'état de paiement qu'il présenta à l'Intendant et au Vérificateur des étapes, le 20 août 1706 ; or, il est probable que cette vérification, jointe à la disette qui sévissait, le dégoûta du métier.

(2) L'étapier jouissait pourtant de certains privilèges qui auraient dû faire rechercher cet emploi : L'Ordonnance du 28 mars 1668 l'exemptait du logement des troupes ; l'arrêt du Conseil du 29 mars 1704 ordonnait que les viandes qui seraient fournies à l'Etape par les étapiers seraient exemptes des droits attribués aux Inspecteurs aux boucheries. Enfin, suivant l'arrêt du Conseil du 15 décembre 1708, les étapiers étaient exempts pour les vins et autres denrées qu'ils fournissaient, à l'étape seulement, de tous droits des octrois des villes, même de la première moitié appartenant au Roi ; ensemble des droits de détails dûs à la Ferme des Aydes, comme aussi de tous droits de Péages, Leudes et autres semblables, appartenant à des seigneurs particuliers, ecclésiastiques ou laïques.

(3) De Boulainvilliers dans le rapport de l'intendant de la Généralité de Bourges qu'il reproduit, écrit : L'ordre pratiqué jusqu'en 1692 étoit que les habitans des paroisses où les troupes

guerres (1) doit faire se fasse régulièrement à la fin du mois et que le surplus du prix de la ration soit imposé immédiatement après le mois expiré, sur les certifficats que vous m'envoyerez (2) du nombre de

étoient logées. fourniroient les fourrages desquels ils étoient remboursez par le trésorier de l'extraordinaire des guerres au prix de 5 sols par ration ; mais il étoit sujet à deux grands inconvéniens, le premier que le remboursement de 5 sols n'étant pas suffisant le reste étoit en pure perte pour les habitans de ces lieux ; le second, que ces mêmes habitans manquoient toujours à fournir les fourrages dans le tems déterminez, ce qui donnoit occasion aux soldats de les maltraiter et souvent de faire commuer l'espèce en argent. En 1692, le roy pour faire cesser ces désordres ordonna que les compagnies seroient rassemblées et logeroient ensemble dans les villes ou bourgs fermez où les fourrages leur seroient fournis par des entrepreneurs à qui cette fourniture seroit adjugée par l'intendant, et que l'excédent des 5 sols payez par l'extraordinaire des guerres seroit imposé sur toute la généralité.

(1) Impôts spéciaux qui servaient à payer les dépenses extraordinaires causées par les guerres et que le trésor royal n'acquittait pas.

(2) Suivant l'art. 31 de l'Ordonnance du 13 juillet 1727, les Maires, Echevins et Syndics des Lieux de passage durent faire trois copies ou extraits de chaque Route de la Cour, et en remettre, lors de l'arrivée des troupes, une copie à l'étapier sur laquelle celui-ci faisait la fourniture ; la seconde copie était envoyée au ministre de la Guerre, et la troisième à l'Intendant de la Généralité, trois jours après le passage de chaque troupe, à peine de 300 livres d'amende... On devait transcrire avec beaucoup d'exactitude sur les Copies de Route tous les changements qui pouvaient y avoir été faits, soit pour contremarche, augmentation d'officiers et de soldats, etc... ainsi que les ordres particuliers du Roi qui se trouvent souvent au bas des Routes, qui pourraient servir à faire connaître sur quel pied la fourniture de l'étape devrait être faite à quelque grade particulier ou espèce de troupe dont l'ordonnance ne faisait pas mention ; le tout à peine de répondre des radiations qui pourraient être faites aux étapiers, ainsi que de leurs billets de logement, s'ils en délivraient une plus grande quantité qu'il n'y en aurait de portés sur les Routes.

rations fournies et de ceux [*sic*] à quoy elles reviendront sur le pied de l'achapt dont les maire et échevins vous remettront les états certiffiez d'eux (1). Les officiers seront logez chez les bourgeois qui ne leur fourniront que le simple logement ; à l'égard du cavalier, il ne luy sera fourni par l'habitant, chez qui il sera logé, que le lit garny de linceulx (2), place au feu et à la chandelle de l'hoste, vivant du reste de ce que pourra luy donner son hoste suivant sa commodité moyennant la solde du cavalier qui sera payée tous les dix jours autant que possible sera, ce qui servira à rembourser régulièrement l'habitant qui aura nourri le cavalier. Du reste, je me remets à vos soins pour que les officiers et cavaliers

(1) Les rations de bouche d'un cavalier étaient : Pain, 35 onces ; vin, une pinte et demie mesure de Paris, ou un pot et demi de cidre ou de bière ; viande, deux livres. Le nombre des rations à fournir était :

	Vivres	Fourrages
Au mestre de camp ou Colonel	12	12
Au Lieutenant-Colonel	10	10
Capitaine	6	6
Lieutenant	4	4
Cornette	3	3
Maréchal-des-Logis	2	2
Brigadier, cavalier, timbalier et trompette montés	1	1
Major	6	8
Aide-Major	4	4
Aumônier	2	2
Chirurgien-Major	1	1

(2) Au sujet de l'usage, à cette époque, des « linceux » ou draps de lit, voir d'AVENEL, *Paysans et ouvriers depuis cinq cents ans*, p. 298.

vivent en bon ordre et ne donnent aucun sujet aux habitans de se plaindre de leur conduite. Vous pourrez vous servir des cavaliers dans l'occasion et les officiers vous en donneront le nombre que vous jugerez nécessaire, soit pour rendre les marchez et le transport des bleds libre (1) ou pour faire obéir ceux qui refuseront d'envoyer des bleds au marché après un avertissement, ou tel autre besoin que vous pourrez avoir de leurs secours dont vous me donnerez avis en cas que les officiers fissent quelque difficulté de vous en aider et surtout pour contenir les peuples de la campagne, prévenir et arresté les désordres et rétablir absolument la liberté dans tous les chemins. Je suis, Monsieur, absolument tout à vous. — Il ne restera à Ainay que deux officiers et quinze cavaliers et le surplus de la compagnie ira à Sancoins. — Foullé. »

Le ton de la lettre de l'Intendant indique bien que ce dernier se rendait compte des désastres agricoles que subissaient les malheureux Castellainaisiens... Et les pauvres gens n'étaient pas au bout de leurs peines !... Le lieutenant d'Estezet, officier de la compagnie de Saint-Cierge, arriva, en effet, dans la ville, le 5 juin 1709, avec quinze cavaliers et le maréchal-des-logis du régiment de Thourotte ; il y tint garnison jusqu'au 16 août, temps pendant lequel « les quinze cavaliers ont été nourris par les habitants selon leur commodité (2) ». Mais, vu le manque d'avoine qui existait alors en la ville, le lieutenant d'Estezet fut obligé de réquisitionner pour le service du Roi celle qui se trouvait déposée

---

(1) Si le transport des blés n'était plus libre ni sûr, cela indique bien la misère et la disette de l'époque.

(2) Documents de M. Chavaillon.

dans le grenier de J. B. Theurault et qui appartenait à M. de Vilaine (1), trésorier de France à Moulins. Et, le 8 juin, Louis Chassaigne, « hôte de la Corne » demandait prudemment un reçu de 89 rations de foin livrées par lui aux cavaliers pour la nourriture de leurs chevaux et taxées au prix de « 18 livres la ration (2) ».

Au mois de « may 1710, le premier jour du mois, — écrit J. B. Theurault — la gelée a gasté toutes nos vignes, partie de nos seigles et nos petits fruits. Les bleds, au reste, sont très beaux, mais ils continuent à estre cher. Le boisseau froment, 6 livres ; le seigle, 5 livres ; la marsesche, 4 livres 10 sols et l'avoine, 40 sols. — En juin, quoique les bleds paroissent beaux, ils continuent à estre chers et la gresle a desja gasté plusieurs paroisses du voisinage. La guerre en Flandres est fort allumée et les bestiaux continuent à enchérir, le vin vaut 200 livres le tonneau ». Enfin les appréhensions semblent un peu se calmer après la moisson et Theurault écrit alors : « La récolte de 1710 a esté bonne pour les bleds ; peu de fruicts, point de gland et très peu de vin en sorte que le froment ne vaut que 3 livres le boisseau ; le seigle, 40 sols ; la marsesche, 30 sols et l'avoine, 15 sols ; le vin a vallu environ 100 livres la barrique. » En somme, c'était une mauvaise période à traverser pour les pauvres cultivateurs du pays ; tout s'en suivait et le commerce n'était guère prospère, chacun se restreignant et diminuant ses

---

(1) Il ne fut pas le seul dans ce cas : Les sieurs Guéry et Poubeau, de Cérigny ; Pierre Lamy, la veuve Lazare Dubost, la veuve Jean Roy, Mme Bujon, née Barbarin, etc., furent également frappés de réquisition et l'avoine leur fut payée, en 1721 seulement, au prix d'une livre la mesure.

(2) Certificat signé par Servantier et Jobier syndic.

dépenses. Jean-Baptiste Theurault ne nous signale, de ce chef, qu'une seule acquisition faite pour son compte dans tout le cours de l'année 1717 ; elle fut faite à Bourges le 24 juin et consistait en drap gris à 3 livres 10 sols l'aune ; mais il nous apprend, en revanche, que le 27 novembre 1720 il vendit la laine de ses brebis à Duranjon au prix de 14 sous la livre.

Pour augmenter encore les soucis matériels des pauvres Castellainaisiens, survint la déclaration du 27 septembre 1723 qui rappelait le droit de confirmation (1) [exigible à l'avènement à la couronne (2) de chaque roi], en vertu duquel le prince qui montait sur le trône, en recevant les hommages de ses sujets, confirmait les franchises, privilèges ou droits dont ceux-ci avaient la jouissance. Deux arrêts des 5 juin et 1er juillet 1725 déterminèrent la quote-part qui devait être imposée à chacun pour le paiement de ce droit de confirmation, et Jean-Baptiste Hermant fut chargé de recouvrer cette taxe à Ainay-le-Château : cela n'alla pas tout seul ; bien souvent l'huissier fut mis en branle. Nous avons sous les yeux — [toujours grâce à l'obligeance de M. Chavaillon] — tout un dossier concernant maître Nicolas Legay pris à parti, tant en sa qualité personnelle de marchand-drapier, qu'en la qualité de membre de la confrérie des tanneurs de la ville. Ces derniers n'étaient pas ménagés et le sieur David leur envoyait, le 22 septembre 1727, le poulet suivant : « Election de Saint-Amand. — Droit de confir-

(1) Gratuit à l'origine, ce droit était devenu un véritable impôt.

(2) Louis XV avait hérité de la couronne à cinq ans et demi, le 1er septembre 1715. Le duc d'Orléans exerça la régence jusqu'en 1726.

mation. — Arts et métiers sans jurande. — Monsieur Leguay, tanneur ; Vous êtes averti de venir payer dans un mois pour tout délay, entre les mains de maître Jean David, receveur du droit de confirmation à Saint-Amand, la somme de quatre-vingt dix livres à laquelle vous êtes compris au rolle arrêté au Conseil, le 26 août 1727, [art. 1176], pour raison du droit de confirmation en qualité de tanneur de la ville d'Ainay-le-Château pour la communauté des six tanneurs ; ensemble les deux sols pour livre de ladite somme et frais de quittance ; sinon et à faute d'y satisfaire, vous y serez contraints comme pour deniers et affaires de Sa Majesté... » Les tanneurs firent la sourde oreille ; l'huissier Bernard, de Saint-Amand, entra en scène ; pétition et supplique furent envoyées à l'Intendant et à son subdélégué à Saint-Amand, M. Geoffrenet de Champdavid (1) : rien n'y fit, ; les six tanneurs durent s'exécuter. Quant à Nicolas Legay, pour lui personnellement, il eut apparemment plus de chance: en qualité de marchand-drapier, il avait été taxé à la somme de 50 livres ; or il obtint indubitablement une réduction et du temps pour s'acquitter, car un reçu du sieur David, daté du 2 mai 1729, le décharge de la somme de vingt-cinq livres deux sols... (2) « pour restant de celle de trente livres à laquelle il a esté modéré par Monseigneur l'Intendant ».

Tout cela n'était pas fait pour rendre florissante et prospère la situation des habitants. L'inclé-

---

(1) Le 21 août 1710, le corps de l'Election de Saint-Amand installa Maître Pierre Geoffrenet de Champdavid comme subdélégué, en remplacement de Maître Jacques Thévenin, décédé. [Arch. du Cher : C, 586].

(2) Savoir : 21 livres en principal ; — 2 livres 2 sols pour les deux sols pour livre ; — 2 livres pour frais de quittance.

mence du ciel vint encore ajouter à ces maux :
« Cette année [1728], écrit Philippe Theurault de
l'Amour (1), est très fâcheuse, attendu que le commerce ne va pas bien, et il s'est amassé peu de bled
et peu de vin. Plus le 25ᵉ décembre 1728 la gelée a
commencé que pour lors j'estois à Moulins ou
j'avois esté pour payer la pollette (2) de ma charge
de procureur du Roy dud. Ainay et j'estois assiégé
par les eaux (3) et après y avoir resté huit jours j'en

(1) Philippe Theurault de l'Amour [fils de Jean-Baptiste
Theurault et de Marguerite Jobier], né le 25 avril 1697, devint
conseiller du Roi et son procureur en la châtellenie d'Ainay.
Il épousa par contrat passé devant Beraud, notaire à Ainay, le
29 janvier 1728, et réalisé à l'église Saint-Etienne, le 10 juillet
suivant, D^lle Gabrielle Libault [fille de Maître Claude Libault,
sieur de la Brosse et de défunte Gabrielle Beraud] pour lequel
mariage il lui fallut des dispenses accordées par Benoît XIII
en mai 1728, levant l'empêchement du 3ᵉ degré de consanguinité. — Ils eurent pour enfants : — a) Marguerite, née le 4 février 1729 ; — b) Philippe-Etienne, prêtre, mort en 1783 ; —
c) Jean-Baptiste, prieur de Jars, émigré en Suisse en 1793,
mort en 1804 ; — d) Charles-François Theurault de la Roche,
capitaine de grenadiers, chevalier de Saint-Louis, qui épousa
Marie-Anne Mazerat, dont postérité ; — e) Alexis Theurault
de l'Amour, qui succéda à son père comme procureur du Roi
à Ainay et mourut en 1803, laissant lui-même quatre enfants.

(2) Impôt [établi en 1604 par Sully] qui garda le nom du
premier traitant qui le prit à ferme, Paulet. L'impôt de paulette
était établi sur les magistrats qui, pour devenir propriétaires
de leur office, devaient payer chaque année un soixantième du
prix de la charge.

(3) En 1740, il y eut d'autres inondations ; c'est pourquoi
« le 31 janvier fut baptisée Marie, fille de défunt François Bouin
et de Marie Vilpreux, son épouse, du village de Betoulle ; à
Ainay-le-Château ; n'ayant pu être apportée à Charenton, sa
paroisse, à cause du débordement des eaux... » *Signé* : Rollant,
curé d'Ainay. — Mais l'inondation ne dura pas longtemps, car,
le 20 mars 1740, ladite Marie Bouin était inhumée dans le cimetière de Charenton, par M. Bertaut, vicaire.

suis arrivé le 26 décembre et le froid a continué jusqu'au 25e janvier 1729, en augmentant toujours, dont les vins geloient dans les caves et on menasse fort les vignes d'estre gelées quoy qu'il y ait des neiges de l'hauteur de trois pieds, mais c'est qu'il avoit plu la veille que la gelée vint. » La récolte fut cependant assez bonne car, en 1729, le froment valut 28 sols 6 deniers le modurier.

Nous avons relevé, pendant une vingtaine d'années, l'évaluation des grains faite sur la mercuriale (1) d'Ainay, et nous savons ce que se payait un modurier de grains, mesure d'Ainay, à ces diverses dates : (Voir tableau, p. 268).

En somme, à part l'année 1720 où le froment fut très cher, il est facile de constater par le prix moyen du modurier de froment et de seigle que les récoltes furent ordinaires et parfois bonnes, comme en 1717 et 1718. N'empêche que malgré l'abondance, ou mieux à cause de la pénurie, la fraude ne tarda pas à s'exercer parmi les vendeurs qui cherchaient à tricher sur la quantité ou le poids de la marchandise à livrer. Comme à cette époque tout s'achetait, le droit de mesurer les grains au marché de la ville était affermé et le fermier du droit de mesurage au marché au blé n'avait pas, lui-même, une seule mesure qui fut identique aux autres. Pareil état de choses devait soulever d'amères critiques et, comme la vérification des poids et mesures n'existait pas, les Castellainaisiens s'adressèrent à leurs échevins ; ceux-ci en parlèrent au procureur du Roi et, tous ensemble, transmirent au lieutenant de police les

(1) Registres où les membres des municipalités constatent les prix de vente des grains, fourrages et autres denrées pour servir de base à différentes transactions, à la taxe du pain, etc.

Années	Froment	Seigle
En 1717	16 sols	11 sols
1718	18 sols	11 sols
1719	27 sols	17 sols 6 deniers
1720	50 sols	30 sols
1721	22 sols 6 deniers	15 sols
1722	31 sols 6 deniers	20 sols
1723	33 sols	20 sols
1724	37 sols	23 sols
1725(1)	33 sols 6 deniers	21 sols
1726	25 sols	16 sols
1727	24 sols	17 sols 6 deniers
1728	27 sols	17 sols 6 deniers
1729	28 sols 6 deniers	23 sols
1730	27 sols	19 sols 6 deniers
1731	36 sols	27 sols
1732	25 sols	21 sols
1733	28 sols	26 sols
1734	21 sols 6 deniers	17 sols 6 deniers
1735	27 sols	25 sols
1736	25 sols	21 sols
1737	26 sols	20 sols (2)

doléances de la population. Bref, le 8 janvier 1746, fut rendue l'ordonnance suivante :

« De Par le Roy ; Jean Huet, sieur de Mussy et Crochet, Conseiller du Roy, Lieutenant-Général de police de la ville d'Ainay-le-Château ; — Sur les remontrances à Nous faites par le Procureur du Roy et les sieurs Echevins de cette ville ; Que depuis de longues années les Moduriers de cette dite Ville

---

(1) Cette même année, le 24 juin, Philippe Theurault de l'Amour vendit à Jacques Roy et à Jean Gominet, 100 moduriers de froment au prix de 3 livres 12 sous le boisseau ; — 100 moduriers de seigle au prix de 2 livres 5 sous le boisseau ; — et de l'avoine à 45 livres les 100 moduriers.

(2) Arch. du Cher : B, 4316.

n'étoient point conformes aux anciens ; Que le Fermier du Droit de mesurage du marché à Bled en avoit de plus grands les uns que les autres, qui ne sont point étalonnés, ce qui fait un tort considérable au commerce et au public, à quoy il est très important de remédier ; requérant que Nous ayons à faire représenter tant les nouveaux moduriers qui servent au marché à Bled, que les anciens qui sont en cette ville, pour ordonner la réformation qu'il appartiendra ; Sur quoy faisant droit Nous étant fait rapporter que la Fermière du droit de mesurage des Bleds qui se vendent aux marchés de cette dite ville, ses Moduriers, elle Nous en a présenté sept, les ayant fait mesurer de Bled froment commun, il ne s'en est trouvé aucuns conformes, y en ayant du poids de trente-cinq livres, le plus petit étant de trente-une livres trois quarts, ce qui feroit pour le Boisseau soixante-et-dix livres ou soixante-et-trois et demi. Ayant examiné avec ledit Procureur du Roy et lesdits sieurs Echevins le Talamus, fait par ordre du Conseil pour tout le domaine du Bourbonnois d'où dépend celui de cette ville, du 15 mars 1475, Nous avons trouvé qu'à l'article de cette dite ville, il est dit que le septier gros bled, mesure grenier et marché d'Ainay, qui est tout un, auquel a vingt-quatre moduriers ou douze boisseaux, fait mesure Moulins vingt-huit boisseaux et demi, et demi-quart. Ayant aussi examiné l'article de Moulins, il est dit que le boisseau pèse dix-huit livres huit onces, ce qui fait que le septier gros bled de cette dite ville doit peser cinq cens vingt-neuf livres neuf onces, à diviser en douze boisseaux ou vingt-quatre moduriers, le boisseau ne doit peser que quarante-quatre livres deux onces, tiers et quart d'once ; et le modurier vingt-deux livres et un peu plus. Nous étant aussi fait représenter deux anciens moduriers qui se sont retrouvés en cette dite ville, l'un chez le sieur Brault (1), substitut du procureur du Roy, et l'autre chez Annet d'Avault, marchand Drapier ; celui de chez ledit sieur Brault, qui n'est point ferré et que l'on nous a assuré servir à feu notre prédécesseur pour faire faire les étalonnages, s'est trouvé peser en bon bled froment vingt-neuf livres trois quarts ; et celui du sieur d'Avault qui nous a paru fort ancien à cause de sa construction, étant bien ferré, s'est trouvé du poids du même bled de vingt-deux livres : Et comme le poids des moduriers servant actuellement est non seulement bien différent des uns aux autres, et du Talamus fait en 1475, au modurier dudit d'Avault qui se trouve conforme à iceluy, et même à celui dudit sieur Brault, que la réforme intéresse infiniment les Habitans de cette ville, à cause du commerce ; En Conséquence Ordonnons, ce requérant ledit Procureur du Roy et lesdits Sieurs Echevins, qu'Assemblée générale des Habitans de cette dite ville sera faite demain heure d'une après midy, au Palais Royal, pour délibérer sur quel pied restera le Boisseau et le Modurier, pour sur leurs avis être ordonné ce qu'il appartiendra. Fait à Ainay-le-Château, le huit Janvier mil sept cens quarante-six. — HUET ; THUREAU, procureur du Roy ; RETIF, BUJON, échevins ; — *Et plus bas :* DEFFOUGÈRE, greffier (2).

(1) *Alias* Berault ou Beraud.
(2) Cette Ordonnance du Lieutenant de Police d'Ainay-le-Château est imprimée sur une grande feuille de papier, timbrée aux armes royales de France, Sur la même feuille, en face de la première, se trouve la seconde Ordonnance que nous rapportons également. — Pas de nom d'imprimeur. [Pièce provenant du cabinet de M. Chavaillon].

Et le neuf dudit mois de Janvier [1746, heure d'une après midi, au Palais Royal de ladite ville d'Ainay-le-château, et par devant Nous Lieutenant-Général de Police susdit, ledit Procureur du Roy, lesdits sieurs Echevins, et la majeure partie des Habitans y étant assemblés en ...... (1) différence qu'il y avoit entre iceux et ledit Talamus, les ayant interpellés de Nous donner leurs avis sur quel pied resteroit le Boisseau et Modurier de cette ville, ils nous ont tous déclaré et été d'un avis unanime, qu'ayant égard que depuis longues années le Modurier a pesé trente livres, il devoit être mis sur le même pied, afin que le commerce ne fut interrompu et que le public n'en souffrit aucuns dommages ; et pour que mesure soit toujours de même grandeur, qu'il n'y soit fait aucuns changemens, le bled pesant plus une année qu'une autre, il étoit nécessaire d'en étalonner un pour rester en dépôt au greffe, et servir à à faire l'étalonnage des moduriers ; ledit Procureur du Roy et lesdits Echevins ayant été du même avis pour l'intérêt public ; en conséquence, et en décrétant lesdits avis, Nous Ordonnons que sans tirer à conséquence, et au droit d'autruy, que le modurier de cette ville sera du poid de trente livres de bled froment, et avons sur-le-champ en présence desdits Habitans, Procureur du Roy et Echevins, fait étalonner un modurier avec différents bleds froment, tant vieux que nouveaux, en ayant ajusté un, il s'est trouvé de la largeur du côté de la gueule, dedans en dans de treize pouces huit lignes, et de sept pouces quatre lignes d'hauteur, lequel sera ferré dessous et barré dessus et déposé en nostre Greffe,

(1) Par suite d'une déchirure, cinq lignes manquent ici au contexte.

pour y faire seul les étalonnages : Faisons deffenses de s'en servir d'autre, que pour cet effet tant les moduriers du Fermier du Droit de Mesurage de cette ville ; que de toutes personnes, de quelques qualités et conditions qu'elles puissent être, seront étalonnés audit Modurier par notre Greffier, qui sera tenu d'avoir du millet ou graine de navette pour faire ledit étalonnage, et auquel sera payé pour tous droits cinq sols, sur lesquels moduriers étalonnés il sera apposé des Fleurs-de-Lys et trois Y, armes de cette ville que nous ferons graver afin qu'elles ne soient contrefaites. Ne sera étalonné aucun modurier qu'il ne soit ferré, mis barre par-dessus, soutenu par un pivot au milieu qui sera entennoné au fond : Faisons deffences de se servir d'autres moduriers que ferrés comme il est cy-dessus dit, afin qu'ils ne puissent être augmentés ni diminués ; le tout sous les peines de dix livres d'amende pour chacunes contraventions, confiscation des bleds qui seront exposés au marché pour la première fois, et de plus grandes peines en cas de récidive ; et sera notre présente Ordonnance exécutée nonobstant et sans préjudice de l'appel, lue, publiée et affichée à la manière accoutumée en cette dite Ville et envoyée dans toutes les paroisses de ce ressort et endroits ou le boisseau de cette ville a lieu, pour y être aussi lüe, publiée et affichés, pour qu'on ait à s'y conformer. Fait audit Ainay ledit jour neuf Janvier 1746. — Defougère, greffier. »

Malgré toutes les précautions prises par le Lieutenant de Police, son ordonnance ne devait pas contenter tout le monde ; elle présentait en effet un côté vulnérable à la critique : elle augmentait la contenance du modurier et pouvait ainsi léser les gens débiteurs de redevances ou rentes en froment, avoine, seigle ou marsèche. Ces derniers, en effet, se trouvaient, par suite de l'ordonnance précitée, être obligés de payer en nature de plus grandes quotités que précédemment. D'amers reproches furent adressés de ce chef à Jean Huet de Mussy, et des mémoires nombreux et documentés furent écrits tendant à faire rapporter son ordonnance ou, tout au moins, à la faire compléter par un codicile à l'usage des propriétaires grevés de cens ou de rentes en nature (1). De ce fait, le boisseau de grains semble

(1) C'est ainsi qu'au mois d'octobre 1786, Fr. Bujon des Brosses écrivait : « ...Il est donc un cas où le Lieutenant-Général de Police ne peut point faire de règlements sans le concours des habitants. S'il en est un c'est celuy surtout où il s'agit d'augmenter le poids des mesures publiques. Comme cette augmentation devient onéreuse aux propriétaires détenteurs d'héritages sujets à cens et à rentes en bled envers les seigneurs, les officiers de police doivent surtout les consulter sur le nouveau règlement qu'ils croient devoir faire pour établir l'équilibre entre les mesures des villes voisines et celles de l'endroit qu'ils habitent ; ils ne peuvent point, de leur propre autorité, augmenter le fardeau des propriétaires, changer l'état des citoyens, rendre plus onéreuse la condition des censitaires envers les seigneurs ; la concession, faite par un seigneur à un particulier, d'un terrain à la charge de tant de boisseaux en grains, mesure de cette ville, annonce une mesure fixe et invariable ; s'il plait aux Juges de cette ville d'augmenter le poids de la mesure, dès lors la proportion n'est plus la même entre les revenus et les charges ; la condition de l'acquéreur empire, parce que n'ayant pas pu prévoir cette augmentation, il n'a pas fait constater le poids de la mesure des grains qu'il devait payer et qu'il n'a pour règle du paiement de ses devoirs seigneuriaux que la mesure indiquée. Les actes des 8 et 9 janvier 1746 que nous avons eu l'honneur de dénoncer au Conseil de Sa Majesté donnent lieu cependant à ces inconvénients. Le talamus du 14 mars 1475, déposé à Moulins, porte le poids du septier de cette ville en gros bleds à 529 livres 9 onces 16 grains, ce qui fait par boisseau 44 livres 2 onces 7 grains ; le sieur Huet, ancien Lieutenant-Général de Police, en portant le poids du bois-

avoir légèrement augmenté de prix. Nous en trouvons la preuve dans le procès-verbal d'évaluation des

seau à 60 livres, et en défendant à toutes personnes privilégiées de se servir d'autres moduriers, a donc porté le plus grand préjudice à tous les propriétaires détenteurs d'héritages sujets à cens en bled envers les seigneurs. Il est vrai que l'acte du 9 janvier 1746 est signé par 16 habitants, outre les échevins, pour ce assemblés en l'Hôtel-de-Ville, mais dans leur nombre on ne trouve pas un seul bon propriétaire ni aucun des notables et même on ne voit pas qu'on leur ait donné la moindre communication ; communication cependant si intéressante et qui était de la première nécessité. L'intervalle d'ailleurs qui s'est écoulé entre la demande des officiers municipaux, à l'effet d'établir l'uniformité entre les boisseaux de la ville, et l'ordonnance du Juge de Police qui porte l'augmentation du poids de la mesure est trop peu considérable pour que cette communication ait eu lieu, mais quand bien même les principaux propriétaires et habitants de la ville auroient été consultés et que leurs avis eussent tendu à l'augmentation, ce qui est contre toute vraisemblance, il n'en est pas moins vrai que le Lieutenant de Police auroit dû consulter, avant de rendre sa sentence, tous les principaux propriétaires des paroisses et endroits du ressort de la Justice d'Ainay où le boisseau de la ville avait lieu, ce qui n'a pas été effectué. L'ordonnance dudit jour, 9 janvier 1746, qui ordonne que toutes les paroisses et les endroits du ressort de la justice d'Ainay où le boisseau de cette ville à lieu, seront tenus de se conformer à son contenu, est donc irrégulière autant que nuisible aux intérêts des censitaires très communs dans cette partie du Bourbonnois. Mais, par toutes les considérations qui peuvent émouvoir l'homme sensible autant que par les plaintes que nous ont fait entendre différents particuliers, nous osons réclamer en leur nom contre une ordonnance aussi vicieuse dans son principe que funeste dans ses fins, et demander que, sans porter atteinte au poids du boisseau actuel qui continuerait d'avoir lieu, il soit déposé au greffe une nouvelle matrice sur le pied de 22 livres 8 onces 8 grains et demi la mesure sur laquelle seront étalonnées les mesures nécessaires au payement des cens et rentes envers les seigneurs, conformément au talamus du 14 mars 1475... ». [Documents de M. Chavaillon].

grains (1) dus chaque année au seigneur de Charenton sur le moulin de Boutillon, d'après la mercuriale d'Ainay-le-Château, de 1756 à 1766. Voici le résumé de ce procès-verbal établi par le procureur fiscal au bailliage de Charenton, Maître Gilbert Advenier du Teilleux (2).

En 1756 le boisseau de froment vaut			3 livres
1757	»	»	3 livres 12 sols
1758	»	»	4 livres 4 sols
1759 (3)	»	»	3 livres 10 sols
1760	»	»	3 livres 7 sols
1761	»	»	2 livres 15 sols
1762	»	»	2 livres 15 sols
1763	»	»	2 livres 1 sol
1764	»	»	2 livres 19 sols
1765	»	»	3 livres 7 sols
1766	»	»	4 livres 14 sols
En 1756 le boisseau de seigle vaut			2 livres 5 sols
1757	»	»	3 livres 1 sol
1758	»	»	3 livres 4 sols
1759	»	»	2 livres 12 sols
1760	»	»	3 livres
1761	»	»	2 livres 5 sols
1762	»	»	2 livres 3 sols
1763	»	»	27 sols
1764	»	»	2 livres
1765	»	»	2 livres 11 sols
1766	»	»	3 livres 8 sols

Grâce à un petit registre provenant de Maîtres Jean Mage et Dauphin « experts », nous pouvons nous rendre approximativement compte de ce que

---

(1) Froment et seigle. — Il convient de se souvenir que le boisseau valait deux moduriers.

(2) Arch. du Cher : B, 4319.

(3) De 1759 à 1771, la livre tournois vaut, en moyenne, 0 fr. 90; mais cet argent doit être multiplié par le coefficient 2,33 pour qu'il soit possible d'évaluer — comparativement à aujourd'hui — son pouvoir d'achat ; [D'Avenel].

devaient rapporter certaines terres à l'époque. Nous lisons, par exemple, que chez Caquet, au domaine de la Mousse, il a été ramassé à la moisson de 1755 « pour le maître, 82 boisseaux d'avoine sans comprendre 60 boisseaux qu'il a retenus pour semences. En tout : fait pour le maître, métayer et semences 225 boisseaux ». Ce domaine comprenait comme cheptel : « 2 bœufs estimés 210 livres, — 4 mères vaches, dont 3 garnies à 33 livres la pièce ; — 4 jeunesses, 80 livres les quatre ; — une jument saillie, 60 livres ; — une mère porche et 6 nourrins, 48 livres »... L'année précédente, Maître Philippe Theurault de l'Amour notait dans son livre de raison avoir acheté à Maître Jacques Laurent, marchand de bœufs d'Auvergne, le 24 août 1754, deux bœufs au prix de 164 livres et vingt-quatre sols pour le bouvier, duquel prix il fit déduire « vingt sols pour une nuit d'herbe de huit bœufs ». Un peu plus tard, en 1759, faisant l'estimation du cheptel du domaine des Barons, les sieurs Mage et Dauphin trouvèrent 2 bœufs gras comptés 400 livres ; — 4 autres bœufs, 310 livres la paire ; — 4 mères vaches garnies, 45 livres la pièce ; — 7 jeunesses, 25 livres la pièce ; — une jument et son suivant, 210 livres les deux ; — 61 moutons, 14 livres 10 sols la paire ; — 6 cochons à 14 livres la pièce. Quant à la récolte en céréales, Mage l'appréciait ainsi : « Aux Barons, chez la mère Morice, il y a en tout neuf-vingt-quatre boisseaux froment dont la moitié est de 92 boisseaux pour le maître, non compris le froment vieux ; — 210 boisseaux de seigle, soit 105 boisseaux pour le maître ; — 370 boisseaux d'avoine qu'il faudra remesurer à cause de celle que le bœuf et mouton mange ; — et 28 boisseaux d'orge dont 14 pour la moitié du maître. »

Et dans une note qu'on est surpris au premier abord de lire sur ce carnet, mais dont l'intérêt documentaire n'est point douteux, le sieur Mage nous apprend ce que valait alors la livre de pain : « Il est dû, écrit-il, à Maître Jean Levert, boulanger, de compte arrêté avec lui le 15 janvier 1759, pour 44 liv. de pain qu'il a fourni, cent six sols (1). » Vers la même époque, Maître Philippe Theurault nous dit que Pierre Bourdin, son boucher, lui a fourni, du 12 août 1750 au 3 avril 1751 « trois cent quatre-vingt-dix huit livres de viande, à raison de 3 sols et 3 deniers la livre, déduction faite des garnitures qui se sont trouvez monter à 45 sols (2). » En 1755, la viande vaut 3 sols et 1 liard ; et, à ce prix, du 16 mars 1755 au 11 avril de l'année suivante le sieur Theurault compte qu'il doit payer à Pierre Ducrost, le Jeune (3), cinq cent trente-huit livres, pour le prix total de 87 livres et 6 deniers (4).

Mais bien d'autres renseignements, relatifs au prix des denrées et des marchandises à partir de cette époque jusqu'à la Révolution, vont nous être fournis par le « registre de dettes et crédit » de Ni-

---

(1) Papiers de M. Chavaillon. — Il ne pouvait être question ici que du pain bis de dernière qualité. Voir d'AVENEL, *Paysans et ouvriers depuis sept cents ans*, pp. 174-182].

(2) Le 25 avril 1754, M. Theurault vend audit Bourdin « un veau 4 livres 10 sols ; sur quoy ma femme (Mme Theurault) a retenu un quartier pour le même prix. Restent 3 livres 7 sols 6 deniers qu'il [le boucher] me doit ».

(3) Devenu son boucher après la mort de Pierre Bourdin, dont la veuve, N... Lacroix se remaria audit Pierre Ducrost, le Jeune.

(4) La viande est la denrée qui, depuis le XIIIe siècle, a le plus enchéri. Le kilo de bœuf était arrivé, sous Louis XVI, a valoir 3 kilos de froment. [Voir d'AVENEL, *Paysans et ouvriers depuis sept cents ans*, pp. 186 à 194 ; et 223 et suivantes].

colas Legay (1). Nous y lisons, par exemple, que le 24 avril 1752, Mme Renon achète sept aunes et demie de toile blanche à 29 sols l'aune, pour la somme de 10 livres, 17 sols, 6 deniers ; — qu'au 22 mai 1752, le coutil jaspé se vend 24 sous l'aune ; — qu'au 24 juin de la même année, une servante se loue 30 livres, plus 3 livres d'épingles avec un tablier de toile à 28 sols l'aune, et une aune de toile de 30 à 40 sols ; — qu'au 13 juillet, l'huile d'olive coûte 14 sols la livre, et que l'eau-de-vie vaut 40 sols la pinte ; — qu'au 26 août, la toile de lin s'achète 44 sols l'aune et la toile à doubler 24 sols ; — qu'au 22 septembre une paire de jarretières se paie 10 sols, et une once et demie de fil, 6 sols ; — qu'au 2 novembre une demi-livre de sucre coûte 10 sols ; etc (2)..... C'est un véritable état de recensement de la population que ce registre (3). Nous y voyons défiler tous les habitants d'Ainay, et nous pouvons reconstituer l'existence de cette petite ville, évoquer les diffé-

(1) « Registre de dettes et crédit pour Maître Nicolas Legay, marchand de la ville d'Ainay-le-Château, contenant quarante rolles cottés et paraphés par nous, Jean Huet, sieur de Crochet et Mussy, conseiller du Roy, Lieutenant-Général de Police en lad. ville d'Ainay-le-Château ce jourd'huy 1er avril 1752. » *Signé*: HUET et LEGAY.— Il s'agit de Nicolas-François Legay, époux d'Anne Garandeau.

(2) Et encore : « Le 8 avril 1753, j'ai payé à M. Duranjon, drapier d'Ainay, maistre garde-juré, quarante sols pour les droits d'inspecteurs pour l'année échue aux foires d'Orval 1752, en présence du fils de Julion, l'aisné, tailleur d'Ainay. »

(3) Nous y avons encore relevé les prix des marchandises le plus souvent vendues : l'huile d'olive fine, 16 sols la livre ; l'huile d'olive « a gresser », 13 sols ; — l'huile de rabette, 7 sols ; — le sucre, 18 sols ; — les pralines et dragées, 30 sols ; — le poivre, 32 sols ; — la chandelle, 10 sols ; — une garniture de boutons complète, 45 sols ; — l'eau-de-vie, 36 et 30 sols la pinte ; — le vinaigre 9 sols la pinte, etc.

rents membres de ses corps de métiers au xviiie siècle : Les marchands, — outre Nicolas Legay, — se nommaient : Claude Legay, Remy Servantier, Gilbert Auperrin, Pierre Pezant, Gregoire Boussac (1) Pierre Lamy, Pierre Duranjon, Grégoire Dubois, Vincent Rinche, Grégoire Servantier, François Pichon. — Les tailleurs étaient Pierre Nirevelle, Antoine Lavilatte, Pierre Paulet, Charles Arturion, tailleur pour femmes, Vincent Villatte, Pierre Auperrin, N... Micault, Jean et Etienne Villemot, Jean Robinet, Julion, tailleurs pour hommes. — Les drapiers étaient très nombreux, aussi nombreux que les tanneurs ; ils s'appelaient : Jean Pichon, François Duchenet, Pierre Pulvin, Pierre Lécuyer, Alexandre et François Rétif, Louis Damont (2), Jacques Davault, Louis Favière, François Dupré (3),

(1) En 1748, Gilbert d'Aubigny, écuyer, seigneur de Prédoré, plaidait contre Grégoire Boussac, marchand d'Ainay ; [Arch. de l'Allier : B, 586].

(2) Louis Damont était fils de N... Damont et de Marie Lheureux, morts avant 1744. Il avait au moins : — a) un frère, Hugues Damon, cavalier dans le régiment de Condé, compagnie de Gamaches qui vendit sa part d'héritage à son beau-frère et à sa sœur Autant-Damon, le 4 février 1746 [Bujon, notaire à Ainay] et mourut à Ainay le 4 décembre 1788, laissant au moins un fils : Jean Damon, tisserand ; — b) et des sœurs, parmi lesquelles, Marie Damont, femme de Jean-Baptiste Autant, boucher à Dun-le-Roi, qui était veuve en 1783 et vivait encore en 1789 ; elle eut deux fils : Etienne Autant, cavalier de la maréchaussée à Dun-le-Roi en 1783 ; et Etienne Autant, charcutier à Saint-Amand en 1783. [Nos archives].

(3) Le 10 février 1731, par-devant Maître Bignon, notaire royal à Bannegon, Jean Pichon, marchand-drapier à Ainay, vend à François Dupré, également drapier à Ainay, une maison « contenant en terre un demy-quart de boisseau ou environ, qui jouxte d'une part la maison et cour du vendeur, d'autre du rue tendant de la porte Aubret à la porte Morisset et d'autre

Pierre Mathurin, Etienne, Jean et Pierre Duranjon, Jean Micheau (1), François Duchenet, Cotteau des Chaumes, Charles Bureau, Nicolas Roy, Mathieu Demesme. — Parmi les cordonniers, nous relevons les noms de Louis Desmurs, Nicolas Nandre, François Desmurs, Pierre Petitpierre, Jean Dufourt. — Gabriel Lauzier était corroyeur ; Jean Legay, mégissier ; Nicolas Sévat, chamoiseur. — Les selliers se nommaient Gilbert Roy, Noël Cabanne (2), Jacques Louiset. — Mathurin Ardenit et Pierre Auclerc exerçaient le métier de chanvreur. — Les tisserands s'appelaient Roque Auclerc, Léonard Dessemeli, Jean Despré, Jean Lacroix, Jean Damont ; — tandis que Pierre Barbier, Pierre Aufauvre, Etienne Bodat, Jean Brunet, Jean Peruchet, V. Rinche, Nicolas Roncet, Pardeux, Laurent Lefouet, François Lacroix étaient cardeurs.

Les principaux aubergistes étaient Jean Minier et Gilbert Bonneville ; — Louis Loutil, Laurent Loutil (3),

la maison de Françoise Duchenet, veuve de M. Imbert et la maison de l'acquéreur. » Ce dernier était tenu de payer annuellement 5 sols 2 deniers de droits seigneuriaux à la seigneurie de Bonnay et 3 livres de rente aux héritiers de Maître Jean-Baptiste Theurault.

(1) Fils d'Hugues Michault et de Catherine Combrailles ; il épousa Marie Nizerolle.

(2) Les Cabanne travaillaient dans les cuirs depuis un temps immémorial. L'un d'eux, Maître François Cabanne, possède encore, dans la Grande Rue, un magasin de sellier, profession que son père, son aïeul et son bisaïeul ont exercée avant lui. — M. Aimé Cabanne, le banquier de la place du Faubourg, est issu, lui aussi, de cette famille bien connue dans les annales de la confrérie de saint Crépin d'Ainay ; son père était mégissier son grand-père et son bisaïeul, tanneurs.

(3) Laurent Loutil, cabaretier à Ainay, fut condamné à payer 60 livres à François Rabot, fermier à Saint-Pierre-les-Etieux, pour du foin livré. [Arch. du Cher : B, 4100].

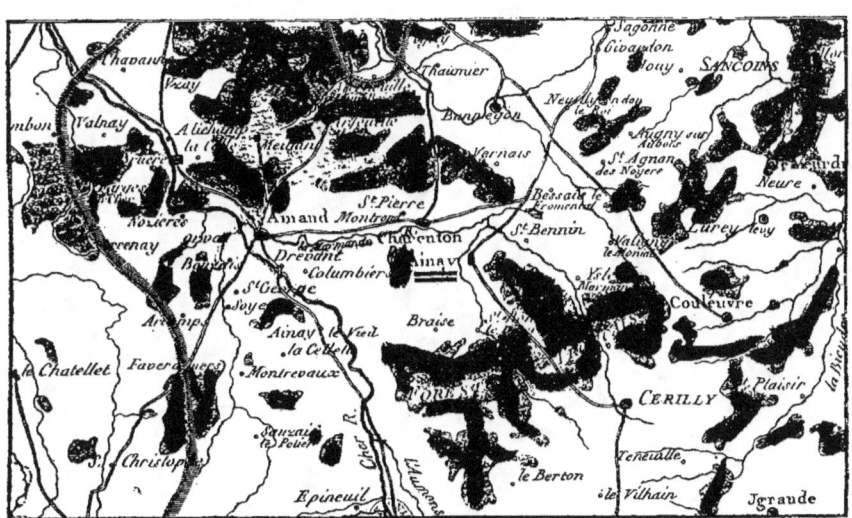

Environs d'Ainay. — Carte du XVIIIe siècle.

Jean Roy (1), tenaient cabaret. — Au nombre des bouchers, nous trouvons Pierre Ducrot, Pierre Pulvin, François Duens, Pierre Bourdain, Joseph Taubain, Pasquet, Sebastien Ducrot ; — tandis qu'Antoine Jobar, François Pichon, Jean-Baptiste Desplaces, Deniseau, Jacob Roy, Jean Roy (2), Claude Renon étaient boulangers. — Les meuniers s'appelaient Pierre et Jean Renon, N... Delafosse. — Au nombre des marchands-blattiers, on comptait Charles et Jacques Bernard, Jean Roy, Jean Robrieux (3). — Pierre Robinet était vigneron ; N... Guilteau, foulon ; Pierre Villepreux, huilier...

Parmi les ouvriers du bâtiment, Pierre Pulvin s'intitulait entrepreneur ; Gabriel Mortagne (4) était couvreur ; Montrignat, charpentier ; Pierre

---

(1) En 1746, Maître Roger Le Borgne, chevalier, seigneur du Lac, La Touratte, etc., plaidait contre Jean Roy, cabaretier d'Ainay, tuteur des enfants mineurs de François de Mercy, sieur de Grandveau, et fermier de leurs biens ; [Arch. de l'Allier : B, 581]. — Jean Roy avait épousé Marie Bonnichon et « tenait le logis de la Croix d'Or », en 1750.

(2) Le 3 août 1751, Marguerite Ducrot, veuve de Jean Roy, boulanger, demanda à être payée par privilège avec les premiers créanciers de l'entrepreneur des travaux de réparations du pont d'Ainay-le-Château, d'une somme de 55 livres, reliquat d'une somme plus considérable due par ledit entrepreneur pour fourniture de pain faite à lui et à ses ouvriers durant les travaux dudit pont.

(3) Il avait épousé Marguerite François, et, le 22 octobre 1775, sa belle-sœur, Marie François, fit donation à sa femme et à lui, de l'universalité des biens qu'elle possédait, à charge par les époux Robrieux-François de fournir à tous les besoins de la donatrice, sa vie durant ; [Arch. de l'Allier : B, 843].

(4) En 1746, lorsqu'il soumissionna l'adjudication des travaux de réfection du pont d'Ainay, Gabriel Mortagne prit la qualification plus pompeuse d' « entrepreneur des ouvrages de la ville ».

Delage, Etienne Renon, Etienne Venould, Delafosse, menuisiers ; Gilbert Bernard, Gilbert Léonard, Jacques et Philippe Bonneau, serruriers. — Les maréchaux se nommaient Gabriel Bailly, Pierre Bouyonnet (1), Mayole Pernier, Grégoire Bailly. — Louis Davène était poêlier. — Jean Lacroix (2), Jean Laurin, Etienne Dubost, François Baugy (3), taillandiers ; — Robrieux, ciergier ;— Pierre Chemin (4), Philippe-Barnabé Girault, Nicolas Girault, perruquiers ; — Couret, chapelier ; — François Thomas, horloger ; — Jean Delacroix, puis Simon Renon, sacristains..... tous noms connus et, pour la plupart, encore portés soit à Ainay, soit dans les environs ; et dont l'énumération rapide donne mieux, — ce nous semble, — l'impression exacte de

(1) De son mariage avec Marie-Anne Pulvin, il avait eu deux filles : Marie Bouyonnet, en 1747, et Anne Bouyonnet, en 1749. — Ce furent elles qui firent assigner, le 17 novembre 1768, François Rétif, premier échevin, et les collecteurs des tailles parce que » n'étant point en âge d'estre sur aucun rolle, elles voulaient jouir du privilège accordé à ceux qui ne sont point en âge... »

(2) C'est Marguerite Lacroix [fille de Jean Lacroix, taillandier et de N... Bonneville] qui fut assignée le 27 mai 1712, à la requête de Nicolas-François Legay, commissaire de police, chez qui, conduite par sa mère, elle était venue se louer comme servante ; et qu'elle laissa brusquement en plan, après s'être fait avancer 59 sols 6 deniers a compte sur son gage annuel montant à 18 livres ; [Documents de M. Chavaillon].

(3) François Baugy, époux de Marie Servantier [fille d'Etienne Servantier, héritier lui-même de Claude Serventier] était condamné en la sénéchaussée de Moulins, le 26 mai 1747, à la requête d'Isaac Godin, receveur de la châtellenie d'Ainay pour le prince de Condé.

(4) Le 14 février 1734, il était bénéficiaire d'une donation de 1.200 livres stipulée en sa faveur au contrat de mariage de sa tante, Marie-Anne Chemin, avec Thomas Labbe, maître de forges à Charenton : [Arch. de l'Allier : B, 748].

ce qu'étaient alors le commerce, l'industrie, la population d'Ainay-le-Château que ne le fait la brève mention du géographe Expilly : « On y compte cent quatre-vingts feux... »

Certains de ces marchands acquirent une jolie aisance et parvinrent aux fonctions municipales ou achetèrent des charges et emplois publics. Mais tous étaient jaloux des prérogatives attribuées à leurs professions et croyaient avec Domat (1) qu'il y a « dans les professions mêmes du commerce et celles des arts une espèce d'honneur qui en met les unes au-dessus des autres ». Et c'est ainsi que les gros marchands s'estimaient supérieurs aux chirurgiens et apothicaires, tandis que ces derniers regardaient avec condescendance les charpentiers, menuisiers, maçons, etc... L'histoire d'Ainay nous fournit des documents qui soulignent un état d'esprit qui n'était pas particulier à cette petite ville, mais général à toute la France, ainsi que le prouve surabondamment la protestation des « Six Corps » [drapiers, épiciers, bouchers, orfèvres, merciers, pelletiers], repoussant avec véhémence la prétention qu'avaient émise les marchands de vin de leur être adjoints en septième. A Ainay-le-Château, tout autant qu'ailleurs on peut reconnaître la division que Domat a faite de la population en neuf ordres, dits « ordres de professions » ; à savoir : le clergé, l'état militaire, le conseil secret du prince, l'administration de la justice, celle des finances, les sciences et les arts libéraux, le commerce extérieur et intérieur [gros et détail], les arts mécaniques et les métiers manuels, l'agriculture. Tous les Castellainaisiens tenaient au rang que leur conférait leur profession ; ils s'en

---

(1) JEAN DOMAT, *Traité de droit public*.

enorgueillissaient et s'imposaient parfois des charges réelles pour vivre selon leur classe, tel Nicolas-François Legay (1) — l'un des plus riches d'entre eux, il est vrai — qui n'hésita pas à mettre sa fille, Marie-Anne Legay, en pension au couvent des religieuses bernardines de Montluçon, où, pour son premier trimestre de pension [du 24 avril 1772 au 24 juillet suivant] il paya 40 livres (2).

(1) François-Nicolas Legay, commissaire de police et marchand-grossier à Ainay [fils de Nicolas Legay et d'Anne Grollier] avait épousé Catherine-Agnès Garandeau [fille de Michel Garandeau et de Marie Grimard], le 7 novembre 1752 à Couleuvre. [Arch. de l'Allier : E sup., 342].

(2) Voici, établi de la main de son père le « mémoire des hardes, habits et linge que Marie-Anne Legay emporta au couvent, le 4 avril 1772 qu'elle est partie : Deux draps de six aunes de toile de plain ; — 6 serviettes communes ; — 2 serviettes de toile ouvrée ; — 10 chemises ; — 9 cottes de nuit ; — 6 bonnets piquet ; — 4 mouchoirs de col de mousselines ; — 2 mouchoirs de nuit ; — 6 mouchoirs à moucher ; — 3 camisoles dont y a une de cotton de garnye ; — un jupon blanc aussi de toile de cotton garnie de mousseline ; — 5 paires de bas fil et coton ; — 2 paires de manchettes doubles dont une paire à nœud et l'autre paire de mousseline brodée ; — 2 mantelets de mousseline et un tablier de batisse [batiste] noire ; — 2 paires de gants de fil et une paire de mitaines de fil noirs ; — 4 scrupuleuses ou mouchoirs dont un en fil, un de marli travaillé, un de gaze d'Italie et l'autre de gaze noire ; — 3 colliers : un de marcassitte, un de grenat et l'autre de grenat et perles blanches ; — 3 bonnets en fil garnis dont deux en nœuds et l'autre en blonde—; — une petite bonnette plissée — 3 robes dont deux d'indienne ; — 2 jupons de dessous, l'un d'indienne et l'autre de cotonnade, brodés, piqués ; — 3 pères [paires] de souliers ; — une paire de boucles d'argent en fasce de diamant ; — une cuillère et fourchette d'argent marquées d'un i et d'un g ; — une écuelle d'étain ; — une boite à poudre ; — un miroir ; — une paire de boucles d'acier ; — un goblet d'argent marqué n, l ; — 5 peignoirs, dont deux de toile de plain ; — 2 paires de poches de toile ; — un petit sac de toile à mettre son linge

DES ORIGINES JUSQU'A LA RÉVOLUTION 285

Malgré cette prospérité commerciale, plutôt superficielle que réelle (1), la ville ne reprit pas son essor, et la population ne s'accrut point d'une façon notable. Les pouvoirs publics ne se désintéressaient pourtant point du sort d'Ainay-le-Château. Un arrêt du Conseil d'Etat, daté de Versailles, le 26 avril 1746, nous en fournit la preuve : « Le Roy, y est-il dit, ayant été informé que les représentations faites au sieur Dodart (2), commissaire départy en la généralité de Bourges, par lesdits échevins (3) et habitants (4) de la ville d'Ainay-le-Château, que le

---

sale ; — un petit corset de nuit de coton brodé ; — une paire d'heures de Bourges ; — une petite paire de ciseaux ; — un petit couteau garny en argent. »

(1) Il est certain que de 1770 à 1800, les marchandises — [les denrées surtout] — subirent une hausse de prix rapide et considérable ; la viande, entre autres, augmenta dans une proportion de 25 à 35 0/0. Les registres de la comptabilité des hospices du Mans et d'Angers qui achetaient une grande quantité de ces denrées fournissent la preuve de cette hausse, motivée par l'augmentation soudaine de *l'argent* qui, d'Amérique, vint affluer en Europe. Cette augmentation métallique eut pour effet de diminuer la valeur du métal et, par suite de cette dépréciation, l'échange des denrées contre de l'argent se fit sur de nouvelles bases qui nécessitèrent une plus grande quantité de cet argent déprécié, pour payer les marchandises.

(2) Denis Dodart, chevalier, conseiller du Roi, maître des requêtes ordinaire de son hôtel, Intendant de la Généralité de Bourges.

(3) François Rétif et Jean Bujon.

(4) Les principaux habitants qui assistèrent à la promulgation de l'ordonnance rendue par Jean Huet, sieur de Crochet et Mussy, Lieutenant de Police, le 15 janvier 1746, étaient : « François Beraud, sieur de la Bourgognerie ; Jacques Bujon, sieur des Brosses ; Jacques Vincent, bourgeois ; Nicolas Legay, Remy Servantier, gros marchands ; René Riobé, Lazare Dubost, chirurgiens ; Thomas Lauzier, François Duchenet, Estienne Duranjon, Pasquet Duranjon, Jacques Davault, Jean

pont (1) de ladite ville était entièrement ruiné de façon qu'il ne pouvoit plus passer ny voitures, ny gens de pied, Ce qui faisoit un tort considérable au commerce de cette ville et des paroisses voisines, qu'il étoit, d'autant plus indispensable de le faire reconstruire qu'il se trouve sur le passage de Bourges à Moulins qui est très fréquentez et qui fait la grande route des troupes », le Roi — disons-nous — approuva le devis des travaux dressé (2) sur le plan établi par l'ingénieur de la province d'après les ordres de l'Intendant, et confirma l'adjudication des constructions (3) qui avait été consentie le

Dubois, François Dufault, Toussaint Rétif, Pierre Lécuier, Antoine Cottereaux, Charles Bureau, Pierre Auroux, Annet Davault, tous marchands-drapiers ; Remy Servantier, Antoine Bujon, huissiers-royaux ; Antoine Boussat, Jean Roy, marchands ; François Desprez, Claude Lagorge, Jean Laurins, François Pichon, Pierre Lamy, Jean Brunet, Estienne Dubois ; et autres principaux et nottables habitants », dont l'énumération savamment raisonnée nous prouve — comme l'a établi M. Charles Benoist dans sa *Hiérarchie des professions de l'ancienne Société française*, — que chacun des neuf ordres de l'état au XVIIIe siècle se subdivisait lui-même en classes et que le huitième ordre, par exemple, [celui des arts mécaniques et des métiers manuels], comportait une hiérarchie professionnelle où se suivaient la pharmacie, la chirurgie, l'imprimerie, l'architecture et la charpente dont les membres prétendaient avoir le pas sur les tailleurs d'habits, chapeliers, drapiers, cordonniers, menuisiers, serruriers, boulangers et autres.

(1) Divers travaux y avaient déjà été exécutés, ainsi qu'on peut s'en rendre compte en feuilletant aux Archives du Cher [C, 104] le dossier des réparations faites au pont de planches d'Ainay-le-Château, de 1733 à 1752.

(2) Par le sieur Picard, entrepreneur des ouvrages du Roi. — Ce devis fut établi sur les lieux mêmes, le 21 juin 1744.

(3) Le premier adjudicataire fut ledit Gabriel Mortagne, pour le prix de 1.500 livres ; puis vinrent ensuite : Pierre Pulvin, entrepreneur, 1.400 livres ; — Jacques Charpreaux, dit Francœur,

15 janvier 1746 au bénéfice de « Gabriel Mortagne, entrepreneur de ladite ville [d'Ainay], moyennant la somme de sept cent quarante-neuf livres dix sols et aux charges y portées (1) ». Enfin, Sa Majesté ayant vu la « délibération de la communauté de ladite ville d'Ainay-le-Château du 11 janvier 1744 pour la reconstruction dudit pont et l'imposition sur eux de la dépense nécessaire », ordonna que, pour payer ces travaux, il serait imposé en cette année 1746 sur tous les habitants de la ville « exempts et non exempts, privilégiés et non privilégiés », la somme de 749 livres 10 sols, « au marc la livre de la capitation » et que cette somme recueillie par les

entrepreneur à Saint-Amand, 1.200 livres ; — Mathurin Montrignat, charpentier, 1.100 livres ; — Estienne Renon, 1.000 livres ; — François Barbier, de Charenton, 900 livres ; — Jean Aubouët, entrepreneur de Cerilly, 850 livres ; — Gilbert Lagrange, charpentier-entrepreneur, 800 livres ; — Gabriel Mortagne, 780 livres ; Jean Bouriand, 750 livres ; — Gabriel Mortagne, 730 livres ; — Pierre Pulvin, 720 livres ; — Jacques Charpreaux, 700 livres ; — Estienne Renon, 680 livres ; — et enfin Gabriel Mortagne qui resta adjudicataire à 670 livres. En plus de ce prix devait être remise à l'adjudicataire une somme de 79 livres 10 sols qu'il serait tenu de payer, savoir : 75 livres au sieur Picard pour montant de son devis et comme prix de trois voyages que ledit Picard était tenu de faire durant le cours des travaux pour les surveiller ; — et 4 livres 10 sols pour remboursement des affiches qui avaient été posées à Saint-Amand, Charenton, Dun-le-Roi, Cérilly, Sancoins, Lurcy, Le Veurdre, etc., ce qui formait le total de 749 livres 10 sols.

(1) Le travail devait être fait et parfait au mois de septembre suivant, à cause de la grande nécessité. L'adjudicataire devait recevoir 150 livres un mois après le commencement du travail ; 200 livres dans le cours de l'exécution ; et le surplus — sauf 100 livres qui serviraient de garantie, — le jour de la réception qui devait être faite aux frais de l'adjudicataire. D'autre part, des corvées devaient être fournies à celui-ci pour remuer les terres, tirer le moëllon, conduire les matériaux...

collecteurs en exercice serait versée entre les mains du sieur Denise, receveur des tailles de l'élection de Saint-Amand, à charge par ce dernier de faire les paiements à l'adjudicataire. En outre, était également décrétée au profit des collecteurs (1) et du sieur Denise une imposition de huit deniers pour livre sur la somme levée. Le pont devait être, d'après le cahier des charges, livré à la circulation au mois de septembre suivant ; mais on avait compté sans l'imprévu : Le devis, en effet, avait spécifié une profondeur de fondations de trois pieds au-dessous du niveau du lit de la rivière, sur huit pieds d'épaisseur ; quand les travaux furent en cours, on se rendit aisément compte que ces chiffres étaient insuffisants ; et le pauvre Gabriel Mortagne, acculé à toutes sortes de difficultés, fut obligé de fournir caution en la personne de Jacques Charpreaux, dit Francœur, son concurrent. Il fallut exécuter des travaux supplémentaires et, notamment, donner aux fondations une profondeur de dix-huit pieds au-dessous du niveau des eaux, et une épaisseur de douze pieds. A la vue de ces travaux imprévus, l'effroi saisit les créanciers des entrepreneurs dont tout le crédit sombra. Divers fournisseurs, tels Léonard Céron, tuilier de Madault ; Louis Robrieux, taillandier à Ainay ; Etienne Bouriant, cabaretier à Charenton ; Marguerite Ducrot, veuve de Jean Roy, boulanger à Ainay ; Pierre Menouvrier, etc..., firent opposition aux paiements qui devaient être faits à Gabriel Mortagne par le receveur des tailles de l'élection de Saint-Amand. Une correspondance

---

(1) Le collecteur de cet impôt était le sieur Jacques Bonneau ; [Procès-verbal dressé le 3 août 1751 par Ph. Theurault de l'Amour, Procureur du Roy à Ainay].

et un dossier se constituèrent à ce sujet, créés d'une part par Philippe Theurault de l'Amour, Procureur du Roi en la châtellenie ; et, d'autre part, par l'Intendant de la généralité de Bourges. — Enfin, après de nombreux pourparlers, l'Intendant commit le sieur Pierre Bonneau, entrepreneur, demeurant à Ainay-le-Château, pour recevoir le nouveau pont. La réception en eut lieu le 19 août 1752, en présence des officiers de police et des échevins de la ville ; justice fut rendue à l'adjudicataire et, par une ordonnance datée de Bourges le 9 juin 1753, l'Intendant prescrivit d'imposer « en marge du rolle de la première imposition et au marc la livre des cottes » la somme de 222 livres, montant des travaux supplémentaires non compris au devis ; et la somme de 3 livres 14 sols, pour les 4 deniers pour livre de taxations du collecteur (1).

Neuf ans plus tard, de nouvelles réparations étaient devenues nécessaires, ainsi que nous l'apprend une délibération de la Municipalité (2) d'Ainay, valant délibération générale, en date du 6 décembre 1761. Cette délibération, motivée par une lettre que l'Intendant écrivait le 18 novembre de la même année à Maître Jean Huet, sieur de Crochet et Mussy, avait pour objet l'examen d'un devis de réparations à effectuer au pont, devis dressé le 10 octobre par le sieur Brunet sous-ingénieur de la province. Entre autres observations, il fut constaté que « la réparation du pavé du pont était très mauvaise, mais qu'au lieu de 88 toises portées sur le devis, 32 étaient suffisantes pour cette réparation,

(1) Documents de M. Chavaillon.
(2) Fragments d'un registre des délibérations de la Municipalité d'Ainay, allant du mois de juillet 1760 au 8 février 1770 [Papiers de M. Chavaillon].

le supplément pouvant se faire en cailloutis ; que le tirage du pavé qui devait y être employé ne devait pas coûter 24 livres le millier, comme il était porté au devis ; qu'il pourroit se trouver du pavé épars d'un côté et d'un autre (1) pour faire lesdites 32 toises et qui ne couteroit que la conduitte ; que s'il ne s'en trouvoit pas suffisamment, les massons du pays le tireroient à meilleur marché ; que la chaux ne coutoit au pays que 40 sols le poinçon ; le ciment, 3 livres ; qu'au surplus ny la ville, ny les octroyes n'étaient pas en état de payer une somme de 525 liv. 10 sols 6 deniers, prix fixé par le devis, les octroyes (2) n'étant par an que de 190 livres, y ayant des procès considérables à soutenir contre le fermier du domaine de cette ville qui voulait l'assujettir à une servitude de près de 300 livres pour chacun an, celle-ci se deffendant sous l'authorité de Sa Grandeur et en ayant beaucoup d'autres [procès] à essuier par les vexations et entreprises de ce fermier ; que d'ailleurs il y a d'urgentes réparations à faire à l'orloge de cette dite ville, ce qui empesche qu'ils [les échevins] puissent consentir à ce que la somme portée au devis ne puisse être prise sur lesdits octroyes qui sont chargés par année de 100 livres, pour les gages du recteur de ladite ville et orlogier, suppliant très humblement Mgr l'Intendant de vouloir bien réduire ledit pavé à faire sur ledit pont à

---

(1) C'est grâce à ce procédé économique, encore employé dans la première moitié du XIXe siècle, que disparurent une partie des remparts, et le vieux château dont plus une pierre ne subsiste aujourd'hui.

(2) Dans l'Etat des villes de la Généralité de Bourges, jouissant de la seconde moitié des octrois à elles attribués, nous trouvons pour l'élection de Saint-Amand : Saint-Amand et Ainay-le-Château. [Arch. du Cher : C, 732].

32 toizes et d'ordonner les corvées pour la conduitte tant de la pierre, mathériaux, que pour faire les chemains portés au devis ; et pour cet effet qu'il soit pris pour le payement du prix qui sera fixé par mondit seigneur l'Intendant, en premier lieu la somme de 50 livres qui est entre les mains de Toussaint Rétif, collecteur, lors du prix de l'adjudication dudit pont, et celle de 30 livres par chacun an sur les octroyes, jusqu'en fin du payement... », etc.

Toutes ces réparations duraient peu, et le 4 novembre 1768, une délibération municipale, constatant que « le pont menaçait d'une ruine prochaine, le pavé étant totalement péri, l'eau croupissant », décidait : En « attendant que la réparation de ce pont soit autorisée et faite par qui il appartiendra », pouvoir est donné à l'échevin de prendre le nombre de « bouviers, manœuvres et massons qu'il conviendra pour conduire audit pont pierre, caillouty, et sable qu'il conviendra..... aux dépens des octroys » de la ville. L'année suivante, au mois de juin, fut consolidée la croix de mission ; la maçonnerie du socle fut refaite et surélevée de quinze pouces ; l'entablement fut protégé par un chapeau de ciment qui garantissait le bas de la croix et empêchait le bois de pourrir ; des marches furent consolidées : bref, tout ce travail demanda neuf journées d'ouvriers à 15 sols, 4 livres 2 onces de plomb à 29 sols et différentes autres fournitures (1). C'était l'ère des réparations. Le 8 juillet 1770, dans une assemblée des notables, il fut décidé d'exécuter à l'horloge divers importants travaux de réfection, savoir : refaire la roue des heures et son arbre, la roue de rencontre, la roue d'échappement, la verge du balancier, la

---

(1) Mandat de paiement du 3 décembre 1769.

sonnerie, la roue des poids, etc., etc..., dont le montant s'éleva à la somme de 200 livres qui furent payées au sieur Thomas, horloger, par Maître Legay, syndic-receveur de l'Hôtel-de-Ville, le 27 décembre de la même année. Le 2 décembre, des réparations sur la couverture de ladite horloge avaient été ordonnées ; et le 27 décembre, Maître Legay en solda le compte qui s'élevait à 20 livres 19 sols. Enfin, par quittance du 15 décembre 1771, Jean Planchard, maître maçon (1), décharge François-Nicolas Legay, receveur des octrois, d'une somme de 60 livres pour paiement des travaux suivants : 14 toises de pavé refait sous le bâtiment de l'horloge entre les deux tours ; — réfection du marche-pied de la croix située sur la place de la ville ; — mise en place sur le parapet du pont d'un quartier de pierre (2) qui était tombé dans le rivière ; — raccordement de toutes les autres pierres du parapet à chaux et à sable et « raccommodage des trous qui estoit à l'entrée et à la sortie dudit pont ».

Jusqu'à ce moment tout allait bien et les affaires de la ville semblaient se régler à la satisfaction générale des Castellainaisiens. Survint l'arrêt du Conseil en date du 29 mars 1773, par lequel il était stipulé que toutes les réparations ou constructions des bâtiments servant de palais de justice et de prisons étaient mises dans toutes les villes à la charge desdites villes. Notification de cet arrêt fut adressée aux officiers municipaux d'Ainay-le-Château le 24 juin suivant par l'intendant Dupré de Saint-Maur, qui demandait, en même temps, un mémoire

---

(1) Originaire de la Marche et travaillant ordinairement à Ainay.

(2) Ce qui semble indiquer que le pont était alors en pierre.

ou état de lieux constatant l'état de vétusté des bâtiments visés par le susdit arrêt. Réponse fut faite en juillet par les officiers municipaux qui indiquèrent les deux tours de l'horloge comme très propres à la construction d'un palais de justice et d'une prison, spécifièrent que ces bâtiments exigeaient des réparations très considérables, signalèrent à ce sujet l'insuffisance des revenus de la ville et proposèrent que celle-ci fut autorisée à contracter un emprunt de 2.000 livres ou à augmenter ses octrois. Puis les choses s'embrouillèrent. En plus de ces réparations, les échevins furent mis en demeure, en 1778, de fournir l'emplacement d'un nouveau cimetière, et les négociations étaient loin d'aboutir comme le démontre cette requête adressée à Monseigneur l'Intendant de la Généralité de Berry, à Bourges (1) :

« Vous remontrent les Echevins de la ville d'Ainay-le-Château que par procès-verbal dressé par M. l'archidiacre de la ville de Bourges, en date du 14 septembre dernier, par lequel il est dit que les habitans de laditte ville prendront incessamment tous les moyens les plus convenables pour trouver un terrain propre à y établir un nouveau cimetière ; En conséquence de ce procès-verbal, les suppliants et habitans n'ayant pu trouver d'autre terrin que deux petits jardins, l'un appartenant à Mathieux Demême, concierge ; et l'autre aux mineurs Menouvrier ; lesdits deux jardins n'étant séparés que par des palis et situés près la croix de la Mission ; les suppliants ayant fait toutes les diligences possible auprès de ces deux propriétaires pour en faire l'acquisition, ils ont été entièrement refusant d'y vou-

(1) Reçue le 7 mai 1779.

loir souscrire, même de donner expert de leur part..
Et comme, par ledit procès-verbal, lesdits habitans
non que jusqu'au 24 juin prochain pour leurs mettre
en règle ils n'ont jusqu'à présent put y parvenir,
c'est à ces fins qu'ils ont L'honneur de recourir à
Votre Grandeur. Ce considérez Monseigneur, vu
ledit procès-verbal dudit jour 24 septembre dernier,
ensemble la délibération faitte par les habitans de
laditte ville pour laquelle les suppliants sont authorizée à en faire l'acquisition que n'ayant put jusqu'à
présent y parvenir, Ordonner qu'ils seront authorizé
d'en faire laditte acquisition, de nommer et faire
nommer un expert, et cella par devant M. le L.-G. de
la Chastellenie d'Ainay, même pour les parties reffu-
sante, Et dans l'un et l'autre cas que les suppliants
demeureront authorizée à prendre lesdits experts
même de tierre en cas de besoin ; odonner pareillement que les sieurs Echevins seront authorizée à
prélever sur les habitans de laditte ville le montant
de l'acquisition desdits deux jardins et réparations
pour parvenir au rétablissement ; Et votre ordonnance à intervenir exécuté par provision ; Et ferez
justice. — Pezant ; Duranjon ».

L'Intendant répondit en marge de cette requête :
« Renvoyé les supplians à se pourvoir, s'il y a lieu,
devant les Juges ordinaires auxquels l'exécution de
la Déclaration du Roi du 10 mars 1776, concernant
les inhumations, est confiée. Au surplus, cette Loi
ne contenant aucune disposition d'après laquelle
les propriétaires puissent être contraints à céder leur
terrain pour établir un nouveau cimetière, les
communautés doivent traiter avec eux de gré à gré
et je ne les autoriserai point à plaider pour un pareil
objet. Ce 15 mai 1779. — Feydeau (1). »

(1) Documents de M. Chavaillon.

Toutes ces difficultés firent que, très probablement, on laissa dormir tous les projets de réfection ; on se servit, pour rendre la justice, des mêmes locaux que précédemment, — sans en payer la location ; — car le 27 mars 1782, M. Joly de Fleury, ministre des finances, donna l'ordre à l'intendant Dufour de faire payer aux « officiers municipaux d'Ainay les loyers du bâtiment qui servait d'audiences depuis le mois de may 1773 (1) ». Comme il a été facile de s'en rendre compte par tout ce qui précède, les finances municipales ne devaient pas être en très brillant état..... Nombre de réclamations sont faites à cette époque pour obtenir un dégrèvement, une modération des tailles... Des veuves trop pauvres quittent la ville pour se réfugier chez leurs parents..... La population n'augmente pas : loin de là ! En 1782, on ne compte que 23 naissances de garçons et 29 de filles ; 8 mariages ; et 45 décès, dont 26 hommes et 19 femmes (2)... Aussi les officiers municipaux s'essayent-ils à faire durer les choses le plus possible. L'année précédente, pourtant, au 24 novembre 1781, à la suite d'une réunion des notables « au palais royal d'Ainay-le-Château », ils avaient accueilli la requête du sieur Thomas, horloger ; celui-ci représentait que depuis longtemps il avait soin de « monter et entretenir l'horloge de la ville de menues réparations pour la modique somme de 20 livres par an », mais que cela n'était pas suffisant. Les officiers et notables consentirent une augmentation annuelle (3) de 10 livres,

(1) Documents de M. Chavaillon.
(2) Arch. du Cher : C, 144.
(3) L'année 1781 avait été excellente ; le vin était si abondant qu'on ne savait où le loger. Il n'en fut pas de même l'année suivante où la pauvreté fut excessive.

avec effet rétroactif à partir du 1er janvier 1781, à condition que, désormais, le sieur Thomas fournît l'huile pour graisser l'horloge (1). Mais, sauf cette augmentation de salaires, grevant chaque année le budget municipal, rien ne fut modifié à Ainay jusqu'au 24 janvier 1785, où une délibération de l'Hôtel-de-Ville reconnut « l'état de dégradations de la couverture de l'horloge et les réparations urgentes et nécessaires qu'exigeait l'édifice sur lequel elle était située » ; puis le 27 mars fut dressé un procès-verbal du devis établi par le sieur Dumoulin : dans ce procès-verbal il était dit que « la ville n'ayant point d'hôtel-de-ville ny d'emplacement à elle appartenant où elle put tenir ses assemblées, ny la justice ses audiances », elle était forcée de louer des bâtiments pour cela à un prix exhorbitant, vu l'avidité de certains particuliers ; qu'il serait plus avantageux pour elle de débourser une somme une fois payée, — dussent pendant quelques années les impositions augmenter, — pour permettre de faire édifier dans les deux tours de l'horloge « un hostel de ville et une audiance ».

Cette proposition, semblable à un brandon de discorde, devait diviser en deux camps irréconciliables toute la population castellainaisienne. Il est de toute évidence, en effet, que ceux qui profitaient des loyers onéreux payés par les officiers municipaux ne virent pas d'un bon œil semblable délibération. Ajoutons à cela que le premier échevin F. Bujon des Brosses avait soutenu dans plusieurs cas les intérêts de la ville contre les empiètements de certains particuliers, et il sera facile de comprendre

---

(1) Cette décision reçut l'approbation de l'Intendant de Berry, Dufour de Villeneuve, datée de Paris le 10 janvier 1782.

pourquoi cette proposition souleva un tolle furieux. Néanmoins, un devis fut dressé par le sieur Dumoulin, expert, le 27 mars 1785 ; lequel devis fut reçu, le 5 janvier 1786, par l'intendant Dufour de Villeneuve (1)... Et, le 8 mai de la même année, en présence de M. des Beauxplains, — député de Saint-Amand à Ainay pour l'occurence, — fut adjugée l'entreprise des travaux « pour reconstruire l'hotel-de-ville..... moïennant la somme de 2.170 livres, frais compris », au sieur Cougnois, charpentier (2).

(1) Arch. du Cher : C, 15.
(2) Voici les conditions de l'adjudication : « — 1º Sera fait dans la tour, au lieu de l'escalier ancien tombé en ruines, un escalier en bois et marches massives de six pouces d'épaisseur. La maçonnerie sera démolie de six pouces de profondeur dans tout son contour pour donner plus de longueur audit escalier qui sera éclairé par deux œils-de-bœuf et, pour en fermer l'entrée, il sera fait un ventail en bon bois de chêne d'un pouce d'épaisseur, doublé en plancher mince et cloué avec des clous convenables à trois pouces de distance l'un de l'autre, lequel ventail sera garni de fortes pentures et gonds, d'un loquet et d'une serrure, le tout proportionné à la force de laditte porte également de bois de chêne mais plus mince, garnie seulement de ses pentures, gonds et d'un loquet à main dans un tambour qui sera construit à cet effet au haut dudit escalier pour le séparer du collidor cy-après. — 2º Depuis la seconde porte entrante dans le bâtiment jusqu'à la pièce destinée à tenir les audiences sera fait un collidor éclairé par deux œils-de-bœuf qui séparera tant laditte pièce que celle qui servira de Chambre du Conseil par un marlage fait en bon colombage latté, rempli de maçonnerie et passé au bouclier et, dans ce marlage deux portes pour l'entrée de chacune pièce en bon bois de chêne d'un pouce d'épaisseur garny de penture, gonds et loquets à main. Sera aussi placé dans ledit marlage séparatif de laditte Chambre du Conseil d'avec la cage de l'horloge, un placard fermant à deux clefs pour y déposer les archives de la ville, une table de bois dans la même chambre pour le secrétaire-greffier, et autour d'icelle des bancs aussy en bois. — 3º Il sera fait dans la

Il fut ensuite ordonné le 18 juillet, par un arrêt du Conseil confirmant l'adjudication, que cette somme de 2.170 livres serait imposée en deux années, — y compris l'année 1786, — sur les propriétaires et les habitants.

Chambre du Conseil une cheminée en pierre de taille de cinq pieds, et de tablette taillée à la moderne ; son tuyau monté en briques jusqu'à douze pieds de hauteur hors de la couverture et soutenu par une barre de fer qui aura deux S, l'une derrière et l'autre devant. Et l'adjudicataire fournira à ses frais, pour garnir laditte cheminée, un feu concistant en une pelle, une pincette et deux chenêts unis. — 4º Les deux pièces, ainsi que le collidor, seront carrelés en carreaux de terre cuite sur un lit de chaud et de sable ce qui formera pour le tout vingt-quatre toises de carrelages. Ledit adjudicataire sera encore tenu de transporter les bancs qui se trouvent dans l'ancienne audience, les replacer dans la nouvelle et les réparer à ses frais si besoin est. — 5º Pour faire le grenier au-dessus qui sera également de vingt-quatre toises, il sera placé de bonnes solives de six sur sept pouces d'équarissage à distance de dix pouces les unes des autres sur lesquelles seront posés des planchers de bois de chêne passés en reinures et languettes et chaque plancher sera attaché par deux forts clous sur chaque solive. — 6º Tous les murs du dehors et de l'intérieur seront regoptés et remplis et recrépis à chaud et à sable de rivière le dedans passé au bouclier et blanchis de deux laits de chaux. — 7º La couverture sera repassée à taille ouverte, relatée à neuf à sept pouces de son pureau ; la latte sera neuve et bien clouée ; les contre-lattes seront de trois pouces de largeur sur six lignes d'épaisseur et toute la tuille neuve nécessaire sera de bonne qualité. — 8. La cage de l'horloge sera avancée sur le devant pour que les poids tombent d'aplomb, il sera fait une porte en bois dans le collidor comme une de celles cy-dessus de l'intérieur pour entrer dans laditte cage. — 9º Le dôme de l'horloge sera repicqué, recouvert en ardoise, il sera placé au tour de la lanterne une feuille de fer blanc pour sortir l'eau des noues, et également plusieurs liens de fer pour assurer solidement la charpente de laditte lanterne et comme le cadran actuel est en très mauvais état, il en sera substitué un nouveau d'un diamètre un peu plus étendu. — 10º Comme la tour à l'entrée de

C'était un triomphe pour Bujon des Brosses (1) : on voulut le lui faire payer. D'un extrait du procès-verbal de convocation des habitants établi le 19 no-

laquelle est l'escalier peut servir de prison, il y sera fait une forte porte à la seconde enceinte qui séparera la tour d'avec l'escalier, laquelle porte sera garnie de bonnes pentures, gonds, d'une forte serrure à deux tours et de deux gros verrouils. — 11º Il sera fait dans l'épaisseur du mur dudit bâtiment deux croisées de neuf pieds de hauteur sur quatre et demi de largeur, ga nis de chassis dormants et à verre, chacune d'elles de quatre fiches à lames et d'une espagnolette en fer et il sera posé au dehors des persiennes ferrées avec paumelles, gonds, crochets, loquetaux. — 12º Ledit adjudicataire paiera comptant jusqu'à concurrence de la somme de 51 livres 4 sols, savoir : celle de 30 livres à Philippe Dumoulin, expert, pour son transport au devis, et détail estimatif par lui faits ; celle de 11 livres pour le coût de deux exploits d'assignation des 20 et 25 février dernier ; 24 sols à Loreau, tambour ; et 9 livres à notre secrétaire pour ses minutes et une expédition des présentes. — 13º Sera tenu ledit adjudicataire de rendre tous les dits ouvrages faits et parfaits dans dix-huit mois au plus tard à compter de ce jour ; il sera payé du prix de son adjudication, savoir : un tiers lorsqu'il aura mis sur la place la moitié de tous les matériaux nécessaires à la confection des mêmes ouvrages ; le second tiers lorsqu'il aura employé au moins cette moitié ; et le troisième et dernier tiers après l'entière perfection et la réception du tout, laquelle réception sera faite à ses frais. — Finalement donnera ledit adjudicataire bonne et valable caution qui s'obligera solidairement et conjointement avec luy à l'exécution de toutes les clauses, charges et conditions cy-dessus. » [Documents de M. Chavaillon].

(1) François Bujon des Brosses, premier échevin, puis maire d'Ainay-le-Château, fils de Jacques-Vincent Bujon des Brosses, qui avait épousé, par contrat reçu Libault, notaire à Ainay, le 17 juin 1749, Marie-Elisabeth Bujon. — Les deux époux, par acte du 14 août 1793, enregistré à Saint-Amand le 2 pluviôse an II, firent abandon de tous leurs biens à leurs enfants qui en effectuèrent le partage à Ainay-le-Château, le 16 nivôse, an VIII. A cette date, Jacques-Vincent Bujon était mort et ses enfants sont ainsi désignés audit partage : — *a*) François

vembre 1786 à l'effet de régler la répartition de l'imposition de 2.170 livres pour la portion afférente à l'année en cours, « il apert que le sieur Sabardin, après avoir insulté le 1er échevin, auroit ordonné de sa pleine autorité au tambourg de ville de battre la caisse à l'effet d'ordonner à tous les habitants de se rendre à l'Hôtel-de-Ville, auroit demandé que le 1er échevin eut à se retirer, attendu qu'il gênait la délibération, et qu'il leur laissât le secrétaire-greffier. Sur le refus du 1er échevin, il auroit ordonné à tous les habitants de se rendre chez le sieur Huet, Lieutenant-Général de Police, sur l'heure même, et aurait réitéré au secrétaire-greffier l'ordre de le suivre et au tambourg de battre à nouveau la caisse pour faire savoir aux habitants de se rendre chez le sieur Huet (1)..... » C'était la lutte intestine entamée entre le premier échevin, d'une part, et, d'autre part, par les officiers de police soutenus — on ne voit pas trop pourquoi — par le brouillon et irascible François-Bernard Sabardin qui, ayant vendu sa charge de notaire (2), cherchait à se donner de l'im-

Bujon des Brosses, propriétaire, domicilié à Saint-Amand [l'ancien maire d'Ainay] ; — b) Jean-Baptiste Bujon, notaire public ; — c) Catherine Bujon, épouse du citoyen Jacques Berthomier-Desprost, tous domiciliés à Ainay ; — d) Marie Bujon, veuve du citoyen François Beraud de Vougon, domiciliée à Saint-Benin ; — e) Marie-Anne Bujon, épouse du citoyen Antoine Buffault, notaire-public, domiciliée à Ainay ; — f) Suzanne-Adélaïde Bujon, épouse du citoyen Gilbert Advenier, domiciliée à Monestier, canton de Chantelle ; — g) Anne Bujon, épouse du citoyen Jean-Baptiste-Patrocle Camus, domiciliée à Saint-Prié, canton de Montmarault. — Mais ils avaient eu encore : — h) Jacques Bujon, prêtre, mort avant 1794 ; — i) Joseph ; — j) Elisabeth Bujon, morts tous deux en bas âge.

(1) Documents de M. Chavaillon.
(2) Le 14 novembre 1784 à Antoine Buffault.

portance, peut-être dans le secret espoir d'être à nouveau choisi pour l'échevinage dont il avait exercé les fonctions de 1765 à 1767 (1). A cet effet, il fit le même jour, 19 novembre 1786, rédiger une protestation signée de vingt-et-un Castellainaisiens qui constituaient le sieur Jean Huet (2) comme leur procureur-général, pour faire opposition au premier échevin. Dieu sait les paperasseries qui furent dès lors amoncelées !... Dans le tas, un mémoire adressé à l'Intendant de la part des opposants, le 12 mars 1787, dit : « .....Malgré que les officiers de la châtellenie royale d'Ainay n'aient fait aucune tentative pour obtenir la construction à neuf d'un bâtiment pour y tenir leurs audiences ; de son autorité privée, peut-il (3) astreindre les habitants d'Ainay-le-Château à la construction de ce bâtiment ainsy que celui d'un hôtel de ville ; lesdits habitants sont très éloignés de croire que son autorité pût s'étendre à de pareilles entreprises qui entraineroient infailli-

(1) Il devint, en effet, maire en novembre 1791.
(2) Fils de Jean Huet, Lieutenant de Police à Ainay, et de Marie-Anne Charrier.
(3) Le premier échevin, François Bujon des Brosses. — Né le 6 septembre 1753, il avait épousé Marguerite Josset [fille de Claude Josset des Bruères, conseiller du Roi à Saint-Amand, et de Marguerite Villatte]. Il devint, par la suite, secrétaire de la Sous-Préfecture et juge suppléant à Saint-Amand où il mourut le 14 janvier 1830, laissant : — a) Lucile-Catherine Bujon, née à Saint-Amand le 1er juillet 1788, mariée le 7 février 1820 à Nicolas Vaillant, ancien capitaine d'infanterie faisant fonction de commissaire des guerres auprès du commissaire en chef, Vaillant, et décédée à Paris le 3 juillet 1832 ; — b) Marguerite-Euphrasie, née le 20 juin 1789, mariée le 14 mai 1810 à Joseph-Alexandre Gressin, décédée à La Chapelaude le 5 janvier 1873 ; — c) Marie-Marguerite-Pauline, née le 10 juillet 1790, mariée le 23 juin 1813 à Jean-Baptiste Villatte des Granges, morte sans postérité à Chazemais, le 10 février 1867.

blement la ruine de la plus grande partie d'iceux desquels la détresse est à la connaissance dudit sieur Bujon... de bonne foy les habitants avouent qu'il y a 70 à 80 ans il existoit en leur ville un palais, lequel était placé près une chapelle aujourd'huy appelée Saint-Fiacre (1), et sur l'emplacement duquel passe actuellement le grand chemin (2), sans qu'il y ait apparence de son existence depuis la destruction (3)... » Mais, continuaient les pétitionnaires, comme le logement de « judicature » est à la charge des villes, les habitants fournissent une « chambre » pour y rendre la justice, et comme la châtellenie d'Ainay, ajoutaient-ils, est aujourd'hui l'une des plus petites seigneuries du Bourbonnais, il ne s'y tient que très rarement des audiences, « la dernière étant du 26 août dernier »... Et, le 26 avril 1787, Maître François-Bernard Sabardin venait, de sa personne, à la rescousse, en écrivant à l'Intendant une lettre où il faisait état du peu de densité de la population castellainaisienne pour critiquer les constructions projetées, et où il estimait que le nombre des habitants d'Ainay-le-Château pouvait varier entre « six cent trente et six cent soixante communiants (4). »

De son côté, Bujon des Brosses ne restait pas inactif. En réponse à toutes ces attaques, il fit parvenir à l'Intendant divers mémoires (5) dans lesquels il concluait que si le différend était tranché suivant le désir de ses adversaires, la ville aurait à

---

(1) C'était la chapelle du Prieuré, édifiée primitivement sous le vocable de la Vierge.
(2) Actuellement la rue du Pont.
(3) Arch. du Cher : C, 15.
(4) Arch. du Cher : C, 15.
(5) Arch. du Cher : C, 15 et 28.

supporter en frais, tant d'adjudication déjà faite,
que de dommages-intérêts, réparations intérieures,
aménagement d'escalier, porte, paiement des matériaux déjà conduits à pied d'œuvre, capitalisation
du prix de location de la salle d'audiences, etc...,
une dépense totale de 3.745 livres, sans avoir d'hôtel
de ville, ni de palais de justice à elle ; tandis que la
construction de ces deux monuments, la réparation
de l'horloge, la réfection de l'escalier de la prison
n'atteignaient, au total, que la somme de 2.170 livres
prévue au devis et acceptée par l'adjudicataire des
travaux ! La brutalité des chiffres prêtait une éloquence singulière à la défense du premier échevin :
l'Intendant ne pouvait manquer d'adhérer à ces
projets de construction qui reçurent même une très
légère modification ainsi que le constate un procès-verbal d'assemblée des notables de la ville d'Ainay,
en date du 31 octobre 1787, d'où nous extrayons ces
nouvelles conditions : « ...Sera tenu l'adjudicataire
des réparations de l'horloge de faire une husserie
[huis] à la porte d'entrée, en pierre de taille qu'il lui
sera loisible de prendre dans la carrière la plus voisine : en outre, sera tenu de faire un plafond en
blanc et boure seulement sous les solives neuves qui
seront posées telles qu'elles sont désignées dans
l'adjudication, et le grenier sera fait sur les vieilles
solives passantes qui reçoivent l'assemblage de la
charpente en mettant, tout autour les jambières
de laditte charpente, deux planches l'une sur l'autre
pour tenir lieu des enjaguements ; sera posé des
cales et points d'appui entre les solives neuves et
les vieilles pour les supporter où besoin sera, les
officiers municipaux appelés. Sera fait deux ailes de
bardages de chaque coté solidement. Sera tenu en
outre led. adjudicataire de faire un escalier à côté

des poids de l'horloge le plus large et le plus commode qu'il sera possible, composé en deux limons et un appui. La salle d'assemblée sera à la place de l'aud^{re}, toutes choses pour ce seront faîtes. Si ledit Cougnois a besoin de plus amples éclaircissements, il viendra au greffe de l'Hôtel-de-Ville (1). »

Les travaux ainsi modifiés furent mis à exécution ainsi que le démontre la requête suivante, émanant de l'adjudicataire : « Supplie humblement, François Cougnois, entrepreneur de bâtiments à Bannegon, et vous remontre qu'il s'est porté adjudicataire des réparations à faire à l'horloge de la ville d'Ainay-le-Château, par devant M. des Beauxplains député de Saint-Amand, le 8 mai 1786, moïennant la somme de 2.170 livres, qu'aux termes de cette adjudication confirmée par arrêt du Conseil du 18 juillet suivant, il est dit qu'il lui sera payé un tiers du montant de l'adjudication lorsqu'il aura mis sur place la moitié de tous les matériaux nécessaires à la confection des ouvrages, le second tiers lorsqu'il aura emploïé au moins cette première moitié, et le dernier tiers après l'entière perfection ; Que depuis la fin de septembre de l'année dernière il a satisfait aux deux premières conditions ; que tout ce qui concerne la couverture est totalement achevé ; que les matériaux nécessaires pour le surplus de l'opération sont sur place en partie, ou presque tous finis d'être ouvragés ; qu'il n'a cependant pu parvenir à obtenir aucun payement de la part des habitants par l'effet d'une opposition formée tant aux roles qu'à la perfection des opérations ; que sans entrer dans le mérite de ces oppositions, il a l'honneur de vous observer seulement, Messieurs, que les dépenses qu'il a faites

(1) Documents de M. Chavaillon.

sont considérables ; que depuis un an qu'il a avancé son argent, il serait naturel qu'il en fut au moins remboursé; que pour y parvenir il lui a été conseillé de vous donner la présente requête à ce qu'il vous plût, Messieurs, d'ordonner que le suppliant sera payé des deux tiers de son adjudication, et l'autre tiers à la confection et réception de son ouvrage (1). »

Malgré toutes ces discussions intérieures, les autorités locales et l'administration cherchaient à augmenter, autant que possible, la prospérité et le développement du commerce et de l'industrie du pays. Une démarche fut tentée par la municipalité dans le but d'obtenir la création d'un bureau de poste à Ainay, et la pétition que voici fut adressée « à messieurs les administrateurs généraux de la poste ; à Monsieur l'intendant-général des postes aux lettres et courriers de France :

Les officiers municipaux des villes de Moulins, Saint-Amand, Ainay-le-Château, Bourbon et Cérilly ont l'honneur de vous représenter (2)..... que la ville d'Ainay-le-Château, distante de douze lieues de Moulins, sept de Bourbon, et trois de Cérilly, est aussi le siège et la capitale de la châtellenie de ce nom, que sa juridiction pour les cas royaux est une des plus étendues du Bourbonnais ; que cette ville est le siège d'un hôtel de ville ; que les emmagasinements de bled qui se font dans cette ville entretiennent l'aisance jusqu'à Bourges, Moulins et les environs ; qu'elle commerce avec Orléans d'où elle tire ses épiceries, sa fayance, sa poterie et ses autres objets d'utilité, et avec Moulins où elle con-

(1) Documents de M. Chavaillon.
(2) Suivent les desiderata des villes de Moulins, Bourbon et Cérilly.

duit ses peilles, son bled, le produit de ses tanneries
et de ses fabriques de droguet ; que ce dernier
objet de commerce est très considérable ; que
les laines de Saint-Amand, Cencoins, Couleuvre
Bourbon et de tous les pays circonvoisins s'em-
ploient à Ainay ; que ses droguets sont conduits à
Nevers, Saint-Amand, Cérilly, Bourbon et Bourges,
où ils sont employés à l'entretient des mendiants,
des maisons de force, des hôpitaux, indépendamment de ce qui se consomme dans le pays, mais que
cette ville a également à se plaindre du défaut de
communications, destructif de tout commerce (1)......
Que toutes les villes de cette partie du Bourbonnais
font un commerce considérable de bœufs et moutons qui se conduisent à Paris, Orléans et Lyon
pour l'approvisionnement de ces villes ; que les
porcs qu'elles engraissent dans les forêts qui les
avoisinent sont conduits sur les ports de mer lors des
embarquements, outre ce qui se consomme à Paris
et dans l'intérieur du royaume ; Que, quoique toutes
ces villes se trouvent à une petite distance les unes
des autres, et qu'une communication de l'une à
l'autre fut de la plus grande importance, elles sont
cependant isolées entre elles ; que les communications se trouvent interrompues à Bourbon et Saint-
Amand. Cérilly, Ainay et leurs environs qui se
trouvent enclavés entre ces deux villes ne parti-
cipent à aucuns des avantages dont elles jouissent....
Que la ville d'Ainay-le-Château ne communique
avec Moulins que par Saint-Amand, Bourges, La
Charité, Nevers et Saint-Pierre-le-Moutier ; que les
lettres adressées de la capitale aux habitants d'Ainay,
Cérilly et leurs environs, étant déposées dans les.

(1) Suivent les desiderata de Saint-Amand.

bureaux de Saint-Amand et Bourbon y séjournent des mois entiers, quelques fois s'abîment entre les mains des commissionnaires infidèles qui les retirent, ou finissent par être renvoyées au bureau général. Que de malheureux dont la fortune dépend de la perte ou du gain d'un procès qu'ils ont pendant à la sénéchaussée souffrent de ce retard ou de cette perte, qui ne pouvant envoïer à tems la seule pièce qui légitimerait leur demande ou qui écarterait celle de leur adversaire ; le procès le plus légitime se trouve perdu !... Les officiers municipaux des villes de Moulins, Bourbon, Cérilly, Ainay, etc..., osent se flatter, Monsieur, que vous voudrez bien vous rendre aux pressants motifs qui légitiment en leur faveur (1). »

Cette pétition fut transmise à M. Senterre, contrôleur à Moulins, qui reçut et communiqua le 26 novembre 1785, à M. Bujon des Brosses, maire d'Ainay, le refus suivant : « Paris, ce 20 novembre 1785. L'Administration, Monsieur, après avoir examiné avec attention les différentes propositions qui lui ont été faites pour l'établissement de bureaux à Ainay-le-Château et à Cérilly, n'a pas cru devoir former ces établissements ; je vous prie d'en faire part aux officiers municipaux de ces communautés qui vous ont chargé d'adresser le dernier mémoire à l'administration. Je suis, Monsieur, votre très humble et très obéissant serviteur. — De Monregard (2). » Mais Bujon des Brosses, — nous l'avons

(1) Archives de la mairie d'Ainay-le-Château : G, 3. — Relations de la commune avec les différentes administrations financières.
(2) Archives de la mairie d'Ainay-le-Château : G, 3. — Relations de la commune avec les différentes administrations financières.

pu déjà remarquer, — était un homme énergique ;
il ne se voulut point déclarer battu et, sous son ins-
piration, une nouvelle pétition des Castellainaisiens
fut rédigée en 1786 ; elle se couvrit de nombreuses
signatures, parmi lesquelles, en première ligne, s'étalait celle de Bujon des Brosses. Venaient ensuite
Delescure, recteur du collège ; Menouvrier ; Perrinet ; Pulvin ; Theurault ; Dayraigne ; Bujon ;
Ducrot ; Theurault de la Roche, capitaine d'infanterie ; Denisot ; Nourisset ; Lefort ; Cabanne ;
Mazerat ; Lapaire, curé d'Ainay ; d'Hoüan ; Perrinet ; Bès, curé de Bardais et Valigny ; Bès, curé de
Bessais-le-Fromental ; Lagar, desservant de Vernais ; Roy ; Mallet, curé d'Isle ; Bebut, marchand
de bois ; Martinon, marchand fermier à Bannegon ;
Durand, maître chirurgien à Bannegon ; Jarrousset,
marchand de bois ; Foucher, de Charenton ; Chaus-
sard, huissier à Cérilly ; Aujohannet, notaire et
procureur à Cérilly ; Chaput, marchand ; Thibaut,
bourgeois à Cérilly ; Gasrel, maître chirurgien à
Charenton ; Duvernet, chevalier, seigneur de Laleuf ; Duchâteau, lieutenant des maréchaux de
France ; Fouquet ; Berthomier de Lavilette, procureur du Roi à Cérilly ; Beraud, seigneur de Vougon ;
Huguet, écuyer ; Bonnelat, bourgeois de Vernais ;
sœur de Bertrand de Richemont, abbesse de Charenton ; Bonnin, curé-doyen de Charenton ; des
Beauxplains, procureur avocat du Roi au bureau
des finances à Bourges ; de Fontblain, chevalier de
Saint-Louis ; Fouquet, trésorier de France ; Ragon
des Barres, chevalier, procureur du Roi en la ville
de Saint-Amand ; David, ancien échevin ; de Saint-
Horand, de la paroisse de Cérilly, etc..... Mais cette
nouvelle démarche n'eut pas plus de succès que la
précédente ; et de nombreuses années devaient

s'écouler avant que le vœu des Castellainaisiens ne se réalisât.

Or, pendant ce temps, Sabardin et ses partisans continuaient toujours leur campagne contre Bujon des Brosses, luttant en tout et pour tout contre le maire, décriant les travaux en cours, s'efforçant d'empêcher que fussent établis les rôles des impositions votées de ce chef (1), faisant partout un tableau bien assombri des charges — très lourdes il est vrai — qui pesaient sur la population d'Ainay, population si minime ! disaient-ils..... Et, sur ce dernier point, François-Bernard Sabardin disait vrai. Les registres paroissiaux accusent durant la période qui précède la Révolution un arrêt dans le renouvellement de la population, déjà si peu considérable, d'Ainay-le-Château (2). Nous voyons bien, en 1778, 47 naissances dont 25 de garçons, contre 30 décès [dont 16 d'hommes], et 10 mariages ; mais, en 1780, nous ne comptons plus que 50 baptêmes contre 57 sépultures et 3 mariages ; — 1782 apporte 52 naissances [23 garçons et 29 filles] contre 45 décès [26 hommes, 19 femmes], et 8 mariages ; — en 1785, nous relevons 48 baptêmes [27 garçons, 29 filles] et 47 inhumations [20 hommes, 27 femmes], avec 7 mariages ; — mais, en 1786, les naissances s'élèvent à 57 seulement [33 garçons et 24 filles] contre 98 décès [55 hommes, 33 femmes], et 8 mariages. — En 1787, les naissances l'emportent, avec le total de 43

---

(1) Néanmoins les réparations furent exécutées et une note de Cougnois, en date du 31 octobre 1787, spécifie que des travaux supplémentaires furent faits à l'escalier et à l'horloge.

(2) En 1770, il y avait 45 naissances, 53 décès, 11 mariages. — En 1771, 43 naissances, 42 décès, 3 mariages. — En 1775, 51 baptêmes, 35 inhumations, 9 mariages. — En 1777, 56 baptêmes, 29 sépultures, 6 mariages.......

[17 garçons, 26 filles] sur les sépultures qui sont au nombre de 36 [21 hommes, 15 femmes] ; 14 mariages. — C'est la même chose en 1788, où 53 enfants [26 garçons et 27 filles] reçoivent le baptême ; quand il n'y a que 36 décès [21 hommes, 15 femmes], et 9 mariages. — Enfin 1789 donne 45 baptêmes [20 garçons et 25 filles] contre 49 inhumations [24 hommes, 25 femmes] et 5 mariages..... D'un autre côté, les revenus agricoles n'étaient pas considérables. D'après un livre de comptes de Theurault de la Roche, une vache et son veau étaient vendus 36 livres, le 9 juin 1783 ; une autre vache et son veau valaient 60 livres à la foire « des Maures » [20 juin 1783] ; le 29 juin, le boucher Ducrot achetait un veau 6 livres ; cinq taureaux se vendaient 282 livres à la foire de Meaulne du 18 août 1783 ; le 16 février 1784, à la foire de Cérilly, cinq porcs gras étaient laissés à 50 livres ; une jument et sa pouliche valaient 100 livres le 28 mai 1784 ; Ducrot, à la date du 5 novembre 1785, payait trois vaches 114 livres (1) ; au 16 février 1788, trente-et-une mesures de seigle se vendaient 58 livres 18 sols ; et au 2 mars de la même année, le boisseau de mar-sèche [valant deux mesures d'Ainay] coûtait 3 livres 6 sols (2)...

La population était donc faible ; les mariages, peu nombreux ; les bénéfices agricoles, modiques ; mais si sur ces trois points Sabardin avait raison, il ne faut pas en déduire que son opposition systématique était basée uniquement sur le désir de sou-

---

(1) Ces prix étaient véritablement faibles, comparés au prix moyen du bétail sur pied en Normandie, Bretagne, Berry et surtout en Angleterre à la fin du règne de Louis XVI [D'AVENEL, *Paysans et ouvriers depuis sept cents ans*, pp. 229-230].

(2) Documents de M. Chavaillon.

lager ses concitoyens et de diminuer leurs charges.
Des questions personnelles et des blessures d'amour-
propre l'avaient poussé à se poser en adversaire
irréductible de François Bujon des Brosses, secondé
qu'il était dans cette lutte par le Lieutenant-Général
de police, pour des motifs non moins intéressés. Ces
motifs, le premier échevin les indiquait souvent :
c'est ainsi qu'en octobre 1786, faisant allusion à un
fait que nous avons déjà signalé, Bujon des Brosses
écrivait : « L'Hôtel de Ville d'Ainay-le-Château,
considérant que ses revenus ne suffisaient pas pour
acquitter ses charges, délibéra dans son assemblée
du 14 may 1785, de réunir à ses revenus la récolte
des noyers situés tant dans les Chaumes Fulbret
que Ramades. En conséquence de cette délibération, la ville ayant obtenu l'agrément de M. Lhuillier
de Saurcoul, intendant du Prince (1) à qui Son
Altesse avait communiqué le placet qu'avaient eu
l'honneur de lui présenter les officiers municipaux,
fit proclamer l'adjudication par trois dimanches
consécutifs. Au 20 août dernier, ne s'étant trouvé
aucun résultat, elle fut remise au 25. Les officiers
municipaux chargèrent le nommé Rozat, tambour
de ville, d'en annoncer la remise et de poser des
affiches en conséquence... » Or, ces affiches furent
arrachées par ordre du lieutenant-général de police,
Jean Huet de Crochet, et du procureur du Roi,
Alexis Theurault, qui défendirent, sous peine de
prison, audit Rozat de faire aucune publication, et
qui firent eux-mêmes proclamer par Barbier, huissier
de police, la défense qu'ils faisaient à qui que ce fut
de rien afficher. Puis Jean Huet et Alexis Theurault
s'emparèrent de la récolte des noix sous prétexte

(1) Condé.

que les noyers avaient été plantés par leurs parents.. Bujon des Brosses, — s'appuyant sur des arrêts de 1658 et du 24 mai 1685, et sur les édits d'avril 1667, — prétendit que les noyers ne pouvaient appartenir aux opposants puisque les Chaumes Ramades et Fulbert où ils étaient plantés, étaient terrains communaux appartenant à la ville ; et, qu'en outre, Jean Huet (1), père du Lieutenant de Police, avait fait planter lesdits arbres pendant son échevinage, en tant qu'échevin d'Ainay. Il ajoutait :

« .....Bien loin que les sieurs Huet, Theurault et autres ayent droit sur les Chaumes, la ville est dans le cas de les attaquer pour les anticipations qu'ils ont faites sur lesdites Chaumes, et qu'ils y font journellement. En effet, le sieur Theurault de la Roche s'est emparé d'une partie du plan de foire où il a fait deux petits jardins (2) qu'il a avancés dans le dit plan jusqu'à s'emparer d'un des noyers dont la ville réclame aujourd'hui la propriété ; il n'a d'autres titres que l'indifférence absolue avec laquelle on a traité jusqu'à ce jour les affaires publiques. D'autres particuliers, à son imitation, dans l'une ou l'autre Chaume, ont avancé leurs vignes, jardins ou possessions bien au-delà de l'alignement de leur maison et de celles de leurs voisins... C'est sur ces usurpations que nous osons réclamer aujourd'huy et invoquer l'autorité souveraine pour

---

(1) Jean Huet, sieur de Crochet, qui avait été premier échevin jusqu'au 21 septembre 1765.

(2) Charles-François Theurault de la Roche, capitaine de grenadiers, chevalier de Saint-Louis [fils de Philippe Theurault de l'Amour et de Gabrielle Libault], frère du procureur du Roi, Alexis Theurault. — Il avait hérité de son aïeul, J. B. Theurault, époux de Marguerite Jobier, la portion de terrain, formant ces jardins, qui ne faisait pas partie du plan de foire.

faire remettre les choses dans leur état primitif. »

On peut aisément comprendre que l'activité dont faisait preuve le premier échevin, succédant au trantran coutumier grâce auquel chacun avait pris l'habitude de s'occuper de ses affaires personnelles avant toutes choses, fit parmi certains Castellainaisiens, l'effet d'un pavé dans la mare aux grenouilles... Et encore cet insatiable Bujon des Brosses, recherchant la charte de franchise d'Ainay, ne s'avisa-t-il pas de découvrir que les archives de la ville antérieures à 1759, avaient disparu depuis la mort de Jean Huet de Crochet, autrefois premier échevin, et depuis le décès du sieur Baugy, dont l'héritage avait été recueilli par Ph. Chassaigne !.. Du coup Bujon des Brosses fut traité en ennemi : N'entendait-il pas tout changer, tout légiférer, tout transformer ou réformer, et rompre avec des usages auxquels chacun s'était accoutumé ? Q'avait-il besoin de s'occuper de la propreté de la ville, de l'alignement des maisons, de la sécurité des passants ?... — Ce fut, de la part de certains, une clameur de haro contre le premier échevin. Celui-ci nous a pourtant laissé de la cité qu'il administrait une description remarquable dont l'éloquence concise en dira plus que de longues dissertations sur l'état, plutôt négligé, d'Ainay-le-Château à l'époque, état de désordre auquel — avec sa belle énergie — il eut voulu remédier : « Les Officiers de Police, écrivait-il, prétendent que l'inspection des maisons sur rues, leur alignement et entretien ne concernent en aucune manière les officiers municipaux ; ces derniers ne parleraient pas de cette ancienne attribution et ne demanderaient point qu'elle fut remise en vigueur si l'alignement des rues n'était totalement négligés si chaque maison nouvellement construite ou réparée, loin de retrancher ses saillies défectueuse, et qui présentent nombre d'inconvénients, outre qu'elles gênent le passage des rues déjà trop étroites et resserées (1) n'ajoutaient pas à leur défectuosité et ne la perpétuaient pas ; si Messieurs les Officiers de Police, enfin, veillaient à cette partie si intéressante de l'administration de la ville dont ils prétendent que la connaissance leur est seule réservée. Une autre plainte non moins grave que les officiers [municipaux] ont l'honneur de faire au Conseil de Sa Majesté contre les officiers de police, c'est que loin de veiller au nettoyement des rues et places publiques, ils tolèrent que différents habitants jettent leurs immondices au milieu des fauxbourgs ; y fassent venir même des terres dans la saison de l'hiver, qu'ils enlèvent ensuite au printemps après qu'elles ont été imprégnées d'engrais, ainsy que l'a fait notamment le sieur Duchenet dans le cours de l'année 1784 et 1785. Nous pouvons encore en citer une preuve existante, la rue du Cerf est actuellement couverte des immondices provenus de la maison du sieur Huet lors de sa construction en 1785, et ce de plus d'un pied dans toute sa largeur, de sorte que les maisons, cours et jardins de cette rue sont inondés dans le temps de la pluye ou qu'on est obligé de faire des conduits pour détourner le cours des eaux. Nous ne parlerons pas de la visitte des cheminées. Nous nous bornerons à remarquer que les propriétaires des maisons attenantes à celle de la veuve Desmeurs, dont la cheminée menace ruine, n'ont jamais pu parvenir à obtenir qu'elle fut abbattue, et que les représentations des officiers municipaux ont été également infructueuses, bien que le péril soit imminent. »

(1) A 125 ans de distance la même critique peut encore être formulée relativement à l'étroitesse des rues.

Tel était l'aspect de la ville d'Ainay-le-Château, de l'aveu même de son premier magistrat municipal, à la veille de la Révolution. Au point de vue moral, les faits que nous venons d'analyser montrent que la dissension — motivée par des discussions d'intérêt — régnait parmi les habitants, au sujet de prérogatives auxquelles chacun croyait avoir droit. Les petites querelles s'étaient envenimées. L'Intendant, lui-même, ne savait quels conseils donner à l'effet d'atténuer les rancunes. Le coup de tonnerre de 1789, en anéantissant les privilèges, allait-il ramener le calme, donnant raison au vieil adage : *Sublatâ causâ, tollitur effectus ?.....*

Ainay-en-Bourbonnais.

DEUXIÈME PARTIE

Les Institutions à la fin de l'Ancien Régime.

CHAPITRE PREMIER

LA JUSTICE ET LES IMPÔTS A AINAY AVANT 1789.

Quand la législation romaine fut tombée en désuétude dans la majeure partie de notre pays, chaque seigneur s'arrogea le droit d'édicter une sorte de législation à l'usage de ses vassaux ; d'où une multitude de lois et de jurisprudences entre les différentes contrées du pays, et même entre les différentes portions d'une même contrée. Le Bourbonnais, dit Coiffier-Demoret (1), « participa, au moins autant que toute autre province, à cet ordre de choses. Ses seigneurs, sans doute pour ménager l'esprit du peuple, peut-être par suite de la modération qu'on remarque en eux, n'avaient point cherché à introduire dans leurs états une uniformité que la force seule peut établir. Chaque châtellenie se régissait d'après ses usages particuliers et l'on a compté jusqu'à 17 châtellenies (2). » Ainay-le-Château forma, dès l'origine, une des châtellenies du duché de Bourbonnais. Or, en termes judiciaires, on entendait désigner par le mot châtellenie « le ressort, l'enclave d'une haute justice (3) ». Nous avons cité plus haut différentes pièces (4) montrant que la châtellenie d'Ainay « ressortissait au grand bailliage de (5) Saint-Pierre-le-Moutier » ; et cela, dès 1248, si nous en croyons M. Mallard (6). Pourtant Louis Ier, duc de Bourbon, obtint en 1338, de Philippe de Valois que « tout ce de sa terre, domaine et subjection » ressortirait « dores en avant et perpétuellement » en

---

(1) COIFFIER-DEMORET, *Hist. du Bourbonnais et des Bourbons qui l'ont possédé*, t. I, pp. 150-153.

(2) « Jusqu'au dernier Bourbon-Dampierre, il y en avait en tout au plus 14, Chaveroche y ayant été selon les apparences ajouté par Agnès ; et l'on n'en comptait que 15 du tems de Louis Ier, son fils : Bourbon, Souvigny, Ainay, Belleperche, Germigny, Montluçon, Montaigu, Gannat, Hérisson, Murat, Chantelle, Chaveroche, Billy, Verneuil, Moulins. » — [*Idem*].

(3) Voir Trévoux et Moréri.

(4) Arch. Nationales : P, 1374² ; cotes 2418, 2422, etc.

(5) « Saint Louis apporta de grands changements dans l'ordre judiciaire en instituant les grands bailliages, auxquels on devait appeler pour les cas royaux. » [COIFFIER-DEMORET, I, pp. 150-153].

(6) MALLARD, *Hist. des deux villes de Saint-Amand et du château de Montrond*, p. 30.

la ville et châtellenie de Dun-le-Roi (1). Et le duc Jean II reçut de Louis XI, en 1465, l'assurance « que son duché de Bourbonnais serait, pour les appellations, placé sous la juridiction immédiate du Parlement de Paris ». Néanmoins, nous trouvons aux Archives Nationales deux pièces datées du 22 juillet 1499, dont l'une est l' « ajournement de Jean Delavau et Pierre Vignier aux jours ordinaires d'Auvergne, pour répondre à l'appel de Madelon Raymond » ; et dont la seconde spécifie « que ledit Raymond avait été saisi, quoique la châtellenie d'Ainay fut du ressort de Saint-Pierre-le-Moutier (2) ».

Nous avons rapporté dans un précédent chapitre la teneur des Coutumes particulières de la Chatellenie d'Ainay-le-Château auxquelles restèrent assujettis ses justiciables jusqu'à la rédaction des Coutumes générales du Bourbonnais ; nous n'y reviendrons pas, mais nous ajouterons que lorsque Moulins «commença à devenir le chef de la province, le bailliage et sénéchaussée de Bourbonnais (3) y fut établi (4) » ; puis, en 1551, Henri II institua un présidial à Moulins et, alors, des jugements prononcés par le juge-châtelain d'Ainay-le-Château,

---

(1) Voir plus haut ; — et P. MOREAU, *Hist. de Dun-le-Roi*, ch. I, p. 169. — *Ordonnances des Rois de France*, III, p. 335.

(2) Arch. Nationales : P, 1376^2 ; cote 2686. — Bibl. Nationale : Huillard-Bréholles, n° 7412.

(3) Après avoir cité les châtellenies dépendant de ce bailliage, l'intendant Le Vayer écrivait, en 1698 : « Il y a en outre cela les justices de Varennes, d'Ainay, de Cérilly et de Saint-Amand dont les trois dernières sont à la Généralité de Berry quoique du ressort de la sénéchaussée de Moulins. »

(4) Le bailliage de Moulins fut créé, vers 1523, par démembrement du bailliage de Bourges. [A. LEROUX, *Le Massif Central*, I, p. 225].

on interjeta appel au siège-présidial de Moulins (1), et, du présidial de Moulins, au Parlement de Paris (2). On en appelait à la châtellenie d'Ainay des arrêts rendus par les justices seigneuriales (3) ; et l'on jugeait suivant les Coutumes Générales du Bourbonnais.

Or voici, d'après Nicolay, quelles étaient vers le milieu du xvie siècle, les « justices vassalles de ladicte chatellenye d'Ainay : La ville, chastel, terres, seigneuries et justice d'Orval et de Sainct-Amand-en-Suilly, apartenant à Monseigneur et Madame les duc et duchesse de Nivernois ; — la terre, justice et seigneurie de Bruiere-sur-Cher, apartenant ausdictz Monseigneur et Madame les duc et duchesse de Nivernois ; — le chastel, terre et justice de Poligny ; — la terre, seigneurie et justice de Sainct-Amand-hors-Suilly ; — le chastel-fort, terre et justice d'Ainay-le-Vieil ; — l'excellent chasteau, terre et justice de Meillan apartenant au sire de Barbezieu, chevalier de l'ordre du Roy et capitaine de cinquante hommes d'armes des ordonnances ; — la ville, abbaïe et justice de Charenton ; — la terre, justice et seigneurie de Pont-Didz ; — le chastel, terre et justice de Chandeul ; — le chastel, terre et

(1) La justice ou châtellenie royale d'Ainay-le-Château ressortit à la sénéchaussée de Moulins. [EXPILLY, *Dictionnaire des Gaules et de la France*, I, p. 52].

(2) Les trois provinces qui composent la Généralité de Moulins » ressortissent au Parlement de Paris quoiqu'elles suivent des coutumes différentes... Le bailliage et sénéchaussée du Bourbonnois fut établi à Moulins quand cette ville commença à devenir le chef de la province... » [Boulainvilliers].

(3) Vers 1698 « quoiqu'il fut de la châtellenie d'Aisnay, le tribunal de » la ville de La Bruyère fut transféré à Cérilly ; « il y est resté jusqu'à la Révolution ». [COIFFIER-DEMORET II, p. 56].

justice de Changy ; — le chastel-fort, terre et justice de La Forest Thaulmer ; — le fort chastel, terre et justice de Bannegon ; — le chastel, terre et justice de Blet ; — le chastel, terre, visconté et justice de Resmond Lugny ; — la terre, seigneurie et justice de Chanceaux ; — le fort chastel, terre, baronnye et justice de Sagonne apartenant au sire de La Bourdezière ; — le chastel, terre, seigneurie et justice de Saint-Aignan ; — la terre, seigneurie, chastel et justice de Liénesse ; — le chastel, terre et justice de Venoux ; — le chastel, justice et seigneurie de Bonnaud ; — le chastel, justice, baronnye et terre de Jouy appartenant au susdict sieur de la Bourdezière ; — la terre, chastel et justice de Neugly ; — la terre, seigneurie et justice de Bruière aux Chaptz ; — la seigneurie, terre et justice de Robert ; — la terre et justice de Pont-Chairaud ; — le chastel, terre et justice de Molins-Porchier ; — la maison noble, terre et justice de Bruière du Temple ; — le chastel, terre, seigneurie et justice de Cost ; — le chastel, terre, seigneurie et justice de Rhimbé. »

La suprématie — au point de vue judiciaire — d'Ainay-le-Château sur Saint-Amand, dont ladite ville d'Ainay dépendait au point de vue fiscal et administratif, n'était pas sans déplaire aux Saint-Amandais ; aussi ces derniers furent-ils heureux d'échapper, lors de la Révolution, à cette prédominance ; dès le milieu du mois d'août 1789, la commune assemblée de Saint-Amand, par crainte de la concurrence supposée d'Ainay-le-Château, invitait son comité permanent « à prendre tous les moyens pour faire établir dans son sein un bailliage royal (1). »

(1) Arch. Nationales : D ; XVII, 1. — Lettre du comité per-

Nous avons déjà signalé que, sous les premiers sires de Bourbon, il y avait au château d'Ainay un *castellanus et prepositus castri de Haynaco* (1). Primitivement, cet officier chargé de représenter le sire de Bourbon dans sa châtellenie avait pour fonctions de défendre le château, de rendre la justice en l'absence du seigneur, en un mot, de s'occuper de toute l'administration militaire, judiciaire et financière de la châtellenie. C'est en vertu de ces diverses attributions du châtelain que nous avons vu, le 27 décembre 1288, Guillaume, abbé de Saint-Lomer de Blois, donner procuration à Durand de Bleingniaco, prieur du monastère de Magenciaco pour recevoir du châtelain et prévôt d'Ainay 100 sols de rente dûs chaque année sur les revenus du château de Magenciaco. Mais nous avons dit aussi qu'avec le temps, l'étude du droit devenant plus complexe et les châtelains qui cumulaient les fonctions militaires et judiciaires se tenant peu au courant des coutumes spéciales de la chatellenie, on leur adjoignit des lieutenants pour rendre la justice. Sous les ducs de Bourbon, la charge de Châtelain, Capitaine-châtelain ou Capitaine du chastel était absolument distincte de l'office de Lieutenant-Général pour le fait de la justice : L'un gouvernait et défendait le château ; l'autre siégeait au prétoire... Il ne nous est parvenu que bien peu de renseignements sur les anciens officiers de la châtellenie. Nous savons seulement que les provisions de l'office de Lieutenant-Général du Châtelain d'Ainay-le-Chastel, en faveur d'Antoine Morice au lieu de

---

manent de Saint-Amand au duc de Charost, 18 août 1789. — BRUNEAU, *Les débuts de la Révolution dans le Cher*, p. 198.

(1) Arch. Nationales : P, 1369¹ ; cote 1689. — Bibl. Nationale : Huillard-Bréholles, n° 813.

Gilbert Allouert furent datées du château de Moulins, le 30 décembre 1488 (1) ; qu'en 1500, ces fonctions étaient remplies par maître Anthoine Morne (2) qui avait été commis à cette charge au lieu de Gilbert Moët, suspendu, par lettres données à Moulins le 10 juin 1498 ; que vers 1510-1520 Charles Rouër, « licentié ès-loix », était lieutenant-général de M. le « chastellain » d'Ainay (3) ; et que Jehan Bodinat l'avait remplacé, dès 1534. Outre ces quelques lieutenants généraux, nous pouvons encore citer Jacques Roër, al. Rouër, receveur d'Ainay-le-Château, en 1459 (4) ; Pierre Vignier qui fut confirmé en l'office de receveur de cette châtellenie le 27 novembre 1488 (5) ; Guillaume Bachelier, qui était procureur en 1500.

(1) Bibl. Nationale : Ancien Gaignières, n° 654 ; 5ᵉ registre fol. 309.

(2) Bibl. Nationale : Manus. franç., n° 11501, fol. 4. — En 1600, les Morne étaient possesseurs d'une chapelle dans l'église d'Ainay. Le 20 juillet 1675, Louise Morne, femme de Pierre Denizon, sergent-royal [et fille de François Morne, sieur des Brosses, et de sa seconde femme, Françoise Rousset], plaidait contre sa nièce, Lucque Morne, femme de Michel Martinat, procureur en l'élection de Saint-Amand [fille de François Morne, et petite-fille du premier François Morne et de sa première femme, Eucharistie Page].

(3) Arch. de l'Allier : A, 11. — Dans le terrier d'Ainay (1534), à la déclaration du 19 août, il est fait mention de Pierre Rouër. — La famille Rouër subsistait à Moulins à la fin du xviiᵉ siècle ; ainsi le 22 novembre 1680, un arrêt fut rendu en faveur de Dᵐᵉ Françoise de La Mure, femme de noble Jean Rouër, conseiller du Roi au siège présidial de Moulins, y demeurant, héritière de Dᵐᵉ Marie Lithier, sa mère... [Arch. de la Nièvre : B, 257].

(4) Arch. de l'Allier : A, 10.

(5) Ancien Gaignières, n° 654, 5ᵉ reg., fol. 348. — Dans le même registre [fol. 353], on lit que Jacques Petit, clerc à Ainay, fut institué Lieutenant de la châtellenie de Germigny, sur la résignation d'Estienne Petit, son père, le 20 décembre 1488.

Mais le duché de Bourbonnais ayant été réuni à la couronne, Ainay-le-Château devint une châtellenie royale composée, — si nous en croyons les Etrennes *Nouvelles à l'usage de la généralité de Moulins* (1) — d'un lieutenant-général (2), d'un procureur du Roi qui remplissait les fonctions du Ministère public actuel, et d'un greffier en chef (3). La châtellenie, on le voit, comportait peu d'offices ; c'était au reste l'avis de l'Intendant du Bourbonnais qui écrivait en 1698 qu'à part les châtellenies de Moulins et Montluçon « les autres étaient si peu de choses qu'elles ne méritaient même pas qu'on en parlât (4) ». Les magistrats à ce siège avaient peu de causes à juger si l'on en croit le certificat ci-dessous donné en 1787 par le sieur Pezant, commis-greffier : « Je soussigné commis-greffier en la chastellenie royalle d'Ainay-le-Chateau, certifie à tous qu'il appartiendra qu'il ne s'est tenus au-

---

(1) *Etrennes nouvelles à l'usage de la Généralité de Moulins pour l'année* 1781.

(2) Il s'intitulait lieutenant-général civil et criminel et rendait, comme son titre l'indique, des arrêts en matière criminelle. C'est ainsi que nous lisons dans les registres paroissiaux de Charenton : « L'an mil sept cent soixante quinze, le 26 du mois de juillet, en conséquence de l'ordonnance rendue par M. le Lieutenant-Général criminel de la châtellenie royalle d'Ainay-le-Château, a été inhumé dans le cimetière de cette paroisse [Charenton] par moy, vicaire soussigné, un homme inconnu qu'on a trouvé mort le 26 du même mois dans un champ de cette paroisse, appelé La Moquerie, en présence de Pierre Lecuellé, laboureur, Simond, Gilbert, aussi laboureurs et autres qui ont déclaré ne savoir signer. — Chenu. »

(3) A ces offices, il convient d'ajouter ceux de : commis-greffier ; — substitut du procureur du Roi ; — huissier, sergent-royal ; — commissaire enquêteur et examinateur.

(4) Comte de BOULAINVILLIERS, *Etat de la France...*, t. V ; Mémoire de M. [Le Vayer], intendant de la Généralité de Moulins, 1698.

cunes audiances en laditte chastellenie d'Ainay depuis le vingt-six aoust dernier jusqu'à ce jour. En foy de quoy j'ai signé le présent. A Ainay-Le-Château ce douze mars mil sept cent quatre-vingt-sept. — Pezant, commis-greffier (1). » Pourtant, la compétence des juges-chatelains, — à la veille de la Révolution, — s'étendait en premier ressort, à toutes les affaires qui ressortissent aujourd'hui à la Cour d'assises et aux tribunaux de première instance ; et, sans appel, aux causes qui sont actuellement de la compétence des justices de paix et des tribunaux de commerce. Nous avons sous les yeux un extrait des registres du Parlement de Paris, relatif à un procès criminel jugé en premier ressort en la châtellenie royale d'Ainay-le-Château le 20 décembre 1769. Le condamné P. B. avait interjeté appel de la sentence du Lieutenant-Criminel d'Ainay. Son procès fut porté à Paris et jugé à nouveau le 10 avril 1770 : P. B. « défendeur et accusé » était alors « prisonnier ès-prison de la Conciergerie ». Les débats établirent qu'il avait été « düement atteint et convaincu de s'être, le vingt-trois octobre dernier, premier jour des foires d'Orval tenues à Saint-Amand, emparé d'un taureau », et d'avoir « le lendemain conduit le-ledit taureau en la paroisse de Cosnes, éloignée de cinq lieues de sa demeure, et de l'avoir vendu au nommé Louis Masson, fermier de la terre des Bordes, et d'en avoir reçu une partie du prix convenu »..... P. B. était, au surplus, vivement soupçonné d'autres vols et méfaits, entre autres, d'avoir volé du blé chez un nommé Léveillé, où il avait servi quelques semaines comme domestique. Il fut condamné à être « fustigé avec des verges » à tous les carrefours

(1) Arch. du Cher : C, 15.

de la ville d'Ainay et « flétry d'un fer chaud en forme de la lettre V sur l'épaule droite ». La sentence fut exécutée à Ainay, le 19 mai 1770 « par l'exécuteur de la haute justice au lieu accoutumé à faire pareil exécution en cette ville », ainsi que le constate un procès-verbal signé : Theurault, procureur du roi ; et Pezant, greffier (1).

Néanmoins, malgré la pénurie d'affaires signalée ci-dessus par le sieur Pezant en 1787, les différentes charges de la châtellenie étaient assez appréciées par les bourgeois d'Ainay. Elles avaient une réelle valeur, représentaient parfois un gros capital, s'achetaient, se vendaient ou se transmettaient de père en fils. On les recherchait à cause de la considération qu'elles procuraient, car elles rapportaient généralement — à Ainay comme par toute la France — des gages misérables qui représentaient, dit M. Jean H. Mariéjol, à peine l'intérêt au denier vingt du quart de l'argent versé (2). Cette élévation des prix d'acquisition nous est démontrée par l'achât que fit le 26 octobre 1697, Pierre Bujon (3), de la charge de Lieutenant-Général Civil et Criminel du sieur Jean Berthomier des Granges, moyennant la somme de 3.252 livres [soit 4.813 francs de notre

---

(1) Parchemins communiqués par M. Choussy, d'Ainay-le-Château.

(2) E. LAVISSE, *Hist. de France*, t. VI, 2e partie, p. 12.

(3) Pierre Bujon reçut ses Lettres de Provisions en 1698 ; il vendit sa charge à Claude Perrinet, en 1739. — Il naquit le 27 avril 1672, fils de Jacques Bujon, sieur des Brosses, président en l'Election de Saint-Amand, et de sa première femme, Catherine Leclerc. Pierre Bujon des Brosses se maria trois fois : — 1º à Louise Devenelle-Durand ; — 2º à Louise Ruby ; — 3º à Marie-Anne Chassaigne. Des deux premiers mariages il eut trois enfants morts en bas-âge, et ne laissa pas de postérité de la troisième union.

monnaie (1)] et sous la caution de son père Jacques Bujon des Brosses. Le peu de rapports existant entre les revenus de la charge et le capital qu'elle coûtait constituait un fait regrettable, car la modicité des salaires provoquait parfois l'usage immoral des épices, ou cadeaux faits aux juges par les justiciables. Il est vrai qu'aujourd'hui les abus existent tout autant, sinon plus, que jadis ; et nous voyons, au xxe siècle, des auteurs réputés certifier, dans des ouvrages dont le succès n'est plus à faire, que la magistrature « à notre époque jouit d'un crédit des plus discutés sur l'opinion, et que les épices ont été remplacés par l'avancement (2) ».

> C'était bien la peine, assurément,
> De changer de gouvernement !

En 1785, la « finance » des différents offices de judicature d'Ainay-le-Château était ainsi calculée : Lieutenant-Général : 4.000 livres ; — Lieutenant de Police : 2.000 livres ; — Lieutenant Particulier (3) : 2.000 livres ; — Procureur du Roi : 3.600 ; — Greffier : 2.000 ; — Premier huissier : 600 ; — Huissier-audiencier : 450 ; — Huissier sergent-royal : 400 (4). Toutes ces charges étaient vénales et, depuis Louis XII (5), le gouvernement tirait de la vénalité des offices de sérieuses ressources. Cet usage, qui paraît odieux au premier abord, lorsqu'il eut été

(1) Avec un pouvoir d'achat deux fois et demie plus fort que de nos jours.
(2) Arthur Meyer, *Ce que je peux dire*, p. 298.
(3) L'office de Lieutenant Particulier était ordinairement possédé par le titulaire de la charge de Lieutenant-Général.
(4) Lettre de M. Tisset à M. Buffault, le 12 octobre 1785 [Documents de M. Chavaillon].
(5) En 1512.

soumis aux conditions de moralité et de capacité prescrites par l'art. 12 de l'ordonnance de Moulins de 1566, eut au contraire l'heureux résultat de créer l'indépendance de la magistrature d'autrefois, en formant « ces familles parlementaires où la science, la probité et le patriotisme étaient héréditaires (1) ». Aussi Montesquieu, dans l'*Esprit des Lois* (2), se range sans hésitation parmi les partisans de la vénalité des charges et, de nos jours — cent vingt ans après la chute de l'Ancien Régime, — on se prend à songer que peut-être la manière d'agir de la monarchie n'était pas si foncièrement mauvaise, lorsque l'on voit des écrivains aussi impartiaux et éclairés que M. Emile Faguet émettre — en présence de l'incompétence judiciaire qui sévit à notre époque, — cette théorie que revenir à la vénalité des charges de judicature « ne serait pas une chose si monstrueuse » et qu'il est curieux de s'indigner « contre l'achat d'une fonction de conseiller à la cour, et de ne pas songer que les huissiers, les avoués, les notaires de qui nous ne laissons pas de dépendre, à qui nous ne laissons pas de confier des intérêts de tout premier ordre, achètent leurs charges ou les héritent (3) »…..

Nous avons relevé les noms de différents officiers de la châtellenie d'Ainay. Presque tous appartiennent à d'anciennes et honorables familles de cette petite ville, dont la plupart ont encore des représentants. Comme tels, ils appartiennent à notre récit : Lieutenants-Généraux : Charles Rouër, *al.*

---

(1) A. CHÉRUEL, *Dictionnaire historique des Institutions mœurs et coutumes de la France*, II, p. 1247.

(2) Livre V, chap. XIX.

(3) EMILE FAGUET, de l'Académie Française, *Le Culte de l'Incompétence*, chap. VII.

Rouët, avant 1530 ; — Jean Bodinat, licencié ès-lois, 1534 ; — Jean Marlin en 1600 ; — Pierre Baugy (1) vers 1610 ; — Pierre Theurault (2), vers 1625 ; — noble Jehan Berault en 1637 ; — Jean Beraud en 1650 (3) ; — Rémy Imbert, 1662 (4) ; — Jean Berthomier sieur des Granges (5), reçut ses Lettres de Provisions le 12 novembre 1693 ; — Pierre Bujon des Brosses reçut les siennes le 26 avril 1698. — Claude Perrinet (6), avocat en parlement, reçut ses provisions en 1740 ; et Jacques Berthomier des Prost lui succéda le 19 mars 1766. Berthomier des Prost était en charge en 1789 (7) ; il

(1) Il avait épousé Madeleine Theurault [fille de Roger Theurault et de Marguerite Billon].

(2) C'est probablement lui et sa femme, Marie Vignier, qui sont rappelés après leur décès dans un contrat de vente passé par devant François Theurault, notaire, le 14 décembre 1663. [Papiers de M. Choussy].

(3) D'après un acte du 27 avril 1650, il est fils de l'autre Jehan Berault, Lieutenant-Général en 1637, et frère d'Hugues Beraud, conseiller du Roi, élu en l'Election de Saint-Amand, demeurant à Nevers, lequel était époux de Marie Henoy.

(4) Nous lisons dans le livre de raison de J. B. Theurault : « Environ la my-juillet aud. an 1693 est arrivé au pays noble Rémy Imbert, oncle de ma femme, et avant que de s'en retourner à Saint-Valéry-sur-Somme où était sa commission, il a vendu sa charge de Lieutenant d'Ainay. »

(5) Jacques Berthomier, sieur des Granges et des Prost [fils de Jean Berthomier, sieur des Granges, et de N... Regrain], épousa, le 13 février 1697, Marguerite Bujon [fille de Jacques Bujon, sieur des Brosses, et de Marie-Madeleine Barbarin]. — Les Berthomier, seigneurs des Granges, les Prost, la Vilette, portent : « De gueules a un chevron d'argent accompagné en pointe d'une gerbe de blé d'or, au chef cousu d'azur chargé de deux étoiles du troisième émail. »

(6) En 1784, Claude Perrinet était encore Lieutenant-Général honoraire. [Arch. de l'Allier : B, 799].

(7) Voir Arch. de l'Allier : A, 12 et 13 ; — B, 86, 232, 848,

devint par la suite juge au district de Sancoins.

Procureurs du Roi : François Alloat, 1534 ; — Roger Theurault (1), après 1570 ; Estienne Billon (2), 1600 ; — François Baugy, 1627 ; — Pierre Baugy (3), 1662 ; — Jean Charrier (4) reçut ses Lettres de Provisions le 21 février 1671 ; — Louis Charrier (5), avant 1715 ; — Jean-Baptiste Theurault (6), avocat en Parlement, reçut ses Provisions le 12 novembre 1716 ; — Philippe Theurault, sieur de

851, 853 ; — Arch. du Cher : C, 15. — *Etrennes nouvelles à l'usage de la Généralité de Moulins*, etc.

(1) Il mourut en 1598.

(2) C'est la date à laquelle Philippe de Bigny donna audit Etienne Billon la chapelle de Tous les Saints, appelée aussi chapelle Petit et située dans l'église d'Ainay. — Etienne Billon avait plusieurs filles dont : Marguerite Billon qui épousa Roger Theurault, décédé avant son beau-père, en 1598.

(3) Epoux de Marguerite Rauër [Rouër], et fils de François Baugy et de Pétronille Theurault.

(4) Aux Arch. de l'Allier [B, 150] on mentionne, en 1671, M. Jean Charrier, procureur du Roi à Ainay, demandeur en exécution de missive contre dame Gasparde de Monestay des Forges. — Il était fils de N... Charrier et de Jeanne Imbault, qui épousa en deuxième noces Hugues Baugy ; il était donc frère utérin de Roger Baugy, bailli de Charenton. — Le 26 juillet 1687, Jean Charrier acquit de Maître Jacques Imbault, curé de Vernais, le domaine de Grandvaux dont il prit le nom.

(5) Dans une Lettre datée du 6 août 1715, le Lieutenant-Général Bujon se plaignait vivement de la façon dont ledit Louis Charrier s'était acquitté de ses fonctions de procureur du Roi ; mais celui-ci n'était plus titulaire pour longtemps ; il avait vendu, le 1er mars 1715, sa charge à J. B. Theurault, moyennant 2.400 livres.

(6) Baptisé à Ainay le 9 novembre 1664, il eut pour parrain Jean Theurault, sieur des Tiers, et pour marraine, D'lle Marguerite Baugy. Témoins : Barthélemy Bernard, sieur de Bernon ; — François Theurault, sieur des Langerons, frère du parrain ; — Pierre Theurault, sieur de Montmiral, cousin du parrain ; — Jean Theurault, sieur des Goubaux.

l'Amour (1), remplaça son père le 30 août 1725 et laissa, lui-même, cette charge à son fils Alexis Theurault (2), qui reçut ses Provisions le 12 juin 1766.

Jacques Brunet était substitut du Procureur du Roi, en 1652 ; — Jean Brunet, en 1688 ; — François Beraud, sieur de Vougon, en 1737 et 1760 (3).

Greffiers : Pierre Morne, avant 1630 (4) ; — Jacques Bujon (5) vers 1640 ; — Vincent Bonne-

---

(1) C'est probablement de lui qu'il est question au sujet du procès intenté de 1753 à 1759 par Louis Delorme, marchand-forain, demeurant ordinairement à Versailles, contre « Maître Pierre Thureau, procureur du Roy de la châtellenie royalle d'Ainay-le-Château ». [Arch. de la Nièvre : B, 211].

(2) Il s'intitulait conseiller et procureur du Roi aux sièges royaux de la châtellenie et police d'Ainay. Il acquit, le 20 avril 1780, par acte passé devant Maître Demonferrand, notaire à Issoudun, les domaines de Boulivière, le Paillard, Chailloux, les Morins, Fay, les Bouchaux, Malcontent, etc., de Maître Joseph Delalande, receveur-général des aydes à Issoudun, et de Marguerite Huguet, son épouse, moyennant 42.000 livres. Et le lendemain, 21, les parties établissaient une contre-lettre spécifiant que ce prix devait être augmenté de 38.316 livres et porté au total de 80.316 livres. [Papiers de M. Choussy]. — Voir Arch. de l'Allier : B, 639, 846, 850, 853. — Arch. du Cher : C, 15 et 1045. — Mémoire de l'Intendant de Pomereu, etc.

(3) Reg. par. d'Ainay (29 juin 1737). — Arch. de l'Allier : B, 853.

(4) Le 8 juin 1636, mariage à Saint-Pierre d'Yzeure, de Louis Moreau, marchand grossier à Moulins, avec Louise Morne [fille de Pierre Morne, greffier d'Ainay, et de Blaise Boucher]. — Arch. d'Yzeure : G,G 6.

(5) Jacques Bujon [fils de Gilbert Bujon, notaire à Meaulne, et de Blaise Boursier], naquit à Ainay en 1603, et épousa, vers 1632, Marie Menouvrier [fille de Laurent Menouvrier, notaire à Ainay, et de D^{lle} Beaujard] dont il eut neuf enfants. C'est lui qui figure à l'Armorial de la Généralité de Bourges. — Ses enfants sont : — a) Marguerite, née le 19 novembre 1634 ; — b) Etienne, né le 12 octobre 1636 ; — c) Marguerite, qui épousa, par contrat du 6 novembre 1685 [Dossiers Choussy], Antoine

lat (1), en 1650 ; — Vincent Bonnelat, fils du précédent, vers 1705 ; — Louis Bernard (2), 1711 ; — Philippe Jobier, le 4 janvier 1739 ; — Pierre Beraud, 1748 ; — Pierre-François Beraud, sieur de Vougon, 1765 ; — Pierre Pezant, en 1769 et 1785 ; — Etienne Jobier en 1790 (3). — Pierre Barbier était commis-greffier en 1770.

Huissiers : Pierre Bessonnat, huissier-audiencier,

Huguet, greffier de la maîtrise des eaux et forêts de Cérilly [fils de Pierre Huguet, marchand d'Hérisson, et de Marguerite Gozard] ; — d) Jacques, né le 21 février 1641 ; — e) Marie, née le 6 août 1643 ; — f) Marie, née le 17 février 1646 ; — g) Madeleine, mariée le 14 février 1707 à Etienne Serventier ; — h) Marie, née le 8 janvier 1654 ; — i) Marguerite, née le 9 juin 1656, épouse de Jean Péron ; — j) Marie, née le 14 octobre 1660, femme de Modeste Pouillard.

(1) Vincent Bonnelat, greffier de la châtellenie, en 1650, avait épousé Magdeleine Libault [fille de François Libault, médecin à Saint-Amand, et de Marguerite Theurault], qui, en 1705, était remariée à Jacques Beraud, sieur des Billiers, avec qui elle habitait à Bourges, paroisse N. D. du Fourchaud. — Les époux Bonnelat eurent pour enfants : — a) Jean-Baptiste Bonnelat, sieur des Plantons, bourgeois de Bourges, en 1731 ; — b) Estienne Bonnelat, sieur du Chireux, bourgeois d'Ainay en 1731 et 1736, époux de Gabrielle Vigeon ; — c) Vincent Bonnelat, sieur des Barons, greffier de la châtellenie, échevin d'Ainay en 1724, mort avant 1731, laissant postérité de son mariage avec Marguerite Huguet ; — d) Marie Bonnelat, mariée avant 1724, à Pierre Colladon, avocat à Bourges.

(2) Louis Bernard, greffier de la châtellenie, fils de feu Barthélemy Bernard, rendit hommage, en 1711, pour une partie des dîmes de Chezelles et Bressolles. [Noms Féodaux].

(3) Nous avons déjà parlé des Jobier. Celui-ci, ancien receveur de la régie générale de Saint-Pourçain et propriétaire du greffe d'Ainay adressa, le 6 juillet 1793, une pétition au district de Montmarault pour obtenir un sursis aux poursuites intentées contre lui à cause de son retard à payer 1.160 livres 15 sols 6 deniers ; il demandait le délai nécessaire à la liquidation de sa charge : Il obtint 3 mois.

le 14 juin 1619 ; — Jean Chassaigne (1), le 4 mars 1695 ; — Jean Bujon, vers 1700 ; — François Legay qui reçut ses Lettres de Provisions de syndic de la communauté des huissiers-audienciers de la châtellenie d'Ainay, le 14 juin 1705 ; — Gabriel Dupin, le 26 octobre 1711 ; — Antoine Bujon, 1738 ; — Pierre-Léonard Sabardin, 1741 ; — Vincent Barbier, 1743 ; — Jean Chassaigne, 1er mars 1745 ; — Jean-Baptiste Lefort, 1757 (2) ; — Pierre Barbier 1787 (3).

Sergents royaux : Toussaint Septier est nommé, au lieu de feu Jean Bard, le 27 juillet 1618 ; — Pierre Aujouhannet, au lieu d'Etienne Mercier, le 14 septembre 1620 ; — Etienne Paris, le 1er février 1621 ; — Pierre Guérin, le 7 avril 1621 ; — Le 20 décembre 1666 des Lettres de Provisions de l'office de sergent-royal priseur et vendeur de biens sont octroyés à Jean Gillet, premier titulaire ; — En 1643, François Moreau fait résignation de son office de sergent-royal en faveur de Jean Pointat, de Nérondes ; — Jean Duret est nommé sergent royal « préconiseur et boîtier » au lieu de Gilbert Thomas, le 11 juin 1668 ; — Claude Serventier ; au lieu de feu Jean Combraille, le 5 mars 1678 ; — Jean Combraillie, au lieu de Jean Duret, le 9 mai 1680 ; — Gabriel-François Gillet, au lieu de feu Jean Cournault, le 16 mars 1683 ; — Pierre Duliège (4), 4 juillet 1693 ; — Pierre Auperrin (5), 7 août 1694 ;

(1) Son fils, Jean, était huissier-audiencier en 1745. [Reg. par. de Charenton].

(2) Il était déjà mort en 1770, laissant sa veuve, Marie Lombard, tutrice de leurs enfants.

(3) Arch. de l'Allier : B, 232, 845, 848, 849. — Arch. du Cher : C, 15. — Noms féodaux ; — Reg. par., etc.

(4) Epoux d'Anna Moutet, veuve en premières noces de Roger Charrier, Lieutenant-Général de Police.

(5) Fils de Pierre Auperrin et de Gabrielle Theurault, déjà

— François Menouvrier, au lieu de Jean Thomas, le 20 décembre 1698 ; — Noël Nepveux, au lieu de feu Louis Michault, le 27 mars 1721 ; — Jean-Paul Haudot, au lieu de feu Jacques Rétif, le 15 avril 1723 (1) ; — etc.....

En plus des officiers que nous venons de citer, il en existait un certain nombre d'autres qui, — tout en dépendant en premier ressort du Lieutenant-Général de la Châtellenie et, en second lieu, du Lieutenant-Général de la Sénéchaussée de Moulins, — avaient des attributions telles qu'elles devaient, par la suite, les faire rattacher au siège de police ; mais jusqu'en 1667, la charge de Lieutenant-Général de Police n'existait pas ; et, s'il est vrai qu'elle fut créée à cette époque à Paris (2), il se passa un demi-siècle avant qu'il en fut de même à Ainay-le-Château. Le Lieutenant-Général de la Chatellenie était donc chargé, jusqu'aux débuts du xviiie siècle, d'édicter des règlements pour la police particulière de la ville et de faire respecter les arrêts généraux de police de la province. Il avait, pour l'instruire des délits qui pouvaient être commis, des commissaires enquesteurs, institués par l'ordonnance de 1586, qui étaient tenus de faire chaque semaine une ou deux visites par la ville et les faubourgs, de connaître les contraventions, de faire ouvrir les magasins à blé en temps de disette, de prendre et emprisonner les vagabonds..... Ces officiers remplissaient l'emploi de nos commissaires de police actuels et étaient attachés à un tribunal, de même que les

veuve en 1663. — Il avait pour frère, Pierre Auperrin et pour sœur Peronnelle Auperrin, qui épousa Gilbert Legay.

(1) Arch. de l'Allier : B, 232, 845, 846, 847, 848, 850.

(2) Le premier Lieutenant-Général de Police fut Nicolas de La Reynie.

commissaires de police sont attachés aux tribunaux de simple police civile ; aussi, de ce fait, ils conservèrent l'usage de porter la robe jusqu'aux premières années du xviiie siècle (1). Furent commissaires examinateurs et enquêteurs à Ainay-le-Château : Jehan Charrier (2), en 1617 ; — Michel Manceau, en 1639 (3) et 1664 ; — Roger Charrier, sieur de Menitreux, qui reçut des Lettres de Provisions à cette charge le 22 janvier 1696, au lieu et place de Michel Manceau ; — Pierre Bujon des Brosses, en 1709. — Enfin Claude Perrinet remplaça Roger Charrier [qui avait sans doute racheté sa charge], le 4 septembre 1740, et réunit cet office à celui de Lieutenant-Général de la Châtellenie (4).

A sa charge de commissaire examinateur et enquêteur, Roger Charrier réunit — lors de la création — l'office de Lieutenant-Général de Police ; car, au commencement du xviiie siècle, il y eut également à Ainay-le-Château un siège de Police. Le corps des officiers de Police, dont les querelles avec les officiers municipaux — et, en particulier, avec M. Bujon des Brosses — ont eu à la fin du règne de Louis XVI un certain retentissement, se composait : d'un Lieutenant-Général dont la charge, nous l'avons vu, valait 2.000 livres ; d'un procureur du Roi ; d'un greffier ; d'un huissier (5). Ces offi-

---

(1) Journal de Barbier [1733], II, p. 24.
(2) Epoque où il assistait au contrat de sa belle-sœur. Jean Charrier avait épousé Anne Billon [fille d'Etienne Billon, procureur du Roi, et de Jacquette Pornyni].
(3) Arch. du Cher : E, 1535.
(4) Arch. de l'Allier : B, 232, 851. — Mémoire de l'Intendant de Pomereu.
(5) Plusieurs de ces officiers avaient un second emploi au siège de la châtellenie.

ciers avaient mission de surveiller tout ce qui avait trait à la salubrité et à la propreté des rues, à l'ordre public, aux mœurs et, généralement, au maintien du bon ordre dans la ville et dans les environs. C'est à ce titre qu'ils proclamaient le ban des vendanges, comme le démontre le document ci-dessous : « Cejourdhuy, deuxième octobre mil sept cent cinquante sept, heure de midy au pallais Royalle de la ville d'Ainay-Le-Chateau, et pardevant nous, Philippe Theurault, sieur de L'Amour, Conseiller du Roy, Lieutenant Général ès sièges royaux de cette ville, expédiant pour l'absence de monsieur le Lieutenant Général de Police de ce siège ; que Nous aurions nommé de notre office les nommés Jean Robinet et Gilbert Grellière, tous les deux maîtres vignerons de cette ville et paroisse d'Ainay, y demeurants ; A l'effet de faire la vizitte des vignobles de cette ditte ville pour parvenir à donner les Bandées (1), desquels nous aurions reçu le serment par lequel ils ont juré de faire laditte vizitte en leurs honneurs et conscience, et après avoir fait icelle ils nous auroient rapportée qu'elles sont en état d'estre vendangés, que pour être fait droit sur leurs avis, le sieur Curé de cette ville comme seigneur dessimateur en partie auroit esté invité à se trouver a cedit jour, lieu et heure, et aurions fait assavoir que les propriétaires des vignes eussent aussy à se trouver pour délibérer entre eux du jour qu'il seroit pris pour faire les vendanges des vignobles de cette ville ; Ayant comparu le sieur Curé, le sieur François-Nicolas Legay, Vincent

---

(1) Terme de Coutume : c'est l'ouverture des vendanges dont la proclamation se fait par ordonnance de justice. *Vindemiæ denuntiatio*. Ce mot vient apparemment du ban qui se dit dans le même sens. [Trévoux].

Rinche aussy dessimateur, Charles Bureau drapier, Pasquet Duranjon aussy drapier, et autres propriétaires aux qu'elle ayant été communiqué l'avis des deux dits maîtres vignerons nommés, ils ont esté d'avis que les vignes de Montmiralle et celle du dixme de Presle qui ont accoutumé d'estre de la première Bandée soient vendangées de mardy en huit, onze de ce mois ; et celles du vignoble du Pavet (1), Salvert et autres de la seconde bandée seront vendangés le lendemain, mercredy douze dudit présent mois ; En conséquence avons homologué lesdits avis, ordonné que lesdites bandées seront ouvertes pour les jours cy-dessus ; faisons desfences à toutes personnes de vendanger avant lesdits temps sous peine de confiscation et damande conformément à la Coutume, faisons aussy deffences à toutes personnes de couper des raisins dans lesdites vignes avant lesdits temps sous les mêmes peines et autres plus grandes, et aux sieurs dessimateurs d'entrer dans lesdites vignes avant ledit temps pour lever leurs dixmes sous les mêmes peines. Nous Réservant de faire la vizitte chez les particuliers qui se trouveroient être en contravention et de les punir ainsy qu'il appartiendra, et sera notre présente ordonnance lue, publiée de manière accoutumée. Et avons signé avec les sieurs Curé, Legay, Bureau et notre greffier, les autres ayant déclaré ne le savoir, de ce enquis. — SEMELÉ, curé d'Ainay-le-Château ; THEURAULT ; LEGAY (2). »

Nous avons relevé les noms de quelques-uns de ces officiers : Roger Charrier, sieur de Grandvaux

(1) Le Pavé dépend encore de la commune d'Ainay. — Voir le *Dictionnaire des noms de lieux habités du département de l'Allier*, de M. CHAZAUD, p. 149, n° 9570.

(2) Documents de M. Chavaillon.

et Menitreux, était Lieutenant-Général de Police en 1717 (1) ; il fut très probablement, à Ainay-le-Château, le premier titulaire de cette charge. — Jean Huet, sieur de Crochet, et Mussy (2), reçut ses Provisions avec dispense d'âge, au lieu de feu Roger Charrier, le 1er octobre 1743 ; — Charles Huet, en 1762 (3) ; — Jean Huet (4), après 1762 ; — Lazare-Anne Huet de Crochet le remplaça le 31 décembre 1776 (5) ; — Jean Huet, sieur de Crochet, avocat en Parlement, obtint ses Provisions de Lieutenant-Général de Police, au lieu de feu Lazare-Anne Huet, son frère, le 15 décembre 1784 (6) ; il est célèbre dans les annales de la ville par ses démêlés avec le maire François Bujon des Brosses (7).

(1) C'est l'époque où il appelait d'une sentence de la sénéchaussée de Moulins, contre son frère, Maître Louis Charrier. [Arch. du Cher : E, 1724].

(2) Il fut nommé juge civil et criminel, gruyer de Bannegon, Rhimbé, Thaumier et Cogny, le 16 avril 1759. [Arch. de l'Allier : B, 853]. En 1760, il exerçait également les fonctions de maire d'Ainay.

(3) Reg. par. de Charenton [12 mai 1762].

(4) Le 20 juillet 1740, Jean Huet était greffier en chef au bailliage et siège-présidial de Saint-Pierre-le-Moûtier ; sa femme, Marie-Anne Charrier, lui donnait sa procuration [Bureau et Robinet, notaires à Saint-Pierre-le-Moûtier] pour transiger en son nom et en qualité de tuteur de Lazare-Anne Huet de Crochet, pour recueillir leur part de la succession de Louize Charrier.

(5) En 1773, il était qualifié « bourgeois et maître de forges, demeurant à la Grosse-Forge, paroisse Saint-Martin de Charenton » ; et nous lisons dans les registres paroissiaux de cette commune : « Le 24 novembre 1782, enterrement de Lazare Huet, sieur du Crochet, Lieutenant-Général de Police de la châtellenie d'Ainay-le-Château, mort hier à la Grosse-Forge. »

(6) Arch. de l'Allier : B, 854, 855, 856. — Arch. du Cher : C, 15, 299.

(7) Arch. du Cher : C, 28. — C'est lui qui, le 26 février 1788,

Philippe Theurault, sieur de l'Amour, se qualifiait en 1742, conseiller et procureur du Roi aux sièges-royaux de la châtellenie et police d'Ainay-le-Château (1). Il sucéda dans ces offices à son père, Jean-Baptiste Theurault ; — Alexis Theurault remplaça son père en 1766. — En 1746, le sieur Deffougère était greffier de police ; et l'office d'huissier appartenait, en 1786, à Barbier (2). — Enfin nous voyons qu'en 1765, le sieur Legay était commissaire de police ; et, qu'en 1769, Jean Huet était nommé à ces mêmes fonctions (3).

Une lettre datée de Saint-Amand, le 4 août 1788, et signée de M. Piaud, lieutenant du maire, jointe à tout un questionnaire auquel répondait le signataire, nous montre que la démission de M. Bujon des Brosses — maire d'Ainay-le-Château jusqu'au 16 novembre 1787 — n'avait pas arrêté la lutte sourde qui existait entre la municipalité et la police. M. Piaud faisait remarquer qu'il y avait beaucoup de rapports entre les prérogatives de la municipalité et celles de la police, et il spécifiait que toutes les réponses données par lui au questionnaire adressé étaient tirées du code municipal et d'un règlement qu'il avait obtenu par l'intermédiaire de Mgr le prince de Conti, règlement signé et approuvé par le Roi. Cette remarque faite, il répondait aux questions qui lui avaient été posées : La municipalité est absolument indépendante du juge de police : 1° pour faire mettre sous les armes la milice bour-

acheta, par acte reçu Mazerat, notaire, les deux locatures des Mandais au sieur Jacques Ruffray moyennant 6.000 livres et 600 livres d'épingles.

(1) Reg. par. d'Ainay.
(2) Papiers de M. Chavaillon.
(3) Arch. du Cher : C. 948.

geoise ; — 2° pour rendre des ordonnances militaires que les officiers municipaux ont le droit de faire publier ou afficher ; — 3° pour assembler la communauté des habitants. D'autre part, ajoutait M. Piaud, « s'il n'est pas besoin de la permission du juge de police pour s'assembler, il est des endroits où le juge assiste aux assemblées des communautés, mais seulement pour y maintenir l'ordre ; cela dépend de l'usage. Et, dans ce cas, on pense que l'usage constant seroit beaucoup ; mais aujourd'huy un juge qui, en cette qualité, se présenteroit à une assemblée contre l'usage qu'il n'auroit pas, y seroit mal reçu (1) ».

Telles étaient, à la fin de l'Ancien Régime, les luttes âpres et sourdes qui divisaient les petites villes sur la question brûlante des prérogatives. Aujourd'hui qu'un siècle et quart s'est écoulé et que des révolutions successives ont passé sur la France, n'existe-t-il pas encore beaucoup de localités où les graves querelles de clocher n'ont d'autre point de départ que la vanité froissée d'une notoriété de village ou d'une célébrité de canton ?...

Au point de vue des autres juridictions (2), Ainay-le-Château dépendait de cette partie du Berry qui, après la chute des ducs de Bourbon fut placée quelque temps (3), jusqu'en 1792, dans le ressort de la sénéchaussée de Moulins, soumise à la Coutume du Bourbonnais, bien qu'administrée par l'Intendant de Bourges, et bien qu'officiellement comprise dans la généralité de Berry. En effet, en 1609, le duc de Sully, alors seigneur de Saint-Amand, éta-

---

(1) Papiers de M. Chavaillon.
(2) L'élection, le grenier à sel.
(3) Chazaud, *La Chronologie des sires de Bourbon* p. 171.

blit en cette ville « pour la bonifier » un grenier à sel et une élection. Les sièges de ces deux juridictions étaient, avant cette date, à Ainay-le-Château ; mais après la décision de Sully, Ainay fit partie de l'Election de Saint-Amand, qui comprenait — si nous nous en rapportons au mémoire (1) de la Généralité de Bourges, dressé par ordre de Monseigneur le Duc de Bourgogne en 1697, — « 97 paroisses toutes taillables où l'on comptait 86 gentilshommes chefs de famille ; 55 officiers ou exemts ; 5.423 feux contribuables et 23.360 personnes » ; l'imposition de la taille s'y élevait au chiffre de 101.400 livres.

Au point de vue juridique, l'Election est un tribunal qui décide « des affaires des tailles, aydes et autres droits du Roi (2) » ; or, avant qu'un semblable tribunal fut établi à Saint-Amand (3) par Maximillien de Béthune, duc de Sully, il y avait à Ainay-le-Château (4) — disons-nous — une élection particulière qu'il fut question de supprimer en 1599 et de rattacher au siège principal de Montluçon, ainsi que le démontre un arrêt du Conseil, rendu à Paris le 10 décembre 1599, dont voici la teneur : « Sur ce qui a esté remonstré par les habitans des chastellenies d'Ainay, Saint-Amand et Hériçon qu'encores qu'ils sont fort

(1) Comte de BOULAINVILLIERS, Etat de la France..., t. V, p. 35. — Ou bien, voir DEY DE SÉRAUCOURT, Mémoire sur la Généralité de Bourges, p. 85. [Bilb. Nationale : Imprimés LK², 288].

(2) DE BOULAINVILLIERS, id., p. 14.

(3) L'El ction de Saint-Amand était composée, en 1780, — d'après M. Bonnet de Sarzay, — d'un président, d'un lieutenant, de quatre clercs, d'un procureur du Roi et d'un huissier. [Voir MALLARD, Hist. des deux villes de Saint-Amand..., p. 148-149].

(4) Qui dépendait de la Généralité de Moulins. [Voir Arch. Nationales : E, 6a, fol. 62 recto].

proches de la ville de Montluçon où est estably le siège principal de l'eslection, pardevant les esleuz de laquelle ilz peuvent commodement plaider en allant portér les deniers aux receveurs des tailles, veriffier leurs roolles et y faire autres affaires qui leur surviennent journellement, néantmoings ils sont contrainctz, par les esleuz particuliers desdictes chastellenies, de plaider par devant eulx, lesquels la pluspart du temps, renvoyent les causes par devant les' esleuz du siège principal, a cause qu'ilz n'ont aucun deppartement ny controolle des assiettes ; aussi que la pluspart des dites causes et matières appartiennent auxdictz esleuz des sièges principaulx, tellement qu'ilz sont contrainctz faire plusieurs frais et voyages, outre les gaiges et droictz que lesdictz esleuz particuliers exigent sur eulx ; Requérans qu'il plaise au Roy supprimer lesdicts offices, le Roy en Son Conseil a permis et permet aux esleuz et officiers de ladicte eslection de Montluçon et autres qui ont interestz à ladicte suppression de rembourser lesdictz esleuz particuliers, lesquelz, en ce faisant, seront et demeureront estainctz et supprimez à l'advenir (1). » Malgré cet arrêt, une élection dut subsister à Ainay-le-Château dans les débuts du xviie siècle, puisque l'un des élus, Gilbert Lochon (2), était alors appelé à comparaître au

(1) Arch. Nationales : E, 2a, fol. 296 recto. — Bibl. Nationale : manus. franç. 18165, fol. 62 recto.

(2) C'est probablement de lui qu'il est question dans la donation faite en 1558, par Pierre Lochon, bourgeois, demouran à Charenton-en-Bourbonnois, à Gilbert Lochon, son fils, étudiant en l'Université de Bourges, pour que « son dict fils se puisse plus commodément entretenir aux escolles et estudes, achepter livres et aultres choses à luy nécessaires », d'une maison sise à Ainay-le-Château, d'une pièce de vigne « contenant l'œuvre de dix hommes» et de divers autres biens fonds. [Arch.

Conseil des Finances pour se justifier d'une levée faite par lui sur les habitants de Montluçon. Voici le texte de cette pièce curieuse : « Sur les remontrances faites au Roy en son Conseil que Gilbert Lochon, esleuz en l'ellection d'Aysnay-le-Chastel, de la généralité de Moulins, auroit, contre et au préjudice des eeditz de remises faictes par Sa Majesté à ses subjectz des deniers des tailles, faict lever, tant en vertu de certains arrestz de la Cour des Aydes sur les habitans de Montluçon que quittance de la dame de Chastillon, vefve du feu sieur de Chastillon, son mary, la somme de II^{mC} livres tournois, dont il auroit esté assigné dès l'année IIII^{xx} XI sur la recette generalle des finances à Moulins, le Roy en son Conseil, conformément auxdictz eeditz de remises desdictes tailles, a faict et faict tres expresses inhibitions et deffenses audict Lochon et tous autres de faire continuer ladicte levée sur les subjectz de Sa Majesté, sur peine de désobéïssance, Laquelle ordonne en outre que ledict Lochon comparoistra au Conseil des finances de Sadicte Majesté pour venir dire les causes et raisons qui l'ont meu au préjudice desdictz deffendeurs et de lever les deniers du restant desdictes années remises, et ledict temps passé, à faulte d'y obéir, sera contrainct par emprisonnement de sa personne, ainsy qu'il est accoustumé pour les terres, deniers et

du Cher : E, 2409]. — Cette famille avait alors de nombreux représentants aux environs : Louis Lochon, procureur au bailliage de Charenton, 1621 ; — Anne Lochon qui était, en 1623, femme de Jehan Pichon, lieutenant de la Baronnie de Charenton ; — Marie Lochon, femme de Gilbert Robin, bourgeois d'Ainay, 1664... Enfin, il y eut, en l'église Saint-Martin de Charenton, la chapelle « des Lochon » qui, à la fin du xviiie siècle, appartenait à la veuve Jobier.

affaires de Sadicte Majesté. Faict au Conseil d'estat du Roy, à Paris, le troisième jour de febvrier 1604 (1). »

Mais, à la fin de l'Ancien Régime, Ainay-le-Château, en matière fiscale, faisait partie de la Généralité de Berry et relevait de l'Election de Saint-Amand, dont les élus — auxquels étaient adjoint un Trésorier de France, — arrêtaient, sous le contrôle de l'Intendant, le chiffre total des impôts auquel devait être taxée la paroisse d'Ainay. Les officiers municipaux partageaient ensuite ce total entre chaque habitant, au prorata de ses ressources, déduction faite des exempts et des privilégiés.

Les impôts se divisaient en deux catégories distinctes : les tailles, ou impôts directs, auxquels il convient de rattacher le taillon, la capitation, etc..., et les aides, ou impôts indirects, comprenant les droits de vingtième, de huitième, de marque, de jauge, etc.

De toutes les impositions directes de jadis, la capitation, — établie en France en 1695 — subsiste encore de nos jours sous le nom d'impôt personnel. La capitation était payée, en principe, par tous les habitants, sauf ceux dont la contribution n'atteignait pas 40 puis 20 sous ; mais ils la payaient proportionnellement à leurs moyens (2). Son montant augmenta progressivement, comme celui des autres impôts. Nous pouvons nous en rendre compte à Ainay, où le total de la capitation atteignait 877 liv. 5 sols 11 deniers en 1722 ; — 778 livres en 1724 ; — 1039 livres en 1737 ; — 1235 livres en 1753 et 1754 ; — 1332 livres en 1756 ; — 1309 livres en 1760 ; —

(1) Arch. Nationales : E, 6a, fol. 62 recto. — Bibl. Nationale : manus. franç. 18167 ; fol. 31 verso.

(2) Il y avait vingt-deux classes plus ou moins imposées. — Le Clergé se racheta de la capitation par le don gratuit de 1710.

1.308 livres en 1761 (1)... A la capitation s'ajoutèrent les fourrages ; la milice, conformément à l'ordonnance du 12 novembre 1733 [si bien qu'en l'année 1737, la ville d'Ainay payait 417 livres 10 sols pour les fourrages et la milice (2)] ; les postes ; l'ustensile de cavalerie ; le sou pour livre sur le principal de ces diverses impositions, etc., etc... Bref, en 1748, outre la somme de 1.175 livres que la ville payait pour le principal de sa capitation (3), elle était encore obligée de verser, en surplus, 391 liv. pour les fourrages (4), 11 livres pour le maître de postes (5), 701 livres pour l'ustensile de cavalerie (6), 56 livres pour les milices gardes-côtes, 108 livres pour la milice, et 107 livres 10 sols pour les 2 sols pour livre imposés en sus du principal de la capitation, suivant l'arrêté du 18 décembre 1747 (7)..... tant il est vrai que l'accroissement des impôts a toujours subi une progression, plus ou moins régulière mais positive, sous tous les régimes et à toutes les époques !

Le bordereau du montant total de la capitation et des impositions accessoires était, comme nous l'avons dit, établi en l'Election de Saint-Amand ; et la répartition de la somme qu'il comportait était faite par les officiers municipaux et les notables d'Ainay-le-Château assemblés, dans ce but, à l'Hôtel de Ville. Chaque habitant était imposé au

(1) Arch. du Cher : C, 186.
(2) Arch. du Cher : C, 209.
(3) Arch. du Cher : C, 186.
(4) Ce chiffre atteignit 809 livres en 1749, pour redescendre à 331 livres en 1767.
(5) En 1776, c'était 14 livres 5 sols.
(6) Hospitis militis supellex vasaria. L'ustensile se fournit parfois en argent, parfois en espèce. (Trévoux).
(7) Arch. du Cher : C, 209.

marc la livre de ce qu'il payait de tailles et suivant celle des vingt-deux catégories d'individus plus ou moins taxés dans laquelle sa fortune l'avait fait classer. Seul, le curé était exempt parce que le Clergé qui, primitivement, au lieu de la capitation, payait un impôt équivalent appelé *don gratuit,* s'était, en 1710, racheté pour toujours de la capitation en payant, d'un coup, six fois la valeur du don gratuit. Dans un procès-verbal du rôle de ces impositions, arrêté à Saint-Amand, les 3 et 4 avril 1764, pour la ville et paroisse d'Ainay-le-Château, nous lisons en effet :

« Capitation . . . . 1256 livres
  Fourrrages et sols pour livre . . . 347 livres 11 sols
  Milice et sols pour livre. . . . . 215 livres 5 sols
  Maître des postes et sols pour livre. 14 livres 14 sols 6 deniers
  ───
                                    1833 livres 10 sols 6 deniers
  Neuf domestiques à déduire . . . 11   »   5   »
  ───
                                    1822 livres 5 sols 6 deniers.

Rolle et département de la somme de dix huit cent vingt deux livres cinq sols six deniers suivant le bordereau ci-dessus ordonné estre proposé l'année 1764 au marc la livre de la taille sur les habitants taillables de lad. ville et paroisse relativement aux mandements de Monseigneur l'Intendant, du 20 novembre dernier, laquelle dépend a été faitte à 14 sols 5 deniers et demy pour livre ainsi que suit (1)... » Et vient alors le détail des sommes imposées pour chaque habitant en commençant par le sieur Bujon des Brosses, contrôleur, taxé à 25 livres 6 sols...

La taille qui — nous venons de le voir, — servait de barême pour l'établissement de la cote indivi-

---

(1) Arch. du Cher : C, 597.

duelle de la capitation, fut, à l'origine, un impôt de guerre que devaient seuls payer les roturiers qui ne portaient pas les armes. Elle devint permanente sous Charles VII, mais son montant variait suivant les années. Henri II lui adjoignit le taillon en 1549. La taille était dite personnelle quand elle portait sur la personne, et réelle quand elle portait seulement sur les biens (1) ; dans la pratique, la taille personnelle était mixte, car on imposait les gens en proportion de leur fortune : c'était, en somme, un impôt sur le produit de la propriété, du travail et de l'industrie de chacun (2). Beaucoup de gens cherchaient à s'y soustraire, et les répartiteurs devaient être sévères, tout en ayant grand soin de ne point porter aux roles les ecclésiastiques pour leurs biens d'église, les nobles vivant noblement, les officiers des cours supérieures, ceux des bureaux des finances, des élections, etc... Pour ce motif, il advint parfois que certains Castellainaisiens, exempts ou privilégiés, — témoin Philippe Theurault de l'Amour, en 1739, — étaient priés de venir faire devant le receveur des tailles de Saint-Amand, la déclaration de tous les biens en leur possession qui pouvaient être assujettis au paiement de la taille.

Chaque année, le brevet de cet impôt, arrêté au Conseil du Roi, était envoyé à la Généralité de Bourges, d'où l'on faisait adresser à l'Election de Saint-Amand le montant de la répartition à elle incombant : les élus (3) auxquels était adjoint

(1) FAURE, *Souvenirs de l'Hôtel-de-Ville de Moulins.*
(2) A. BABEAU, *Le village sous l'Ancien Régime.*
(3) Les édits et règlements des Cours des Aides enjoignaient aux officiers de l'Election de faire tous les ans une visite dans les paroisses du district qui leur était échu en surveillance, pour s'y informer de la fertilité des récoltes, des abus qui pou-

un trésorier de France, divisaient, sous le contrôle de l'Intendant, la taille entre les communautés d'habitants ; enfin les officiers municipaux subdivisaient entre chaque citoyen, et ceux qui s'estimaient trop imposés pouvaient — toujours comme Philippe Theurault en 1739, — faire opposition ès-mains de l'Intendant de Berry pour que le montant de leurs tailles fut réduit, d'après ce qu'il « plaisait à Sa Grandeur de régler le rôle suivant son équité ordinaire ». Ainsi la paroisse d'Ainay-le-Château recevait donc un bordereau des tailles qui lui étaient attribuées. Ce bordereau devait comprendre : — 1° la taille proprement dite ; — 2° les deniers pour livre revenant aux collecteurs ; — 3° une somme de..... pour droits de sceau ; — 4° une somme de..... pour droits de quittance ; — 5° des impositions locales variables ; — 6° une redevance attribuée aux gages des messagers portant le courrier d'une localité à l'autre, etc., etc..... Des documents divers qu'il nous a été donné de compulser aux Archives du Cher (1), nous avons extrait le montant des tailles, impositions accessoires, capitation... payées par la paroisse d'Ainay aux dernières années de la Monarchie, en signalant parfois le petit nombre de laboureurs, manœuvres, vignerons, gens d'industrie qui sont portés dans ces diverses pièces comme habitants de la paroisse. Voici ce tableau :

vaient s'être glissés dans la confection des rôles dans le recouvrement des impôts, etc. [Lettre du président Josset annonçant qu'il se transportera à Ainay, pour ce faire, le 23 juillet 1787. — Dossiers Chavaillon].

( ) Arch. du Cher : C, 1098, 1099, 1100, 1101, 1102, 1103, 1104, 1105, 11 6, 1107, 1108, 1109.

Années	Tailles	Impositions accessoires d'icelles	Capitation	Nombre des laboureurs	Manœuvres Vignerons Gens d'Industrie
1778	2 200 livres	1 077 livres 10 sols	1 223 livres	»	»
1779	2 200	1 185 10	1 251 15	8	275
1780	2 160	1 164 10	manque	8	290
1781	2 160	1 174 14	1 221 18	8	291
1782	2 120	1 154 16	1 199 5	8	284
1783	2 120	1 195	1 199	8	278
1784	2 120	1 155	1 199	8	280
1785	2 120	1 155	1 199	8	277
1786	2 120 (¹)	1 155	1 199	8	284
1787	2 120	1 155	1 199	9	274
1788	2 120	1 155	1 199	»	»
1789	2 100	1 125	1 169	»	»
1790	1 600	857	960	»	»

La perception de ces impôts était confiée à des sergents des tailles ou collecteurs (2) qui devaient, pendant leur exercice, « procéder à la confection d'un tableau pour la nomination des collecteurs de chaque année, en observant de mettre les taillables selon leur rang d'âge, de mariage et d'impositions, de façon néanmoins que les propriétaires les plus hauts cottisés fussent les premiers pour chaque année ;..... rapporter au greffe de l'Election un acte de recollement fait avec l'officier du quartier avant le 15 juillet chacun an ; et payer au greffier pour la remise dudit acte la somme de cinq sols ; le tout à

---

(1) En 1785 on accorda à la paroisse d'Ainay une diminution de 39 livres sur le rôle des tailles ; et de 196 livres en 1786. [Arch. du Cher : C, 616, 617].

(2) Ils n'étaient pas aimés : « Les sergents préposés au recouvrement des tailles sont des animaux terribles », écrivait, en 1664, le Lieutenant-Général d'Orléans à Colbert.

peine de cinquante livres d'amende, solidairement contre les syndics et collecteurs, laquelle ne pourrait être réduite ni modérée (1) »..... Pendant quelques années, une charge de syndic perpétuel et greffier des rôles des tailles avait été établie à Ainay en vertu des édits de juillet 1707 ; elle fut supprimée par ordonnance de juin 1717 : son titulaire, pendant les dix années qu'elle exista, fut Maître Philippe Jobier, sieur de Charnoux (2), qui paya, pour ce, une finance de 132 livres 14 sols (3). Quant aux collecteurs des tailles, nous avons retrouvé la liste de tous ceux d'Ainay-le-Château, depuis 1758 (4). Leur nomination se faisait en grande pompe, comme en témoigne ce procès-verbal du 27 septembre 1777 : « .....Nous Pierre François Béguin, Conseiller du Roi, Lieutenant en l'Election [de Saint-Amand] nous sommes transporté en ladite ville [d'Ainay] où étant et ayant fait prévenir les officiers municipaux de notre arrivée et iceux instruits du sujet de notre transport nous ont dit que pour l'exécution de l'ordonnance, ils auraient convoqué l'Assemblée des habitants de lad. ville à cejourd'huy dix heures du matin pour en leur présence et sur leur avis estre procédé à la confection du tableau dont il s'agit (5), nous requérant qu'il nous plût tous présentement nous transporter à cet effet en l'hôtel de ville lieu désigné pour lad. assemblé à quoy adhérant nous nous sommes avec lesdits sieurs officiers municipaux transporté

(1) Lettre écrite aux officiers municipaux d'Ainay par le président Josset, commissaire du quartier d'Ainay (30 juin 1787).
(2) Fils de Gilbert Jobier et d'Anne Imbert ; — et beau-frère de J. B. Theurault, époux de Marguerite Jobier.
(3) Dossiers de M. Chavaillon.
(4) Dossiers de M. Chavaillon.
(5) Tableau des collecteurs.

aud. hotel ou étant se sont présentés Etienne Duranjon, Pierre Arturion, Simon Guéridon, Jacques Rétif, Etienne Chaput, Jean Imbault, Pierre Du Crost le jeune, Pierre Lacroix, Claude Dumont, Jean Rétif, Claude Renon et autres habitans de lad. ville lesquels après lecture a eux faitte tant de lad. requeste que de l'ordonnance susdattée ont été requis par les officiers municipaux de signer : 1° ceux d'entre lesd. habitans qui par privilège (1) ou autrement étaient exempts de collection ; — 2° ceux d'entre eux qu'ils jugeront en solvable état de faire la perception des deniers royaux ; — 3° ceux qui doivent être placés dans la colonne des collecteurs adjoints... Et, ce après en avoir entre eux délibéré, il a été en notre présence, sur la représentation faitte des contracts de mariage des particuliers cy-dessus désignés à la pluralités des voix, procédé à la confection dudit tableau (2)... » Les collecteurs dont les noms avaient été proposés pour opérer en l'année 1790, sont : Gilbert Duranjon, collecteur portebourse ; Joseph et François Cabanne, consorts (3).

A ces impôts directs s'ajoutaient tous les impôts indirects connus sous le nom générique d'aides qui, à l'origine, furent des secours temporaires [*auxilium*] exigés par le Roi, mais qui devinrent permanents

(1) Le tableau « des exempts et privillegiers » suit ; il est composé de MM. : « Despreaud, L. G. — Perrinet, L. G. honoraire ; — Theurault, Procureur du Roy ; — Pezant et Mazerat, échevins ; — Beraud, secrétaire-greffier ; — Legay, syndic-receveur ; — Desraigne, principal ; — Mathieu Demême, concierge ; — François Thomas, orloger ; — Jean Favière, çacristain ; — Nicolas Rozat, préconiseur. »
(2) Les signataires sont : Berthomier-Desprost ; Dubost ; Theurault ; Rétif ; Dumon ; Mazerat ; Pezant ; Rétif et Béguin.
(3) Dossiers Chavaillon.

sous Charles VI. Les Aides comprenaient, à la fin de l'Ancien Régime : 1° le droit de vingtième sur la vente en gros des boissons ; — 2° le huitième du prix des denrées vendues en détail ; — 3° les droits de jauge, de courtage, de douanes et péages connus au XVIIIe s. sous le nom de traites foraines ; — 4° les droits d'octroi ; — 5° les droits de gabelles, dont nous parlerons plus loin, etc... Pour encaisser ces différents impôts, étaient institués les Receveurs de la Régie Générale des Aides et autres droits perçus par le Roi ; l'un d'eux, François Ricard, résidait à Ainay-le Château en 1787 (1) ; mais le Directeur des Aides, chargé d'établir l'état de tous les vins et de toutes les denrées annuellement vendus et consommés, demeurait à Saint-Amand. Plusieurs de ces états nous sont passés sous les yeux ; l'un d'eux, relatif aux années 1763-1765, nous signale les différents cabaretiers d'Ainay à cette époque et nous fixe sur l'importance de leur commerce : nous voyons que Jean Robrieux vendit durant ces trois ans 78 poinçons de vin ; « Blaize Denizot, 110 poinçons 2/3 et 3/4; Jacques Roy, 137 poinçons 5/8 ; Pierre Bouchaut, 116 poinçons 3/4 ; Pierre Pezant, 76 poinçons 3/4 et 1/2 ; Jean Touzet, 62 poinçons 2/3 et 1/4 », etc... Bref, il se consomma dans ce laps de temps « 666 poinçons 1/3 et 5/8 » de vin, pour lesquels, vu le droit de 10 sous par poinçon, le directeur des aides, Chauvet, réclamait le 25 février 1766 la somme de 333 livres 9 sols 6 deniers (2). En l'année 1765, le

(1) Epoque à laquelle il épousait, à Charenton [26 avril] Louise-Anne-Geneviève Thombrault [fille de Jean-Baptiste Thombrault, bourgeois, et d'Alexandrine Defoulnay]. — Minutes des notaires de Charenton.

(2) Documents communiqués en 1901, par M. Jacquet-Dayraigne.

total de la consommation monta à « 311 poinçons 2/3 et 3/4 » pour lesquels l'impôt s'éleva à 156 livres 4 sols 2 deniers ; et, parmi les plus gros consommateurs, nous trouvons le Lieutenant-Général de Police, Huet, avec 12 poinçons ; M. Desfougères, bourgeois, qui en acheta 10 ; P. Delage, marchand qui en consomma 7, etc. (1)...

A ces premiers impôts indirects sur les denrées, et principalement sur les boissons, il fallait adjoindre les droits d'inspecteurs aux boissons et de huit sols pour livre, puis les droits de courtiers-jaugeurs. C'est ainsi que le sieur Theurault, procureur du Roi à Ainay, ayant fait enlever 4 poinçons de vin provenant de la vendange qu'il avait récoltée dans son clos de vigne de La Roche-Bridier, payait de ce chef au bureau de La Celette, sur quittances établies le 7 novembre 1723 par le sieur Maugenest (2), la somme de 1 livre 8 sols ; et, le lendemain, 8 novembre, il devait solder à Ainay-le-Château, sur quittance du sieur Bujon, la somme de 33 sols pour ce même vin, à cause des droits d'inspecteurs à l'entrée des boissons (3)... Dans le même ordre de choses, le sieur Legay, marchand, payait 5 sols à la Direction des Aides d'Orléans pour faire sortir de

---

(1) Documents communiqués en 1901, par M. Jacquet-Dayraigne.

(2) Il doit être question de Maître Gilbert Maugenest, bourgeois, demeurant aux Paillards, commune de la Celette, qui assistait, le 26 octobre 1724, au contrat de mariage passé à Préveranges [Desjobert, notaire], entre son beau-frère, Pierre Hugon, chirurgien, veuf en premières noces d'Anne Maugenest, et Marie Aucopt. — Gilbert Maugenest était né le 31 octobre 1702 de Jean-Louis Maugenest de Parpirolle, sieur des Ligniers et du Pommeix, procureur d'office au bailliage de La Pérouze, et de sa première femme, Marie Biarnois [Reg. par. de Culan].

(3) Dossiers de M. Chavaillon.

cette ville et expédier à son adresse à Ainay-le-Château « un quart d'huile de rabette pesant 206 livres ».

Des octrois avaient été définitivement et perpétuellement accordés aux villes par édit de 1681, à condition que le gouvernement touchât pour lui la moitié de leur produit brut ; la seconde moitié appartenant à la ville (1) qui affermait ses octrois à différents particuliers, tels que le sieur Mazerat, en 1768 ; le sieur Rétif, en 1769, etc..... Ce dernier avait pris à ferme la seconde moitié de ces dits octrois [portion revenant à la ville] moyennant le prix de 180 livres, payables par trimestre entre les mains du syndic-receveur de l'Hôtel de Ville ; et il était autorisé à « faire faire la levée et perception desdits octroys par les commis aux aydes du département d'Ainay en leur payant six deniers par livre de remise jusqu'à concurrence du prix dudit bail, et un sol pour livre pour ce qui excèderait ce prix ». De son côté, le syndic-receveur payait sur le montant de la ferme : 1° ses émoluments évalués à 6 livres ; — 2° ceux de son secrétaire-greffier, 10 livres ; — 3° les remises du premier échevin, montant à 8 liv. ; — 4° 20 livres de gages à l'horloger ; — 5° 10 livres à la maîtresse de l'école des filles ; — 6° 70 livres au principal du collège ; — 7° les réparations aux monuments publics, aux rues, etc. (2)..... C'était, en somme, le seul revenu sérieux de la ville d'Ainay-le-Château !... Toute contestation relative soit aux octrois, soit à toutes les autres aides, soit aux tailles, ressortissait à l'Election de Saint-Amand ; sauf les gabelles pour lesquelles il était une juridiction spéciale.

(1) Arch. du Cher : C, 732.
(2) D'après ses quittances de 1768.

En effet, à l'Election qui était un tribunal jugeant en matière d'impôts, il convient d'ajouter le Grenier à Sel, dont la compétence s'exerçait sur l'imposition du sel seulement.

Primitivement, le siège du Grenier à sel était à Ainay-le-Château ainsi que le prouvent différents arrêts des 31 août ; 12, 19 et 26 septembre 1498 (1). Il dut même en être ainsi jusqu'en 1532 au moins, car — nous l'avons déjà dit — la première manifestation de l'autorité de François Ier en Bourbonnais est une ordonnance aux grènetiers de Montluçon, Moulins, Ainay, etc....., leur enjoignant de percevoir 20 deniers sur chaque mesure de sel vendu. Au XVIe siècle, la chambre à sel d'Ainay (2) dépendait du grenier de Montluçon (3) ; et, vers 1609, du grenier à sel de Saint-Amand, qui était établi dans le quartier de la Chaume (4).

Le sel se vendait très cher dans tout le centre (5) de la France : les tribunaux des greniers à sel, afin de réprimer la fraude si tentante pour ce motif, appliquaient aux faux-sauniers les peines suivantes : « A ceux qui faisaient le trafic du sel en terre défendue, une amende de 200 livres, et les galères pour 6 ans en cas de récidive ; pour ceux qui le faisaient à pied

---

(1) Arch. Nationales : P, 1370^1, cote 1874. — Bibl. Nationale : Huillard-Bréholles, n° 7373.

(2) Une commission fut nommée à la fin du XVIe siècle pour imposer la chambre à sel d'Ainay de 2 sous 6 deniers pour livre. [Arch. du Cher : C, 960].

(3) De 1538 à 1541. [Arch. com. de Moulins ; reg. 302, 303, 305]. — Cependant nous avons signalé que le 15 février 1600, Philibert Peynauldet, d'Ainay-le-Château, était commis-grènetier de cette ville.

(4) Il fut ensuite replacé à Ainay, en 1615, pour un laps de temps de 7 mois, comme nous l'avons dit déjà.

(5) E. Lavisse, *Hist. de France*, t. VI et VII.

et sans armes, une amende de 700 livres, et 9 ans de galères en cas de récidive ; pour ceux qui le faisaient à cheval, en charrette ou par bateau, et pour ceux qui le faisaient en troupes ou avec port d'armes, galères de 9 ans, avec peine de mort pour la récidive. Les femmes étaient condamnées à 100 livres d'amende pour la première fois ; au fouet et à 3.000 livres pour la seconde ; au bannissement perpétuel pour la troisième (1). » Lorsqu'il s'agissait de recueillir dans la ville d'Ainay l'impôt du sel, les échevins réunissaient les conseillers et notables à l'hôtel de ville, et, dans cette assemblée, était établie pour un laps de temps déterminé la liste des collecteurs qui devaient, dans chaque maison, recueillir la gabelle. L'original de cette liste demeurait en l'hôtel de ville, et un double en était envoyé à Saint-Amand au greffe de l'Election, de façon à ce que la levée des impôts fut toujours surveillée et par la municipalité et par l'élection (2). C'est, au reste, ce qu'établit le procès-verbal suivant (3) : « Ce jourd'huy, vingt-sept septembre mil sept cent soixante-dix-sept, heure de onze du matin au pallais royal de la ville d'Ainay-le-Château, lieu ordinaire à tenir les assemblées de laditte ville, Nous, Pierre Pezant et Louis Mazerat, échevins....., ayant fait convoqué par billets signés du secrétaire-greffier les sieurs Conseillers et notables à se trouver à cedit jour, lieu et heure à l'effet de procéder audit Tableau des collecteurs du sel de la ville et collecte. En conséquence, il est nécessaire de les refaire de nouveau, pourquoy nous avons de leurs avis et de celles de plusieurs autres

(1) De Boulainvilliers.
(2) Il en était de même pour le tableau des collecteurs de la taille
(3) Expédition délivrée au greffe du grenier à sel de Saint-Amand, en papier marqué.

habitans en état de faire la perception des deniers, de ceux qui doivent être placés dans la collonne, des collecteurs adjoints désignés à la pluralité des voixs, procéddé à la confection dudit tableau pour l'espace de quinze années, qui restera au greffe de l'hostel de cette d. ville ; une expédition duquel sera déposée au greffe du grenier à sel de Saint-Amand pour y avoir recours (1)...... » Nous avons retrouvé les listes des collecteurs de la gabelle à Ainay, depuis 1758 : En 1790, Claude Roy, cordonnier, était collecteur porte-bourse, et Nicolas Bonneau, consort. Les exempts et privilégiés, à cette même date, se nommaient : MM. Berthomier des Prost, Lieutenant-Général ; Huet, Lieutenant de Police ; Theurault, Procureur du Roi ; Mazerat et Dhoüan, échevins ; Buffault, procureur-syndic ; Legay, secrétaire-greffier ; Bujon, contrôleur ; Theurault de La Roche, chevalier de Saint-Louis ; Sabardin, Mazerat, Perrinet, avocats ; Thomas, horloger ; Nicolas Rozat, préconiseur et sacristain ; Demême, concierge de la prison.

(1) Documents de M. Chavaillon.

CHAPITRE II

LE RÉGIME MUNICIPAL D'AINAY JUSQU'A LA RÉVOLUTION. — LA MILICE BOURGEOISE.

Les officiers municipaux étaient primitivement des magistrats élus par les habitants d'une cité, afin de veiller à la conservation des droits de la ville, à la sauvegarde de ses intérêts. Ils s'interposaient entre le seigneur et les bourgeois et prenaient la direction des affaires concernant la chose publique. Suivant les pays, ils avaient des qualifications diverses : majeurs, maires (1), consuls, échevins, jurats, capitouls, etc..... Par la suite, on les désigna presque tous sous le nom générique d'échevins (2). Chaque ville, suivant son importance,

---

(1) Une ordonnace de 1256 fixe un même et seul jour, — le lendemain de la s int Jude, — pour la nomination des maires.
(2) Du latin *scabinus*.

était administrée par un plus ou moins grand nombre d'échevins qui, au début, étaient nommés librement par les bourgeois ; mais, peu à peu, la royauté se réserva le droit de les choisir et, au XVIIIe siècle, elle ne laissa subsister qu'une ombre d'élection (1), ainsi que nous pourrons en juger à Ainay-le-Château, où les élections d'échevins furent modifiées à partir du 2 septembre 1765, en vertu des édits de 1764 et 1765 que vint annuler, par la suite, l'édit de 1771. En tous cas, la rareté des documents relatifs à Ainay-le-Château ne nous a permis de retrouver trace des officiers municipaux (2) de cette ville qu'à partir de 1692 ; Nous savons par le livre de raison de J.B. Theurault qu'à cette époque « Jean-François Imbert, sieur du Charnoux, avocat en Parlement, faisant les fonctions de juge à Ainay, était maire-perpétuel, en vertu d'une ordonnance de M. de Séraucourt (3), intendant de Bourges ». Il est probable que ce titre de maire avait été donné à J. F. Imbert par l'Intendant, en vertu de l'édit de 1692 qui avait établi dans toute la France, dit M. Babeau, un système d'administration municipale qui existait déjà dans le nord et dans une certaine partie du centre du royaume : le système des maires qui adjoignit aux consuls ou échevins, un chef (4)..... Quoi qu'il en soit, nous avons trouvé un exploit de Noël Nepveux, huissier-royal à Charenton, signifié le 16 septembre 1736 à « Maître François Beraud, *maire-*

---

(1) Voir à ce sujet le Journal de Barbier du 16 août 1749.

(2) C'est la Loi du 14 décembre 1789 qui désigna sous le nom de municipalité le corps des officiers municipaux d'une ville.

(3) Ce qui prouve qu'à cette date les officiers municipaux n'étaient pas élus, mais nommés.

(4) A. BABEAU, *Le village sous l'Ancien Régime*.

échevin de la ville d'Aynay, tant pour lui que pour le sieur Jean Rétif, son consort eschevin et le général des habitans de la parroisse de la ville dud. Ainay ». Nous relevons ensuite dans les registres paroissiaux, à la date du 19 janvier 1738, que Jean-Baptiste Defougère est qualifié maire d'Ainay ; puis un registre des délibérations de la municipalité — gracieusement communiqué par M. Chavaillon — indique que Jean Huet, Lieutenant-Général de Police fut, lui aussi, maire de la ville, en 1760 et que, le 31 décembre de cette même année, on le réélut (1) pour deux ans. Cette prorogation de pouvoirs fut votée à nouveau le 31 décembre 1763. Puis nous restons sans rien connaître de positif, relativement au régime

(1) « Et le 1ᵉʳ janvier 1761, au pallais royal de la ville d'Ainay, le peuple assemblé en conséquence de la convocation faitte par le procureur du roy, lecture ayant été faitte des actes d'hier aux habitans présents, de la délibération de l'hos el de ville consernant l'élection des maire et échevin partants que ceux actuellement en charge seront continués pendant deux ans. Sur ce ouy lesdits habitans comparant par les sieurs Jacques Ruffray, Remy Servantier, Gabriel Bailly, Grégoire Servantier, Pierre et autre Pierre Ducrot, Claude Renon, Jean Trémeaux, Pierre Nicot, Gaspard Cottereau, Pierre Aubin, Jean Dousset, Louis et Jean Robrieux, Gaspard Cottereau, François Pourrat, Pierre Laureau, Mathurin Montagnat, Jacques Davault, Jean Lacroix, Joseph Taubin, Charles Bureau, Jean Duranjon, Estienne Duranjon, Charles Arturion, Pasquet Duranjon, Pierre Petitpierre et plusieurs autres, après avoir reçu leur avis ; ils ont été tous d'une unanime voix que l'avis des conseillers de ville du jour d'hier soit exécuté, que mondit sieur Huet est très-humblement prié d'accepter sa nomination sans cependant préjudicier à son privilège, lesquelles nominations ont été acceptées, et nous, procureur du Roy, faisant fonction de juge en cette partie à cause de la nomination du sieur Huet, avons homologué lesdites délibérations, à ce consentant Maître Mazerat faisant fonction de procureur du Roy ; et ordonnons qu'elles seront exécutées suivant leur forme et teneur. »

Porte et rue de l'Horloge.

municipal d'Ainay-le-Château jusqu'au second tiers du xviiie siècle environ ; mais il semble résulter des quelques titres qui suivent (1), qu'à cette époque la ville ne devait avoir que deux échevins dont l'un, — le premier, — recevait parfois le titre de maire (2).

C'est d'abord une élection d'échevins, en vertu des édits de 1764 et 1765 ; élection précédée de la division de la ville en trois quartiers ou secteurs (3) : « Aujourd'huy, 2 septembre 1765, nous Claude Perrinet, Conseiller du Roy, Président, Lieutenant-Général en la Chastellenie d'Ainay-le-Château, en exécutant les édits du mois d'août 1764 et de may dernier, lus et publiés en l'audiance de ce siège et duement enregistrés, et nous conformant à l'art. 56 dud. édit du mois de may qui ordonne que dans les villes et bourgs du royaume où il y aura moins de deux mille habitans, le juge-royal et les juges des seigneurs seront tenus de diviser les villes

(1) Ces titres proviennent du cabinet de M. Chavaillon. Ils sont inscrits sur deux feuillets de papier joints ensemble et qui paraissent avoir été arrachés au registre des délibérations. Chaque acte est signé du greffier Legay.

(2) Ainsi qu'il semble résulter de la délibération du Conseil, faite à la requête « de nous, Jean Huet, sieur de Mussy et Crochet, conseiller du Roi, Lieutenant-Général de Police de la ville et maire d'icelle ; et Pierre-Bernard Sabardin, échevin » qui, le 31 décembre 1763 « ...avons convoqué le Conseil de ville étably par ordonnance de Monseigneur l'Intendant du Berry, à l'effet d'élire entre eux avec Nous, premier échevin à la place de Nous, nos temps d'exercices étant plus qu'expirez, ayant été déjà continué différentes fois... » — Le titre de maire lui est d'ailleurs donné par le Lieutenant-Général de la châtellenie, Maître Claude Perrinet, dans les délibérations des 20 et 21 septembre 1765.

(3) Document signé : Perrinet et Beraud, greffier. — Extrait du registre des délibérations de la municipalité. [2, 3, 4, 20 et 21 septembre 1765].

et paroisses en trois quartiers, Nous avons en cette qualité divisé la ville, fauxbourg et paroisse d'Ainay-le-Château ainsy qu'il suit : Le premier tiers sera composé des habitans du pland de foire appelé Chaulmes Ramades, de ceux de la place du fauxbourg qui monte jusques aux Pères Recollets de cette ville, et qui descend jusques aux Chaumes Fulbert, compris dans ce tiers le moulin Papotte, Chantereau et le village de Millandreux. — Le second tiers commencera autour de l'orloge et sera composé de la Grande Rue jusqu'à la maison de la veuve Dousset et des héritiers du feu sieur Libault occupée par Bouchault et autres exclusivement ; dans lequel second tiers seront compris les habitans qui descendent de l'orloge au Prieuré, ceux des rues du Cheval-Blanc, du Cerf et des Morts, de l'enclos du Prieuré et du village des Mandays, exclusivement. — Le troisième et dernier tiers sera composé de de ceux à commencer par la maison de la veuve Dousset, du deffunct sieur Libault, occupée par Bouchault et autres, du surplus de la ville, du village de la Castinerie et de celluy Davignon qui forment les trois tiers ordonnés par ledit édit du mois de may dernier... » Le lendemain, comparurent à la mairie les habitants du premier quartier, savoir : dix-sept citoyens domiciliés au plan de foire, et trente-trois habitants de la place du faubourg. Ils élurent pour les représenter quatre députés qui étaient : Jean-Baptiste Desfougères, bourgeois ; François-Bernard Sabardin, notaire et procureur ; Nicolas-François Legay, et Pierre Duchenet. Le 4 septembre, ce fut au-tour des gens du second quartier qui, réunis au nombre de trente-et-un, choisirent pour les représenter : Louis Mazerat, notaire-royal et procureur ; Nicolas Dayraigne ; Jacques

Bujon, sieur des Brosses et Antoine Bonnelat. Le soir du même jour les habitants du dernier secteur se réunirent à leur tour au nombre de trente-neuf et députèrent en leurs lieu et place Lazare Dubost, Charles Bureau, François Legay et François Rétif.

Quînze jours après, le 20 septembre, les échevins en charge, Jean Huet, sieur de Mussy et Crochet, et Pierre Bernard Sabardin, invitaient le Lieutenant Général Claude Perrinet et son greffier à la rendre à l'Hôtel de Ville, où les douze délégués de la population avaient été convoqués et se trouvaient réunis — sauf François-Bernard Sabardin, absent — « pour nommer par la voix du billet, sachant tous écrire, six notables de cette ditte ville pour, avec lesdits sieurs échevins en charge, faire ensuitte les autres élections portées par le susdit édit en les avertissant d'en nommer deux pour chaque quartier... » Les notables élus furent : Jean-Baptiste Desfougères et Nicolas-François Legay, bourgeois, pour le premier quartier ; pour le second : Antoine Bonnelat, bourgeois et Nicolas Dayraigne, principal du collège ; et Pierre Beraud, greffier de la châtellenie Pierre Bureau, marchand-drapier, pour le dernier secteur. — Le lendemain, 21 septembre, les susdits notables se réunirent sous la présidence des deux échevins en charge, en présence du Lieutenant-Général, et procédèrent à « l'élection et nomination de deux échevins, d'un sindic-receveur et d'un secrétaire-greffier par la voix du billet conformément aux édits d'aoust 1764 et may dernier. Et avant que d'y parvenir, il a été délibéré que le syndic receveur aura six livres de produit pour faire laditte recette qu'il luy sera pareillement alloué la dépense qu'il sera tenu de faire pour faire ladite recette attendu la modicité d'icelle, et que le secrétaire-greffier aura dix livres par an pour le papier et les expéditions qu'il sera tenu de fournir et faire concernant les délibérations ; Et que, conformément à l'art. 53, le premier échevin sortira du premier janvier prochain en un an, jour accoutumé à faire les ellections des officiers municipaux... » On procéda ensuite au scrutin dont le résultat conféra la charge de premier échevin à Louis Mazerat, châtelain des justices de Vaux et Urçay (1) ; et celle de second échevin à François-Bernard Sabardin, procureur-fiscal desdites justices (2). Le syndic receveur élu fut Nicolas-François Legay, et le secrétaire-greffier : Pierre Beraud, greffier ès-sièges-royaux d'Ainay.

Les nouveaux élus ayant accepté leur nomination « Maître Jean Huet prit et reçut le serment dud. sieur Mazerat, en tel cas requis et accoutumé par lequel il a promis fidélité au Roy et d'exercer ladite fonction en son honneur et conscience ; et lesd. sieurs Legay et Beraud ont aussy jurez et affirmés faire leurs fonctions avec honneur et conscience, et le sieur Legay de faire recevoir par devant le Lieutenant-Général Civil un cautionnement de deux cents livres à quoy il a été fixé... » Ces échevins restèrent une charge jusqu'au 1er janvier 1767 époque où, conformément à l'édit de 1765, François Sabardin devint premier échevin. En même temps, François Rétif était élu second échevin jusqu'au 31 décembre suivant où il devint premier échevin, et où Lazare Dubost fut élu pour prendre la place dudit Rétif. Mais Lazare Dubost refusa sa nomina-

(1) Nommé à ces charges par Provisions du 11 mai 1751. [Arch. de l'Allier : B, 853].

(2) Nommé par Provisions du 27 août 1758. [Arch. de l'Allier : B, 853].

tion et le premier échevin resta seul en charge jusqu'au 31 décembre suivant ; à cette époque, il aurait dû être procédé à l'élection de deux échevins, cependant il fut délibéré d' « une voix unanime qu'ayant égard qu'il doit toujours rester un échevin, le sieur Rétif, actuellement en exercice, serait confirmé pendant un an », et, pour le seconder, ce fut Maître Claude Perrinet, Conseiller du Roi, Lieutenant-Général honoraire, qui recueillit tous les suffrages.

Ce mode de nomination par voie de scrutin dura jusqu'en 1771 où, par édit donné à Fontainebleau dans le cours du mois de novembre, le Roi supprima les ordonnances de 1764 et 1765, sous prétexte que la liberté donnée aux villes de nommer elles-mêmes leurs officiers municipaux était une « source d'inimitiés et de divisions, par le désir des gens souvent incapables et curieux de participer à l'administration, et par la cabale et les brigues qui s'introduisaient dans les élections et qui donnaient souvent lieu à des procès ruineux pour les différentes villes... » Pour remédier à ces inconvénients, l'édit de 1771 ne voyait pas « de moyen plus expédient que de créer et de rétablir en titre dans toutes les villes et bourgs du royaume des officiers municipaux » qui, ayant obtenu l'agrément du roi, n'étant plus redevables de leur élection aux suffrages de leurs concitoyens, n'ayant plus rien à appréhender de leurs successeurs, exerçaient leurs fonctions en toute indépendance et en toute loyauté... En réalité, l'édit de 1771 cherchait surtout, par la vénalité des charges municipales (1), à faire rentrer des fonds dans les caisses

(1) Voir ISAMBERT, *Recueil des anciennes Lois Françaises*, t. XXI. — AUG. THIERRY, *Documents inédits sur l'histoire de France*, t. III, etc.

royales (1)..... Nous avons retrouvé certains documents qui constatent cette nouvelle manière de procéder à Ainay ; nous en citons quelques-uns :

« Ce jourd'huy 19 janvier 1777, au palais royal de la ville d'Aynay-le-Château, lieu ordinaire à tenir les assemblées de la ville, nous, Jacques-Vincent Bujon et Louis Mazerat, ayant fait convoquer par billets signés du secrétaire-greffier les sieurs maître Jacques Berthomier des Praux, Conseîller du Roi, président Lieutenant-Général, Alexis Theurault aussy conseiller du Roy et son procureur, les sieurs conseillers et nottables de la ville : à l'effet d'assister et estre présent à la réception qu'il a plut à Sa Majesté de nommer pour premier Echevin la personne de maître Pierre Pezant, procureur et greffier en ce siège, au lieu et place de maître Jacques Vincent Bujon, premier échevin sortant, suivant la nomination de Sa Majesté en date du 27 décembre dernier, signé Louis ; et plus bas : Bertin, de laquelle lecture a été faitte ; le sieur Mazerat restant second échevin, lequel sieur Pezant présent a accepté laditte charge et promis faire icelle en son honneur et confiance ; le serment de luy préalablement prit ; sur quoy nous

---

(1) L'article III de cet édit est ainsi conçu : « La finance desdits offices, conformément aux rôles qui en seront arrêtés dans notre Conseil, pourra pendant le délai de 3 mois à compter du jour de la publication de notre présent édit, estre payée entre les mains de notre trésorier de nos revenus casuels, moitié en argent et moitié en quittances de finance ou contrats provenant de liquidation de pareils offices supprimés par nos édits des mois d'août 1764 et may 1765, en fournissant par les propriétaires les quittances de remboursement et autres actes nécessaires pour l'extinction et la suppression entière des rentes constituées à leur profit pour raison desdites liquidations ; ledit délay de 3 mois expiré, le montant de ladite finance ne poura estre fourni qu'en argent. »

juge susdit sur ce, ouy le procureur du Roy, avons fait acte ; Ordonnons qu'il sera connu pour tel, et avons tous signés avec ledit sieur Pezant : La minutte est signée : Berthomier des Praux ; Pezant ; Menouvrier ; Mazerat ; Bujon ; Duranjon ; Lauzier et Beraud, secrétaire-greffier pour lors (1). »

Trois ans plus tard, nous lisons également : « Aujourd'huy 31 décembre 1780, au palais..... nous Pierre Pezant et Jean Duranjon échevins, ayant fait convoquer par billets signés du secrétaire-greffier, MM. Maître Jacques Berthomier des Praux, Conseiller du Roy président Lieutenant Général civil et criminel en la châtellenie royale d'Ainay-le-Château ; Alexis Theurault aussy Conseiller du Roy et son procureur aux dits sièges, ensemble les sieurs Conseilliers et notables de ladite ville, à se trouver ledit jour, lieu et heures à l'effet d'assister et estre présent à la réception qu'il a plut à Sa Majesté de nommer pour premier échevin la personne de maître Jean Dhoüan bourgeois de cette ville, au lieu et place de Maître Pierre Pezant, premier échevin sortant, suivant la nomination de Sa Majesté, en datte du 30 août dernier, signé Louis, et plus bas : Gravier de la Vergenne ; laquelle nomination et ordonnance est écrite tout au long de l'autre part sur le présent registre, dont lecture a été faitte, le sieur Jean Duranjon restant second échevin, et après avoir fait avertir ledit sieur D'Hoüan par le valet de la ville de se trouver à l'assemblée pour accepter la nomination faitte de sa personne par

---

(1) « Je soussigné, secrétaire-greffier de l'Hôtel-de-Ville d'Ainay-le-Château, certifie que la présente expédition est en tout conforme et tirée mot à mot de dessus le registre des délibérations de l'Hôtel-de-Ville ; en foy de quoy j'ay signé : Legay, secrétaire-greffier. » [Documents de M. Chavaillon].

Sa Majesté, pour premier échevin, et ledit valet de ville nous ayant rapporté que l'épouse dud. sieur D'hoüan luy avoit répondu qu'il n'étoit pas pour le présent en cette ville ; le sieur Pezant nous ayant représenté qu'il avoit prévenu depuis quelques jours la femme dud. sieur D'hoüan d'avertir son mary sur laditte nomination : nous avons donné acte audit sieur Pezant du rapport qu'il nous a fait de la nomination faitte par Sa Majesté de la personne du sieur D'hoüan, pour le remplacer en sa qualité d'échevin de cette ville, du 30 aoust dernier, En conséquence demeure laditte nomination enregistrée sur le présent registre : ordonnons en conséquence que laditte nomination, ensemble le présent procès-verbal d'enregistrement dicelle sera signifié audit sieur D'hoüan pour qu'il n'en puisse plus prétendre cause d'ignorance et qu'il ait à s'y conformer, Et nous avons signé. La minute est signée : Berthomier des Praux ; Theurault ; Lauzier ; Pezant ; Duranjon ; Rétif et Legay secrétaire-greffier soussigné. — Legay (1) ». Et il est encore écrit plus bas : « Et ce jourd'huy trois janvier 1781, ledit sieur D'hoüan, à son arrivée de campagne, est venu et s'est présenté pour accepter la nomination que Sa Majesté a fait de sa personne, pour estre premier échevin de cette ville, et aussy, en conséquence du procès-verbal cy-dessus et de l'autre part a promis de remplir et faire laditte charge en son honneur et conscience et a signé : D'houan (2). »

Les quelques rares échevins de la ville d'Ainay-le-Château dont nous avons pu retrouver les noms,

---

(1) « Controllé à Ainay le 1ᵉʳ janvier 1781. Reçu quatorze sols. — Bujon. »
(2) Documents de M. Chavaillon.

sont : En 1656, Jacques Michel ; — en 1705, Jean-Baptiste Theurault ; — en 1708, Jean-Baptiste Theurault et Jean Chassaigne ; — en 1724, Vincent Bonnelat (1) ; — en 1729, Pierre Brunet et Remy Servantier ; — en 1736, François Beraud, maire-échevin ; et François Rétif ; — en 1746, François Rétif, premier échevin, et Jean Bujon, second échevin (2) ; — en 1757, Pierre-Bernard Sabardin et Thomas Lauzier ; — en 1760, Jean Huet, sieur de Mussy et Crochet, et Pierre-Bernard Sabardin ; — en 1765, Louis Mazerat et François-Bernard Sabardin ; — en 1767, François-Bernard Sabardin et François Rétif ; — en 1768, François Rétif, seul échevin ; — en 1769, François Rétif et Claude Perrinet ; — en 1770, Claude Perrinet et Pierre Duchenet ; — en 1771, Pierre Duchenet et N.. Bonnelat ; — de 1774 à 1777 Jacques-Vincent Bujon et Louis Mazerat ; — en 1777, Pierre Pezant et Louis Mazerat ; — en 1778, Pierre Pezant, Jean Duranjon ; — en 1780, Jean d'Hoüan, *al.* Dhoüan et Jean Duranjon ; — en 1784, François Bujon des Brosses premier et seul échevin [qui devint maire en 1787] ; — en 1788, Louis Mazerat et Dhoüan ; — en 1789, Mazerat est maire ; — en 1791, François-Bernard Sabardin, maire.

Voici d'après un document de l'époque en quoi consistent — alors — leurs fonctions : 1° Convoquer

---

(1) D'après l'extrait de baptême du 3 janvier 1724 de « Gabrielle-Marguerite, baptisée le troisième jour de sa naissance [fille de Maître Vincent Bonnelat, échevin de cette ville, et de D[lle] Marguerite Huguet]... A esté parrain : Maître Pierre Colladon, advocat en Parlement, et marraine, D[lle] Gabrielle Vigeon, épouse de Maître Estienne Bonnelat, sieur du Chireux ». [Reg. par. d'Ainay-le-Château].

(2) Le secrétaire-greffier, à cette époque, était Defougère.

les assemblées des habitants (1) « à l'exclusion de tous officiers, soit royaux ou des seigneurs, toutes et quantes fois ils jugeront que le service de Sa Majesté ou le bien des affaires de la commune le requerront ou lors qu'elles leur seront demandées à la réquisition du Procureur de Sa Majesté » suivant l'article 10 des édits de 1702 et 1706 ; — 2º Présider les dites assemblées (2) ; — 3º Faire proclamer par le tambour de ville les arrêts et délibérations concernant les affaires publiques (3) ; — 4º Procéder à l'établissement de la « colonne » des collecteurs-porte-bourse et conserts pour la levée des impôts ; — 5º S'occuper de la fourniture de l'étape et des convois militaires, lors des passages de troupes dans la ville ; — 6º Si-

(1) D'après le « Mémoire que les officiers municipaux de la ville d'Ainay-le-Château ont l'honneur de présenter au Conseil de Sa Majesté, le 2 octobre 1786, contre le sieur Huet, Lieutenant-Général de Police, et le sieur Theurault, procureur du Roy de la châtellenie, et autres » ; signé, Bujon des Brosses. [Papiers de M. Chavaillon].

(2) Un arrêt du Conseil du 24 mars 1729, rendu en faveur du syndic de Clamart, jugea que tout acte d'assemblée fait sans le ministère des syndics-échevins, n'était pas valable.

(3) L'art. 24 de l'édit de décembre 1706 spécifie que les héraults, sergents, trompettes, tambours, fifres et tous ceux qui sont aux gages de communautés, seront sous les ordres des maires, recevront les ordres qu'ils auront à leur donner tant pour le service de Sa Majesté que pour les affaires de communauté, à peine de privation de leurs gages et que les maires pourront les instituer et les destituer en connaissance de cause. C'est aussi ce que décident l'édit de mars 1709 et l'art. 10 de celui de 1710. — L'article 25 de celui de 1706 dit que les héraults, sergents, etc..., ne pourront faire aucunes proclamations pour quelques affaires que ce puisse être, politiques ou militaires, sans la permission expresse des maires ou de leurs lieutenants, lesquels ne pourront leur refuser quand ce sera pour la publication des ordonnances des Juges de Police établis en exécution de l'édit de 1699.

gner les mandats de paiement pour le compte de la ville (1), et, en général, s'occuper de toutes ses affaires d'intérêt..... Les deux échevins d'Ainay-le-Château recevaient à titre de « faux frais » une somme annuelle de huit livres, ainsi que le prouve la quittance suivante : « Monsieur Le Gay, sindic-receveur de l'hotel-de-ville, vous payeray à l'un de nous Echevin la somme de huit livres pour une année à nous accordée pour faux-frais qui écheront le dernier de ce mois de laquelle somme il vous sera tenu compte en rapportant le présent quittancé yceluy étant enregistré sur le registre à ce destiné à la charge d'être visé par Monseigneur l'Intendant en Berry ; Donné en l'Hotel de ville d'Ainay-le-Château le vingt-trois décembre mil sept cent soixante seize. — Bujon ; Mazerat ; Beraud, secrétaire greffier ; — Vu par nous Intendant en Berri : FEYDEAU. — Vu par nous : PEZANT. — Pour acquit : BUJON (2). »

A la fin du xviiie siècle, les échevins étaient à la nomination du roi (3) ; car — nous l'avons déjà dit — par « l'édit de 1771, le Roi avait ôté aux villes le droit de choisir elles-mêmes leurs officiers et s'était réservé le soin d'y pourvoir. » Divers citoyens étaient présentés comme candidats aux fonctions municipales et le Roi choisissait parmi eux ceux à

(1) Nous avons retrouvé dans les papiers de M. Chavaillon quatre mandats de paiement signés par les officiers de la municipalité d'Ainay-le-Château, contresignés par l'Intendant de la Généralité de Bourges et adressés au receveur-syndic de l'Hôtel-de-Ville d'Ainay pour les sieurs échevins, — pour le sieur Thomas, horloger, — pour les gages dudit receveur-syndic, — et pour le sieur Pierre Beraud, secrétaire-greffier.

(2) Documents de M. Chavaillon.

(3) Arch. du Cher : C, 15. [Voir le mémoire adressé par F. Bujon des Brosses à l'Intendant du Berry, le 19 mars 1787].

qui il voulait confier ces charges ; mais des abus se glissèrent dans ces pratiques ; c'est à eux que fait allusio) un mémoire de François Bujon des Brosses, en date du 2 octobre 1786 (1).. : « ..... Plaise à Sa Majesté, écrivait le premier échevin, d'ordonner que l'art. 18 du règlement municipal de la ville d'Amiens du 22 janvier 1774, concernant la nomination des officiers municipaux sera suivi également dans le choix des personnes qui seront présentées à Sa Majesté pour être nommées aux places municipales de la ville d'Ainay. En conséquence qu'il ne sera nommé à ces places que des personnes notables choisies parmi les magistrats et autres officiers royaux rendant la justice, les gradués, les officiers militaires, les gens vivant noblement et les marchands non vendant au détail ; et que les autres articles dud. règlement qui ont rapport à celui-cy seront également exécutés..... »

Une fois le candidat choisi et nommé par le Roi, l'assemblée des notables de la ville d'Ainay-le-Château était réunie et, devant elle, l'impétrant acceptait sa nomination puis — nous l'avons vu plus haut (2) — prêtait serment devant le Lieutenant-Général de la châtellenie. Ce serment prêté, il était considéré comme entré en fonctions. Or, le 15 juin 1784, le sieur François Bujon des Brosses fut nommé par le roi premier échevin d'Ainay et, peu après cette nomination, éclatèrent entre l'Hôtel-de-Ville et la Police de nombreux dissentiments au sujet de ce que, d'une part, (3) on nommait « la

(1) Documents de M. Chavaillon.
(2) Voir l'acte de réception de Pierre Pezant, premier échevin, le 19 janvier 1777.
(3) Bernard Sabardin, avocat ; François Brunet ; Rodolf Durand ; Jean-Baptiste Menouvrier ; ...et les autres habitants de

construction à neuf d'un bâtiment pour y tenir les audiences » de la châtellenie et l'édification « d'un hotel-de-ville » ; et, d'autre part, (1) on appelait simplement « réparer la couverture de l'horloge et rendre les deux tours de ville sur lesquelles l'horloge est soutenue, propres à contenir une Chambre du Conseil et une audience. » Les adversaires de Bujon des Brosses attaquaient, comme entachée d'illégalité, sa nomination à l'échevinage. Nous lisons en effet dans le « mémoire fait pour être présenté à Monseigneur l'Intendant de la Généralité du Berry de la part des habitants de la ville d'Ainay-le-Château opposants et demandeurs comparants par Maître Parnajon contre le sieur Bujon des Brosses défendeur comparant » le passage suivant : « ..... Le sieur Bujon en ce qualifiant de premier et seul eschevin de laditte ville d'Ainay sans avoir été élu ny fait le serment qu'exige l'édit du mois de may 1765 (2)... » A ces insinuations, le premier échevin répondait : La « réception des juges-consuls [échevins] n'a jamais consisté que dans une simple prestation de serment..... Les édits et déclarations de juillet 1690, aoust 1692, may 1702, septembre 1704, ordonnent la réception et prestation de serment devant les Maires, leurs Lieutenants ou Echevins en exercice. Les édits de septembre 1706, 1708, may 1709, juin 1725, novembre 1733, novembre 1771 ; tous enfin, jusqu'au règlement municipal pour la ville d'Amiens, d'octobre 1774, décident la même chose et prouvent

---

la ville d'Ainay-le-Château, opposants et demandeurs comparants par M. Parnajon, contre le sieur Bujon des Brosses défendeur comparant. [Arch. du Cher : C, 15].

(1) François Bujon des Brosses dans son mémoire à l'intendant, du 19 mars 1787.

(2) Arch. du Cher : C, 15.

que pour exercer les charges d'officiers de ville, il n'y a d'autre formalité à remplir que de faire enregistrer leurs provisions en l'hôtel de ville et prêter le serment. Et tous ces édits n'ordonnent la prestation de serment devant le Juge royal [Lieutenant-général président de la châtellenie] que dans le cas où il n'y a point d'officier de ville installé. L'art. 5 de l'édit de 1771 en contient une disposition précise, à la réserve des maires, encore faut-il qu'ils soient en titre. Cet article, de plus, dispense les officiers de judicature — [avocat en Parlement, par exemple] — qui auront prêté serment dans aucunes de nos Cours et y auront été reçus, d'une nouvelle réception et d'un nouveau serment (1)..... Les juges-consuls, échevins, etc...... tiennent du Roy seul la juridiction qu'ils exercent (2). » Et dans son mémoire du 19 mars 1787, Bujon des Brosses ajoute : « Le premier échevin François Bujon des Brosses a été nommé par Sa Majesté le 15 juin 1784. Son brevet a été enregistré à l'Hôtel de Ville le 7 septembre suivant (3)..... »

Parmi leurs autres griefs, les opposants reprochaient au premier échevin l'irrégularité de certaines délibérations municipales due au nombre insuffisant des délibérants. A ces insinuations, ce dernier répondait en 1786 que « suivant les maximes et arrêts de la Cour il n'est nécessaire que de la présence de dix des principaux habitants pour faire une délibération capitulaire ». Mais il faut croire que les Castellainaisiens poursuivaient leurs récla-

(1) C'était le cas de Bujon des Brosses qui aurait même pu ajouter que l'édit de novembre 1771, annulait, dès son premier article, les édits d'août 1764 et de mai 1765.
(2) Documents de M. Chavaillon.
(3) Arch. du Cher : C, 15.

mations (1) car, dans son mémoire du 19 mars 1787, le premier échevin écrivait : « Les habitants se sont plaints que le sieur Bujon des Brosses, premier échevin, assemblait le conseil en n'y assemblant seulement que les sieurs des Prost, Lieutenant-Général, son beau-frère ; Theurault, procureur du Roy, son oncle (2) ; le sieur Bujon, son père (3)... Ce n'est pas vrai, la délibération du 24 janvier 1785 est signée par 21 des principaux : les sieurs Desprost, lieutenant-Général ; Theurault, procureur du Roy ; Bujon, contrôleur des actes (4) ; Dhoüan et Duranjon, anciens échevins ; Pezant, greffier de la châtellenie ; Pierre, Gilbert Duranjon et Jacques Rétif, marchands-drapiers ; Moricet, marchand-fermier ; Lavilate, tailleur ; Claude et François Rétif, marchands-drapiers ; Pierre Lausier, marchand-tanneur ; Chassaigne, bourgeois ; Ducrot, boucher ; Thomas, horloger ; par le premier échevin ; et même par Brunet, Menouvrier et Mathurin Pulvin, trois opposants (5)... »

On le voit, les querelles intestines divisaient la ville d'Ainay-le-Château. Or, depuis le mois de juin

(1) Le sieur Huet, Lieutenant-Général de Police et le sieur Theurault, procureur du Roi, avaient été les propagateurs de ce mouvement à cause du tort que leur causait la reprise par la ville du terrain des Chaumes.

(2) Nous le verrons, en 1788, écrire à l'Intendant contre Bujon des Brosses.

(3) Jacques-Vincent Bujon des Brosses, notaire-royal et contrôleur des actes des notaires à Ainay, de 1766 à 1789 ; marié par contrat du 17 juin 1749 à Marie-Elisabeth Bujon de l'Etang, dont il eut 10 enfants.

(4) Le même que ci-dessus. — Septième enfant de Jacques Bujon des Brosses et d'Anne Theurault ; il naquit le 26 juillet 1726.

(5) Arch. du Cher : C, 15.

1776, le Berry avait été compris dans l'apanage du comte d'Artois, frère de Louis XVI, et Ainay-le-Château, dépendant de l'élection de Saint-Amand, faisait partie de l'intendance de Berry (1). Le comte d'Artois jouissait dans cette ville de tous les droits inhérents à sa qualité d'apanagiste : c'est donc lui qui devait nommer les maires, échevins, etc..., dans cette portion de son apanage. Aussi, fut-il sollicité par l'Intendant — qui, lui, avait le droit de recueillir dans sa généralité tous les droits bursaux exigibles pour la nomination des maires et officiers municipaux (2), — de mettre un terme aux dissensions qui déchiraient la ville d'Ainay, en reformant l'administration municipale de cette cité. Les mémoires du premier échevin avaient peut-être semblé concluants ?... Peut-être aussi, le crédit du « sieur Huguet (3), son

---

(1) Voir P. Moreau, *Histoire de Dun-le-Roi*, pp. 400-401 et 430. — Mais les princes de Condé étaient toujours engagistes du duché de Bourbonnais ; par conséquent de la châtellenie d'Ainay : or, les apanagistes, dit Trévoux, « jouissent de tous les droits honorifiques à meilleur compte que les engagistes. Louis XIII et Louis XIV ont donné à leurs frères le pouvoir de nommer à tous les bénéfices consistoriaux, excepté les évêques. L'apanage de feu M. le duc de Berri avait été réglé comme celui de Monsieur, frère du Roi. — L'engagiste, d'autre part, est celui qui tient par engagement [alimentation pendant un certain temps] quelques domaines ou droits, soit du Roi, soit des particuliers. Certains engagistes jouissent d'un domaine de la couronne à titre d'engagement : les engagistes jouissent des droits honorifiques du patronage ».

(2) D'après l'art. 5 de l'édit de 1771, les maires des petites villes devaient payer 30 livres pour tous droits de réception.

(3) La grand'mère maternelle de François Bujon des Brosses était Elisabeth Huguet, femme d'Etienne Bujon de l'Etang ; — et son arrière grand'tante, Marguerite Bujon, née en 1639, avait épousé, le 26 octobre 1685, Antoine Huguet, greffier de la maî-

parent, commis dans la maison de Monsiegneur le comte d'Artois » fut-il pour beaucoup dans la fortune de François Bujon des Brosses ?... toujours est-il que ce dernier bénéficia de l'état des choses, ainsi que le laisse supposer une « lettre de M. des Beauxplains » où est expliquée l'ingérence du comte d'Artois dans les affaires municipales d'Ainay-le-Château :

« B. le 5 février 1787. — Les troubles qui règnent depuis longtremps dans les affaires concernant la communauté d'Ainay-le-Château, m'ont mis dans le cas de demander au conseil de Monseigneur le comte d'Artois qui a le droit de commettre aux offices municipaux dans les villes dépendant de l'appanage de ce Prince, la nomination de différents particuliers pour former le conseil de ville à Ainai-le-Château ; M. de Montchevrel (1), secrétaire des commandements de Monseigneur le comte d'Artois à qui je me suis adressé pour cet objet m'a marqué que le Prince n'avait la faculté que de pourvoir ou commettre aux offices établis antérieurement à son

---

trise des eaux et forêts de Cérilly, dont postérité. — Les Huguet portaient : « De sinople à deux hyspes affrontées d'argent. »

(1) Il s'agit « d'Oursin-Montchevrel, Pierre-Etienne, ci-devant receveur-général des finances en la Généralité de Caen », dont les comptes furent approuvés par les commissaires nationaux du bureau de comptabilité. [Voir les Procès-Verbaux de la Convention, an II, 22 prairial ; an III, 15 thermidor]. Cette famille est inscrite à l'Armorial Général de Paris : « D'azur à un chevron d'or accompagné en chef de deux étoiles de même, et en pointe d'un croissant aussi d'or, surmonté d'une colombe de même ; et un chef d'argent. » — On trouve également [Dossiers Bleus, 506, cote 13093], la pièce suivante : « 17 novembre 1775. — M. Oursin de Soligny, Mme de Chauvelin, M. Le Noir de Laly et Mme Le Noir, sont venus pour avoir l'honneur de vous voir et vous faire part du mariage de M. Oursin de Montchevrel, leur neveu, avec Mlle de Monmerqué. De la part de MM. Oursin, conseillers au Parlement. »

appanage (1) ; mais il m'ajoute que pour rétablir l'ordre, il serait plus convenable de nommer un maire, un deuxième échevin, un procureur du Roi et deux assesseurs (2) ». A la suite de cette lettre, M. des Beauxplains inscrivait une liste des Castellainaisiens qu'il jugeait dignes d'être proposés pour ces fonctions : MM. Bujon des Brosses, maire ; — Buffault, notaire, 1er échevin ; — D'hoüan, 2e échevin ; — Menouvrier (3), 1er assesseur ; — Pierre Duchenet, 2e assesseur ; — Mazerat, ancien notaire procureur du Roi ; — Gilbert Duranjon, trésorier-receveur (4).

Ces propositions furent certainement agréées par le Conseil du comte d'Artois, car dans le cours du mois de mars, les brevets étaient adressés (5). Voici

(1) Ce sera plus tard un argument développé par les adversaires de Bujon des Brosses.
(2) Arch. du Cher : C, 15.
(3) Jean-Baptiste Menouvrier, chirurgien.
(4) Bujon des Brosses quand il n'était encore que premier échevin, avait demandé au comte d'Artois la « nomination d'un nouveau syndic-receveur des deniers, la ville d'Ainay en étant privée depuis le 3 may 1785. » [Arch. du Cher : C, 15]. Ce trésorier-receveur ou syndic-receveur touchait, comme précédemment, une somme annuelle de 6 livres comme le prouve la quittance suivante : « M. Legay, sindic-receveur de l'hôtel-de-ville, vous retiendray par vos mains la somme de six livres pour une année des remises a vous accordé en votre ditte qualité qui écheront le dernier de ce mois, de laquelle somme il vous sera tenu compte sur le rapport du présent, iceluy étant enregistré sur le registre à ce destiné à la charge d'être visé par monseigneur l'intendant en Berry. Donné en l'hôtel de lad. ville d'Ainay-le-Château le vingt-troisième jour du mois de décembre mil sept cent soixante seize... » [Dossiers Chavaillon].
(5) Excepté le trésorier-receveur, nous trouvons, en effet, aux Archives du Cher [C, 15], une liste des officiers municipaux d'Ainay à cette époque, ainsi libellée : « MM. Bujon des Brosses ; Mazerat, D'Houant ; Menouvrier ; Duchenet ; Buf-

celui du maire : « Aujourd'huy, vingt-cinquième jour du mois de mars mil sept cent quatre vingt sept, Monseigneur Charles-Philippe, fils de France, comte d'Artois, frère du roy, duc d'Angoulême Et de Berry comte de Poitou et de ponthieu, Etant à Versailles Et voulant commettre à l'office de Conseiller de Sa Majesté Et le sien, maire de l'hôtel de ville d'Ainay-le-Château en berry, Monseigneur En vertu du droit inhérent à la qualité d'apanagiste du duché de Berry a commis et commet le sieur François Bujon des Brosses, actuellement Echevin dud. hotel de ville à l'effet d'exercer, Et ce tant qu'il plaira à Monseigneur, ledit office de maire (1), et veut En conséquence Monseigneur qu'il en jouisse aux honneurs, pouvoir, authorité, Entrée, rang, solanité, fonctions, droits, fruits, profits, revenus et Emoluments y attribués par les Edits, déclarations, arrets et Règlements du Conseil d'Etat intervenus sur la municipalité. Mande Monseigneur aux Echevins (2) ou autres officiers municipaux dudit hotel-de ville qu'il apertiendra qu'au moyen du serment cy devant prêté par ledit sieur Bujon des Brosses pour l'office d'Echevin du même hôtel de ville (3),

fault, nommés par arrêt de mars 1787 ; — et Gilbert Duranjon, nommé précédemment par arrêt de janvier 1787.

(1) Ce brevet, ainsi que ceux de 1er et 2e échevin pour les sieurs Mazerat et Jean Dhoüan ; de 1er et 2e assesseur pour les sieurs Jean-Baptiste Menouvrier et Jean-François Duchenet ; de procureur du Roi en l'hôtel-de-ville pour le sieur Antoine Buffault, — tous datés du 25 mars 1787, — font partie des archives de M. Chavaillon.

(2) Dans les autres brevets, on lit : « Mande Monseigneur aux Maire et Echevins ou autres... »

(3) Dans les autres brevets, il y a : « ... il apertiendra qu'après que ledit Bufault [ou Duchenet ou Menouvrier] aura prêté en la manière accoutumée le serment requis, ils ayent à le rece-

Et Conformément à L'article cinq de l'édit du mois de novembre mil sept cent soixante Et onze, portant Rétablissement de tous les offices municipaux du Royaume, ils ayent à procéder à son installation par L'enregistrement pur et simple du présent brevet que pour assurance de sa volonté, Monseigneur m'a commandé d'expédier, Et lequel a voulu signer de sa main et estre contresigné par moy son Conseiller En tous ses conseils, secrétaire de ses commandements, maison, domaines, finances et de son cabinet. — CHARLES PHILIPPE. » Et plus bas : « OURSIN DE MONTCHEVREL. »

Cette nomination était un vrai triomphe pour Bujon des Brosses, surtout si l'on tient compte de ce que, peu de jours avant, il avait reçu, — comme ayant soi-disant pris une délibération outre-passant ses pouvoirs au sujet de la construction d'un palais de justice, — une assignation datée du 3 mars (1) « de la part et à la requête de Maître François-Bernard Sabardin, avocat en parlement ; de Maître François Brunet, notaire-royal et procureur ; du sieur Rodolf Durand, bourgeois ; du sieur J. B. Menouvrier, maître en chirurgie ; Pierre Duchenet, bourgeois ; Marc-Baptiste Dairaigne, marchand ; Hugues Rétif, marchand ; Etienne Duranjon ; Gaspard Cottereau ; Antoine Cottereau ; François Duchenet ; Louis Robrieux, marchands ; Etienne du Becas et Jean Robrieux, taillandiers ; Pierre Laureau, mégissier ; Mathurin Pulvin, cabaretier ; Remis et Pierre Denizot, boulangers ; Nicolas Sacrot, perru-

---

voir, mettre et instituer en possession dud. office, L'en fassent jouir et user pleinement et paisiblement Ensemble de tous les droits et avantages susdits... »

(1) L'an mil sept cent quatre-vingt sept. [Arch. du Cher : C, 15].

quier (1) ; Pierre Davaud, drapier ; Barthélemy Bonneau, tailleur ; Simon Rozat, garde des eaux et forêts de la maîtrise royale de Cérilly (2), et Jacques Mortagne, maître charpentier..... tous demeurant en la ville d'Ainay-le-Château, paroisse de Saint-Etienne du lieu. » Le calme était donc bien loin de revenir dans les esprits et sa nomination exaspéra contre Bujon des Brosses les ennemis que son temps d'échevinage lui avait créés. Nous en voyons une preuve dans la lettre ci-dessous, adressée à l'Intendant : « A Ainay, le 28 avril 1787. Monseigneur ; La ville d'Ainay-le-Château de tous les tems a été une ville tranquille. Le sieur Bujon malheureusement nommé échevin a bouleversé les esprits de façon qu'il est impossible de si reconnoître ; il a agit en despotes jusqu'à ce jour ainsy que le preuve en est en vos mains et par ostentation connoissant bien ne pouvoir pas exercer la charge d'Echevin de la ville d'Ainay-le-Château de ce que depuis plus de dix mois lui et sa femme font leurs demeures à Saint-Amand où ils ont une maison louée ; dans la vue de continuer pour un petit espace de temps l'exécution ruineuse de ces projets ; par le crédit du sieur Huguet son parent qui est commis en la maison de Monsieur le Comte d'Artois, il vient de se faire nomer maire par ce prince, malgré que la châtellenie d'Ainay soit très-expressement réservés de son appanage, que

(1) Le nombre des coiffeurs ou perruquiers a triplé à Ainay et l'un d'eux M. Douet est connu par le talent avec lequel il exécute des paysages en cheveux.

(2) Le mémoire de défense de Bujon des Brosses à l'Intendant, débutait ainsi : « Le premier échevin de la ville d'Ainay-le-Château a l'honneur de vous représenter qu'il a été assigné le trois de ce mois, à la requête des sieurs François-Bernard Sabardin... Simon Rozat, garde des eaux et forêts de Cérilly, et *tambourg de ville, exempt de tailles...* » [Arch. du Cher : C, 15].

le Roy ait només les échevins de cette ville (même le sieur Bujon) et que le nombre des habitans d'ycelle netant que de six cent trente à six cent soixante communiants, il ne peut y avoir de mairerie ; cela n'a pas enspesché que le sieur Bujon ne soit receu en ce dernier titre sans l'assistance d'aucun officier de judicature, et qu'il n'ait reçue à ce que l'on m'a assurés le serment de deux échevins, de deux assesseurs et d'un procureur du fait commun : je ne dirois rien à votre grandeur du choix qui a été fait en cette ellection ; le sieur Bujon a indicqués les objets, cela suffit ; et aujourd'huy apprenant par voie indirecte qu'il a été tenu une Assemblée par ces nouveaux officiers sans en avoir pu savoir les motifs ni raisons, je croirais manquer à ce que je vous ait voué si pour l'interest de la ville, je ne vous supliai d'avoir esgard aux soumissions que les habitans ont faits pour éviter la construction nouvelle d'un palais et d'une hotelle de ville. J'ai l'honneur..... — Sabardin (1) ». A ce réquisitoire, une lettre signée Rousseau, adressée très vraisemblablement à M. Buffault (2) et datée du 18 juin 1787, sert de réponse en partie : « .....Je ne crois pas très irrégulier, dit M. Rousseau, que votre maire actuel, reconnu cy-devant en qualité d'échevin, exerce les fonctions de son nouveau grade sans prêter serment devant les nouveaux officiers municipaux qui l'ont prêté devant lui. Dans cette circonstance, M. des Brosses ne me paraît aucunement blâmable... Je conviens qu'une ville

(1) François-Bernard Sabardin, avocat en Parlement [Arch. du Cher : C, 15]. — Il avait vendu sa charge de notaire-royal à Charenton (résidant à Ainay), à Antoine Buffault, le 14 novembre 1724, moyennant 4.600 livres. [Dossiers Chavaillon].

(2) Antoine Buffault, par son mariage avec Marie-Anne Bujon, était le beau-frère du maire.

aussi peu importante qu'Ainay-le-Château n'exige pas une érection d'office de maire... au surplus comme la nomination regarde le conseil du prince apanagiste, ce serait à celui de Monseigneur le comte d'Artois de statuer sur cet objet. Il est rare que le maire d'une ville soit choisi parmi les habitants qui n'y ont pas une résidence fixe... dans le cas où la ville penserait que l'absence de M. des Brosses pût être un obstacle à ce qu'il exerçat l'office de maire à Ainay, elle doit adresser ses représentations à ce sujet au Conseil de Monseigneur le Comte d'Artois qui a droit à la nomination des officiers municipaux dans l'apanage. Aucun règlement ne détermine présentement l'espace de temps pendant lequel on doit exercer l'office de maire ou d'échevin, mais l'usage au moins adopté en Berry est que lorsque un officier municipal désire demander sa retraite, il n'est reçu dans sa demande qu'après un exercice de 3 ans..... »

On le voit, les autorités castellainaisiennes étaient absolument divisées ; et la ville, dans un état de véritable anarchie : Des ambitieux s'adressaient à l'Intendant et visaient la succession du maire : « Je ne puis, — ajoutait M. Rousseau, — vous donner mon opinion sur les moyens de concilier les esprits à Ainay-le-Château ; j'y vois trop de difficultés et trop d'acharnement de la part des auteurs de la querelle autant que j'ai été à portée d'en juger par la correspondance qui en a été la suite..... j'en reviens au principe général qui indique l'aménité, le ménagement et la persuasion. J'avoue qu'il est difficile de persuader un entêté, cependant cela n'est pas sans exemple de la part d'une personne étrangère à la querelle qui donna lieu à l'entêtement », (1). Le

(1) Documents de M. Chavaillon.

conseil semble bien platonique au milieu d'un tel dissentiment ; il avait cependant le mérite de ne pas envenimer les choses et son auteur cherchait à réduire à de justes proportions les griefs allégués, sans y mêler de noms dont l'évocation eut pu paraître comporter une attaque ou une critique :

Parcere personis, dicere de vitiis ! (1)

En tous cas, le grief imputé à Bujon des Brosses, d'habiter Saint-Amand, était justifié et l'Intendant, prévenu, adressa le 20 août 1787 une note de reproche au maire d'Ainay-le-Château, spécifiant les plaintes à lui adressées par les Castellaïnaisiens au sujet de la résidence à Saint-Amand du chef de leurs édiles (2). Bujon des Brosses essaya de se justifier en exposant que des raisons de santé l'avaient forcé à changer ainsi de domicile ; et, par une lettre adressée le 28 août (3) à M. Dufour de Villeneuve (4) ; il exposa tous les obstacles auxquels il s'était heurté, toutes les mauvaises volontés qu'il avait dû combattre depuis son élévation aux fonctions municipales. Bref, il laissa percer, en terminant, toutes ses rancœurs et, sous prétexte d'un repos dont il prétendait avoir besoin, il annonça sa décision bien arrêtée d'envoyer à Monseigneur le Comte d'Artois, pour « la Saint-Martin » de 1787, sa démission de maire. Accoutumé à triompher de ses adversaires, Bujon des Brosses paraît avoir pensé, dans l'occurence que sa menace de démissionner arrêterait l'Intendant, et il nous semble qu'il s'attendait à être prié, en haut

(1) Martial, liv. II ; épigramme 33.
(2) Arch. du Cher : C, 15.
(3) Arch. du Cher : C, 15.
(4) Intendant de la Généralité de Bourges.

lieu, de revenir sur sa décision. Son successeur, en effet, était assez difficile à désigner : néanmoins, l'Intendant ne refusant pas la démission, le maire d'Ainay dut s'exécuter, mais son regret d'abandonner le pouvoir perce entre les lignes qu'il adressa à ce sujet à M. Dufour de Villeneuve : « Monseigneur ; J'ai l'honneur de vous adresser ma démission de l'office de maire d'Ainay-le-Château. Le profond respect que j'ai pour Votre Grandeur ne m'a point permis de l'adresser directement au Conseil de Monseigneur le comte d'Artois (1) ; témoin de toutes mes actions je serai trop heureux si elles ont pu obtenir votre approbation. J'aurais désiré et ce désir est fondé sur la persuasion intime de la nécessité d'un règlement entre l'hotel-de-ville et les officiers de police ; j'aurais désiré, dis-je, qu'il eut pu avoir lieu avant ma démission, mais la multiplicité des occupations de Votre Grandeur ne lui ont probablement pas permis de se livrer à la discution d'une matière aussi stérile. J'ose cependant me flatter pour l'intérêt de ma patrie qu'elle daignera s'en occuper. Pour moi, quelque soit mon sort à l'avenir je n'oublierai jamais les bontés dont Votre Grandeur a daigné m'honorer et je saisirai toutes les occasions de vous prouver que ma reconnaissance égale le profond respect avec lequel je prie Votre Grandeur de me faire la grâce de me croire, Monseigneur, Votre très humble et très-obéissant serviteur. — BUJON DES BROSSES, maire (2). — A Saint-Amand, le 16 novembre 1787. — J'aurai l'honneur de vous

(1) Rappelons que les droits bursaux pour la nomination devaient être perçus par l'intendant.
(2) Arch. du Cher : C, 15. — La lettre de démission envoyée directement à S. A. S. le comte d'Artois, est datée d'Ainay, le 15 novembre 1787 ; [C, 15].

adresser au premier jour une délibération de l'Hotel-de-ville. »

Ainay resta sans maire pendant un certain temps. En haut lieu on voulait rallier tous les partis et l'on recherchait un homme dont le nom fut pour tous un gage de concorde, de modération ; un maire capable de ramener le calme et de pacifier la population. L'Intendant et son subdélégué prenaient, en sourdine, des renseignements officieux près des notables de la ville : diverses propositions leur furent faites à ce sujet. C'est ainsi que nous pouvons voir le 16 janvier 1788, Alexis Theurault (1), procureur du roi, écrire à l'Intendant pour lui dire que « depuis le mois d'octobre dernier », M. Bujon habite Saint-Amand, et pour demander s'il y a quelqu'un pour le remplacer « jaloux qu'il le soit comme maire par un sujet qui puisse convenir à tous les citoyens et remettre ensemble les esprits dans la bonne union où ils étaient autrefois... » Theurault signale « trois de ces citoyens : MM. Jacques Berthomier des Prost lieutenant-général ; — Louis Mazerat (2), notaire-royal et 1er eschevin qui avant sa nomination à cette place quelques années auparavant, l'avoit remplie à la satisfaction de tous les citoyens et que ceux qui

---

(1) Il était devenu l'oncle de F. Bujon des Brosses, ayant épousé, le 15 octobre 1781, Marie-Elisabeth Bujon des Brosses [fille de Jacques Bujon des Brosses et d'Anne Theurault], sœur de Jacques-Vincent Bujon des Brosses, père dudit François.

(2) Sur une partie de l'emplacement des décharges de l'ancienne maison des Mazerat, s'élève la pharmacie Bompied-Bouillac. M. Bompied nous a assuré qu'en réparant sa cave, il y a une quinzaine d'années, il avait découvert l'entrée d'un souterrain qui paraissait s'étendre sous la maison de feu Mme de Chomel, maison occupée actuellement par Mme Aubusson, née Beraud de Vougon.

ont passé après luy l'ont toujours fait regretter ;
— François Perrinet, avocat en Parlement (1). »
Mais aucune décision ne survenait et le 2 mai,
M. Buffault (2), recevait une lettre de M. Dufour de
Villeneuve, disant : « ...La nomination du maire de
votre ville regarde le Conseil de Monseigneur le
comte d'Artois ; si vous avez des doutes sur la
nécessité d'une nouvelle nomination de maire pour
cette ville que vous regardez comme peu importante, il faut les proposer à M. de Montchevrel
qui vous indiquera ce que vous devez faire à cet
égard (3),..... » La situation demeura telle pendant
quatre mois encore ; puis choix fut fait subitement
pour occuper cette charge, de la personne de
M. Berthomier des Prost (4). Ce dernier, soit qu'il
jugeât la situation difficile, soit que sa parenté avec
M. Bujon des Brosses — dont, par son mariage avec
Catherine Bujon (5) il était devenu le beau-frère —
lui rendit l'acceptation impossible, soit pour tout
autre motif, s'empressa d'écrire à M. Dufour de
Villeneuve le 22 septembre 1788, pour lui exprimer
« la plus grande surprise que le 12 du présent mois,

(1) Arch. du Cher : C, 15.
(2) Par Lettres de compatibilité datées de Saint-Cloud, le
1er octobre 1785, Antoine Buffault, bien que notaire-royal à
Charenton, avait été autorisé à se faire pourvoir de l'office de
procureur-postulant en la châtellenie d'Ainay-le-Château. C'est
peut-être à cause de cette charge qu'il eut une attitude peu favorable pour son beau-frère dans les luttes entre la municipalité et la châtellenie.
(3) Documents de M. Chavaillon.
(4) Le règlement du 10 août 1788 ne s'appliquait qu'aux
villages ou aux petites paroisses, mais pas aux villes telles
qu'Ainay-le-Château.
(5) Contrat reçu par Mazerat, notaire à Ainay, le 10 janvier 1775.

le corps municipal » soit venu chez lui, lui présenter
« le brevet de nomination qu'il a plu à Monseigneur
le comte d'Artois de faire de sa personne pour remplir la place de maire au lieu et place du sieur Bujon
des Brosses ». Il exposait qu'il croyait cette nouvelle charge incompatible avec celle de lieutenant
civil et criminel qu'il exerçait ; les deux fonctions
demandant « deux hommes, l'un devant représenter
le corps de la justice, et l'autre, celui de la ville ; et
tous les deux, dans les cérémonies, devant être à la
tête de leur corps (1)... »

On le voit, les questions de préséances soulevaient
jadis de véritables incidents ; et les discussions, les
dissentiments, s'élevaient aussi violemment au
xviiie siècle qu'aujourd'hui dans les assemblées
municipales. L'édilité d'Ainay-le-Château nous
montre le spectacle des querelles de petites villes
dans toute leur splendeur. Au mois de décembre la
situation était toujours la même si nous en croyons
un procès-verbal de délibération signé par Bujon des
Brosses, ancien maire ; Dhoüan ; Buffault ; Menouvrier, Duchenet ; et Legay, secrétaire-greffier ;
procès-verbal qui semble contenir comme un résumé
de l'administration de l'ancien maire : « Aujourd'huy
2 décembre 1788, heure de trois de relevé, nous officiers municipaux de la ville et paroisse d'Ainay-le-
Château, soussignés, assemblés en la Chambre du
Conseil de l'hostel de ville, seroit entré Maître François Bujon des Brosses, avocat en Parlement, ancien
maire dud. hostel de ville, lequel nous auroit dit
qu'au moyen de ce qu'il avoit donné sa démission
de saditte place de maire qui auroit été acceptée
par son Altesse Royale, Monseigneur le Comte d'Ar-

---

(1) Arch. du Cher : C, 15.

tois, frère du Roy, et au moyen de ce que les réparations de l'horloge de cette dite ville avoient été reçues ce jourd'huy à la matinée et qu'il se trouvera dans cette dite chambre du Conseil un placard destiné à recevoir les archives et papiers de la ville tels et ainsy qu'il les avoit eu, ou les avoit rassemblés pendant son exercice (1), et, de fait, il nous a représenté quarante sept liasses de papier qui nous ont paru dans le meilleur ordre possible ; lesquelles sont par luy cottées et paraphées par première et dernière liasse, le tout au plus long expliqué en l'inventaire qu'il en a fait, iceluy joint aux pièces par luy signé et affirmé sincère et véritable (2) sans qu'il soit besoin de plus ample désignation, de quoy il nous a requis décharge que nous luy avons octroyé pour servir et valoir ce que de raison. Nous auroit de plus observé led. sieur Bujon des Brosses qu'ayant fait jusqu'à ce jour les dépenses de l'hostel de ville dont il étoit tenu comme maire, il lui revient une somme de huit livres attribuée au maire ou premier échevin en exercice, ainsy qu'il est porté en la délibération de l'hostel de ville du 28 août 1785 ; qu'il consent que cette somme soit employée au profit de la ville suivant qu'il sera décidé par Messieurs les officiers municipaux. Nous a de plus déclaré qu'il a été chargé d'onze brouettes en mauvais état, déclaré qu'elles sont déposées chez Maître Theurault,

(1) On se souvient que, dans son mémoire de 1786, Bujon des Brosses disait que les plus anciens papiers déposés au greffe dataient de 1759, les archives antérieures n'existant pas ; il ajoutait que dans ce détournement des papiers relatifs à ses droits et privilèges, la ville déplorait surtout « la perte de ses franchises ».

(2) Il est à regretter que ces nouvelles archives constituées par Bujon des Brosses ne nous soient pas parvenues.

procureur du Roy, la ville n'ayant point d'endroits
pour les placer, ainsy qu'une masse, pince et pic qui
sont les seuls objets qu'il avoit entre mains ; les
autres outils étant déposés chez M. Dhoüan ; desquelles déclarations et remise d'argent nous avons
donné acte. Et s'est retiré après avoir signé avec
nous (1)..... » Semblable situation ne pouvait durer
et la nomination d'un maire s'imposait : quand et
comment eut-elle lieu ? — Les documents nous
font défaut à ce sujet ; mais une pièce du 20 août
1789 qualifie Louis Mazerat maire d'Ainay-le-château ; et un document postérieur, datant du 5 décembre 1791 (2) nous indique que le maire de cette
époque était Maître François-Bernard Sabardin,
dont nous avons déjà eu assez souvent à parler.

Pour enregistrer leurs décisions, les officiers de
ville d'Ainay avaient un secrétaire-greffier aux
appointements de dix livres par an (3), comme le
prouve la quittance suivante : « Monsieur Le Gay,
sindic-receveur de l'hôtel de ville vous payeray à
Maître Pierre Beraud, secrétaire-greffier dudit
hôtel, la somme de dix livres à luy accordé par

(1) Documents de M. Chavaillon.
(2) Voici cette pièce qui provient du cabinet de M. Chavaillon : « Nous, maire et officiers municipaux d'Ainay-le-
Château, reconnaissons que M. D'Houan, ancien échevin de
cette ville, a remis au greffe de cette municipalité le jour d'hier,
deux masses, 3 pics, 2 pinces, dont l'une en la forme de croché
et deux brouettes dont descharge ; sans nous départir de la
remise des autres outils qui appartiennent à la commune pour
la remise desquels nous nous réservons de suivre notre action.
A Ainay-le-Château, le cinq décembre mil sept cent quatre-
vingt onze : Aubin, Duranjon ; Robrieux, l'aîné ; Rétif ;
Sabardin, maire. » — Voir également aux Archives de
l'Allier : Registres du Directoire de Cérilly une pièce du
25 mai 1792.
(3) Chiffre fixé dans la délibération du 21 septembre 1765.

chacun an pour registres et papier qu'il est tenu de fournir, laquelle somme écherra le dernier de ce mois ; qui vous sera passé en compte, en rapportant le présent quittancé yceluy étant enregistré sur le registre a ce destiné à la charge d'être visé par Monseigneur l'Intendant en Berry. Donné en l'hotel de ville d'Aynay-le-Chateau, le vingt-troisième jour du mois de décembre mil sept cent soixante seize. — Bujon ; Mazerat ; Beraud, secrétaire-greffier. — Vu par nous Intendant en Berri : Feydeau. — Vu par nous : Pezant (1). — Pour acquit : Beraud (2). » La nomination de ce secrétaire-greffier était faite en assemblée générale. L'impétrant déclarait l'accepter et en signait l'acte ; lequel acte de nomination devait être homologué par le Lieutenant-général de la châtellenie, comme le montre la pièce ci-dessous :
« Aujourd'huy, premier juin mil sept cent soixante et dix huit au pallais Royal de la ville d'Aynay-le-Chateau, lieux accoutumé à tenir les asemblé de ville, nous Pierre Pezant, premier échevin et Jean Duranjon, seegond ayant fait convoqué par billié de nous signié messieurs Jacque Berthomier Desprost conseillier du Roy, présidant Lieutenant-général civil en la châtellenie royal d'Ainay-le-Chateau et Alexis Theurault conseillier du roy et procureur de Sa Majesté au siège royaux de la châtellenie et police de la ville d'Ainay-le-Château, ensemble les sieurs Conseillier, nottable de ladite ville à l'effet de nommer à la place de secrétaire greffier de cette dite ville, vacante par le décéds de

---

(1) Le secrétaire-greffier de la châtellenie.
(2) Documents de M. Chavaillon. — Il s'agit de Pierre-François Beraud de Vougon qui avait épousé, le 1er juillet 1776, Marie Bujon des Brosses, laquelle, devenue veuve, convola en deuxième noces, le 7 juin 1803, avec Pierre Torcapel.

maître Pierre Beraud, un autre secrétaire et aprest avoir examiné entre eux le sujet qui seroit capable de remplir cette charge, et reconnut l'intelligence et capacité du sieur Nicolas-François Legay (1), sindic-receveur d'icelle, la faire mise en délibérations, il a été décidé unanimement de nommer pour secrétaire-greffier la personne dudit sieur Nicolas Legay ; et après avoir fait avertir ledit sieur Legay à se trouver au pallais et y ayant comparut, nous luy avons fait faire lecture par notre commis-greffier de la susdite délibérations, élections et nominations faite de sa personne pour secrétaire-greffier ; Lequel ycy présent a accepté ladite nomination faite de sa personne pour secrétaire-greffier et d'estre prest à signer ycelle. En conséquence, nous Pierre Pezant foisant pour l'absence dudit sieur Lieutenant civil et du consentement du Procureur du Roy, nous avons fait acte de la susdite délibérations, élections et nominations cy-dessus. Ordonnons qu'icelle serat envoyée à monseigneur Lieutenant pour estre ycel homologuée et avons signiés avec ledit Legay, les Conseilliers et notables, le procureur du Roy, et maître Pierre Barbier (2) que

---

(1) Nicolas-François Legay, né le 16 juin 1726 [fils de François Legay, marchand-tanneur, et d'Anne Grollier], épousa Mlle Agnès Garandeau [fille de Maître Michel Garandeau, conseiller du Roi et son contrôleur au grenier à sel de Sancoins, et de Marie Grimard] dont il eut : — *a*) Marie-Anne Legay ; — *b*) Marie-Sophie Legay.

(2) Pierre Barbier était huissier à Ainay en 1787.[Arch. du Cher : C, 15]. — Les 30 août et 26 septembre 1792, une transaction advint entre Catherine Libault, veuve Vincent Barbier ; Pierre Barbier ; Thérèse Barbier et Henri Devierne, son mari ; Alexis Barbier ; Anne Barbier ; Jean-Baptiste Barbier ; et Jacques-Vincent Bujon des Brosses, portant rectification de la vente du domaine du Liard, par acte reçu Mazerat, notaire à Ainay, le 19 août 1778.

nous avons prit pour nostre commis greffier à cause de la vacanse de la charge, le serment de luy préalablement prit au cas requis et accoutumé. — Theurault ; Legay ; Pezant ; Duranjon ; Ruffray ; Menouvrier ; Lauzier ; Barbier (1). » Outre la garde des Archives municipales, outre la copie des délibérations, une des importantes fonctions du secrétaire-greffier était de faire parvenir aux conseillers de ville et notables leurs convocations aux Assemblées de ville. Il était prévenu, d'habitude, d'avoir à faire ces convocations par un avis du maire conçu généralement dans des termes semblables à ceux-ci : « Je prie M. Legay de convoquer en l'hostel-de-ville pour demain vingt-huit du présent mois de novembre, deux heures après-midi, les sieurs Berthomier des Prost ; D'hoüan ; Buffault ; Bujon des Brosses ; Menouvrier ; Duranjon le grenadier ; Lefort ; Dairaigne ; Pierre Lausier, tanneur ; Cabanne ; Gilbert Duranjon ; Etienne Duranjon de L'hermitage ; Jacquet, chapelier ; Nouricet, aubergiste ; Bourdin, boucher ; et Ducrot aussi boucher ; et de me faire passer les billets de convocation dès qu'ils seront faits. Il obtera son serviteur. — BUJON DES BROSSES. — A Ainay ce 27 novembre 1786 (2). »

Telle était à la fin de l'Ancien Régime la constitution du corps des officiers municipaux dans une petite ville comme Ainay-le-Château. La loi du 14 décembre 1789 désigna ce corps par le nom de *municipalité* ; et, dans la suite, on employa le terme *corps municipal*. Les municipalités de 1789 se divisaient en *conseil* formé par la réunion des deux

(1) Documents de M. Chavaillon.
(2) Documents de M. Chavaillon.

tiers des officiers municipaux (1) ; et un *bureau* composé de l'autre tiers sous la présidence du maire et chargé du pouvoir exécutif. La Constitution de l'an III réduisit le nombre des municipalités en les concentrant dans les chefs-lieux de canton ; chaque commune y envoyait un représentant ; cet état de choses dura jusqu'en 1800 ; mais comme Ainay-sur-Sologne était chef-lieu de canton, cette ville conserva toujours ses officiers municipaux ; voici les noms des maires jusqu'à nos jours : Alexis Theurault, de l'an II à l'an VIII ; — J.-B. Bujon, maire provisoire, an VIII ; — Alexis Theurault (2), de l'an IX à l'an XI ; — Jean-Baptiste Bujon (3), de

(1) Nommés par les citoyens actifs.

(2) A sa mort, le sous-préfet du 1er arrondissement du département de l'Allier, écrivit à M. Bujon, adjoint à Ainay : « Montluçon, le 11 pluviôse an II de la Rep. franç. — Je partage bien sincèrement les regrets de la ville d'Ainay sur la perte qu'elle vient d'éprouver en la personne du citoyen Theurault ; heureux ceux qui, comme lui, pourront emporter en mourant l'estime de leurs concitoyens ; cette idée console souvent des embarras qu'offre le cours de la vie, et c'est elle qui porte aux bonnes actions. Vous m'invitez à faire remplacer cet homme respectable, je ne saurais mieux atténuer la perte qu'on a éprouvée qu'en vous désignant pour son successeur ; je vous présenterai donc à la nomination du préfet si vous le jugez convenable ; et dans le cas où contre mon désir et mon attente, vous ne voudriez pas accepter cette fonction honorable, veuillez m'indiquer un citoyen de l'acceptation duquel vous soyez assuré. Salut et considération : Amelot. » [Document communiqué en 1905, par M. Aristide Theurault, actuellement décédé sans alliance].

(3) Jean-Baptiste Bujon du Chaillou, né à Ainay le 2 juin 1756, [sixième enfant de Jacques-Vincent Bujon des Brosses et de Marie-Elizabeth Bujon de l'Etang], notaire à Ainay, puis maire de cette ville, épousa à Sancoins, le 12 mai 1784, Marie Guithon [fille de Michel Guithon et de Marie Feuillet], dont il eut : — *a*) Marie-Françoise, née le 29 mars 1785, morte le

l'an XI à 1812 ; — Jean-Baptiste Mazerat, jusqu'en 1816 ; — Jean-Baptiste-Alexandre Theurault (1), en 1820 ; — Jean-Baptiste Bujon, de 1821 à 1833 ; — Jean-Baptiste Mazerat, de 1834 à 1840 ; — Vincent Bujon, de 1840 à 1850 ; — Amable Beraud, de 1852 à 1860 ; — François Charoit en 1865 ; — Charles Geoffroy, de 1870 à 1878 ; — Gilbert Roy, de 1878 à 1888 ; — Louis Touzet, de 1888 à 1895 ; — Jean Maillet à partir de 1895 (2).

La Milice Bourgeoise dépendait primitivement de l'autorité municipale et l'édit de 1706 [art. 32] autorisa les maires, leurs lieutenants ou échevins en exercice à condamner à 20 livres d'amende tous soldats de la milice bourgeoise qui refuseraient de leur obéir lorsqu'ils leurs commanderaient de prêter main-forte à l'excéution de leurs ordonnances, et spécifia que le jugement serait exécuté par provision. Confirmant cette décision, un arrêt du Con-

---

8 septembre 1792 ; — b) Marie-Catherine-Thérèse, née le 8 mars 1787, morte le 18 mars 1870 ; — c) Joséphine, née le 10 octobre 1788, qui épousa Alexis Bonnelat des Barons, dont postérité, et mourut le 17 janvier 1822 ; — d) Marie-Henriette, née le 21 avril 1790, décédée le 9 octobre suivant ; — e) Alexis, né le 18 mai 1791, notaire et maire d'Ouzouer, notaire ensuite à Jouhet-sur-l'Aubois, chevalier de la Légion d'honneur, marié le 30 juin 1823 à Marie-Madeleine Leclerc, dont postérité, mort à Ainay le 7 octobre 1870 ; — f) Vincent-François, né le 18 septembre 1794, notaire, puis maire d'Ainay, juge de paix à Lurcy-Lévy où il mourut sans alliance le 2 mars 1857 ; — g) Marie-Zoé, née le 3 mai 1798, décédée le 11 juin 1811 ; — h) Agathe-Monique, née le 4 mai 1800, mariée en 1826 à Michel Séguin, morte sans postérité le 31 août 1827.

(1) Jean-Baptista-Alexandre Theurault avait épousé Marie-Victoire Courtois.

(2) Le citoyen Duranjon était officier public les années II, III et IV ; — Perrinet et J. B. Bujon, agents municipaux de l'an IV à l'an VIII. En 1912 le nouveau maire est M. Choussy.

seil d'Etat en date du 21 juin 1783 [titre III, art. 17] disposait : « Sera puni par une amende d'une livre quatre sols au profit de l'hôtel-de-ville, chaque contravention ; et, en cas de récidive, par vingt heures de prison. » C'étaient donc bien les maires ou échevins qui avaient la haute main sur la milice, bien que les ordres directs dussent être donnés à la troupe par ses officiers ainsi qu'en fait foi le document qui suit : « Monsieur le major des deux compagnies de la milice bourgeoise d'Ainay-le-Château est prié de la part du sieur Mazerat, premier échevin de ladite ville d'ordonner auxdites deux compagnies de milice de venir chercher demain, quinze du mois, une heure de relevé, les drapeaux déposés chez luy où le corps municipal sera invité de se trouver. Et ce, pour l'exécution du règlement de Sa Majesté. Fait ce quatorze août 1788 (1). » Toutefois, dans les dernières années qui précédèrent la Révolution, vers 1785, le Gouverneur des provinces du Haut et Bas-Berry (2) intervint pour confirmer les nominations des officiers.

Le premier document que nous vîmes où il fut question de la milice d'Ainay est un procès-verbal dressé le 29 juillet 1705, par un échevin, contre Jacquette de la Trôlière, femme de Jean Beraud, bourgeois de la ville, qui s'était rendue coupable d'injures proférées contre ce magistrat et même de violences et de coups sur sa personne : « ...Sur les sept ou huit heures du matin, spécifie ce curieux document, nous Jean-Baptiste Theu-

---

(1) Documents de M. Chavaillon.
(2) Louis-François-Joseph de Bourbon, prince de Conti, prince du sang, pair de France, chevalier des ordres du Roi, Lieutenant-Général de ses armées, Gouverneur et Lieutenant-Général pour Sa Majesté des provinces du Haut et Bas-Berry.

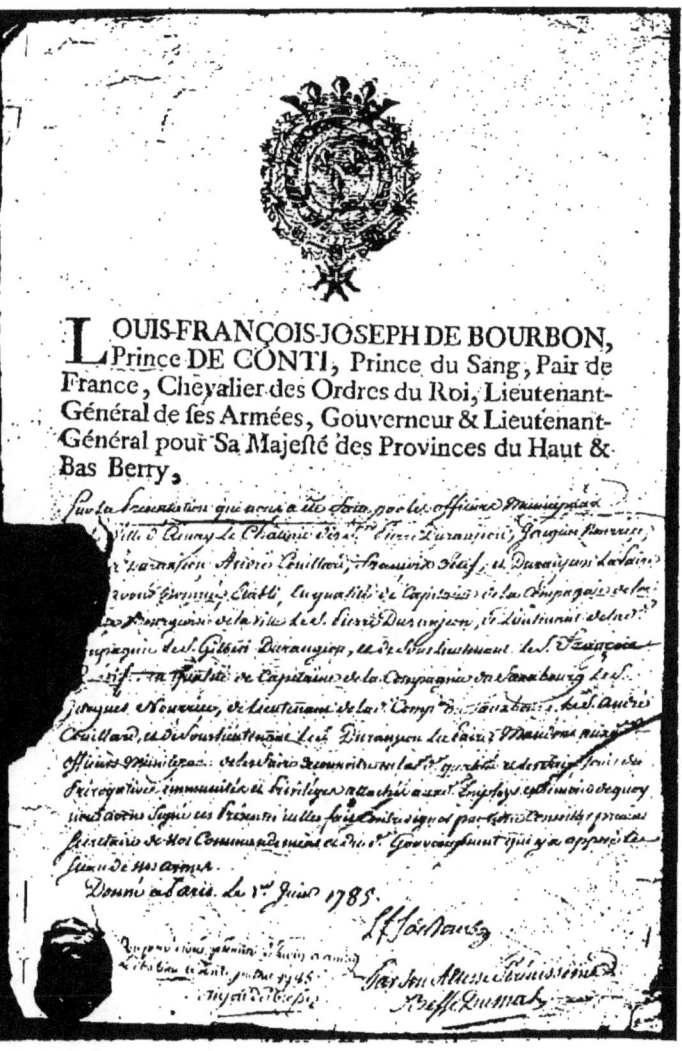

Brevet de la Milice bourgeoise.

rault, eschevin de la ville d'Ainay-le-Chastel, ayant esté adverty par maître Claude Libault, auquel nous avions donné *le commandement de la garde bourgeoise* pour garder les prisonniers amenés en cette ville le jour d'hier sous la conduitte du sieur Gaudefroy que la grange ou estoient renfermés lesdits prisonniers n'étoit pas bien seure pour y avoir par le derrière deux ouvertures à la muraille... nous transportâmes dans la maison de maître Jean Beraud, bourgeois d'Ainay » où était située cette grange, dans le but de faire murer les ouvertures. Or, Jean Beraud était absent ; ce fut sa femme, Jacquette de la Trôlière, qui reçut l'échevin de la belle façon, en lui déclarant qu'elle en avait assez de loger dans sa grange des prisonniers ou des soldats de passage, qu'elle se moquait de l'ordre des échevins et refusait de laisser murer les ouvertures de sa grange. Elle s'oublia jusqu'à « donner un soufflet de son point fermé, au visage » de l'échevin ; délit qui, le 30 juillet suivant, la faisait assigner devant l'Intendant, à Bourges. Mais la plus ancienne des pièces concernant uniquement la milice bourgeoise d'Ainay-le-Château que nous ayons retrouvée est un état de la *Compagnie de Bourgeoisie* de la ville, « fait et arrêté le 26 may 1771 ». Voici cet état :

Officiers : MM. Legay, capitaine-commandant ; Ruffray père, second capitaine ; Duchenet, aide-major ; Menouvrier, premier lieutenant ; Brunet, second lieutenant ; Etienne Duranjon, commis pour porter l'enseigne. — *Sergents* : Nicolas Giraud, sergent-major ; Jean Touzet, sergent ; Philippe Bonneau, 2ᵉ sergent. — *Caporaux* : François Legay ; Pierre Ducrot ; Pierre Lauzier ; Etienne Lauzier ; Thomas Bernard ; Pierre Lauzier ; Etienne Dubost ; Hugues Gautier. — *Soldats* : Pierre Lacroix ;

Joseph Demeure ; Jean Damon ; Claude Renon ; Jean Dufour ; Vincent Villatte, l'aîné ; Louis Lacroix ; Claude Dumon ; François Cottereau ; Barthelémy Bonneau ; Pierre Arturion ; Jean Montrignat ; Pierre Lauzier ; Jean Laroche ; Pierre Bourdin ; Claude Louizet ; Jacques Mortagne ; Gabriel Mortagne ; Jean-François Duchenet ; Claude Rétif ; Jean Rétif ; François Favière ; François Roy ; Gilbert Duranjon ; Pierre Magnard ; François Villemeau ; Robrieux, taillandier ; François Dumon (1) ; Jean Bonneville ; Jean Robrieux ; Vincent Villatte ; Pierre Roy, cardeur ; Remy Denizeau ; Grégoire Boussac ; Jean Robrieux ; Etienne Arturion ; Joseph Cabanne (2) ; Etienne Autaur ; Claude Roy, cordonnier ; Nicolas Sévat ; Toussaint Simonnet ; François Aubain ; François Després ; Pierre Thomas (3) ; Jacques Roy ; Jacques Roy, fils, boulanger ; Pierre Davault (4) ; Antoine Cottereau (5) ; Jean Bureau ; François Dubois ; Charles Laureau, fils ; Pierre Duranjon (6) ; Antoine Robrieux, taillandier (7).

La milice bourgeoise (8) était, à cette époque,

---

(1) A côté de son nom est mise une croix avec la lettre *m* [† m] ce qui semble indiquer un décès.
(2) Fils de Noël Cabanne.
(3) Fils de Jean Thomas.
(4) Fils de Jacques Davault.
(5) Fils de Gaspard Cottereau.
(6) Fils de Jean Duranjon.
(7) Documents de M. Chavaillon.
(8) Il ne faut pas confondre les habitants d'une ville incorporés dans une milice urbaine, comme tel est ici le cas, avec les soldats des milices provinciales qui étaient levés par tirage au sort et faisaient un service analogue à celui des soldats des troupes de ligne. Les soldats des milices bourgeoises n'avaient qu'un service de parade, tandis que les soldats provinciaux

placée uniquement sous les ordres des échevins et du maire. Elle se composa par la suite de deux compagnies : l'une appelée compagnie de la ville ; l'autre, compagnie du faubourg, qui avaient pour but de contribuer — dans certains cas particuliers — au main-

servaient réellement pendant un temps plus ou moins long et faisaient campagne. Aussi, lors de leur libération, recevaient-ils de leurs chefs un certificat de services, grâce auquel ils jouissaient, une fois revenus dans leurs foyers, de certains privilèges comme, par exemple, l'exemption d'une année de tailles et impôts accessoires après 6 ans de service. Voici l'un de ces certificats : « Généralité de Bourges. — Congé absolu de milice en 1763. — Denis Dodart, chevalier, conseiller du Roy en ses conseils, maître des requestes honoraire de son hostel, intendant de justice, police et finances en la Généralité de Bourges, certifions que le nommé Hugues Gaultier, soldat de la compagnie de Vabre, bataillon de Bourges, levé pour la ville d'Ainay-le-Château, subdélégation de Saint-Amand, après avoir accompli dix années de service dans ledit bataillon, a été congédié en conséquence des ordres du Roy à nous adressés le neuf février dernier, et qu'il doit jouir des privilèges que Sa Majesté accorde aux miliciens après le temps de leur service, ainsy qu'il est porté par les articles 14, 15 et 16 de l'ordonnance du Roy du 6 août 1748, dont l'extrait est joint au présent congé. Fait à Bourges le 22 mars mil sept cent soixante trois : Dodart. » — En outre, il advenait fréquemment que leur ville natale, durant leur temps de présence sous les drapeaux, envoyait des subsides aux miliciens, comme le 14 mai 1727 où « Jean David et Etienne Desiau, miliciens pour la paroisse d'Ainay-le-Château, de présent en garnison en cette ville de Bourges... ont reconnu avoir eu et reçu de Gaspard Deniseroles, marchand, demeurant en la ville et paroisse d'Ainay, présents et acceptants, la somme de cinquante-trois livres six sols qui luy a été mise entre mains par le sieur Theurault, procureur du Roy aud. Ainay, pour le restant de la somme de quarte-vingt-douze livres qui leur a été promise par les garsons dudit Ainay, pour servir le Roy en qualité de miliciens pour lad. parroisse ; Reconnaissants lesdits David et Desiau avoir cy-devant reçu le surplus de lad. somme de quatre-vingt-douze livres... » [Documents Chavaillon].

tien du bon ordre et, la plupart du temps, de rehausser l'éclat des cérémonies publiques. Cette dernière et principale raison d'être de la garde bourgeoise est prouvée par la liste (1) établie le 10 août 1787, des « habitants de la ville et faux-bourg d'Ainay-le-Château qui seront tenus de se trouver sous les armes le quinze de ce mois, jour de l'Assomption, à une heure après-midi, place du faux-bourg de cette ville, poudrés, frisés, cocarde au chapeau et le plus proprement vêtus qu'il sera possible ainsi que les autres jours commandés, à peine d'amande (2) et autres punitions si le cas échéait (3) ». Les miliciens, si l'on s'en rapporte à ce qui précède et à l'article 2 du règlement qui suit, ne semblent pas avoir été assujetis au port de l'uniforme puisque, si l'officier chargé de porter le drapeau venait à s'absenter, il devait se faire remplacer « par un des habitants de son quartier, le plus proprement vêtu ». Voici, du reste, la teneur de ce document :

« Règlement des officiers de la ville d'Ainay-le-Château pour la formation et la discipline des deux

---

(1) Etablie par les officiers municipaux.

(2) Cette punition était tombée en désuétude. M. Bujon des Brosses posa, en effet à M. Piaud la question suivante : « Dans le cas où un soldat est condamné à l'amende et qu'il refuse de payer ; que faire ?... Faut-il se pourvoir devant Mgr l'Intendant ? » — M. Piaud répondit de Saint-Amand le 2 août 1788 : « Si un soldat est désobéissant ou réfractaire aux ordres, il ne peut jamais être question d'amende ; il doit être condamné à la prison, et c'est toujours les officiers municipaux qui lui ordonnent la prison pour le temps qu'ils jugent qu'il le mérite eu égard à la gravité de sa faute... Toute l'amende que supporte le soldat infractaire est de payer les droits de geôle en sortant. »

(3) Documents de M. Chavaillon.